中国高校人文社科发展报告
2025

俞立平　著

中国财经出版传媒集团

经济科学出版社
Economic Science Press

·北京·

图书在版编目（CIP）数据

中国高校人文社科发展报告 . 2025 / 俞立平著 .
北京：经济科学出版社，2025.3. -- ISBN 978 - 7 - 5218 -
6806 - 7

Ⅰ . C3

中国国家版本馆 CIP 数据核字第 2025WV4879 号

责任编辑：于　源　刘　悦
责任校对：孙　晨
责任印制：范　艳

中国高校人文社科发展报告 2025

ZHONGGUO GAOXIAO RENWEN SHEKE FAZHAN BAOGAO 2025

俞立平　著
经济科学出版社出版、发行　新华书店经销
社址：北京市海淀区阜成路甲 28 号　邮编：100142
总编部电话：010 - 88191217　发行部电话：010 - 88191522
网址：www. esp. com. cn
电子邮箱：esp@ esp. com. cn
天猫网店：经济科学出版社旗舰店
网址：http：//jjkxcbs. tmall. com
北京季蜂印刷有限公司印装
787×1092　16 开　26.25 印张　470000 字
2025 年 3 月第 1 版　2025 年 3 月第 1 次印刷
ISBN 978 - 7 - 5218 - 6806 - 7　定价：98.00 元
（图书出现印装问题，本社负责调换。电话：010 - 88191545）
（版权所有　侵权必究　打击盗版　举报热线：010 - 88191661
QQ：2242791300　营销中心电话：010 - 88191537
电子邮箱：dbts@ esp. com. cn）

顾问委员会

专家委员会

主任：

苏新宁　南京大学信息管理学院　教授

委员：

白如江　山东理工大学信息管理学院　教授

曹高辉　华中师范大学信息管理学院　教授

曹树金　中山大学信息管理学院　教授

陈云伟　中国科学院成都文献情报中心　研究员

初景利　中国科学院文献情报中心　教授

邓三鸿　南京大学信息管理学院　教授

奉国和　华南师范大学经济管理学院　教授

黄水清　南京农业大学信息管理学院　教授

胡小君　浙江大学医学院　教授

化柏林　北京大学信息管理系　副教授

姜春林　大连理工大学科学学与科技管理研究所　教授

金　燕　郑州大学信息管理学院　教授

李　纲　武汉大学信息管理学院　教授

李　江　南京大学信息管理学院　教授

李美娟　福州大学管理学院　教授

李晓轩　中国科学院科技战略咨询研究院　研究员

李玉海　华中师范大学信息管理学院　教授

李长玲　山东理工大学信息管理研究院　教授

李　杰　中国科学院文献情报中心　副研究员

李　睿　四川大学公共管理学院　教授

李胜会　华南理工大学公共管理学院　教授

编辑委员会

序

"文科"是人文社会科学的简称，也称为哲学社会科学，近年来一些高校压缩文科招生比例，引发广泛关注。"学文科，毕业就失业""文科都是服务业""文科会被 AI 所替代"……这些说法初看有一定合理性，一定程度上获得了社会的认同。其实文科的社会功能、对社会发展的作用是理工科等其他学科不可取代的，一所一流大学也必须要有与之相匹配的文科群。

如何看待文科的地位是个传统的话题，在我看来，文科与理工科等学科占据同等重要的地位，原因有以下四点。

第一，理工科给人们带来了方便，而文科是人类的灵魂。技术进步使我们受益，人类的衣食住行、繁衍生存等都离不开理工科，理工科造福人类是通过提高人类生存的舒适度与方便性体现的。而文科是人类的精神家园，人类面临的心灵问题，是理工科没有办法解决的。

第二，服务群体数量的差异。理工科代表着科学技术，而真正促进科技进步的可能是理工科中的极少数人，未来制造业的基层工作会由越来越多的机器人代替。文科涉及所有人，包括学理工科的人，从这个角度来说，文科覆盖的群体数量要超过理工科。随着人工智能的发展，将来人类的物质需求可能只要30%甚至更少比例的人进行生产即可满足，如果不学文科，负面效果可能会很严重。

第三，软实力对于一个国家非常重要。一个没有发达的自然科学的国家不可能走在世界前列，一个没有繁荣的哲学社会科学的国家也不可能走在世界前列。文科所承载的文化认同、共同价值、批判性思维等"软实力"不能被轻视，不能简单用"有用"与"无用"的狭隘化思维理解文科，在复杂国际环境下的社会变革转型期，要更加重视文科。

第四，文科也正在面临新技术带来升级，纯文科严格意义上是不多的。新文科、数字人文、计算社会科学的出现，是大数据、人工智能等对文科的影响导致，文科其实一点也不"软"，也是软硬结合的。何况，文科给理工科的研究提供价值、伦理等导向。

总之，文科与理工科不是对立的，融合发展才是根本之道。

大学是中国文科发展的重要载体，每个大学或多或少都设有文科。在这样的背景下，《中国高校人文社科发展评价报告 2025》的出版是一种有益的尝试，该书基于价值理性与工具理性相结合的视角，采用客观数据从宏观角度对中国大学文科发展进行统计分析，是目前较为全面的对大学文科发展进行评估的报告。

希望本书的出版能够促进社会更多地关心文科，重视文科，也希望大学能更好地发展文科，促进文科与其他诸学科的融合。同时，期盼对文科感兴趣的青年才俊加入文科行列。

是为序！

南京大学信息管理学院
苏新宁
2025 年 3 月

前　言

高校在国家人文社科研究中的比重通常是最大的，以高校人文社科发展作为研究对象，其实也就抓住了中国人文社科发展的关键部分。如何撰写一个优质的高校人文社科发展报告？这个问题笔者思考了许多年，现在终于到了付诸实践的时候，我们的体会主要有以下六点。

第一，把握和界定好研究对象。中国高校很多，本科高校是人文社科发展的主流，所以，本书暂不涉及高职院校的相关研究。在本科院校中，所有高校的自然科学成果并不在研究范围之内，所有大学的文科才是本书的重点研究对象，从这个角度来说，本书评价范围是相对较窄的，或许这是本书显著的特点和亮点之一。

第二，什么是人文社科发展最重要的内容。本书以科研成果作为最核心内容，主要是学术论文。科研项目很重要，但毕竟不是研究成果。科研奖励也很重要，但科研奖励的核心内容还是以论文和著作为代表的科研成果。

第三，质量是人文社科发展的生命。在"破五唯"背景下，采用代表作评价方法是不可能做好全国宏观范围的人文社科评价的，因此"以刊评文"仍然是重要的评价方式，大量实证研究证明在宏观评价中该方式是十分有效的。

第四，数据准确性是评价的基石。所有指标数据笔者均采取从来源获取，一些难以区分质量高低的数据宁愿舍弃。例如省级项目和奖励由于不同省份的难度系数不同，无法进行有效的横向比较，因此我们舍弃了相关指标。

第五，本书采用的评价方法具有强大优势。多年来团队从事学术评价领域的研究，是全世界发表论文数量较多的团队之一。我们在哲学层面对评价进行了深入的反思，提出了数十个评价新指标，综合解决了自然权重问题、伪权重问题等问题，优化了数据标准化方法，解决了评价方法的选择问题，创新性地提出了评价结果的绝对比较方法。此外，我们提出了学术评价系统误差修正理论、学术评价诊断与审计理论，质量评价与评价质量理论、评价质量的数量理论等，在评价理论与方法领域取得许多成果。

第六，强大的顾问与专家队伍是保障本书成功的关键。非常感谢情报学与科学计量学等领域专家学者们的长期支持，没有你们的支持，本书研究团队很难坚持下去。

本书是我们的第二本报告，难免存在不足和疏漏，希望各界同仁提出宝贵的建议和意见，以期在后续的工作中不断优化，共同推进我国的人文社科发展事业。

再次感谢为本书作出贡献的所有专家学者、团队成员和各界朋友们！

俞立平

2025 年 3 月

目　　录

第1章 绪 论

1.1 研究背景与意义

1.1.1 研究背景

1.1.1.1 人文社会科学是国家重要的发展战略

人文社会科学作为人类共有的精神家园，是人类认识世界、改造世界以及完善自身的重要工具，也是推动历史发展和社会进步的强大精神力量。人文社会科学是相互交融的人文学科与社会科学的统称，有时也被称为哲学社会科学、社会科学、文科等，它以人类精神世界、精神文化以及人类社会的物质客体为主要研究对象，以探索、发现、揭示人的本质和人类社会发展规律为主要目的，在人类社会发展中具有重要的价值导向和文化建设功能。人文社会科学发展水平也是国家软实力和国际竞争力的重要反映，集中体现了一个民族和国家的整体思维能力、精神状态和文明素质，一个民族要想屹立于世界民族之林，不能没有人文社会科学的温润滋养，一个国家要想在激烈的国际竞争中保持优势，不能没有人文社会科学强大软实力的支撑。

构建具有中国特色、中国风格、中国气派的人文社科体系，推动当代中国人文社会科学繁荣发展已经上升为国家重要发展战略。2016 年习近平总书记在哲学社会科学工作座谈会上指出："一个国家的发展水平，既取决于自然科学发展水平，也取决于哲学社会科学的发展水平。一个没有发达的自然科学的国家不可能走在世界前列，一个没有繁荣的哲学社会科学的国家也不可能走在世界前列。"① 当今世界正经历百年未有之大变局，国际国内形势发生深刻变化，新一轮科技革命正蓬勃发展，人类面临着更加复杂多元的社会问题，在这样复杂的社会背景下人文社科发展同样面临着诸多挑战，如何在新时代背景下推动人文社科繁荣发展是社会各界广泛关注的重要议题。党和国家高度重视我国人文社科的发展，为我国"十四五"时期以及未来更长时间人文社科发展制定了科学规划与行动路线。

2022年4月，中共中央办公厅印发的《国家"十四五"时期哲学社会科学发展规划》要求，要以加快构建中国特色哲学社会科学为主题，以提升学术原创能力为主线，以加强学科体系、学术体系、话语体系建设为支撑，以重大项目、重点工程、重要平台为牵引，以体制机制改革创新为动力，努力建设学科布局优、学术根基牢、科研水平高、服务能力强、国际影响大的中国特色哲学社会科学，为全面建设社会主义现代化国家提供有力思想和智力支持。这也是第一部国家层面的哲学社会科学发展规划，为我国"十四五"时期哲学社会科学发展作出了总体性规划，具有重要的指导意义。

2022年5月，中共中央宣传部、教育部联合印发的《面向2035高校哲学社会科学高质量发展行动计划》指出，要以育人育才为中心，创新哲学社会科学人才培养模式，更好发挥新时代高校哲学社会科学育人功能；要以体系构建为主线，优化学科专业布局，推进学科交叉融合，打造一流学科专业群，构建适应国家需求支撑知识创新的学科体系；要以能力提升为重点，打造专业化创新型高质量高校智库矩阵，深化人才发展体制机制改革，有力支撑世界重要人才中心和创新高地建设。为我国高校哲学社会科学事业高质量发展作出了中长期规划，有利于推动新发展阶段高校哲学社会科学高质量发展，为提升国家综合国力和国际竞争力、全面建设社会主义现代化国家、构建人类命运共同体提供重要战略支撑。

党和国家对我国人文社科发展的重视由来已久，在制定《国家"十四五"时期哲学社会科学发展规划》以及《面向2035高校哲学社会科学高质量发展行动计划》之前，已经陆续出台了一系列促进人文社科发展规划和指导意见，集中体现了人文社科发展的重要性以及国家对人文社科发展的高度重视，具体如下。

2004年1月，中共中央发布的《关于进一步繁荣发展哲学社会科学的意

---

① 习近平：在哲学社会科学工作座谈会上的讲话（全文）[EB/OL]. 人民网，http：//politics. people. com. cn。

见》指出，在全面建成小康社会、开创中国特色社会主义事业新局面、实现中华民族伟大复兴的历史进程中，哲学社会科学具有不可替代的作用。在改革开放和社会主义现代化建设进程中，哲学社会科学与自然科学同样重要，社会主义现代化，应该有发达的自然科学，也应该有繁荣的哲学社会科学。必须进一步提高对哲学社会科学重要性的认识，大力繁荣发展哲学社会科学，努力建设哲学社会科学理论创新体系，积极推动学术观点创新、学科体系创新和科研方法创新。

2011 年 11 月，教育部、财政部联合印发的《高等学校哲学社会科学繁荣计划（2011－2020 年）》指出，深入实施"繁荣计划"，大力提升人才培养、科学研究、社会服务、文化传承创新的能力和水平，全面提高高等教育质量，积极推进高等学校哲学社会科学创新体系建设，为建设国家哲学社会科学创新体系，构建以当代中国马克思主义为指导，具有中国特色、中国风格、中国气派的哲学社会科学提供有力支撑，为全面建成小康社会作出新贡献，是未来十年的主要任务。

2017 年 5 月，党中央印发的《关于加快构建中国特色哲学社会科学的意见》强调，要坚持为人民服务、为社会主义服务，坚持百花齐放、百家争鸣，立足中国、借鉴国外，挖掘历史、把握当代，关怀人类、面向未来，充分体现继承性、民族性、原创性、时代性、系统性、专业性，加快构建中国特色哲学社会科学学科体系、学术体系、话语体系，创新发展哲学社会科学，为实现"两个一百年"奋斗目标、实现中华民族伟大复兴的中国梦提供强大的思想理论支撑。

2020 年 11 月，教育部发布的《新文科建设宣言》指出，要坚持走中国特色的文科教育发展之路，构建世界水平、中国特色的文科人才培养体系，推动文科教育创新发展，构建以育人、育才为中心的哲学社会科学发展新格局，建立健全学生、学术、学科一体的综合发展体系，推动形成哲学社会科学中国学派，创造光耀时代、光耀世界的中华文化，不断增强自信心、自豪感、自主性，提升影响力、感召力、塑造力，为新时代人文社科高等教育的创新发展指明了方向。

1.1.1.2 新时代中国高校人文社科发展所面临的新环境

世界百年未有之大变局加速演进，新一轮科技革命和产业变革深入开展，呼唤人文社会科学的创新发展。全球经济发展日益放缓，世界多极化趋势不断加强，国际局势不稳定、不确定因素日益突出，文化冲突与文化融合并存，第四次科技革命浪潮席卷全球，信息技术、人工智能、大数据、云计算、元宇宙等的发展为人文社科创造了新的发展机遇，新场景、新视野、新方法、新工具的出现，悄然影响着人文社科研究范式变革。因此，人文社科发展必须顺应世界发展的时代潮流，积极回应时代发展的重要关切，放眼世界、立足中国构建富有中国特色的人文社科发展体系，增强人文社科服务当今和未来社会进步与经济发展的能力，实现人文社科的创新发展。

"双一流"建设是推动我国高等教育超常发展的重大战略，是加快实现由高等教育大国向高等教育强国跨越的关键，也为人文社会科学学科发展创造重要机遇。为更好解决高等教育存在身份固化、竞争缺失、重复交叉等问题，2015 年国务院印发的《统筹推进世界一流大学和一流学科建设总体方案》对加快建成一批世界一流大学和一流学科作出总体规划部署，2017 年教育部、财政部、国家发展改革委印发的《统筹推进世界一流大学和一流学科建设实施办法（暂行）》确定了每五年一个建设周期，对建设高校实行总量控制、开放竞争、动态调整的方案。2021 年开始，第二轮双一流建设正在进行，与第一轮建设有所不同的是，第二轮建设不再区分一流大学建设高校和一流学科建设高校，而是更加强调学科的基础性。因此，立足中国特色、锚定世界一流正是对我国人文社科学科发展的新要求。

新文科建设是新时代推进文科教育创新发展的新举措，为我国人文社会科学发展提出新要求。新文科建设是适应时代之变的必由之路，2020 年教育部发布的《新文科建设宣言》指出，新时代新使命要求文科教育必须加快创新发展，全面推进新文科建设是提升综合国力、坚定文化自信、培养时代新人、建设高等教育强国以及文科教育融合发展的需要，要坚持走中国特色的文科教育发展之路。与 2017 年美国西拉姆学院率先提出"新文科"概念有所不同，中国的新文科建设在顶层设计、战略地位、价值导向、学科融合机制以及人才培养模式方面的改革与创新已远远超出了跨学科、跨专业学习的单一层面。着力构建中国特色新文科学术体系、学科体系、教学体系、评价体系及话语体系，是我国人文社会科学创新发展的一次系统性革命。

科研评价改革如火如荼，"破五唯"已成为我国科技评价的基本准则，为人文社科科研评价提供了导向。在我国科研评价体系中，"唯论文、唯帽子、唯职称、唯学历、唯奖项"的"五唯"倾向由来已久，是制约我国科技创新的顽瘴痼疾，也是我国学术治理的痛点和难点。2020 年 10 月，中共中央　国务院印发了《深化新时代教育评价改革总体方案》，真正将学术界呼吁多年的"破五唯"推向了改革的拐点，随后有关部门陆续出台《关于规范高等学校 SCI 论文相关指标使用树立正确评价导向的若干意见》《关于破除科技评价中"唯论文"不良导向的若干措施（试行）》《关于破除高校哲学社会科学研究评价中"唯论文"不良导向的若干意见》等，在科研评价、人才评价、绩效考核、学术评估等方面要以质量为导向，要突出学术贡献和社会贡献，这也对我国人文社科科研评价提出了更高要求。

1.1.1.3　中国高校人文社科发展概况

高等院校是承担人文社科人才培养与科研工作的主阵地，是推进我国人文社科实现繁荣发展的主力军。目前，高等院校、党校（行政学院）、部队院校、科研院所、党政部门研究机构在内的人文社科工作者被誉为我国哲学社会科学的"五路大军"，而相比较而言，高等院校具有人才高度集中、学科优势突出、研究实力雄厚的特点，无论是教师队伍、科研人员还是在校学生规模均远大于其他机构。据教育部《研究生教育学科专业目录（2022 年）》，在我国现有的14 个学科门类中，共有 9 个学科门类属于人文社科的范畴，约占学科门类总数的 2/3；可以说，在我国人文社科科学事业发展中，高等院校无疑是开展人文社科理论研究与应用研究的中坚力量，其作用举足轻重、不可或缺。

近年来，我国高校人文社科规模不断扩大，人文社科投入与产出水平不断提高，也存在着一些制约高质量发展的结构性矛盾。教育部中国高校人文社会科学信息网数据显示，从高校人文社科投入来看（见图 1 - 1），2009～2023 年研发经费内部支出与社科活动人员均呈现出稳步增加的趋势，研发经费内部支出从 2009 年的 54.627 亿元增长到 2023 年的 358.817 亿元，15 年间实现了约 6.568 倍的增长，社科活动人员从 2009 年的 42.594 万人稳步增长到 2023 年的 97.916 万人，同样实现了成倍的增长，约是 2009 年的 2.299 倍，研发经费内部支出的增长率在 7.373%～26.235%波动，呈现出先增加后降低的趋势，在 2011 年增长率达到最大值，而社科活动人员的增长率在 3.420%～18.763%波动，社科活动人员的增长率与研发经费内部支出的增长率相比要更加平稳，但是两者均呈现出逐步增加的趋势，说明高校人文社会科学研究的投入和规模不断增长。

从高校人文社科产出来看（见图 1 - 2），2009～2023 年人文社科著作数量在 15328～30109 部之间波动，2009～2015 年总体比较平稳，2016～2017 年下降明显，从 2018 年开始又表现出比较平稳的趋势，其增长率在约 - 48.946%～71.230%表现出较大的波动；而 2009～2023 年人文社科学术论文数量在 31.281万～37.509 万篇变化，其数量总体表现出相对平稳的增加趋势，其增长率在- 8.012%～8.584%平稳变化。结合高校人文社科投入产出近年来的综合发展来看，人文社科投入呈现出明显的较大增加的趋势，而人文社科产出的增长情况总体比较平稳，人文社科产出与其投入的增长并不匹配，可以明显看出我国高校人文社科绩效并不理想。

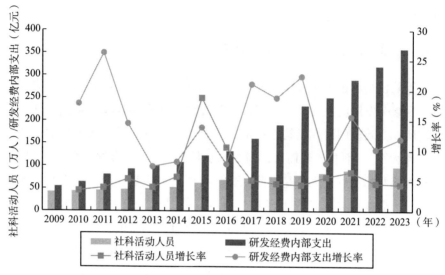

图1-1 2009~2023年中国高校人文社科研究投入情况

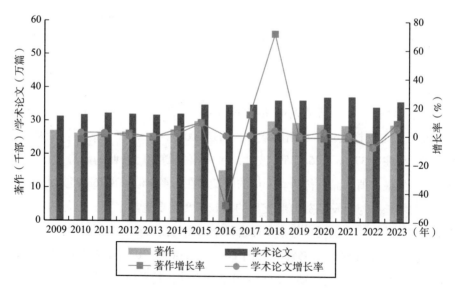

图1-2 2009~2023年中国高校人文社科研究产出情况

从高校人文社科奖励数量与课题数量来看（见图1-3），2009~2023年人文社科奖励数量在2471~4935项之间波动，其增长率也呈现出较大的波动，而社科课题数量则从 2009 年的 19.338 万项稳步增长到 2023 年的 75.956 万项，15 年间实现了约 3.928 倍的增长，表明我国高校人文社科研究规模在不断扩大。

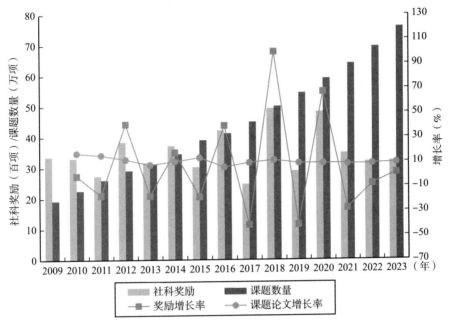

图 1-3　2009~2023 年中国高校社科奖励与课题发展情况

1.1.1.4　中国高校人文社科发展系统性评价不足

自改革开放以来，尤其是进入新时代以来，在党中央的坚强领导下，高校人文社科牢牢抓住前所未有的发展机遇，人文社科事业实现了跨越式发展，呈现出空前繁荣的发展局面，然而在快速发展的同时，也表现出发展不均衡、科研绩效不佳、"五唯"问题突出等一系列制约人文社科高质量发展的结构性矛盾。随着我国对人文社科繁荣发展的日益重视，其在人文社科领域的资源投入也会源源不断地增加，不断增加的科研投入的绩效也是政府、高校及公众等广泛关注的问题。因此，对高校人文社科的发展情况进行系统分析与综合评价是科研管理工作的关键环节，有利于更好地发现存在的问题并明确改进的方向，并形成鼓励先进、激励落后的良好局面，从而促进人文社科事业的健康发展。

人文社科的发展与自然科学存在较大不同，人文社科科研产出主要表现为学术论文、学术著作、研究报告、学术奖励等，其投入产出特征和规律与自然科学存在较大差别，自然科学的应用研究往往可以取得经济回报，人文社科成果主要依托政府和高等院校，回报则以社会效益为主。目前针对中国高校人文社科发展的评价还明显不足，已有的一些大学排名报告大多侧重于大学综合实力的排名分析，虽然也涉及一些文科发展、文科竞争力等的评价分析，但是总的来说，在评价指标、评价方案中并没有对人文社科与自然科学作有效区分，难以真实反映高校人文社科的发展情况。人文社科的发展有其学科的特殊性，从高校人文社科角度进行分析与评价的报告目前比较缺乏，本书正是专门围绕高校人文社科发展进行分析与评价的报告，在国内率先开启了高校人文社科评价报告的先河，以弥补相关领域研究的不足，为促进高校人文社科繁荣发展提供重要参考。

1.1.2 研究意义

1.1.2.1 理论意义

本书围绕中国高校人文社科发展展开研究，是目前国内少有的专门针对高校人文社科发展状况的专门论著，本书的内容将极大地丰富人文社科发展理论、科研管理理论以及绩效管理理论等，极大地拓展传统的评价理论与方法，同时能够将中国高校人文社科发展问题推向公众视野，为深入认识中国高校人文社科发展问题并提升人文社科的发展水平提供理论指导与决策参考，具有较好的理论意义。

1.1.2.2 实践意义

第一，对于政府及管理部门而言，有利于深入了解中国高校人文社科的总体发展现状，更好地发挥科学评价的导向功能，从而进一步调整优化人文社科发展政策。政府及教育管理部门是高等院校的主要管理者，绝大多数高等院校的经费主要来自政府部门的财政拨款，高校人文社科的发展同样是政府相关管理部门的重要关切。本书对中国高校人文社科发展的总体分析以及对高校人文社科实力的综合评价与排名分析，有利于更深入地认识我国高校人文社科的总体发展情况，为政府部门制定行之有效的人文社科发展战略、更好地调整高校人文社科发展政策提供参考。

第二，对于高校自身而言，有利于其充分了解自身人文社科发展水平以及在全国高校中所处的位置，为提升人文社科实力、促进人文社科发展繁荣提供重要参考。高校作为实施高等教育的主体单位，担负着人才培养、学科发展和服务社会的重大使命，由于人文社科的特点，我国绝大多数高校开设有人文社科专业，高校人文社科的综合实力决定了我国整体人文社科的发展水平。本书的研究对中国各大高校的人文社科发展进行客观评价与排名分析，有利于在高校之间鼓励先进、激励落后的良好竞争格局，从而促进高校人文社科实力的总体提升。

第三，对于社会公众而言，有利于其充分了解我国高校人文社科的发展成效，增强公众对高校人文社科的认识。高校人文社科的发展具有极强的社会效益属性，同时其人文社科综合实力也受到社会与公众的高度关注，本书的研究有利于增强社会公众对高校人文社科发展的基本认识，更深入地了解不同地区、不同维度、不同高校人文社科的发展情况，同时也能够促使社会力量更好地监督高校人文社科的发展，从而激发高校提高人文社科实力的热情，更好地发挥人文社科服务于社会的能力。

1.2　研　究　界　定

1.2.1　人文社会科学的界定

在我国现实生活中，学术界多用"人文社会科学"一词，而行政管理部门多用"哲学社会科学"一词，在大多数情形下二者可以通用（刘大椿，2014）。

毋庸讳言，有时这二者间的差异并非只是字面上的，而是表现在内涵的取舍上。"哲学社会科学"的称谓是基于哲学的抽象性、统摄性和基础性地位，把哲学从两类科学认识即自然科学和社会科学中抽取出来。这里一般认为，哲学是关于世界观的学说，是高度抽象的意识形态对人类认识和实践活动具有规范和指导作用，与社会科学研究关系更是特别密切。因此，将"哲学"与"社会科学"并称为"哲学社会科学"。

但是也应该看到，社会科学并不能涵盖人文学科，而哲学学科本身的涵盖面也是较窄的，一般不包括除哲学之外的其他人文学科。相对而言，"人文社会科学"的外延则较为宽泛，几乎涵盖了除自然科学之外的所有知识门类，而哲学学科作为它的一个子集也被纳入其中。因此，本书中将"哲学社会科学"与"人文社会科学"的两种叫法统称为"人文社会科学"。

1.2.2　人文社会科学的学科范畴

1.2.2.1　学科目录：教育部学科分类

2022 年教育部修订的《研究生教育学科专业目录（2022 年）》显示（见表

1-1），研究生专业包括哲学、经济学、法学、教育学、文学、历史学、理学、工学、农学、医学、军事学、管理学、艺术学、交叉学科共 14 个学科门类。结合教育部研究生教育专业目录，本书认为哲学、经济学、法学、教育学、文学、历史学、军事学、管理学、艺术学 9 个学科门类属于人文社会科学范畴，人文社会科学学科门类数量约占所有学科门类数量的 64.29%，且理学、工学、农学、医学、交叉学科等门类中的部分领域也属于人文社科范畴，可见，人文社科在我国高等教育中占据着极其重要的位置。

表 1-1　　　　　　　　　　　　　教育部研究生教育学科目录

序号	学科门类	学科代码	学科名称	备注
1	01 哲学	0101	哲学	√
2		0151	应用伦理*	√
3	02 经济学	0201	理论经济学	√
4		0202	应用经济学	√
5		0251	金融*	√
6		0252	应用统计*	√
7		0253	税务*	√
8		0254	国际商务*	√
9		0255	保险*	√
10		0256	资产评估*	√
11		0258	数字经济*	√
12	03 法学	0301	法学	√
13		0302	政治学	√
14		0303	社会学	√
15		0304	民族学	√
16		0305	马克思主义理论	√
17		0306	公安学	√
18		0307	中共党史党建学	√
19		0308	纪检监察学	√
20		0351	法律	√
21		0352	社会工作	√
22		0353	警务*	√
23		0354	知识产权*	√
24		0355	国际事务*	√

序号	学科门类	学科代码	学科名称	备注
25	04 教育学	0401	教育学	√
26		0402	心理学（可授教育学、理学学位）	√
27		0403	体育学	√
28		0451	教育	√
29		0452	体育	√
30		0453	国际中文教育	√
31		0454	应用心理	√
32	05 文学	0501	中国语言文学	√
33		0502	外国语言文学	√
34		0503	新闻传播学	√
35		0551	翻译	√
36		0552	新闻与传播*	√
37		0553	出版	√
38	06 历史学	0601	考古学	√
39		0602	中国史	√
40		0603	世界史	√
41		0651	博物馆*	√
42	07 理学	0701	数学	
43		0702	物理学	
44		0703	化学	
45		0704	天文学	
46		0705	地理学	
47		0706	大气科学	
48		0707	海洋科学	
49		0708	地球物理学	
50		0709	地质学	
51		0710	生物学	
52		0711	系统科学	
53		0712	科学技术史（可授理学、工学、农学、医学学位）	
54		0713	生态学	
55		0714	统计学（可授理学、经济学学位）	部分
56		0751	气象	

序号	学科门类	学科代码	学科名称	备注
57	08 工学	0801	力学（可授工学、理学学位）	
58		0802	机械工程	
59		0803	光学工程	
60		0804	仪器科学与技术	
61		0805	材料科学与工程（可授工学、理学学位）	
62		0806	冶金工程	
63		0807	动力工程及工程热物理	
64		0808	电气工程	
65		0809	电子科学与技术（可授工学、理学学位）	
66		0810	信息与通信工程	
67		0811	控制科学与工程	
68		0812	计算机科学与技术（可授工学、理学学位）	
69		0813	建筑学	
70		0814	土木工程	
71		0815	水利工程	
72		0816	测绘科学与技术	
73		0817	化学工程与技术	
74		0818	地质资源与地质工程	
75		0819	矿业工程	
76		0820	石油与天然气工程	
77		0821	纺织科学与工程	
78		0822	轻工技术与工程	
79		0823	交通运输工程	
80		0824	船舶与海洋工程	
81		0825	航空宇航科学与技术	
82		0826	兵器科学与技术	
83		0827	核科学与技术	
84		0828	农业工程	
85		0829	林业工程	
86		0830	环境科学与工程（可授工学、理学、农学学位）	
87		0831	生物医学工程（可授工学、理学、医学学位）	
88		0832	食品科学与工程（可授工学、农学学位）	

续表

序号	学科门类	学科代码	学科名称	备注
89	08 工学	0833	城乡规划学	
90		0835	软件工程	
91		0836	生物工程	
92		0837	安全科学与工程（可授工学、管理学学位）	√
93		0838	公安技术	
94		0839	网络空间安全	
95		0851	建筑 *	部分
96		0853	城乡规划 *	部分
97		0854	电子信息	
98		0855	机械	
99		0856	材料与化工	
100		0857	资源与环境	√
101		0858	能源动力	
102		0859	土木水利	
103		0860	生物与医药	
104		0861	交通运输	
105		0862	风景园林	√
106	09 农学	0901	作物学	
107		0902	园艺学	部分
108		0903	农业资源与环境	
109		0904	植物保护	
110		0905	畜牧学	
111		0906	兽医学	
112		0907	林学	
113		0908	水产	
114		0909	草学	
115		0910	水土保持与荒漠化防治学	
116		0951	农业	
117		0952	兽医	
118		0954	林业	
119		0955	食品与营养 *	

续表

序号	学科门类	学科代码	学科名称	备注
120		1001	基础医学（可授医学、理学学位）	
121		1002	临床医学（同时设专业学位类别，代码为1051）	
122		1003	口腔医学（同时设专业学位类别，代码为1052）	
123		1004	公共卫生与预防医学（可授医学、理学学位）	
124		1005	中医学	
125		1006	中西医结合	
126		1007	药学（可授医学、理学学位，同时设专业学位类别，代码为1055）	
127	10 医学	1008	中药学（可授医学、理学学位）	
128		1009	特种医学	
129		1011	护理学（可授医学、理学学位）	
130		1012	法医学	
131		1053	公共卫生	部分
132		1054	护理*	
133		1056	中药*	
134		1057	中医	
135		1058	医学技术	
136		1059	针灸*	
137		1101	军事思想与军事历史	√
138		1102	战略学	√
139		1103	联合作战学	√
140		1104	军兵种作战学	√
141		1105	军队指挥学	√
142		1106	军队政治工作学	√
143		1107	军事后勤学	√
144		1108	军事装备学	√
145	11 军事学	1109	军事管理学	√
146		1110	军事训练学	√
147		1111	军事智能	√
148		1152	联合作战指挥*	√
149		1153	军兵种作战指挥*	√
150		1154	作战指挥保障*	√
151		1155	战时政治工作*	√
152		1156	后勤与装备保障*	√
153		1157	军事训练与管理*	√

续表

序号	学科门类	学科代码	学科名称	备注
154	12 管理学	1201	管理科学与工程（可授管理学、工学学位）	√
155		1202	工商管理学	√
156		1203	农林经济管理	√
157		1204	公共管理学	√
158		1205	信息资源管理	√
159		1251	工商管理*	√
160		1252	公共管理*	√
161		1253	会计	√
162		1254	旅游管理*	√
163		1255	图书情报*	√
164		1256	工程管理*	√
165		1257	审计	√
166	13 艺术学	1301	艺术学（含音乐、舞蹈、戏剧与影视、戏曲与曲艺、美术与书法、设计等历史、理论和评论研究）	√
167		1352	音乐	√
168		1353	舞蹈	√
169		1354	戏剧与影视	√
170		1355	戏曲与曲艺	√
171		1356	美术与书法	√
172		1357	设计	√
173	14 交叉学科	1401	集成电路科学与工程（可授理学、工学学位）	
174		1402	国家安全学（可授法学、工学、管理学、军事学学位）	√
175		1403	设计学（可授工学、艺术学学位）	部分
176		1404	遥感科学与技术（可授理学、工学学位）	
177		1405	智能科学与技术（可授理学、工学学位）	
178		1406	纳米科学与工程（可授理学、工学学位）	
179		1407	区域国别学（可授经济学、法学、文学、历史学学位）	√
180		1451	文物	√
181		1452	密码*	

注："√"表示该学科属于人文社会科学范畴，"部分"表示该学科部分内容属于人文社会科学范畴；名称后加"*"的仅可授硕士专业学位，其他可授硕士、博士专业学位。

1.2.2.2　国际论文人文社科学科界定与研究方向划分

InCites 数据库综合了国际学术论文的各类研究方向，根据研究方向的不同将学术论文划分出不同的学科领域，共分为艺术与人文（Arts & Humanities），临床、临床前和健康（Clinical，Pre-Clinical & Health），工程与技术（Engineering & Technology），生命科学（Life Sciences），物理科学（Physical Sciences）以及社会科学（Social Sciences）六大领域，而艺术与人文和社会科学一般被认为是人文社会科学的范畴。因此，艺术与人文和社会科学中国际学术论文所属的研究方向界定如表 1-2 所示。

表 1-2　　　　　　　　　　国际论文人文社科研究方向划分

Arts & Humanities（艺术与人文）	Social Sciences（社会科学）	
Architecture（建筑学）	Anthropology（人类学）	Law（法律）
Art（艺术）	Archaeology（考古学）	Linguistics（语言学）
Humanities, Multidisciplinary（人文学科，多学科）	Area Studies（区域研究）	Management（管理）
Classics（经典；古希腊与古罗马的文化研究，尤指对其语言与文学的研究）	Psychology, Biological（心理学、生物学）	Social Sciences, Mathematical Methods（社会科学，数学方法）
Dance（舞蹈）	Business（商业）	Regional & Urban Planning（区域和城市规划）
Film, Radio, Television（电影、广播、电视）	Business, Finance（商业、金融）	Development Studies（发展研究）
Folklore（民俗学）	Psychology, Clinical（心理学，临床）	Political Science（政治学）
History（历史）	Communication（沟通）	Psychology（心理学）
History & Philosophy of Science（科学史与哲学）	Criminology & Penology（犯罪学与刑罚学）	Psychology, Multidisciplinary（心理学，多学科）
Asian Studies（亚洲研究）	Demography（人口统计）	Public Administration（公共行政）

续表

Arts & Humanities （艺术与人文）	Social Sciences （社会科学）	
Linguistics （语言学）	Economics （经济学）	Psychology, Psychoanalysis （心理学，心理分析）
Literary Theory & Criticism （文学理论与批评）	Education & Educational Research （教育与教育研究）	Psychology, Mathematical （心理学，数学）
Language & Linguistics （语言与语言学）	Education, Scientific Disciplines （教育、科学学科）	Psychology, Experimental （心理学，实验）
Literary Reviews （文学评论）	Education, Special （教育，特殊）	Social Issues （社会问题）
Literature （文学）	Ethics （伦理）	Psychology, Social （心理学，社会学）
Literature, African, Australian, Canadian （文学，非洲，澳大利亚，加拿大）	Psychology, Educational （心理学，教育）	Social Sciences, Interdisciplinary （社会科学，跨学科）
Literature, American （文学，美国）	Environmental Studies （环境研究）	Social Sciences, Biomedical （社会科学、生物医学）
Literature, British Isles （文学，不列颠群岛）	Ethnic Studies （种族研究）	Social Work （社会工作）
Literature, German, Dutch, Scandinavian（文学，德语， 荷兰语，斯堪的纳维亚语）	Family Studies （家庭研究）	Sociology （社会学）
Literature, Romance （文学，浪漫）	Geography （地理）	Urban Studies （城市研究）
Literature, Slavic （文学，斯拉夫语）	Gerontology （老年学）	Women's Studies （妇女研究）
Medieval & Renaissance Studies （中世纪和文艺复兴时期的研究）	Health Policy & Services （健康政策与服务）	—
Music （音乐）	History of Social Sciences （社会科学史）	—
Philosophy （哲学）	Hospitality, Leisure, Sport & Tourism （酒店、休闲、运动和旅游）	—
Poetry （诗歌）	Psychology, Developmental （心理学，发展）	—
Theater （剧院）	Industrial Relations & Labor （劳资关系与劳工）	—

续表

Arts & Humanities （艺术与人文）	Social Sciences （社会科学）	
Religion （宗教）	Psychology，Applied （心理学，应用）	—
Cultural Studies （文化学习）	International Relations （国际关系）	—

1.2.2.3　中文社会科学引文索引（CSSCI）中的期刊学科分类

根据南京大学发布的中文社会科学引文索引（CSSCI）来源期刊目录（2023～2024 年）和中文社会科学引文索引（CSSCI）来源期刊扩展版目录（2023～2024 年）可知，在目录中的期刊共被划分为法学、高校学报、管理学、教育学、经济学、考古学、历史学、马克思主义理论、民族学与文化学、人文经济地理、社会学、体育学、统计学、外国文学、心理学、新闻学与传播学、信息资源管理、艺术学、语言学、哲学、政治学、中国文学、中华传统文化、自然资源与环境科学、宗教学以及综合性社会科学共计 26 种学科类型，CSSCI 期刊目录和 CSSCI 扩展版期刊目录中学科名称及其对应的期刊数量如表 1－3 所示。

表 1－3　CSSCI 及其扩展版期刊目录（2023～2024 年）学科名称与期刊数量　单位：篇

学科名称	CSSCI 期刊数量	CSSCI 扩展版期刊数量
法学	30	18
高校学报	77	21
管理学	42	16
教育学	43	18
经济学	76	33
考古学	7	4
历史学	31	10
马克思主义理论	24	6
民族学与文化学	18	13
人文经济地理	13	4
社会学	14	8
体育学	12	3

学科名称	CSSCI 期刊数量	CSSCI 扩展版期刊数量
统计学	4	1
外国文学	6	2
心理学	8	2
新闻学与传播学	20	8
信息资源管理	21	6
艺术学	29	14
语言学	30	10
哲学	15	3
政治学	43	15
中国文学	24	8
中华传统文化	11	3
自然资源与环境科学	7	3
宗教学	3	5
综合性社会科学	52	15
总计	660	249

因此，本书中所涉及的人文社科范畴是以上三大体系的并集，对于国内人文社科成果的统计主要是基于教育部学科分类以及 CSSCI 期刊目录基础上进行的，而对于国外人文社科成果的统计主要是基于 SSCI、AHCI、SCI 等学科分类及人文社科研究方向基础上进行的。

1.2.3　研究对象分类框架

本书以中国 1275 所本科院校为研究对象，根据办学类型和学科特点可以按四类体系将 1275 所高校划分成不同的类型，以便于不同高校之间比较分析，如表 1-4 所示。

表 1-4　　　　　　　　　　高等院校分类框架　　　　　　　　　　单位：所

分类标准	高校类别	高校数量	总计
第一分类体系：按高校办学体制划分	公办高校	850	1275
	民办高校	253	
	独立学院	161	
	合作办学高校	11	

分类标准	高校类别	高校数量	总计
第二分类体系：按公办高校学科类型划分	师范类高校	124	850
	财经类高校	53	
	政法类高校	38	
	艺术类高校	35	
	语言类高校	15	
	民族类高校	14	
	体育类高校	14	
	综合类高校	198	
	理工类高校	233	
	医药类高校	84	
	农林类高校	42	
第三分类体系：公办高校分为双一流与普通高校	双一流高校	144	850
	普通高校	706	
第四分类体系：按民办与独立学院学科类型划分	财经类高校	62	414
	艺术类高校	17	
	语言类高校	15	
	师范类高校	12	
	综合类高校	126	
	理工类高校	156	
	医药类高校	26	

1.3 研究内容

1.3.1 研究框架

本书主要围绕中国高校人文社科发展问题进行系统分析与综合评价，研究框架如图 1-4 所示。

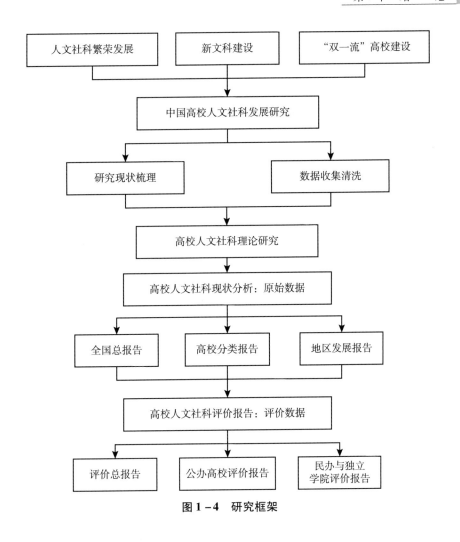

图 1-4　研究框架

  本书在中国哲学社会科学繁荣、国家全面推进"双一流"高校建设、新文科建设背景下提出要研究的核心问题，即高校人文社科发展分析与评价。首先，在梳理已有研究特点与数据收集清洗的基础上，对高校人文社科发展理论进行系统分析，从而为本书后续研究奠定坚实理论基础。其次，对高校人文社科发展现状进行综合分析，分别从总体视角、地区视角以及高校分类视角对科研项目、学术论文、科研奖励等原始数据进行系统分析。最后，对高校人文社科发展进行评价分析，分别从总体视角、公办高校视角以及民办与独立学院视角进行分析。

1.3.2　章节安排

  本书的主要章节安排如下。

第 1 章：绪论

本章主要介绍了本书的研究背景与研究意义，并对本书的重要概念与研究对象进行界定，进而对本书的研究框架、篇章结构与研究方法进行了介绍，最终全面总结了本书的研究特色及主要创新之处。

第 2 章：高校人文社科发展与评价

本章主要对人文社会科学的科学地位、学科特征、历时演变及发展趋势进行阐释，在此基础上进一步分析了高校人文社科评价的理论基础、评价内容、发展阶段以及存在的问题，并系统总结了高校人文社科评价的重要意义。

第 3 章：中国高校人文社科评价方法

本章主要介绍了高校人文社科评价的基本要素、指导思想以及评价指标体系的构建原则，进而阐述了本书中高校人文社科发展的评价方案，包括评价方法设计原则、权重赋值、评价方法、评价模型等方面，最终对数据采集与处理过程进行了说明。

第 4 章：中国高校人文社科发展总报告

本章主要从科研项目、学术论文、社科奖励维度对我国高校人文社科发展的总体情况进行深入分析，分析视角包括项目、论文及奖励的基本统计分析、在全国的贡献分析以及当量数据分析，科研项目包括高校国家社科项目、教育部人文社科项目，学术论文包括以高校第一单位发表的国际论文与国内论文，社科奖励包括高校取得的人文社会科学研究优秀成果奖、国家级教学成果奖、国家级一流本科课程奖以及全国教材建设奖。

第 5 章：中国高校人文社科发展分类报告

本章主要按高校的不同类别对高校的人文社科发展进行分析，分析视角包括双一流高校与普通高校、不同类型的公办高校（师范类、财经类、政法类等 11 类）以及不同办学体制的高校（公办、民办、合作办学），从人文社科科研项目、国内外学术论文以及高层次社科奖励等维度进行综合分析。

第 6 章：中国高校人文社科发展地区报告

本章主要基于地区视角分析高校人文社科科研项目、学术论文以及社科奖励的情况，以了解不同地区高校人文社科的发展情况，更好地认识不同地区高校人文社科的发展水平，并了解高校人文社科发展的区域特征，以便于更好地发现问题。

第 7 章：中国高校人文社科发展评价报告

本章主要对中国 1275 所高校人文社科发展综合能力进行分析，并进一步按地区进行分类分析、不同办学体制的分类分析以及按不同高校类型的分类分析，从宏观视角了解中国高校人文社科发展的总体水平。

第 8 章：公办高校人文社科发展评价报告

本章主要对公办高校人文社科发展水平进行综合评价与深度分析，包括公办高校人文社科的总排名分析，以及发展差距、地区分布等的进一步分析，并对不同地区内公办高校（31 个省份）、不同学科类型公办高校（师范类、财经类、政法类等 11 类）以及不同办学层次的公办高校（双一流高校与普通高校）进行分类分析及比较分析。

第 9 章：中国民办与独立学院人文社科发展评价报告

本章主要对民办与独立学院人文社科发展综合能力进行分析，包括民办与独立学院总排名分析、前 10 强、前 50 强等优势高校的分析以及发展差距、地区分布等的进一步分析，并对不同类型高校（财经类、艺术类、语言类等 7 类）的人文社科发展进行统计分析，最终对合作办学类型高校进行了统计分析。

1.3.3 研究方法

1.3.3.1 文献分析法

采用文献法主要是对高校人文社科发展研究领域的文献资料、重要论述、主要著作等进行系统性梳理，进而从浩如烟海的文献资料中收集与本书相关的信息，并对这些信息进行分析、整合和利用，全方面深入了解已有研究内容的特点、优势与不足，并系统性总结本书需要关注的重点内容，为本书的顺利开展奠定良好的基础。

1.3.3.2 统计分析法

采用统计分析法主要是对高校人文社科发展的现状及问题进行分析、归纳与总结。统计分析法是指对研究对象规模、速度、范围、程度等方面进行数量关系的呈现，通过对收集的各种数据资料进行数理统计分析形成定量的结论，从而认识并揭示研究对象的相互关系、变化规律和发展趋势，进而达到对研究对象的正确解释和预测的一种研究方法，无论是在自然科学领域还是社会科学领域均有广泛的应用。

1.3.3.3 定性分析法

采用定性分析法主要是对本书的核心概念、研究对象、理论基础等进行系统分析，如对人文社会科学的概念与内涵进行辨析，明确本书中人文社会科学的内涵并梳理人文化社科的发展历程，以及在研究对象的框架分析、评价原则、评价要素、评价结果的分析中广泛应用到定性分析方法。

1.3.3.4 多属性综合评价

采用多属性综合评价主要是对中国高校人文社科发展水平进行综合评价。多属性评价一般又称为多指标综合评价，在评价中选取几十个甚至上百个指标进行评价，具有信息量大、评价比较全面的优点，目前在科技评价、经济发展、公共管理、绩效管理等领域已有较为广泛的应用。

1.3.3.5 比较研究法

采用比较研究法主要是对不同科研成果、不同地区、不同高校等进行比较分析，从不同维度揭示高校人文社科发展特点及差异。比较研究就是对事物或者问题进行区分，以认识其差别、特点和本质的一种辩证逻辑思维方法，通常来说，它是把两种或者两种以上同类事物放在一起进行比较和分析，从而揭示事物发展的规律性，找出最有价值的东西，在分析问题、作出判断、制定政策等领域具有广泛的应用。

1.4　本　书　特　色

1.4.1　以重大问题和社会需求为指引

本书以新时代国家全面推进人文社会科学繁荣发展的重大战略需求为指引，立足于人文社科发展的重大问题以及社会的广泛关切，深刻把握学术研究为社会服务的宗旨，系统总结人文社科理论体系、发展脉络，并以高等院校为主体从科研项目、学术论文、科研奖励等维度综合分析高校人文社科的发展情况，有利于深入认识高校人文社科发展的优势与不足，旨在为提升高校人文社科发展水平提供重要参考。

1.4.2　以高校人文社科发展为核心评价内容

人文社科发展与自然科学存在较大不同，自然科学的应用研究往往可以取得经济回报，人文社科成果主要依托政府和高等院校，回报则以社会效益为主，而目前已有的报告在评价时并没有对文科、理科、工科等科研成果进行区分，人文社科的发展有其学科的特殊性，从高校人文社科角度进行分析与评价的报告目前比较罕见，本书正是专门围绕高校人文社科发展的综合评估报告，并且评价体系的设计尤其重视文化传承原则、成果优先原则、全国水平统一原则、高水平成果重视原则等，本书研究视角独特，率先开启了国内高校人文社科评价报告的先河，弥补了相关领域研究的不足。

1.4.3 强调人文社科成果导向

本书中的人文社科发展评价侧重于人文社科发展的成果，严格区分人文社科与自然科学，重点关注人文社科领域成果，关注人文社科成果的产出与转化。在本书中的评价指标中，师资队伍、人才培养、科研项目、学术论文、科研奖励、文化传承、国际化等方面的指标均属于人文社科领域，注重选取一些能够反映人文社科成果质量、效益的指标，同时兼顾数量，并注重不同高校人文社科成果的可比性。以人文社科成果为导向衡量高校人文社科发展水平，更能体现人文社科在社会发展中的贡献，更好发挥评价的导向功能，促进人文社科成果与效益的提升。

第2章 高校人文社科发展与评价

2.1 人文社会科学的地位与发展

2.1.1 人文社会科学对人类社会的意义

2.1.1.1 理解人类社会与文化

人文社会科学是人类认识和改造世界的重要工具，其研究在揭示人类社会的本质与结构方面具有深远的意义。首先，通过回溯历史，人文社会科学帮助人们梳理从原始社会到现代社会的发展历程，了解不同历史时期的生活方式、社会组织形式及文化传承。这不仅使人们更好地理解社会结构和人际关系的运作机制，还能够通过解释个体行为的动机与心理机制，揭示社会的演变规律。其次，人文社会科学通过深入研究不同文化，揭示各文化之间的差异性与共通性，促使人们在全球化背景下加深对文化多样性的理解与尊重。在这一过程中，它不仅帮助人们理解自身文化，还增强了跨文化交流与包容性。此外，在应对当代社会问题时，人文社会科学为资源分配、经济发展、社会治理等领域提供了理论支持，并对教育在社会进步中的重要性进行了深入探讨，通过推动法律体系的构建和社会秩序的维护，为社会的长久稳定与持续进步奠定了坚实的基础。

2.1.1.2 推动社会进步与发展

人文社会科学在推动社会进步与发展中发挥着不可替代的作用。作为人文科学与社会科学的交融学科，它不仅是人们认识、解释和改造世界的重要工具，更是衡量一个国家和民族文明水准、精神风貌及思维品质的核心标志。国家和民族的文明程度，除了体现在科技和经济的成就上，更表现在文化价值观和人文素养的厚度与广度上。通过对人文社会科学的研究，国家可以更好地传承和保护本土文化传统，塑造积极向上的精神风貌，增强文化软实力，从而提升国家的文明形象。在大国崛起与国际竞争的背景下，国家不仅面临自然科学和技术领域的挑战，还需要清晰地阐述和传播自身文化，确保在全球舞台上的文化表达和话语权。人文社会科学作为宣传思想文化建设的基石和理论支柱，其繁荣对国家现代化进程至关重要，不仅可以帮助理解社会现象和经济规律，为政策制定和社会管理提供有力支持，还可以促进社会进步与繁荣，助力国家全面发展，推动人类文明不断迈向新的高度。

2.1.1.3　培养思辨与创新能力

首先，人文社会科学通过对历史、文化、社会结构以及人类行为的研究，帮助人类理解和反思自身的发展历程与现实处境。这种对社会现象的系统性研究不仅启发人们以批判性思维看待现存的社会秩序和价值体系，还促使人们在复杂多变的社会环境中作出更加理性和具有前瞻性的判断。其次，人文社会科学在思辨能力的培养上发挥了重要作用。它强调多元视角和复杂性分析，要求人们打破单一的思维模式，结合历史背景、文化因素和社会现象进行深层次的思考。通过这种训练，个体和群体得以提高认知能力，避免简单化或片面的结论，从而更好地应对现代社会中复杂的挑战。此外，人文社会科学在创新能力的培养上也具有重要作用。它不仅提供了跨学科的理论工具和思维框架，还激励人们在不断变化的社会背景中突破传统观念，探索新的社会组织形式、文化表达和治理模式。例如，哲学、历史和社会学的研究成果可以为人类社会提供关于权力、正义、伦理等议题的深刻见解，进而激发创新的社会政策、教育模式和文化创造。

2.1.1.4　增进人类共同价值观

人文社会科学通过对不同文化和社会的研究，增进对不同文化和价值观的理解与尊重，促进人类共同价值观的形成与传承。它承载着思想的传承和文化的传播，通过思想的碰撞和文化的交流，推动社会的变革与发展。人文社会科学的研究强调社会参与和民主发展的重要性，为民主社会的建设和公民的参与提供了理论支持。此外，人文社会科学的关注点还包括社会福利和人类幸福，通过研究社会问题和社会政策，促进社会的公平与和谐，增进人类的福祉。人文社会科学的学术成果不仅深化了对人类社会的理解，也为社会进步与人类发展提供了宝贵的思想指引与实践方向。

2.1.2 人文社会科学的学科界定与特征

2.1.2.1 人文社会科学的基本内涵

针对人文社会科学的理解有两种方式：一种将其看作"人文社会"的科学，与自然科学形成对立；另一种将其视为人文科学与社会科学的合称，也可称为哲学社会科学或文科。本书所指的人文社会科学属于后者的范畴（任胜利，2021）。

人文社会科学是人文科学和社会科学的总称（崔延强和段禹王，2021）。人文学科涵盖了与人类直接相关的信仰、情感、心态、理想、道德、审美、意义、价值等各个方面的学科。它包含了那些既不属于自然科学，也不属于社会科学的学科。人文学科主要包括现代与古典语言学、文学、历史学、哲学、宗教学、神学、考古学、艺术等。这些学科以人文主义的内容和方法为特点。狄尔泰（2004）认为，人文科学由三个层次构成：第一层次描述通过感知描绘实在，构成知识的历史成分；第二层次说明从实在中抽象出的内容的一致行为，构成人文科学的理论成分；第三层次涉及价值判断和预定规则，包含了人文科学的实践成分。

社会科学是一门研究社会现象的科学。它借鉴了自然科学的方法和原则，致力于深入探索日益复杂的社会现象。在现代意义上，社会科学包括政治学、经济学、社会学、法学、教育学等学科领域。通过多个学科的协同研究，社会科学试图从多个侧面、多个视角对人类社会进行系统分类和深入剖析，以揭示社会的本质和发展规律（崔延强和段禹王，2021）。

一般来说，人文科学注重研究人的思想观念、道德精神和情感价值，侧重主观世界和精神文化方面，而社会科学主要研究人类社会整体的客观存在及其发展规律。综合来看，人文社会科学知识涵盖了审美情感到思想观念、从语言符号到生活世界、从个体生存到社会发展、从现实生活到精神文化、从历史到未来、从感性到理性以及从人文社会到宇宙自然等一切方面，各种知识都是天地时空之产物。知识面的扩展也必然增进认识世界的深度。人文社会科学从本质说，都是关于人的学问，在一定程度上都是"人学"。

人文社会科学以人类的精神世界和社会发展为研究对象，以关注人类的终极关怀为价值导向，以科学的思维方法和研究工具为基础，致力于认识和阐释人与世界的本质联系以及人类社会的发展规律，构建系统而严密的理论体系。它涉及人类意识、认知和知识，这些是人类在自然世界中独特的基础。人类的意志不仅关注自然界，还关注自身。对自然界的认知形成了自然科学知识，而对自身的认知则形成了人文和社会科学（曲庆彪，2004）。

通过人文社会科学的研究，可以深入探索人类的文化、价值观、社会行为、思维模式等方面。人文社会科学在揭示人类个体和社会的复杂性、多样性以及相互关系方面发挥着重要作用。它关注人类的情感、信仰、道德、价值观等主观层面，同时也关注社会结构、社会变迁、社会制度等客观层面。通过综合研究，人文社会科学努力探寻人类存在的意义、社会发展的规律以及人类与自然、人类与社会的相互作用。

2.1.2.2　人文社会科学的基本特征

人文社会科学成为一门综合性、多元性和有深远影响的学科，它帮助我们理解人类行为、社会现象和文化价值，为社会问题的解决提供理论依据和实践指导。人文社会科学基本特征可以从五个方面来认识。

第一，多样性与复杂性。人文社会科学研究涉及的知识涵盖了生存世界里人所能参照的一切领域，具有极大的丰富性和广博性。人文社会科学研究的对象是人类社会的多个领域和复杂现象。它涵盖文化、历史、政治、经济、社会关系、心理等方面。研究者需要综合使用不同的理论、方法和视角理解和解释这些多样和复杂的现象。通常采用比较研究、案例研究、质性研究等方法深入探索不同社会背景和文化之间的异同。

第二，解释性与理论性。人文社会科学旨在解释和理解人类行为和社会现象的原因、动机和影响。研究者通过构建理论框架和提出假设解释现象的本质和内在关系。使用归纳和演绎推理、实证研究和理论建构等方法验证理论，并通过不断修正和发展理论提供更好的解释。

第三，历史与文化性。人文社会科学关注社会和文化的演变，探索历史的进程和文化的传承。研究者通过研究历史文献、考古发掘、口述历史等方式还原过去的社会和文化场景，研究不同文化的信仰、价值观、习俗和传统，并探索它们对人类行为和社会组织的影响。

第四，主观性与客观性的结合。人文社会科学的主观性在于它关注人类主体的意义、价值观和心理状态。研究者探索个体的主观体验、思想和情感，并通过采访、观察等方法获取数据。然而，人文社会科学也追求客观性，通过系统性的研究方法和科学原则验证结论的可靠性。它使用量化和定性研究方法，运用统计分析和理论构建提供客观解释。

第五，社会影响与责任。人文社会科学的研究成果对社会产生重要影响，并具有社会责任。研究者的工作可以为政策制定、社会发展和文化交流提供重要参考和支持。同时，也需要关注社会正义、人权、社会关系的和谐等重要价值，对社会问题提供思考和反思，并致力于促进社会的进步和人类的福祉。

2.1.2.3 人文社会科学的学科

人文社会科学是对人类社会进行研究和理解的学科领域。它涵盖了广泛的学科范围，包括哲学、社会学、心理学、历史学、人类学、经济学、政治学、教育学、法学等。这些学科共同探索人类思想、行为、文化、社会组织和社会变迁等方面的问题，旨在揭示人类社会的本质、规律和发展过程。

（1）在人文社会科学中，哲学提供了对人类思维、价值观和存在意义的研究。它关注人类思考的本质、真理的探求和价值观的形成，通过逻辑推理和哲学思考，探索人类思维的规律和认识世界的方法。

（2）社会学研究社会结构、社会关系和社会变迁。它关注社会群体的行为、社会规范和社会组织形式，通过对社会互动、社会制度和社会变革的研究，揭示社会的运行机制和发展趋势。

（3）心理学关注个体的行为、认知和情感等心理过程。它研究人类的思维、情绪、行为以及个体之间的关系，通过实验和观察方法，揭示人类行为背后的动机和心理机制。

（4）历史学通过对历史事件和文化传承的研究，帮助我们理解社会的演变和发展。它关注人类社会的历史进程、历史事件的影响以及历史文化的传承，通过研究过去的经验和教训，为当前和未来的社会发展提供参考和借鉴。

（5）人类学关注不同文化和社会群体之间的差异和联系。它研究人类的文化、习俗、价值观和社会组织形式，通过对人类社会的多样性和共性的研究，促进文化的交流、理解和尊重。

（6）经济学研究资源的分配和经济活动的规律。它关注生产、消费和分配的过程，通过经济理论和实证研究，揭示经济行为的决策原理和市场机制，为资源的有效利用和经济的可持续发展提供理论支持。

（7）政治学研究政治制度、权力关系和治理机制。它关注政治行为、政府组织和政治决策的制定，通过研究政治力量的运行和政治参与的形式，揭示政治权力的分配和社会治理的机制。

（8）教育学探索教育对个体和社会的影响。它研究教育的目标、方法和效果，关注教育的价值观和教育政策的制定，通过教育理论和实践研究，为教育改革和发展提供理论指导和实践经验。

（9）法学构建法律体系和维护社会秩序。它研究法律的起源、发展和实施，关注法律对社会秩序和公正的作用，通过法律理论和法律实践的研究，为法律的改进和司法实践提供理论支持和实践指导。

这些人文社会科学学科的研究对象涵盖了人类的精神世界、文化价值以及社会组织和运行的物质客体。通过对人类社会的多维度研究，人文社会科学致力于揭示人类社会的本质、规律和发展趋势。它帮助我们深入理解人的思想、行为和文化，以及社会的结构、机制和变迁。同时，人文社会科学也为解决社会问题提供了理论基础和实践指导。它探索社会现象的根源和解决途径，为社会发展、社会公平和人类福祉作出贡献。通过跨学科的合作和不断创新，人文社会科学不断丰富我们对人类社会的认知，促进社会的可持续发展和人类社会的进步。

2.1.2.4　人文社会科学方法论

（1）实证主义。在方法论上，人文社会科学采用实证主义，借鉴社会科学方法的系统性、精确性以及经验性，并通过推导理论不断提升科学的精确性和先进性（张庆熊，2010）。工业革命的兴起引发了圣西门等对"新秩序"的认识，在圣西门的工业主义乌托邦思想的影响下，孔德提出了实证主义体系。他认为，所有知识都会经历从神学形式到形而上学形式再到实证形式的三个发展阶段，而实证主义则是科学主义的最高表达。孔德通过创立"社会学"这一研究领域以及对社会学方法论原则进行规范，确认了实证主义在社会科学研究中的重要地位。

实证主义在历史长河中经历了三代的发展。第一代以孔德、穆勒和斯宾塞为代表，他们强调通过观察和实证研究获得科学的知识。第二代以马赫和阿芬那留斯为代表，他们的学说被称为马赫主义或经验批判主义，强调科学研究的重要性和批判性思维的应用。第三代以石里克、卡尔纳普和纽拉特等为代表，他们的学说被称为逻辑实证主义或逻辑经验主义，注重逻辑分析和理论验证的方法。至今，实证主义的方法论取向始终占据着社会科学研究的主流地位，实证研究也成为现代社会科学研究的经典传统。它强调通过观察、实证和验证揭示社会现象的规律性和普遍性。然而，随着社会科学的发展和复杂性的增加，其他方法论的兴起也在丰富和拓展社会科学研究的视野和方法。

（2）人文主义。人文社会科学研究的方法论以韦伯等古典社会学家为代表的人文主义，强调了对社会行动的理解和意义的重要性。这种方法论认为，社会科学的研究对象具有自身的独特性和内在规律，因此不能简单地效仿自然科学的研究方法，而应该建立起适合自身学科特点的研究方法。韦伯认为，社会生活的独特性在于人的行动具有意义，并且这些意义是由行动者赋予的。人文社会科学研究方法强调对个体行为背后的动机、意义和价值进行深入的理解和分析。它注重研究对象的主体性和复杂性，尊重个体的自主性和多样性。研究者通过接触、观察和深入交流，努力理解个体的行为动机、社会互动和文化背景，从而揭示社会现象的内在意义和规律。与自然科学方法不同，人文社会科学研究方法更加灵活和富有创造性。它更注重对情境和背景的理解，借助个案研究、文献分析、历史比较和理论构建等方法深入探索和解释社会现象的复杂性和多样性。

（3）马克思的社会科学研究方法论。马克思主义社会科学研究方法论建立在实践观和历史唯物主义的基础上，具有一定的独特性和创新性。马克思主义方法论强调在实践的基础上考察主体和客体的关系，突破了传统社会科学研究方法论的局限性。在研究方法论上，马克思主义社会科学强调从实践出发进行研究，并将研究与社会实践相结合。马克思认为，社会科学的目的不仅仅是理解社会现象，更重要的是改变社会现实，推动社会进步。马克思主义方法论还强调历史的内在联系和社会的结构性特点。马克思认为，人类社会是由人与自然、人与人之间的双重关系构成的，人类社会和自然界既对立又统一，存在着相互作用的矛盾运动。马克思主义方法论关注社会的发展和变革过程，通过对社会历史的分析和社会结构的研究，揭示社会现象背后的规律和动力。马克思主义方法论还强调了对日常生活和人的实践的关注。马克思主义将思辨和理论归于日常生活和人的实践，强调研究者与研究对象的密切联系，追求真理的实践性和可操作性。

2.1.3 人文社会科学的演化及发展趋势

2.1.3.1 人文社会科学的演变过程

人文社会科学的发展历程漫长而复杂，从古代的哲学与伦理思想到现代跨学科研究，它一直与社会变迁、思想进步紧密相关。通过对人类社会、文化、历史和行为的系统性研究，人文社会科学不断发展，逐步从哲学和宗教中独立出来，形成了诸多现代学科。

（1）哲学和人文思想的起源。人文社会科学的起源可以追溯到古希腊和古罗马的哲学、政治学和伦理学。古希腊哲学家苏格拉底、柏拉图和亚里士多德探讨了人类的伦理、社会、政治制度等问题，奠定了西方思想的基础。例如，柏拉图的《理想国》探讨了正义、国家与人类灵魂的关系，而亚里士多德在《政治学》和《伦理学》中提出了关于道德和社会组织的基本理论。亚里士多德被视为许多现代学科的先驱，他的作品涵盖了自然哲学、伦理学和政治学的广泛领域。而在中国，早期人文思想以儒家和道家为代表。孔子和孟子提倡仁、义、礼、智、信的社会道德观，形成深远影响东亚文明的伦理体系。道家思想则强调人与自然的和谐，主张"无为而治"的政治理念。在印度，古代思想主要受到佛教和印度教的影响，探讨了轮回、因果报应等与社会结构相关的哲学命题。这些思想为印度次大陆的人文与社会结构奠定了基础。

（2）宗教与人文学科的互动。中世纪的欧洲是一个由基督教神学主导的时代，几乎所有的学术研究都围绕着宗教展开。奥古斯丁和阿奎那等基督教思想家对伦理、社会、国家权力等问题的讨论，均以神学为基础。中世纪的思想虽然以神为中心，但也为后来的哲学和社会科学发展奠定了部分基础。与欧洲相似，阿拉伯世界也在这一时期成为学术活动的中心。赫勒敦的《历史绪论》提出了文明兴衰的规律，强调了社会结构对历史进程的影响。赫勒敦被认为是社会学的奠基人之一，他提出了许多社会动态理论，如群体认同的概念，这些理论在后来深刻影响了社会学和历史学的研究。

（3）人文主义的复兴与理性思维。文艺复兴（14～17 世纪）是欧洲思想文化的复兴时期，标志着对古希腊和罗马经典的重新发现和重新解释。人文主义作为这一时期的核心思想，强调人的理性和个体价值，反对宗教的束缚，推动了文学、艺术、哲学等学科的进步。彼特拉克等人文主义学者提倡复兴古典文化，关注人的经验和人类世界的实际问题，而非神学教条。这种思潮促使学术从神学领域向独立的哲学、历史、政治学等方向发展。社会思想逐渐转向世俗生活和人类事务，为现代人文社会科学的萌芽奠定了基础。

（4）现代社会科学的奠基。17～18 世纪的启蒙运动是人类思想史上的重要转折点，标志着理性主义和科学方法的兴起。启蒙运动时期的思想家强调运用理性解释世界，挑战传统的权威，尤其是宗教权威，从而推动了人文社会科学的现代化。在哲学领域，笛卡尔提出了"我思故我在"的命题，强调了人的主观能动性和理性思考的核心地位，推动了现代哲学的发展。在政治学领域，霍布斯、洛克、卢梭和孟德斯鸠等提出了社会契约论，探讨了国家权力的合法性与公民权利之间的关系，奠定了现代政治学的基础。在经济学领域，斯密的《国富论》被视为现代经济学的开端，提出了自由市场经济理论，极大地影响了后来的经济学发展。启蒙运动的思想在社会学、法学等领域也产生了深远影响。社会学方面，启蒙思想家如孔德、韦伯等探索了社会结构和个人行为之间的关系，推动了社会科学作为独立学科的形成。法学领域，启蒙运动推动了自然法和人权的理论发展，为现代法治奠定了理论基础。此外，教育、历史等领域也在此期间开始重视系统性研究，人文社会科学逐渐摆脱神学束缚，迈向独立与理性的发展道路。

（5）学科分化与社会科学的独立。到 19 世纪，人文社会科学逐渐迈向专业化，逐步从哲学、神学等广义的思想体系中分化，摆脱了原本依赖哲学的框架，形成了多个独立的学科领域。这一时期的学术研究呈现出更明确的研究对象和方法体系，推动了现代学科的诞生。在历史学领域，冯·兰克引入了基于文献批判的科学化研究方法，强调客观性和精确性，奠定了现代历史学的规范和研究标准；在社会学方面，孔德首次提出了"社会学"这一学科，主张通过实证主义的方法研究社会结构和动态，推动了社会学作为独立学科的确立。孔德的实证主义思想倡导以科学方法和经验观察为基础理解社会现象，为社会学的理论奠定了重要基础。

与此同时，经济学也逐步发展，继斯密之后，李嘉图和卡尔·马克思等思想家深入探讨了资本主义经济系统与社会的关系。马克思的《资本论》通过对资本主义生产模式的深入分析，揭示了其内部的矛盾与运作机制，对后来的社会经济学理论产生了深远影响，成为经济学理论的重要里程碑。在心理学领域，随着弗洛伊德等提出精神分析理论，心理学从哲学中分离出来，成为一门专门研究人类心理过程与行为的独立学科。弗洛伊德的理论尤其强调潜意识和个体心理动力学，对心理学学科的独立发展起到了关键作用。

人文社会科学学科的分化与细化，这不仅标志着现代学科体系的形成，也为日后人文社会科学在更复杂和多样化的社会环境中发挥重要作用奠定了基础。

（6）跨学科发展与全球化影响。20 世纪是人文社会科学深化和跨学科研究兴起的关键时期，见证了全球化的加速及思想文化的全球交流。在此期间，学科之间的边界逐渐模糊，跨学科研究大量涌现。例如，行为经济学结合了经济学和心理学的研究方法，而文化研究融合了文学、社会学和哲学的思想。此外，后殖民主义和批判理论兴起，挑战了西方中心主义，探讨权力、性别和身份等议题。技术的发展也引发了学术界对技术与社会关系的关注，尤其是在信息技术、互联网和人工智能等领域。与此同时，全球化的视角逐渐融入人文社会科学的研究，关注不同文化背景下的社会结构、历史过程与文化现象，使学术研究更加多元化和包容性。

2.1.3.2　人文社会科学的发展趋势

进入 21 世纪以来，世界经济高速增长、科学技术飞跃发展以及文化交流的频繁推动，为社会科学的繁荣和发展创造了前所未有的条件。然而，与此同时，人口、资源、环境和生态危机不断加深，地区冲突频发，全球性挑战等现实问题亟须解决。这些复杂因素的相互作用和矛盾冲突，使解决问题越来越依赖社会科学研究的成果，从而推动了现代社会科学以前所未有的速度和态势的快速发展。这为人文社会科学的发展提供了机遇，同时也带来了挑战。

经过不断的发展，我国社会科学的研究取得了长足的进步，传统人文学科也形成了百家争鸣的态势。伴随着国际形势的急剧变化，文化与文明的交流互鉴、智能哲学与人类未来的基础性、本源性研究迫切要求提升传统人文社会科学研究范式；此外，随着国家治理体系和治理能力现代化的深入，社会变革与治理、风险预警与应对、非传统安全与国家利益、文化传承与创新等领域迫切要求人文社会科学服务国家需求、面向科学前沿，开展集成性、引领性、创新性的跨学科研究。在这一背景下，社会科学不断开拓新的研究领域，涌现出各种新的边缘学科、交叉学科和新兴学科。人文社会科学研究机构和研究队伍日益壮大，形成了数量庞大的分支学科群。研究手段的进步和研究水平的提高，以及学术交流的频繁进行，进一步彰显了人文社会科学的重要作用。主要发展趋势体现在以下五方面。

（1）夯实学科基础。夯实学科基础意味着以系统思维的方式回应时代的需求，突出民族特色，弘扬中华文明，并贡献于人类文明的发展。这要求人文社会科学与其他学科相互融合，形成协调有序的学科体系。此外，夯实学科基础也要求将传统学科与新兴学科、前沿学科、交叉学科和冷门学科有机地结合起来，以应对当代社会发展中的新问题和挑战。为了夯实学科基础，高校应推动学科体系的自主建构，整合马克思主义研究资源、中华优秀传统文化资源和国外人文社会科学资源。同时，要加强马克思主义理论学科建设，推动重点支撑学科的发展。通过有组织的科研和研究机构的合作，加强对新兴领域的研究，不断完善学科的布局和结构，以确保基础学科的健全扎实，重点学科的优势突出，新兴学科和交叉学科的创新发展，以及冷门学科的传承与发展。

（2）鼓励跨学科研究。新形势下，学科交叉与融合现象日益增加。学科间交互产生新的学科增长点，学科内涵和外延不断扩展。社会科学学科与自然科学学科的联系日益紧密，并发展出一系列交叉学科，如国家安全学等新设的一级交叉学科。这些学科既可以授予工学自然科学学位，又可以授予管理学、法学等社会科学学位。在人文社科内部，各类学科间的交融更为常见。跨学科的研究方法在社会科学中的应用使学科结构变得更加灵活。它消除了学科门类、具体学科边界以及地域上的人为割裂，实现了不同门类、不同学科和不同地域之间的沟通交流。这为学科体系的重组提供了基础和保障，成为社会科学发展的重要趋势。学科的边缘通常是最活跃的地带，许多跨学科和交叉学科的专业就诞生于这里。例如，美国兴起的制度经济学就是将法律制度与经济学结合形成的最新颖和富有创新性的经济学流派。通常，学科的交叉和重叠通常发生在四个层面：社会科学各学科内部、人文科学各学科内部、人文科学与社会科学之间以及人文社会科学与自然科学之间。中国特色人文社会科学学科体系应涵盖各个领域，包括传统学科、新兴学科、前沿学科、交叉学科和冷门学科。

（3）增强应用性。人文社会科学应紧密关注当代社会需求，构建系统化、结构化和体系化的学科体系，以回应新发展阶段和国家发展需要。它应通过系统思维，突出民族特色，弘扬中华文明，贡献人类文明，引领学术发展，服务立德树人，并将重点转向解决社会生活中的实际问题。目前，各国政府越来越意识到解决社会问题需要依靠科学研究，因此调整科研政策，增加经费投入，加强人文社会科学研究，为国民经济发展和社会治理的决策提供科学依据。这种转变使人文社会科学的研究越来越注重实用性，并通过解决社会问题来影响和改善社会生活。

（4）数字化与计算化趋势。互联网、大数据、区块链和人工智能等新一轮科技革命正引领人类社会迈向一个全新的数智时代。在这一新形势下，传统的学科分类和知识服务体系已难以适应学科发展的动态现状。为了满足高等教育内涵式发展的总体要求，人文社会科学的发展必须面向新文科建设。新文科要以大文科思维为基础，统筹协调人文社会科学与自然科学之间的融合与发展，建立一个全新的学科体系。在面对数智时代的挑战和机遇时，建设哲学社会科学话语体系至关重要。要加强基础研究，进行重大创新，将科学主义和人文主义相互渗透、分析和综合思维互补并用。跳出传统思维框架，跨越学科边界，实现大跨度、大纵深的交叉融合创新。其中，计算社会科学和数字人文将成为新文科建设的重要指导。利用大数据和计算机运算方法，构建模型来模拟和分析复杂的社会经济现象，借助计算机和多媒体表达辅助进行人文学科研究。这些新兴技术将为人文社会科学研究带来全新的可能性和方法。此外，人文社会科学还要顺应社会发展需求，更主动地运用科技新成果和新工具，接受和获取生产知识，实现资源优势的互补与共享。

（5）国际化趋势。经济全球化、文化多元化、政治多极化、互联网技术的发展以及新技术革命的爆发，赋予具有不同历史文化背景的国家面临的社会发展问题以国际化的意义。这促使世界范围内的政治、经济和文化交流成为最显著的发展趋势。这种趋势推动了人文社会科学研究在更广泛和更深入的层面上实现交流和互补，使各国人文社会科学的发展形成相互关联、相互协调的有机整体。全球性问题，如环境、资源、人口、教育公平和收入差距等，都是人文社会科学研究领域中全球共同面临的问题。全球共同利益促使人文社会科学研究者形成了世界范围的科研共同体。因此，人文社会科学的研究需要扩展国际视野，推出具有世界水平的研究成果。

2.2　高校人文社会科学的发展

2.2.1　高校人文社会科学评价的发展阶段

2.2.1.1　高校人文社会科学评价的起步阶段

国外的科学评价研究工作最早始于 20 世纪 20 年代，主要由美国率先展开，接着法国、德国、加拿大、日本、丹麦、英国、澳大利亚等国也相继进行了相关研究。这些国家在人文社会科学评价领域的研究各具特色，其中美国的研究最为丰富和成熟，已经形成了相对完整和有效的管理体系，代表了人文社会科学学术评价研究的先进水平。

相比之下，我国在人文社会科学学术评价研究方面起步较晚，大约在 20 世纪 80 年代逐渐开始展开相关工作。与国际先进水平相比，我国的人文社会科学评价发展水平仍存在较大差距。虽然我国已经开展了一系列的评价工作，但在理论体系的构建、评价方法的研究和指标体系的建立等方面仍有进一步发展的空间。在这一起步阶段，我国的人文社会科学评价研究面临着多个挑战和问题。首先，缺乏科学有效的评价体系和方法，无法全面准确地评价人文社会科学研究的质量和价值；其次，对于人文社会科学的评价标准和指标体系尚不完善，难以准确衡量学者的学术贡献和研究成果的影响力；最后，评价过程中可能存在主观偏见和不公正现象，需要进一步提升评价的客观性和公正性。

2.2.1.2　高校人文社会科学评价的制度化阶段

随着学科在社会进步发展的重要性日趋凸显，建制单位（政府、学术机构等）需要对学科各方面进行评价，以进行更为有效的公共资源分配，促使知识向有利于社会经济、国家利益的方面发展。以人文社会科学学术评价发展最成熟的美国为例，美国已建立用于评价人文社会科学学术成果的标准体系，包括数量标准、质量标准、学术影响标准、社会效益标准等，根据不同需要对学术成果展开评价；对于不同类型的学术成果，采用不同的评价方式，如在对基础理论成果进行评价时主要采用引文计量法、同行评议法等，而对应用与发展研究成果的评价则采用社会实验、民意测验、政策效果评估等评价方法（宋少强，2007）。这些现象皆表明，美国的人文社会科学学术评价已基本实现科学化、系统化，评价中不仅有专家的同行评价，还形成了社会化的评价组织和方式，已基本形成一个良好的学术评价机制。而我国的人文社会科学学术评价机制鼓励研究人员多出成果，被评价者也是建制内人员与机构，同时制度化的评价倾向荣誉性，通过对优异给予充分的肯定并且根据已有绩效基础进行经费投入管理，如经费投入方式、结项成果等都有明确规定（邱均平和任全娥，2007）。

2.2.1.3 高校人文社会科学评价的多元化阶段

在高校人文社科评价多元化阶段，把定性评价和定量评价结合起来，积极探索不同形式的评价方法，不断完善。评价工作逐渐关注到学科特色、研究团队、社会影响等更多方面。根据社科研究可以分为基础理论性研究与应用实务性研究，社科领域各专业性质不同、功能不同，不仅要有经济成果也要有理论贡献。评价要从实用型、应用型、经验型社科领域各专业在响应国家发展战略、构建中国特色，服务于社会治理及国家决策方面提高社科研究成果质量。在评价指标和标准方面不再局限于数量和质量，还包括创新性、学术影响力、社会影响力等维度。评价方法和手段也更加多样化，包括专家评审、学术评议、学术调查、社会反馈等方式。评价的内容更加全面和综合，注重发现学科的优势和特色，推动学科发展和创新。

2.2.1.4 高校人文社会科学评价的新时代阶段

全球治理与社会变革、科技进步与经济发展拓展了传统人文社会科学研究的领域和范畴。自2011年以来，国家发布了《高等学校哲学社会科学繁荣计划(2011—2020)》《高等学校创新能力提升计划》《关于加强中国特色新型智库建设的意见》《关于加快构建中国特色哲学社会科学的意见》等系列文件，为我国人文社会科学的系统化建设作出了战略性部署和指导。新时代，人文社会科学的转型提升与创新发展已成为高校哲学社会科学管理工作亟待回答的时代问题。2019 年，教育部决定实施"六卓越—拔尖"计划 2.0，推进新文科建设，就是要回应时代需求对文科发展提出的新战略，就是要立足新时代，引领人文社会科学新发展，实现文科、理科、工科、农科、医科等融合交叉的新文科，与互联网、大数据、人工智能、基因工程等密切联系的新文科，从而实现社会主义现代化国家建设中"人的现代化"建设目标。新文科建设为国内高校人文社会科学建设提供了千载难逢的机遇和未来光辉灿烂的前景。

2.2.2　高校人文社会科学评价的理论基础

2.2.2.1　系统科学理论

系统论认为，世界上的万事万物，都构成大大小小的系统，大系统由很多小系统组成，而每个子系统则由更小的子系统组成，系统之间既相互联系又相互区别，通过对系统之间和系统内部的分析，可以使纷扰复杂的问题层次化、简单化，从而达到解决问题的目的。学科评价就是一个复杂的大系统，它是由多个相互联系的要素组成的，学科评价过程也是一个复杂的系统过程，需要系统论作为理论指导。一般而言，系统论具有以下五个基本特性。

系统论强调了五个鲜明特征，即整体性、相关性、目的性、层次性和动态性。第一，系统是由各要素有机联系、组织起来的产物，其整体性不是简单的要素相加，而是在整体与要素、层次、结构、环境之间的关系中得以揭示。第二，系统中各要素之间存在着普遍联系，表现为相互依存和制约、协同与竞争的关系，这种相关性是系统维持整体性和部分独立性的统一。第三，系统具有目的性，即在一定程度内其发展变化不受条件和途径的影响，表现为系统发展的阶段性和目的性与发展的一定阶段相联系。第四，系统内部存在层次性，各要素按照不同质的规定性组成系统等级，形成具有质的差异的系统等级，不同质的系统之间相互联系，处于普遍联系之中。第五，系统是动态的，系统内部结构随时间变化，且与外部环境存在着物质、能量和信息的交换，系统是开放的。在学术评价活动和学科发展中，应遵循系统论的原则和方法，不断优化和调整系统，以实现科学活动的发展与进化。

2.2.2.2　计量学

从哲学的角度来讲，一切事物都是质和量的统一，把握事物的质是人们实践活动和认识活动的最基本的条件，而量是质的等级、规模、范围和结构的表现，认识量是认识质的深化和精确化，才能正确估计事物在实践中的地位和作用。科学评价包括"质"的评价和"量"的评价两个方面,"量"的评价主要是通过数学方法和统计学方法对评价对象的数量特征和规律进行统计分析(即计量)反映其发展状态和水平及其规律(文庭孝和邱均平,2006)。计量是关于测度的科学,是人类探讨、分析和研究事物客观规律的基本手段。计量学包括文献计量学、科学计量学、知识计量学和网络计量学等,即"五计学",共同为学术评价的定量分析奠定了理论和方法基础,文献计量学和科学计量学在各领域评价中的应用较多,基于计量学的评价方法已经被广泛应用于科研人员评价、科研项目评价、科研机构评价、学科评价、期刊评价等方面。

2.2.2.2.1 文献计量学

文献计量学的研究可以追溯到 20 世纪初,1917 年,科尔(F. T. Cole)和伊尔斯(N. B. Eales)采用定量的方法研究 1543 ~ 1860 年的比较解剖学文献,被认为是文献统计工作的起点。1923 年,英国文献学家胡尔姆(E. W. Hulme)在编著《统计目录学与现代文明增长的关系》中首次提出了"统计书目学"(statistical bibliography)一词,认为它是通过简单的文献计数并用常规统计方法揭示人类文明进程的定量研究手段。随后文献计量学进入发展阶段,该时期注重理论研究与规律发现,提出了著名的文献计量学的三大基本定律。1926 年,A. J. 洛特卡(A. J. Lotka)在《华盛顿科学院会刊》上发表了一篇关于"科学生产率的频次分布"的论文,首次研究并揭示了科技文献数量与著者数量之间的关系,即洛特卡定律。1934 年,英国著名的文献学家 S. C. 布拉德福(S. C. Bradford)提出了描述文献分散规律的经验定律——布拉德福定律。1935 年,美国语言学家 G. K. 齐普夫(G. K. Zipf)用大量的统计数据来验证前人有关词频分布规律的研究成果,提出了齐普夫定律。1969 年,英国情报学家阿伦·普理查德(A. Pritchard)首次提出用"文献计量学"概念替代"统计书目学",这一术语的出现标志着文献计量学的正式诞生。20 世纪 60 年代以来,文献计量学的研究范围进一步拓展,尤其是网络技术的迅速普及,涉及的领域和主题也越来越多,出现了以网络信息为研究对象的"网络计量学"。

文献计量学以文献体系和文献计量特征为研究对象,采用数学、统计学等的计量方法,研究文献情报的分布结构、数量关系、变化规律和定量管理,并进而探讨科学技术的结构、特征和规律的一门分支学科,它是情报学的一个重要理论分支学科,也是一门边缘学科(宋艳辉和邱均平,2019)。文献计量学是以文献及其特征为研究对象,通过定量研究方法对文献及其特征进行研究,对文献情报流的机理进行探讨,如论文作者指标、引证文献与被引证文献及二者之间的关系、文献的利用情况、书目、文献、索引等,了解文献内在的数量特征以及分布规律，如文献的增长规律、老化规律以及分布规律等，揭示文献的本质特征和规律性，有利于把握科学技术发展的趋势和研究热点，也可以据此对图书情报系统中的文献进行科学有效的管理。

文献计量学的研究方法主要包括书目分析法、引文分析法、数学模型法、系统分析法、矩阵分析法、内容分析法以及网络分析法等。

2.2.2.2.2　科学计量学

科学计量学起源于 19 世纪末，1873 年瑞士植物学家阿尔丰沙·德堪多（Alphonse de Candolle）发表了《二百年来科学和科学家的历史》，采用统计方法对科学家进行相关统计，还运用数学方法建立了多个指标比较各国的科学发展状况，被誉为对科学进行计量的先驱。1874 年，英国遗传学家弗朗西斯·高尔顿（Francis Galton）发表了《英国科学》，被认为是科学计量学中质量分布研究的先导。1917 年，动物学家科尔（F. T. Cole）和博物馆馆长伊尔斯（N. B. Eales）以文献作为切入点对科学进行定量研究开创了科学计量学的一个新领域。美国科学史家德里克·普赖斯（Derek De Solla Price）出版的《巴比伦以来的科学》和《小科学、大科学》以及美国情报学家尤金·加菲尔德（Eugene Garfield）的《科学引文索引》，被认为是科学计量学发展史上的两件奠基性大事，为科学计量学研究奠定了理论和数据基础，普赖斯也被认为是"科学计量学之父"。1969 年，苏联学者纳利莫夫（V. V. Nalimov）和穆利钦科（Z. M. Mulchenko）合著的《科学计量学：把科学作为情报过程来研究科学的发展》，首次提出了"科学计量学"这一术语，并将其定义为"研究分析作为情报（信息）过程的科学的定量方法"，转译为英语"scientometrics"，科学计量学自此进入了发展时期。

科学计量学是以科学为研究对象，采用数学、统计学等定量研究方法，反映科技活动的规模，描述科学体系的结构，探究科学发展的内在运行机制，揭示科学发展的规律，并对其发展趋势进行预测，为科学技术事业宏观政策管理和微观管理提供重要的依据，是科学学的一门重要的分支学科。

从宏观上来讲，科学计量学是以科学为研究对象，研究科学的量化问题，包括科学的投入、产出以及过程。从微观来讲，科学计量学是以科学知识载体为研究对象进行量化研究，例如，文献、专利及其他形式的科学信息。典型的科学计量学研究问题有：①科学研究的生产率问题。②科研资金投入的最优化。③通过科学计量学方法和指标预测学科发展趋势和确定资助重点。④通过科学计量学方法和指标识别科学的不同学科之间以至科学活动同技术活动之间的联系，从而为跨学科研究和理性的科技政策制定提供指导。⑤通过科技产出指标进行科研绩效评估。⑥描述科学活动规律和准规律的各种数学模型，如"成功导致成功"的数学模型、洛特卡定律、布拉德福定律、齐普夫－帕累托分布等。⑦用科学计量学方法和指标研究科技人才和科技教育问题。

科学计量学研究内容主要包括以下三个方面：①科学的量化研究。科学计量学是对科学学的定量研究，其首要关注的是科学的量化问题。量化的数据资料是揭示科学发展规律的前提，也是进一步探究科学内在机制的基础。但是，由于科学的复杂性，科学数量化的应用是有一定范围的。②科学计量模型的研究。从不同的角度建立各种科学模型，揭示科学发展规律，是科学计量学研究的核心内容。③科学计量学的应用研究。对科学生产的投入和产出的各个方面，以及科学内、外各种关系的定量化研究也是科学计量学研究的重要内容。科学计量学已被广泛应用到科学潜力的评价、科研状况的发展分析、水平动向的评估和对科学发展趋势的预测等许多方面。随着科学计量学的不断深入发展，它对科学学、科技管理，以及整个科学发展的影响和作用将越来越明显地体现出来。

科学计量学研究方法主要包括统计分析法、引文分析法、词频分析和内容分析法、共现分析（包括共词分析和共被引分析）、社会网络分析、多元统计分析以及信息可视化等。

2.2.2.2.3 信息计量学

信息计量学研究始于 20 世纪末，1979 年，德国学者昂托·纳克教授（Otto Nacke）最早提出德文"信息计量学"这一术语，随后很快就出现了英文术语"Informetrics"。1980 年，国际文献联合会（FID）设立了"信息计量学委员会"（Committee On Informetrics），并拟定了长期信息计量学教学与研究工作计划，以促进信息计量学的发展。1980 年 9 月，第一次情报计量学（含科学计量学）研讨会在德国召开。1987 年，第一届文献计量学与情报检索理论国际研讨会在比利时召开，布鲁克斯在会上提议将"Informetrics"术语补充到拟于 1989 年在加拿大召开的第二届国际学术会议的名称中，得到了与会学者的普遍赞同和支持。1991 年在印度、1993 年在德国召开的第三届、第四届国际会议上，布鲁克斯的意见都在一定程度上被接受了。1995 年 6 月，在美国芝加哥召开的学术会议就改名为"第五届科学计量学和情报计量学国际会议"，文献计量学被包括在内而在会议名称中被取消了，现名为"国际科学计量学和信息计量学学会"（International Society for Scientometrics and Informetrics，ISSI）主办的两年一次的国际研讨会名称的变化也说明"信息计量学"得到了国际学术界的认可。

信息计量学有狭义和广义两种定义。其中，狭义的信息计量学是指"信息计量学"（或情报计量学），主要是研究情报信息（或文献情报）的计量问题，是应用数学、统计学等定量方法分析和研究信息的动态特征和内在规律。广义的信息计量学是探讨以信息论为基础的广义信息的计量问题，研究范围非常广泛（文庭孝，2020）。信息计量学是在文献计量学、科学计量学的基础之上拓展而来的，是情报学定量化发展的产物。以信息为计量单元，通过引入量的概念以及定量研究方法，揭示其体系结构和数量变化规律，充实情报学和信息管理学理论的广度和深度，提高其精确性和科学性，为情报信息系统提供依据，使信息管理工作更有效地为科学、技术和社会发展服务。

信息计量学的研究对象是各种信息的数量方面。20 世纪 90 年代中期，巴克兰（Michael Buckland）对信息概念进行阐述，认为信息有三种含义：即信息作为过程（过程信息）、信息作为知识（知识信息）、信息作为事物（事物信息），其中，事物信息包括数据（data）、文本（text）、文献（documents）、实物（object）、事件（events）。广义上的信息计量学是以广义信息论为基础，其研究对象包括过程信息、知识信息以及事物信息。狭义的信息计量学主要研究事物信息的数量方面，即数据（data）、文本（text）、文献（documents）、实物（object）、事件（events）等，既包括通过正式交流产生的事物信息，也包括通过非正式交流产生的事物信息。

信息计量学的研究内容主要包括以下几个方面：①信息计量学的理论研究，包括学科的基本问题研究、信息的基本测度研究以及信息分布变化规律与信息流模型评价研究。②信息计量学的方法研究，包括信息计量学方法的探讨、信息计量工具的自动化实现方面的研究以及信息计量的应用软件研究。③信息计量学的应用研究，目前信息计量学已被应用于情报学理论研究、图书馆管理、信息分析和预测、信息检索以及科学评价等方面。随着信息计量学的深入研究，其应用范围也在不断拓展。

信息计量学的研究方法主要有统计分析法、数学模型分析法、引文分析法、词频分析法、共现分析法、聚类分析法和计算机辅助信息计量分析法等。

2.2.2.2.4 网络计量学

网络计量学始于 20 世纪 90 年代后期，起初表现为文献计量学在网络中的应用。1997 年，阿尔明等（T. C. Almind et al.）在 "Informetric analysis on the World Wide Web：Methodological approaches to 'Webometrices'" 一文中首次提出了 "Webometrics" 这一术语，他认为，情报计量方法完全可以应用到万维网上，只不过是将万维网看作引文网络，传统的引文由 Web 页面所取代，开创了网络计量学研究的先河。1997 年，网络电子期刊 Cybermetrics 创刊讨论会在西班牙新德里召开，选题范围包括文献计量学、科学计量学在网络信息分析中的应用，标志着网络计量学成为一门独立的新兴学科。随后，以 Cybermetrics 和 Webometrics 为主题的研究大量涌现。

网络计量学是采用数学、统计学等定量研究方法，对网上信息的组织、存储、分布、传递、相互特征和研究利用等进行定量描述和统计分析，以揭示其数量特征和内在规律的一门新兴学科。通过对网上信息的计量分析，对网上信息进行有效组织和合理分布，达到网络信息资源的优化配置和有效利用，为网络管理的规范化和科学化提供必要的参考依据，提高网络信息组织管理水平。此外，其有利于研究网络环境下的科学信息交流和传播，分析和掌握科学发展状态，探讨科学的发展趋势。

网络计量学的研究对象分为三个层次：①网络信息本身的直接计量，包括数学信息、文字信息以及集文字、图形和声音于一体的多媒体信息等。②网上文献的信息计量，网上文献包括数字论文、电子期刊、电子图书等信息资源，探索文献计量学在网络环境下的新规律，包括著者分布规律、文献分散规律、增长与老化规律、引文规律以及对这些规律的理论揭示和数学模型的研究。③网络结构单元信息的研究，包括网站、网页、链接、数据库等信息资源，主要研究网络结构单元之间的相互引证和联系。

网络计量学的研究方法包括文献信息统计分析法、数学模型分析法、网络链接分析法、书目分析法、系统分析法、关键词统计分析法、关联数据分析法（包括聚类分析、共词分析、同域分析法等）、计算机辅助文献计量分析法、Web 信息检索算法、图论分析法以及社会网络分析法等。

2.2.2.2.5 知识计量学

知识计量学是以整个人类知识体系为对象，运用定量分析和计算技术对社会的知识能力（生产、流通、消费、累积和增殖等）和知识的社会关系（组织形式、协作网络、社会建制等）进行综合研究的一门交叉学科，是正在形成的知识科学中的一门方法性的分支学科（刘则渊和刘凤朝，2002）。

知识计量学的研究对象包括知识载体和知识内容两个维度。其中，知识载体的计量包括知识载体的数量特征、发展规律和结构关系的计量，既包括图书、期刊、论文、专利等编码化的文献知识载体的数量、质量和关联，也包括隐性的人脑知识载体的数量、质量和关联；知识内容计量包括知识内容的数量特征、发展规律和结构关系，如科学知识、技术知识、专利知识的直接计量研究（文庭孝和刘璇，2013）。

知识计量学的研究内容包括以下四个方面：①知识量测度，包括知识的数量特征、结构特征和时空分布等方面。②知识质量测度，主要是对知识成果中知识的含量、水平、层次、创新度以及影响度等方面的测度。③知识价值测度，主要是研究知识活动中的成本和收益、投入和产出、生产和分配、重新和转移等问题，确定知识产品或知识商品的价值和价格等。④知识关联发现，包括知识关联链与知识关联网络的发现与构建，主要是分析知识主体和主体单元之间存在的复杂的关联关系。

知识计量学的研究方法主要包括无形资产评估方法、人力资本测度方法、知识资本评价方法、引文分析法、内容分析法、知识可视化以及价值评估方法等。

2.2.2.2.6 "五计学"与学科评价

文献是学术成果的主要表现形式，文献的质量和数量是衡量学者、机构、学科乃至整个国家学术水平的重要指标。"五计学"用于学科评价基于各学科研究成果的理论基础是学术成果及相关特征的数量变化和分布规律，如科学增长的指数规律、三大经典规律（洛特卡定律、布拉德福定律、齐普夫定律）、普赖斯定律等，对学术成果数量、质量、相互引证等进行定量描述和统计分析，运用数学和统计学的方法，将文献信息过程中的基本规律用数学模型表示出来，从不同的方面反映学术成果的数量特征和内在规律。"五计学"方法是学术评价中最常用的定量方法，是对同行评议方法的辅助，通过定量指标分析一个地区、国家科研发展现状和趋势，以此为依据制定合理的科研政策。此外，还可以用于研究学术研究热点，从而决定科研资源的分配与使用。

但是"五计学"的方法并不是万能的，具有一定的局限性。①韦恩斯托克（Meluin Weinstock）分析了 15 条引用动机，而索恩（Thorne）总结了六条非正常动机，实质是对被引文献的一种否定，而计量学方法将这些引用一视同仁，认为这些引证同等重要。②不同类之间的特征不同，不能进行类比较，如理论研究者与应用研究者、不同学科之间不能直接比较。③计量学的理论和方法对个体的评价作用有限，对于学科、机构、国家层面的评价结果才更有意义。④计量学方法对数据的质量要求较高，不仅要求数据库收录完备，还需要保证数据是准确的，指标是合理的。

2.2.2.3 科学管理与决策论

科学管理与决策理论是指在组织管理和决策制定过程中运用科学方法和理论，以提高管理效率、决策质量和组织绩效的学科领域。科学管理理论主要关注组织的运作和管理，强调通过科学的方法和技术提高生产效率和工作效率。

其中，弗雷德里克·泰勒的科学管理理论（Taylorism）被广泛应用。该理论强调通过工作任务分解、工作方法分析和工作时间标准化实现工作的最大效益，以提高生产力和效率。决策理论则关注决策过程和决策结果，旨在提供科学的决策方法和准则，使决策者能够作出理性、有效的决策。决策理论包括多种方法和模型，如决策树、利益—代价分析、风险管理等，用于分析和评估不同决策选项的利弊，并选择最优的决策方案。

科学管理与决策理论的应用范围广泛，涵盖了各个领域和层级的管理和决策过程。在组织管理中，科学管理理论可以帮助优化工作流程、提高生产效率和质量，降低成本和资源浪费。在决策制定中，决策理论可以提供决策支持工具和方法，帮助决策者在复杂和不确定的环境中作出明智的决策。

科学管理与决策理论的应用需要结合具体情境和实践，灵活运用，并与人文关怀和创新思维相结合，以实现组织管理和决策的最佳效果。同时，随着科学和技术的不断发展，科学管理与决策理论也在不断演进和更新，以适应变化的组织环境和需求。

2.2.2.4 竞争力评价理论

竞争力评价理论是研究衡量和评估个体、组织、地区或国家在特定竞争环境中的竞争力的理论框架和方法。它旨在揭示竞争力的内在机制，帮助分析竞争力的形成和发展，并为制定竞争策略和提升竞争力提供理论依据。

竞争力评价理论关注各个竞争主体在特定领域中的综合能力和相对优势。它考虑了多个方面的因素，如经济、技术、创新、市场、人力资源、财务状况等，通过定量和定性的方法对这些因素进行测量和评估，从而得出竞争力的综合指标和评价结果。

在竞争力评价理论中，常用的方法包括比较分析、综合评价、层次分析、模糊数学等。比较分析方法通过对不同竞争主体的指标数据进行对比，找出其差异和优劣势。综合评价方法则将各个指标进行综合加权，得出综合竞争力评价结果。层次分析方法则通过构建层次结构模型，对不同层次的指标进行权重分配和排序。模糊数学方法则可以处理指标数据的模糊性和不确定性，得出模糊的竞争力评价结果。竞争力评价理论为我们理解和评估竞争力提供了重要的理论框架和方法。随着全球化和市场竞争的加剧，竞争力评价理论的研究和应用将继续发展，为个体、组织、地区和国家提升竞争力提供有力支持。

2.2.2.5 科研绩效评价理论

科研绩效评价理论是指对科研工作进行衡量、评估和排名的理论体系和方法，旨在客观、全面地评价科研人员、科研团队或科研机构在科学研究活动中的质量、产出和影响力，以便为决策制定者、资金管理者、学术界和科研人员提供参考和指导。

科研绩效评价理论的核心是建立科学合理的指标体系和评价模型，用于衡量科研成果、科研过程和科研影响力。这些指标和模型可以包括科研成果数量、质量、引用次数、专利申请、学术论文发表、科研项目获得、科研经费使用效益、学术影响力等多个方面的指标。通过对这些指标的测量和评估，可以得出科研绩效评价的结果和排名。

2.2.3　高校人文社会科学评价的基本框架

高校人文社会科学评价的基本框架包括三个关键部分：评价内容、评价方法和评价标准，目的在于在全面评估高校人文社科领域的学术质量、研究影响力和社会贡献。评价内容涵盖学术性评价、行政性评价与社会经济效益评价。学术评价方法可以大体分为三类：定性评价、定量评价以及定性定量综合评价，涉及定量和定性分析，结合文献计量学和同行评议；评价标准根据具体评价指标的设定，同时也影响具体评价方法选择。

2.2.3.1　高校人文社科评价内容

依据评价目的不同，人文社会科学评价呈现为三种基本类型：学术性评价、行政性评价与社会经济效益评价（刘大椿等，2009）。

（1）学术性评价是学术界为了促进学术交流、提升学术研究水平，对研究成果知识价值的承认，其核心是对学术成果的学术价值的评价。学术性评价的目的主要体现在四个方面，依次是促进学术交流、提高学术研究水平、规范学术研究以及学科发展的知识自觉。学术交流中对知识、真理的探索，集中了研究者的相互协作和知识共享，加快知识的更新速度，避免了重复性劳动和研究的盲目性。学术交流的增多可以提高学术研究水平，可以使更多研究者参照他人的成果继续研究。学术评价能够促进学科发展的知识自觉，引导学术研究活动不断取得知识进步，以对学术创新的激励保持学术发展的持久生命力和存在意义。

（2）行政性评价，目前而言学术界没有明确的界定。通常有两种观点：一是行政评价是由行政管理部门所进行的评估活动；二是行政评价是政府采用行政方式进行的评估。在学科发展的过程中，学术研究从纯粹的个人兴趣和爱好转变为一种社会职业的要求，现实的公利追求逐渐弱化成"为知识而知识"的纯粹追求。学术研究者们由纯粹的学者转变为学者和雇员的双重身份。各类学术建制单位间的学术资源、学术水平竞争日趋激烈。行政评价已经成为人文社会科学评价的主要形式和影响学科发展的主要因素。在人文社会科学领域，行政性评价涉及四类对象。首先是成果评价，根据不同分类标准可以将成果分为最终成果和中间成果。最终成果包括学术论文、研究报告和著作等，中间成果则涉及项目建议书、中期报告等。其次是项目评价，主要关注研究项目是否达到最初的目标、对认识结论的影响因素以及科学性等。再次是人员评价，包括专业职称评定、学位评定和人才评奖等。职称评定在学术建制中具有重要影响力。最后是机构评价，如教学评估、大学排名和学科重点基地评选等，对学校的发展产生直接影响。需要注意的是，行政性评价与学术性评价在形式上相似，都强调知识价值。然而，它们的目的和侧重点有所不同。学术性评价旨在促进学术交流，而行政性评价以荣誉性认可为目标，常用于评奖或认定。此外，行政性评价还面临学术与政治、社会价值与学术价值等冲突，而学术性评价则力求避免这些冲突。

（3）社会经济效益评价的目标就是现实效益与潜在效益的比较，并以效益的大小衡量社会科学成果的价值。自20世纪下半叶以来，社会科学逐渐注重应用取向，成为推动其发展的重要力量。社会科学家与社会改革者、商业管理者的合作日益增多，知识分子的角色从批判的旁观者转变为积极参与政策设计和技术工作的人员。这导致社会科学的量化研究蓬勃发展，为应用研究提供实证支持。同时，社会科学与社会经济利益的联系日益紧密，社会经济效益评价变得普遍。商业部门和政府成为社会科学应用研究的主要倡导者，商业部门关注经济价值，政府部门关注推动经济、文化和社会发展的潜在价值。社会经济效益评价的特点是注重效益性和测算性，即通过衡量现实效益与潜在效益的比较，以经济效益的大小衡量社会科学成果的价值，并使用量化方法计算评价结果。

2.2.3.2　高校人文社科评价方法

评价方法种类大体相同。学术评价方法可以大体分为三类：定性评价、定量评价以及定性定量综合评价。常用的同行评议法、德尔菲法等定性评价方法在自然科学评价中适用，在人文社会科学同样适用；定量评价法主要包括文献计量法、经济计量法、知识计量法等；层次分析法、综合指标法、知识图谱法等综合评价方法也在两大类学科的评价中均有应用。

关于定性评价与定量评价各自的优势与缺陷，已经有很多学者进行了探讨，各国对定性评价与定量评价的应用广泛程度也略有差异。这两大类方法有各自的优势,有不同的适用性,在国内外的学术评价中,无论是自然科学评价,还是人文社会科学评价,并不能完全摒弃其中任何一个。但定性评价与定量评价在具体实施应用中,又都存在一定的不足之处,它们具有自身的局限性。正因为如此,出现了定性与定量相结合的综合评价方法,在合适的情况下,两者的结合可以互相丰富和补充(Rossman,1985)。

2.2.3.3　高校人文社科评价标准

评价标准指导具体评价指标的设定,评价标准也影响具体评价方法的选择。人文社科评价标准具有以下特点:定性评价标准难以量化、评价带有主观性、人文社科研究成果影响效应存在滞后性以及评价随时域地域变化而变化。因此,针对高校人文社科评价标准可以从多个方面进行考量和评估。不同高校和评价机构可能会根据自身的特点和目标制定不同的评价标准。评价标准应当综合考虑人文社科学科的特点和需求,既关注学术水平和研究成果,也重视教学质量和社会影响。评价标准的制定应当公正、科学,并且与高校的发展目标和战略相一致。

评价通常包括以下方面:学术研究成果、资助项目、学术声誉与影响力、学生培养与教学质量、学科建设与团队建设及社会影响与服务。关于学术研究成果方面,评估高校人文社科学者的学术产出,包括发表的学术论文、研究报告、著作等,可以考虑成果的数量、质量、影响力和创新性。关于项目资助方面,评估高校人文社科学者获得的外部资助和参与的研究项目,如考察资助额度、项目数量、合作伙伴、项目的学术和社会影响等。关于学术声誉与影响力方面,评估高校人文社科学者在学术界的声誉和影响力,包括学术会议的邀请、学术组织的任职、学术奖项的获得等。关于学生培养与教学质量方面,评估高校人文社科学者在学生培养和教学方面的表现,包括指导研究生和本科生的能力、教学评价和教学成果等。关于学科建设与团队建设方面,评估高校人文社科学科的建设情况和团队建设成果,包括学科发展规划、学科团队的人员结构和合作能力等。关于社会影响与服务方面,评估高校人文社科学者的社会影响和社会服务能力,包括参与公共政策咨询、社会调查研究、社会组织合作等方面的表现。

2.2.4　高校人文社会科学评价的局限及挑战

从目前高校人文社会科学评价的发展可以看出评价发展从主观主义向客观化、定量化和综合化的演变趋势。然而,在过去的发展过程中,科研评价标准过分依赖数量指标。这种重视数量而轻视质量、重视形式而轻视实质、重视经济效益而轻视社会效益的评价方式被认为是当前学术浮躁、学术功利化、学术造假和学术腐败的主要原因之一。因此总结现有人文社会科学评价体系中存在的不足和挑战如下。

2.2.4.1 缺乏宏观评价视角

目前评价制度主要依赖计量学指标、引用等标准，利用其对研究质量、机构进行量化排名。当前高校评价体系中，科研成果和经费投入等自然科学指标往往占据主导地位，而人文社会科学的特点和贡献往往被忽视。这种偏重自然科学指标的评价方式导致人文社会科学在资源配置和学科发展上相对弱势。人文社科评价方法相对单一，缺乏综合多维度的评价方法，无法全面准确地反映学科的特点、质量和影响力。如过度依赖数量指标等情况，唯论文数量和 SCI/SSCI 等级，而忽视质量、影响力、创新性和社会效益等方面的评价，导致评价结果偏向于重视数量而忽视质量和实质。

2.2.4.2 评价指标不够全面

首先，人文社会科学研究往往涉及多个学科和领域的交叉与融合，然而现有评价指标往往只注重单一学科的学术成果，缺乏对跨学科研究的充分考虑。其次，高校人文社会科学评价指标主要关注于学术成果的数量和质量，但忽视了学科交叉与融合、学科师资队伍的结构与水平、学科间的协同与互动等重要因素。最后，人文社会科学研究离不开高水平的学者和研究团队，然而现有评价指标主要关注学术成果，较少关注师资队伍的结构和水平。因此，评价体系需要引入更多的跨学科评价指标、师资队伍、项目等评价指标，以综合评估高校在人文社会科学领域的实力。

2.2.4.3 地区差异影响评价公正性

不同地区的高校在发展条件、师资资源等方面存在差异，但现有的评价体系对地区差异的适应性不足，可能会造成评价结果的不公正和不合理。例如，一些经济相对较落后的地区的高校在人文社会科学领域的投入和研究成果可能相对较少，由于评价体系的不灵活，这些高校可能无法得到应有的认可和支持。

2.2.4.4 双一流高校与普通高校评价标准不同

双一流高校与普通高校在人文社会科学领域的评价标准存在明显的差异。

双一流高校通常在学科建设、师资队伍、研究项目和成果以及社会影响力等方面具有明显优势，而普通高校可能在这些方面相对处于劣势，科学领域的投入和研究成果相对较低。然而，现有的评价体系在对待双一流高校和普通高校时可能没有区分对待，导致一些普通高校在评价结果上相对处于劣势。

2.2.4.5　公办高校与民办高校评价不公平

当前人文社会科学评价中，对公办高校和民办高校采取相同的评价标准可能导致评价不公平。公办高校通常享有更多的政策支持和资源，这使其在人文社会科学领域具有较大的优势。相比之下，民办高校面临着较大的经费和师资压力，限制了其在人文社会科学研究和教学方面的投入。

2.2.4.6　高校类型分类评价标准模糊

当前高校类型的多样性给人文社会科学评价带来了挑战，特别是在不同类型高校之间评价标准的模糊性方面。不同类型的高校，如师范、财经、政法等，在人文社会科学领域的研究重点、学科特色和发展目标各不相同，导致评价标准的界定和应用存在困难。因此，需要更加细化和个性化的评价指标和体系。

2.2.4.7　忽视社会影响和经济效益

人文社会科学的价值往往体现在其对社会发展、文化传承和公共政策等方面的影响。但现有评价体系较少考虑学科的社会影响力和经济效益，导致高校在人文社会科学领域的贡献未能得到充分肯定。

2.3　高校人文社会科学研究的现状分析

2.3.1　全球高校人文社会科学研究的现状

近年来，全球高校的人文社会科学学科面临诸多挑战，尤其在美国、英国和澳大利亚等西方国家。这些国家的高校纷纷缩减甚至取消了一些传统的人文学科项目，导致相关研究和学术发展受到重创。据《华尔街日报》报道，新冠疫情后，美国数十所精英大学暂停了 140 多个人文社科领域博士项目的招生。2021 年，纽约大学不再招收英语系博士，芝加哥大学暂停了比较文学系博士招生，布朗大学暂停招收美国研究、历史学、政治学的博士生，阿拉斯加大学更是宣布一次性暂停 39 个人文社科领域的本硕博项目。2023 年，玛丽蒙特大学董事会决定，将逐步取消艺术、英语、历史、哲学、社会学等专业的项目。明尼苏达圣玛丽大学宣布，将逐步淘汰英语、西班牙语、历史学等本科专业。西弗吉尼亚大学计划撤销 9% 的专业，包括本科和研究生院在内的全部外语系。本科生将不能再学习西班牙语、法语、德语和俄语，研究生也不能再攻读语言学和英语作为第二语言的学位（中国教育新闻网，2024）。

根据美国国家教育统计中心的数据，2010～2021 年，外语、文学和语言学领域授予的学士学位数量每年下降 25%。同样的现象也出现在英国、澳大利亚等国家曾经十分重视人文学科的大学中。在英国，谢菲尔德大学宣布关闭考古系。朴茨茅斯大学裁掉了英语学院一半以上的系所。阿斯顿大学宣布关闭历史、语言和翻译学院。伦敦南岸大学宣布取消历史和人文地理学位课程。桑德兰大学、切斯特大学、莱斯特大学和赫尔大学也陆续宣布裁撤人文学科。在澳大利亚，位于墨尔本的莫纳什大学，削减了 103 门课程，并停止戏剧学位的招生。悉尼大学削减了 20 多个政府和国际关系相关学科，其艺术和社会科学系约 8% 的课程被削减。

全球高校的人文社会科学正面临着多重压力，高校人文社会科学的缩减可以归结于多个相互交织的因素，主要有三个方面：第一，财政压力与资源分配不均。自全球范围内的新冠疫情以来，高校财政压力急剧增加。各国政府削减了对公立大学的资金支持，特别是在美国，许多州政府减少了对高校的拨款，导致资金短缺。与此相应的是，许多高校将有限的资源优先投入能够带来更多经济回报的学科，尤其是科学、技术、工程、数学（STEM）领域。这一趋势在英国也非常明显，英国教育部削减了艺术和文化类项目的经费，将资金转向医学和技术学科。第二，就业市场的压力。就业市场的需求也影响了高校的决策。越来越多的学生选择能提供高薪职业的学科，而非传统的人文学科。例如，在美国，2010～2021 年，外语、文学和语言学学士学位授予量下降了 25%，而计算机和信息科学学士学位人数则飙升了 34%。高昂的学费和巨额的学生贷款让学生不得不优先考虑职业前景较为广阔的学科，导致人文学科的吸引力大幅下降。第三，数字时代的冲击。数字化和信息社会的兴起也对人文学科产生了深远的影响。随着互联网和社交媒体的普及，人们获取信息和知识的方式发生了巨大变化，学生越来越少依赖于传统的人文知识体系，而更倾向于通过快速的在线资源获取实用技能。这种趋势在科技领域尤为明显，科技的发展不仅影响了人们的生活方式，也改变了学术界和教育体系的结构，进一步加剧了人文学科的边缘化。

2.3.2　中国高校人文社会科学研究的现状

2016 年，习近平总书记在哲学社会科学工作座谈会上的讲话中指出，"一个没有发达的自然科学的国家不可能走在世界前列，一个没有繁荣的哲学社会科学的国家也不可能走在世界前列"①。因此，自 2016 年以来，我国哲学社会科学人才队伍不断壮大、素质不断提升、结构不断优化，重点研究机构不断扩大，科研成果数量和质量稳步提升，夯实了我国哲学社会科学事业繁荣发展的基础。为全面了解我国哲学社会科学事业发展的基本情况，结合《国家"十四五"时期哲学社会科学发展规划》，全国哲学社会科学工作办公室近期组织各省（区、市）社科工作办（规划办）及在京委托管理机构，重点就全国社科研究队伍、研究机构、研究项目、科研成果四个方面进行了调研。截至 2021 年，相关情况如下。

（1）社科研究队伍情况。全国中级职称以上社科研究人员超过 51.3 万人。具有正高级职称的 8.8 万人，副高级职称 18 万人，中级职称 24.5 万人；人文学科 20.9 万人，社会科学 30.4 万人，马列·科社、应用经济、法学、中国文学、外国文学、语言学、教育学、艺术学、体育学、管理学 10 个学科研究人员均超过 2 万人；在职人员 43.3 万人，退休人员 2.2 万人，民办机构 5.8 万人；博士生导师 2.8 万人，硕士生导师 11.4 万人，具有博士学位的有 15.6 万人。

（2）重点研究机构情况。全国各级各类重点研究机构数量达 3640 个。其中，教育部人文社科重点研究机构 510 个，其他部委重点研究机构 454 个，省级人文社科重点研究基地 1357 个，其他省级重点研究机构 1319 个。重点研究机构研究人员 14 万人。

（3）各级各类项目情况。5 年来，全国各级各类项目总量累计超过 70 万项。其中，由国家社会科学基金、国家自然科学基金、教育部、相关部委、省（区、市）社会科学基金等资助的纵向项目达 50 万项；企事业单位委托、自筹经费、港澳台地区合作等横向项目超过 20 万项。总体来看，全国各级各类项目总量呈逐年递增趋势，年均增长率约为 10%。

（4）研究成果产出情况。广大哲学社会科学工作者聚焦新时代重大理论和实践问题，聚焦学科学术发展重大基础性前沿性问题，立时代潮头、发思想先声，围绕党和国家中心工作和战略需求建言献策，推出了一大批有思想含量、

---

①　习近平．在哲学社会科学工作座谈会上的讲话（全文）［EB/OL］．人民网，http：//politics.people.com.cn.

学术分量、对策质量的研究成果。全国社科研究单位高质量研究成果累计超过 100 万项，包括学术专著 10.4 万部，核心期刊论文 63 万篇，研究报告 18.9 万篇，专利 5.3 万项，软件著作权 2 万项，建成数据库接近 1 万个。高校系统高质量研究成果数量达 82.2 万项，社科院系统 7.2 万项，党校（行政学院）系统 3.5 万项，党政部门所属研究机构 3.9 万项，军队系统 1.9 万项。

2.4 高校人文社会科学评价的意义

2.4.1 塑造社会价值观和文化氛围

人文社会科学的研究和教育活动有助于培养学生的人文素养和社会责任感，引导他们形成正确的价值观和道德观念。通过深入研究和讨论社会、文化、历史、伦理等议题，学生能够增进对社会现象和人类行为的理解，培养公民意识和社会参与能力。高校人文社会科学评价的机制和标准，能够激励教师和研究者更加注重社会责任，推动他们开展具有深远影响的研究，引领社会舆论和价值观的发展。

2.4.2 深刻影响社会经济发展

人文社会科学的研究成果和专业知识在社会经济领域具有重要的应用价值。经济政策、市场运作、社会管理等方面的问题需要通过人文社会科学的分析和研究来解决。高校人文社会科学评价的过程和结果，能够鼓励教师和研究者关注实际问题、深入研究社会经济现象，为政府决策提供科学依据，为企业和社会组织提供咨询和指导，推动社会经济的可持续发展和进步。

2.4.3 改善教育和学术环境

通过评价教师和研究者在人文社会科学领域的表现和贡献，可以激励教师提高教学质量，加强学生的人文素养和综合能力培养。同时，评价机制也能够促进学术研究的创新和发展，推动教师和研究者积极参与学术交流、合作研究和学术出版活动，提升学术影响力和学术声誉。高校人文社会科学评价的过程和结果，有助于营造积极向上的学术氛围和教育环境，提升高校的整体水平和声誉。

2.4.4　推动人文社科的学科发展

通过高校人文社会科学评价机制和标准可以激励高校加强对人文社会科学的支持和投入，促进学科的建设和创新。评价结果可以为高校的人文社会科学学科发展提供参考和指导，帮助高校制定战略规划、优化学科布局、提升学科影响力和竞争力。此外，高校人文社会科学评价还可以促进学科间的交流与合作，推动跨学科和交叉学科的发展，促进学科间的协同和互补性，鼓励学科间的合作研究和交流活动，培养具有综合素养和跨学科视野的人才，进而提升学科的整体质量和综合实力。

第3章　中国高校人文社科评价方法

3.1　中国高校人文社科评价指标体系设计

3.1.1　中国高校人文社科评价要素

基于系统科学的角度，系统是由相互联系、相互作用具有特定功能的要素组成的整体。人文社科评价系统由人文社科评价目的、人文社科评价对象、人文社科评价内容以及人文社科评价标准等要素构成。有效的评价需要这四部分要素同时发挥作用，此外，这四部分要素之间又是相互联系、相互作用的。

3.1.1.1　中国高校人文社科评价目的

人文社科发展评价的目的是指通过人文社科发展评价活动所期望达到的结果，即为什么要进行人文社科评价？评价结果干什么用？评价目的是开展人文社科发展评价的出发点，在评价活动中起着导向的作用，评价目的决定着评价方法、评价客体、评价标准等的选择。

从宏观层面来说，中国人文社科发展评价的目的是促进我国人文社科发展水平和质量的提升，实现高等教育培养人才的根本任务，实现发展科学、服务社会的职能，促进当代中国人文社会科学的繁荣发展。另外，还要推动中国特色人文社科学科评价体系建设，发挥其对我国人文社科繁荣发展的目标引领和"指挥棒"作用，支撑中国特色社会主义建设，增强中国人文社科评价体系的话语权。具体而言，从高校、社会公众以及构建中国特色人文社科发展评价体系三个方面明确开展人文社科发展评价的目的：（1）构建人文社会科学评价体系是当前人文社会科学繁荣发展的基本要求，本章研究内容为构建适合中国国情、具有中国特色的人文社会科学评价体系贡献力量。（2）对于高校而言，开展人文社科发展评价能够更好地发挥其对繁荣人文社科发展的导向、激励与诊断作用，实现以评促建、以评促改的目的。开展人文社科发展评价可以帮助高校明晰其人文社科的办学定位和发展状况，及时发现高校人文社科发展过程中的问题，帮助高校明确人文社科发展的方向和路径，通过评估激励和引导高校在知识创新、技术创新及人才培养等方面不断进行创新探索，找寻人文社科繁荣发展的新动力，提高高校对国家发展和社会进步的贡献力和社会影响力。（3）对于社会公众而言，人文社科发展评价一方面能够为社会公众提供高校人文社科发展质量的相关信息，帮助社会各界了解高校人文社科发展水平与质量，为学生选报学校和专业以及人才流动提供参考；另一方面人文社科发展评价结果可以为人文社科的科学化管理提供必要的依据，政府管理部门可以明确把握人文社科相关学科的建设水平及发展方向，人文社科发展评价结果能够为政府管理部门进行管理和决策提供明确、科学的依据，从而提高管理的科学性、针对性和有效性。

3.1.1.2　中国高校人文社科评价对象

评价对象即评价客体，是评价活动中被评价的对象。为了评价我国本科院校的人文社科发展情况，本次评价的研究对象为设立有人文社科相关学科的所有本科院校，总计 1275 所高校。

3.1.1.3　中国高校人文社科评价内容

高校肩负着人才培养、科学研究、社会服务、文化传承创新和国际交流合作的五大基本职能，而人才队伍建设是发挥以上职能的基础和前提条件，高校人文社科发展评价内容要涵盖人才培养、科学研究、社会服务、文化传承创新、国际交流合作和人才队伍建设，本次评价的内容包括师资队伍、人才培养、科学研究、文化传承与服务社会、国际化五个方面。师资队伍主要考察高校人文社科在高层次人才建设和队伍建设等方面的情况；人才培养主要考察高校人文社科在推进创新人文社会科学人才培养模式、强化教材体系建设、培养高层次人才、推动中国特色建设等方面的发展情况；科学研究主要考察高校人才社科的科学研究成果以及科研平台建设情况，包括科研项目、科研论文、科研基地以及科学奖励等方面的发展建设情况；文化传承与服务社会主要考察高校人文社科在传承和创新优秀传统文化，推进高校智库建设，打造专业化创新型高质量高校智库，智库优秀成果等方面的发展情况；国际化主要考察高校人文社科在坚持交流互鉴，加强中国话语和中国叙事体系建设、提升国际影响力等方面的发展情况。

3.1.1.4 中国高校人文社科评价标准

评价标准是人们在评价活动中应用于评价对象的评价尺度和界限，评价标准是人们价值认识的反映，它表明人们重视什么，忽视什么，具有引导被评价者向何处努力的作用。本次高校人文社科评价的评价标准体系由政治标准、学术价值标准和社会价值标准组成。

（1）政治标准。人文社科的政治功能主要是指人文社会科学的理论与方法通过对政治家、政治集团与社会各阶层的影响，服务于社会政治生活、军事斗争，为制定政治路线、方针和政策提供理论基础，指导政治活动，规范日常政治行为。人文社科的政治标准具体包括政治导向性和目标导向性。政治导向性是指人文社科发展要牢牢把握正确的政治导向，必须把坚持社会主义办学方向放在首要位置，始终坚持马克思主义在我国人文社科领域的指导地位。目标导向性是指人文社科发展应当以服务国家和社会需求为目标，要牢牢把握"为谁服务"，始终坚持"四为"方针，即为人民服务、为中国共产党治国理政服务、为巩固和发展中国特色社会主义制度服务以及为改革开放和社会主义现代化建设服务。

（2）学术价值标准。人文社科的成果评价是人文社科发展评价的重要组成部分，学术价值标准是指评估人文社科研究成果在学术层面上的重要性和质量的一系列准则，这些标准旨在确保人文社科研究的价值性、科学性和创新性。具体而言，学术价值标准具体包括价值性、科学性和创新性。价值性是指研究成果对于实际问题或社会发展的作用和贡献，具体表现为研究成果能否提高生产效率、改善人们的生活质量、解决社会问题等。科学性是指研究者在研究过程中严格遵守学术规范，确保研究的严谨性、客观性和准确性。创新性是指研究成果在理论、方法或实践上具有新的突破或具有前瞻性，能够填补学科研究的空白或者是解决重大理论和实际问题，推动学科前沿的发展。

（3）社会价值标准。高校人文社会科学的社会价值标准主要是指高校在社会实践、文化传承、政策制定、社会问题解决等方面所展现的价值和影响力，社会价值标准包括社会影响力、文化传承与创新、社会服务与贡献。社会影响力是指研究成果能否有效缓解或解决社会实际问题，是衡量高校人文社科的社会价值的关键标准。人文社会科学在传承和弘扬民族文化、历史传统等方面发挥着重要作用，文化传承与创新是指研究成果能否推动文化创新，为社会发展注入新的活力和动力，是评价高校人文社会科学的重要标准。人文社会科学应关注社会需求，提供社会服务。高校人文社科应能为社会提供智力支持、咨询服务等，在推动社会进步、提升公众素质、促进社会和谐等方面贡献力量。

3.1.2　中国高校人文社科评价的指导思想及基本原则

3.1.2.1　中国高校人文社科评价的指导思想

以习近平新时代中国特色社会主义思想为指导，深入贯彻党的教育方针、哲学社会科学战略任务以及《深化新时代教育评价改革总体方案》精神，落实立德树人的根本任务，突出人文社会科学在智库建设、公共建设和弘扬中华优秀传统文化等方面的贡献，遵循人文社会科学的学科发展规律，克服不科学的评价导向，推动形成更为科学完善的人文社会科学发展评价体系，全面提升人文社会科学的学科建设水平，加快推进世界一流学科和中国特色人文社会科学学科体系构建。

3.1.2.2　中国高校人文社科评价的基本原则

（1）坚持政治性。政治性原则是指中国特色人文社科评价体系要突出马克思主义的指导地位，牢牢把握人文社科评价中的政治关。中国人文社科学科具有鲜明的意识形态属性，忠实代表和维护社会主义制度下最广大人民的根本利益。人文社科评价也要坚持政治性原则，始终坚持正确的政治方向和评价导向，依据评价目的设置政治标准、学术标准和社会标准，将人文社科的学术属性和政治属性统一起考察，充分发挥评价的导向作用。

（2）彰显中国特色。建构中国特色人文社会科学评价体系要立足于中国国情和学科发展实际，不能简单套用和硬搬国外的评价标准和模式，建立符合中国国情的标准。重点考察人文社科在讲好中国故事、解决中国实际问题、传播中国声音等方面的贡献，鼓励人文社科各学科从中国国情出发，扎根于中国特色社会主义伟大实践，提出具有自主性、独创性的理论观点，凸显中国特色、中国风格、中国气派，解决重大现实问题、时代问题、历史之问和现实之需。

（3）坚持创新、质量和贡献为核心的评价导向。高校人文社科评价应重点考察学科发展成果的产出与转化，强调人文社科在服务社会和文化传承创新方面的贡献，构建以质量为主、兼顾数量的评价体系。充分发挥评价的导向作用，强化人文社科学科在对国家、区域重大战略需求和经济社会发展的实际贡献，促进人文社科学科的成果产出和转化。

（4）坚持公平公正原则。针对一些奖项和人才称号，由于各省份的评审办法、评审标准和奖项设置各有不同。为了体现评价的公平公正性，坚持全国水平统一原则，本章将省级的称号、荣誉、奖项等排除在外，仅统计国家级和部级的称号、荣誉、奖项等，这样就可以在统一的评审规则下进行比较。此外，对西部奖励、项目等赋予相对低的权重。

3.1.3　中国高校人文社科评价指标体系构建

3.1.3.1　中国高校人文社科评价指标体系的构建方法

基于以下三点构建人文社科评价指标体系。

（1）基于我国学科分类标准，确定人文社科评价的统计对象以及统计范畴，明确人文社科的界定与统计范围，为后续评价指标的统计范围奠定基础。

（2）基于已有研究成果，确定指标体系的基本框架，根据国内外的相关研究成果，确定人文社科评价指标体系的基本框架，具体包括师资队伍（包含国家级人才和教师团队）、人才培养（包含教材与课程建设、培养层次、教学质量）、科学研究（包含科研项目、科研论文、科研基地、科研奖励）、文化传承与社会服务（包含文化传承和智库建设）以及国际化（包含国际交流合作和国际影响力）。

（3）基于国家"十四五"时期的人文社科相关政策文件设计具体的评价指标，在确定的指标体系的基本框架范畴下，通过分析国家"十四五"时期发布的国家级及部级的人才社科发展相关的规划文件（如《国家"十四五"时期哲学社会科学发展规划》《面向 2035 年高校哲学社会科学高质量发展行动计划》等）中关于人文社科发展的具体规划目标和发展要求，设定具体的评价指标，旨在构建具有中国特色的人文社科发展评价指标体系，发挥人文社科评价的指挥棒作用，达到"以评促建"的目的，促进人文社科的繁荣发展。

3.1.3.2　中国高校人文社科评价指标体系的构建原则

3.1.3.2.1　中国高校人文社科评价指标体系的设计原则

（1）目的导向性原则。评价目的是评价指标体系的构建基础与参考依据，评价指标是为评价目的而服务，一旦脱离了评价目的，评价指标将会变得毫无意义。目的性原则强调评价活动应有明确的目的和导向，即评价应围绕特定的目标或需求进行，以确保评价结果能够满足实际需要。简单来说，人文社科发展评价目的有三个：一是帮助高校了解学科发展现状、优势与不足；二是为相关管理部门提供决策依据；三是为社会公众提供高校的人文社科发展信息。这三个目的对于人文社科发展信息的需求存在差异，因此，在构建人文社科发展评价体系时，要把握好三个目的之间的关系。

（2）全面性原则。指标的设置应尽可能地从不同侧面反映人文社科发展的全貌，指标体系的设计要充分考虑人文社会科学的特点，确保评价指标体系的广度和深度，全面性原则要求指标体系能够覆盖高校人文社科发展的各个方面。大学具有传播知识、培养人才、科学研究、服务社会、扩大国际影响力等功能，而人文社科同时承担着文化传承创新和服务社会的使命，因此对高校的人文社科发展评价要从人才培养、科学研究、师资队伍、文化传承和服务社会和国际化等方面构造评价指标。

（3）科学性原则。指标体系的设计及评价指标的选择必须以科学性为原则，客观真实地反映大学的人文社科发展的现状、特点及发展规律，能客观全面反映出各指标之间的真实关系。同时，各评价指标应该具有典型代表性，不能过多过细，使指标过于烦琐，相互重叠，指标又不能过少过简，避免指标信息遗漏，出现错误、不真实现象。

（4）可比性原则。可比性原则指的是必须明确评价指标体系中每一个指标的含义、统计口径和范围，指标的计算量度和计算方法必须保持一致和统一，以确保时空上的可比性。此外，所构造的评价指标体系必须对每一个评价对象都是公平的、可比的，指标体系中不能包括一些有明显"倾向性"的指标。

（5）可操作性原则。考虑到调查、测评、统计上的可行性，所选择的指标要便于量化、数据便于采集和计算。一方面，各指标尽量简单明了，指标含义明确，评价所需的数据和资料应便于收集，计算方法应简便、易于掌握和操作；另一方面，指标的数据需要经过严格的计算，能够保证计算结果的真实性和可靠性。

（6）动态性与稳定性相结合原则。由于人文社科发展评价指标体系具有较强的导向性，因此在一定时期内，评价指标及其涉及的相关内容应该保持相对稳定，以确保指标的连续性和可比性。但人文社科发展实际上是一个较长时期的动态过程，随着经济、社会和教育环境的发展变化，其内涵以及发展要求也在不断发生变化，因此要求人文社科发展评价指标体系也要紧跟学术发展的步伐，及时调整和完善评价指标、标准和方法，以适应新的学术环境和需求，即满足动态发展的要求。

3.1.3.2.2　中国高校人文社科评价指标的筛选原则

（1）成本效益原则。人文社科发展评价是一个涉及多个评价对象和多个评价指标的评价活动，在筛选评价指标的时候，不仅要考虑到评价指标的全面性，还要将获取指标数据的成本考虑在内。考虑到一些指标的数据获取难度较大，需要耗费大量的时间、人力和物力，可选择同类型容易获取数据的指标进行代替。

（2）辨识度原则。"辨识度"是指各评价指标在区分评价对象某方面特征时的能力和效果，也称为"区分度"。构成评价指标体系的各分项指标的"辨识度"要尽可能的高，否则，若各评价对象在该指标上的取值的差异并不大，那么就无法评判各评价对象的优劣，无法作出科学的取舍。指标的"辨识度"可以通过计算其平均差或者相应的变异系数衡量，辨识度分析方法包括变异系数分析、极小广义方差法等方法。

（3）权威性原则。权威性原则是指评价指标的来源应该具有权威性，如权威机构、官方网站、政府工作报告等，有效避免了数据伪造或者不实信息的出现。此外，要尽量选择一些权威的指标，如在对学校获得的奖项进行评价时，尽量选择那些受到社会公众和学术界认可的权威奖项。

（4）可比性原则。可比性是指评价指标的含义清晰明了，核算方法一致，计算口径一致，确保不同评价对象和不同评价年份的相同指标都具有可比性。一方面，所选评价指标能够适应不同研究对象的特点和需求，具有广泛的适用性和通用性；另一方面，评价指标的数据尽可能连续获得，或者具有时间上的连续性，尤其是对于那些官方公布的数据，要明确其公布周期，确保今后的数据是可以获取的，针对那些不具有时间连贯性的数据，要慎重进行选择。

（5）结果导向性原则。投入指标主要关注人文社科发展过程中的人力、物力、财力等资源的投入情况，反映的是高校在人文社科领域的发展基础、发展能力及发展潜力，产出指标则关注人文社会科学的实际成果和影响力，反映的是人文社科发展水平和贡献度。在实际的评价过程中，投入指标和产出指标都是不可或缺的，评价高校人文社科应该综合考虑投入和产出两个方面的指标，以全面反映高校人文社科发展的整体水平和贡献度，并以产出指标为主。

3.1.4 中国高校人文社科评价指标体系框架

中国高校人文社科评价指标体系如表3-1所示。

表3-1　　　　中国高校人文社科评价指标体系框架

一级指标	二级指标	三级指标
A 师资队伍	A1 国家级人才	A1-1 人文社科国家级人才数
	A2 教师团队	A2-1 人文社科国家级教师团队数

一级指标	二级指标	三级指标
B 人才培养	B2 教材和课程建设	B2－1 人文社科全国教材建设奖数
		B2－2 人文社科国家一流本科课程数
	B3 培养层次	B3－1 人文社科一级学科博士点数
		B3－2 人文社科一级学科硕士点数
	B4 教学质量	B4－1 人文社科国家级教学成果奖数
C 科学研究	C1 科研项目	C1－1 国家自然科学基金管理科学部项目数
		C1－2 国家社会科学基金项目数
		C1－3 教育部人文社科项目数
	C2 科研论文	C2－1 SCI（文科）/SSCI 论文折合数
		C2－2 A&HCI 论文折合数
		C2－3 CSSCI 论文折合数
	C3 科研基地	C3－1 人文社科研究基地数
	C4 科研奖励	C4－1 教育部人文社科优秀成果奖
D 文化传承与社会服务	D1 文化传承	D1－1 人文社科中文核心期刊当量比例
	D2 智库建设	D2－1 人文社科国家高端智库数
		D2－2 人文社科高校智库数
		D2－3 人文社科 CTTI 百强高校智库数
		D2－4 人文社科智库优秀成果数
E 国际化	E1 国际交流合作	E1－1 人文社科国际合作办学机构和项目数
		E1－2 人文社科国际合作论文比例
	E2 国际影响力	E2－1 人文社科学科规范化的引文影响力
		E2－2 人文社科高被引论文百分比

3.1.4.1 师资队伍

师资队伍建设对于人文社科的学科建设起到了至关重要的支撑作用，是学科建设的关键，人文社科师资队伍的建设不仅取决于学科领军人物和优秀青年教师的培养和引进，还取决于学科带头人与团队成员之间的相互支撑关系，即团队建设。基于此，从人文社科的师资质量以及团队建设两方面考察高校人文社科的师资队伍建设情况，下设国家级人才和教师团队两个二级指标。

3.1.4.1.1 国家级人才

学科高端人才具有旺盛的创造力和示范作用，在学术传承和人才培养方面发挥着重要的作用，对于人文社科的繁荣和发展具有不可替代的重要作用。高端人才建设是师资队伍建设的关键，本章用人文社科国家级人才数衡量高校人文社科的高端人才建设情况。人文社科国家级人才数是指截至统计当年，高校人文社科相关学科中入选国家"长江学者奖励计划"、获得国家杰出青年科学基金以及国家优秀青年科学基金、入选国家级教学名师的人才总数。

3.1.4.1.2 教师团队

学科团队建设有利于促进教师专业素质和业务水平的提高，发挥名师的示范引领作用，提高学科的教学和科研水平。学科团队建设水平用人文社科国家级教师团队数衡量，主要考察截至统计当年，高校人文社科相关学科中入选全国高校黄大年式教师团队的数量。黄大年式教师团队在师德师风、教育教学、科研创新、社会服务、团队建设等方面建设突出，为国家重大战略和地方经济社会发展作出重要贡献的高校教学科研单位、创新团队。

3.1.4.2 人才培养

高校肩负人才培养重任，学科建设的根本目的是人才培养，学科建设、布局、调整和优化都离不开育人的主责主业，人才培养水平是衡量高校办学水平的根本标准。为了考察人文社科的人才培养情况，下设教材和课程建设、培养层次和教学质量三个二级指标。

3.1.4.2.1 教材和课程建设

教材是培根铸魂、启智增慧的重要载体，教材建设是人才培养的重要支撑，而课程建设是影响高校人才培养效果的关键因素，加强教材和课程建设是提高教学质量、提升人才培养水平的重要保障。为了考察人文社科的教材和课程建设情况，下设人文社科全国教材建设奖数和人文社科国家一流本科课程数两个二级指标。

人文社科全国教材建设奖数是指截至统计当年，高校人文社科相关学科中获得全国教材建设奖的数量。全国教材建设奖是教材领域的最高奖项，由国家教材委员会组织评选，旨在表彰奖励优秀教材和对教材建设作出突出贡献的集体和个人，首届全国教材建设奖于 2020 年启动，每 4 年评选一次，全国教材建设奖分为全国优秀教材、全国教材建设先进集体、全国教材建设先进个人三个奖项，本章仅统计全国优秀教材，不统计全国教材建设先进集体和先进个人，其中，全国优秀教材分为基础教育、职业教育与继续教育、高等教育三大类，本章仅统计高等教育的全国优秀教材数，并对特等奖、一等奖、二等奖进行区分并赋予不同的分值。

人文社科国家一流本科课程数是指截至统计当年，高校人文社科学科中入选国家一流本科课程数。国家一流本科课程代表了高校在提高课程质量、推动课堂革命方面取得的成效，其中，国家一流本科课程包括了线上一流课程、虚拟仿真实验教学一流课程、线下一流课程、线下线上混合式一流课程和社会实践一流课程。

3.1.4.2.2　培养层次

研究生教育在培养创新人才、服务经济社会、国家治理现代化方面有着重要地位与独特作用，在培养高层次人才方面具有基础性重要意义。为了考察人文社科学科的培养层次，下设人文社科一级学科博士点数、人文社科一级学科硕士点数两个二级指标。分别考察截至统计当年，高校人文社科相关学科中设立的一级学科博士点、一级学科硕士点的数量。

3.1.4.2.3　教学质量

教学质量是影响人才培养质量高低的最直接因素，也是衡量人文社科相关学科的办学质量和办学水平的关键因素。为了考察人文社科的教学质量，下设人文社科国家级教学成果奖数指标。

人文社科国家级教学成果奖数是指截至统计当年，高校人文社科学科中获得国家级教学成果奖的数量。国家级教学成果奖是教育部为表彰先进、激励创新、促进高等教育事业发展而设立的最高层次的教学奖励，是衡量高校教学质量、推动学校事业高质量发展的标志性指标，充分体现了高校重视人才培养工作和教育教学改革所取得的成绩。国家级教学成果奖包括基础教育教学成果奖、职业教育教学成果奖、高等教育（本科）教学成果奖、高等教育（研究生）教学成果奖，本书只统计高等教育（本科）教学成果奖和高等教育（研究生）教学成果奖，并对特等奖、一等奖和二等奖进行区分并赋予不同的分值。

3.1.4.3　科学研究

科学研究是学科建设发展的永恒主题和动力，是学科建设的基础和关键点，在学科发展方向上发挥引领作用。从科研成果、科研基地建设及科研奖励三个方面考察高校人文社科的科学研究发展状况，下设科研项目、科研论文、科研基地和科研奖励四个二级指标。

3.1.4.3.1　科研项目

人文社科科研项目主要是指根据经济社会发展需求，以经济和社会发展规划纲要为指导，围绕经济社会发展的中心工作进行的理论和现实问题及富有地方特色的优长学科建设，在一定期限内进行的社会科学研究及相关活动。依据项目主管部门级别的不同，将社科科研项目分为国家级、省部级、市厅级、校级等，主要包括国家社会科学基金项目、教育部人文社科研究项目、省社会科学项目、市社会科学项目、校社会科学项目以及各类社会科学研究专项项目。遵循全国水平统一原则，本章只统计国家级自然科学基金管理科学部项目、国家级社会科学基金项目、教育部社科研究项目三类。

国家自然科学基金管理科学部项目数是指高校在统计当年获批的国家自然科学基金管理科学部项目的总数。国家自然科学基金是国家创新体系的重要组成部分，主要资助自然科学基础研究和部分应用研究，重点支持具有良好研究条件、研究实力的高等院校中和科研机构中的研究人员，由国家自然科学基金委员会负责实施和管理，资助结果一般在当年 8 月或者 9 月进行公布。中国国家自然科学基金学科分类包括数理科学部、化学科学部、生命科学部、地球科学部、工程科学部与材料科学部、信息科学部和管理科学部，本章仅统计管理科学部的项目数。国家自然科学基金项目包括重点项目、一般、国际合作交流项目、青年、西部项目和专项项目，本章只统计项目主持人的依托单位，并针对不同类别的项目赋予不同的分值。

国家社会科学基金项目数是指高校人文社科相关学科在统计当年获批的国家社会科学基金项目的总数。国家社会科学基金，简称"国家社科基金"，于1986 年经国务院批准设立，由全国哲学社会科学工作办公室负责管理，资助结果一般在当年 8 月或者 9 月进行公布。国家社会科学基金项目包括重大项目、重点、文库项目、一般（年度、后期、专项）、青年项目。本章仅统计项目主持人的依托单位，并针对不同类别的项目赋予不同的分值。

教育部人文社科项目数是指高校人文社科学科在统计当年获批的教育部人文社科项目的数量。教育部人文社科项目包括重大项目、一般（年度、后期）项目、青年、自筹、西部项目、西部青年项目、专项任务项目（高校辅导员研究）项目。本章针对不同类别的项目赋予不同的分值。

3.1.4.3.2　科研论文

科研论文是科研成果的基本载体，从某种意义上来说，是研究成果的最终表述。下设 SCI（人文社科）/SSCI 论文数、A&HCI 论文数和 CSSCI 论文数三个二级指标。本章仅按照第一作者和通信作者所属单位进行统计，并且对于以第一作者发表的论文和以通信作者发表的论文赋予不同的分值。

SCI（文科）/SSCI 论文数是指高校在统计当年被 SCI（人文社科）/SSCI数据库收录的论文总数，本章按照第一作者或者通信作者的所属单位进行统计。SCI 即"科学引文索引"（Science Citation Index），是美国科学信息研究所创建的，SCI 创立于 1961 年，是目前国际上被公认的具有权威性的科技文献检索工具。SSCI 即"社会科学引文索引"（Social Sciences Citation Index）即社会科学引文索引，为美国科学情报研究所建立的综合性社科文献数据库。针对 SCI 论文，本章仅统计人文社科相关学科分类下的论文数量，并采用 JCR 方式对 SCI/SSCI 论文所属期刊分区进行区分并赋予不同的分值。

A&HCI 论文数是指高校在统计当年被 A&HCI 数据库收录的论文总数。A&HCI，全称"Art & humanities citation index"，即艺术与人文科学引文索引，是全球著名的艺术与人文社科领域的科技文摘引文数据库，其数据涵盖了考古学、建筑学、艺术、文学、哲学、宗教、历史等社会科学领域。

CSSCI 论文数是指高校在统计当年被 CSSCI 数据库收录的人文社科相关的论文总数。CSSCI 数据库（Chinese Social Sciences Citation Index）是中国社会科学院推出的中文社会科学领域的权威引文索引数据库，也是目前国内具有代表性和全面的人文社会科学期刊引用数据库之一。其中，CSSCI 期刊包括三个系列，分别是 CSSCI 来源期刊、CSSCI 来源期刊扩展版（简称"C 扩"）以及 CSSCI 来源集刊，由于 CSSCI 来源集刊本质上是"书"，因此不在本章的统计范围内，本章仅针对 CSSCI 来源期刊和 CSSCI 来源期刊扩展版进行区分并赋予不同的分值。本章在借鉴 FMS 期刊、国家自然科学基金委管理学期刊、国内一流大学期刊分级的基础上，构建了 TOP 期刊、一级期刊、普通期刊目录，并对 TOP 期刊、一级期刊和普通期刊进行区分并赋予不同的分值。

3.1.4.3.3　科研基地

人文社科的重点研究基地建设打破了学科界限和院系壁垒，促进了人才和学科的融合，有利于加快重点学科建设，在认识世界、传承文明、创新理论、资政育人、服务社会方面也发挥重要作用。本章用人文社科研究基地数量衡量科研基地建设情况，主要考察截至统计当年，高校人文社科相关学科中成立的人文社科重点研究基地、国家级协同创新中心、国家实验室、教育部哲学社会科学实验室、教育部（及省部共建）重点实验室、文化和旅游部重点实验室以及教育部国家教材建设重点研究基地的总数量。

3.1.4.3.4　科研奖励

科研奖励代表了高校人文社科的高水平科研成果和突出成绩，用高等学校科学研究优秀成果奖（人文社会科学）数表示，主要考察高校人文社科相关学科中入选最近一届高等学校科学研究优秀成果奖的成果数量。高等学校科学研究优秀成果奖（人文社会科学）是目前中国具有公信力、影响力和代表性的国家级人文社会科学奖励，是国内人文社科领域高层次科研奖励，充分展现了高校社科界服务党和国家事业发展的重大理论与实践成果。该奖项一般每三年评选一次，奖项分设特等奖和一等奖、二等奖、三等奖和成果普及奖，本章针对不同奖项赋予不同的分值。

3.1.4.4 文化传承与社会服务

文化传承与服务社会能够促进学科的交叉融合，形成新的学科生长点，促进学科建设的规范化和专业化，增强学科的竞争力和影响力，实现学科的社会价值和经济价值，推动学科发展和创新。为了考察高校人文社科的文化传承和社会服务情况，下设文化传承和智库建设两个二级指标。

3.1.4.4.1 文化传承

新时代人文社会科学的发展，要将文化传承与创新相结合，弘扬民族传统文化，推进中国特色社会主义文化大发展大繁荣。文化传承水平用人文社科 CSSCI 论文当量比例衡量，即高校在统计当年发表的人文社科 CSSCI 论文当量与高校在统计当年发表的人文社科相关的中英文论文当量的比值。

3.1.4.4.2 智库建设

服务国家经济和社会发展战略，越来越成为高校人文社会科学研究工作的重要责任和使命，也是繁荣和发展人文社会科学的重要切入点。用智库建设衡量服务社会情况，下设人文社科国家高端智库数、人文社科高校智库数、人文社科百强高校智库数、人文社科智库优秀成果数四个三级指标。

人文社科国家高端智库数是指截至统计当年，高校人文社科相关学科中建设的国家高端智库的数量，国家高端智库是国家高水平的决策咨询机构。

人文社科高校智库数是指截至统计当年，高校人文社科相关学科中建设的高校智库数量，高校智库是现代大学体系的重要组成部分，是学科服务地方、服务社会和服务国家的对策研究机构，主要基于社会需求切实履行高校服务社会的功能，并开展相应的对策研究，是构建中国人文社科的突破点。高校智库由"南京大学中国智库评价与研究中心"与"光明日报智库研究与发布中心"联合评选。

人文社科百强高校智库数是指截至统计当年，高校人文社科相关学科中入选 CTTI 百强高校智库的数量。CTTI 高校智库百强榜评选由南京大学中国智库研究与评价中心启动，旨在推出一批高层次、高水平的高校智库，发挥其在全国高校智库界的标杆和示范作用。本章仅统计评分等级为 A + 和 A 的智库数，并对不同评分等级进行区分并赋予不同的分值。

人文社科智库优秀成果数是指高校人文社科相关学科入选最近一届 CTTI 智库优秀成果的成果数量。为了宣传智库界的建设经验与丰硕成果，鼓励智库形成质量高、效果好、影响广的决策咨询成果，南京大学每两年会围绕不同的主题启动 CTTI 智库优秀成果的征集与推介活动，经过初审和终审两个步骤推介出若干优秀成果。本章对不同等级的奖项进行区分并赋予不同的分值。

3.1.4.5　国际化

国际化已经成为世界高等教育发展的一大基本趋势，是建设世界一流大学和世界一流学科的重要抓手。一方面，要加强与国际其他学科机构的交流与合作，借鉴国际一流大学的先进理念与模式，引进优质教育资源有效融入教学科研全过程，为学科发展助力；另一方面，要扩大人文社科相关学科的国际影响力和知名度，下设国际交流合作和国际影响力指标。

3.1.4.5.1　国际交流合作

通过国际交流和合作，高校与国外高校、科研机构、企业等开展合作，开展联合培养、科研合作、人才交流等项目，吸收借鉴国际一流大学的先进理念与模式，在科研创新、人才培养、师资队伍建设、管理制度优化等方面推进学科的跨越式发展，加快世界一流学科的建设进程。用人文社科国际合作办学机构和项目数、人文社科国际合作论文比例表示人文社科国际交流合作的情况。

人文社科国际合作办学机构和项目是指截至统计当年，高校人文社科专科专业中设立的经过教育部审批的本科生及以上层次中外合作办学机构和合作办学项目（包含我国内地与港澳台地区），其中包括：依据《中外合作办学条例》和《中外合作办学条例实施办法》批准设立和举办的中外合作办学机构和项目、依据原《中外合作办学暂行规定》依法批准设立和举办，现经审核通过的中外合作办学机构和项目。

人文社科国际合作论文比例是指高校在统计当年发表的人文社科国际合著论文总数占高校发表的人文社科英文论文总数的百分比，其中，国际合著论文是指由 2 个或者 2 个以上国家（地区）的作者共同参与合作发表的英文论文。该指标是高校国际科研合作的重要绩效指标，反映了其国际化视野和国际合作的水平。

3.1.4.5.2　国际影响力

学科的国际影响力是衡量世界一流学科建设成效的重要指标之一，提升学科的国际影响力对于更好培育和吸纳国际化优秀人才具有关键性作用。下设人文社科学科规范化的引文影响力和人文社科高被引论文百分比两个二级指标。

人文社科学科规范化的引文影响力（CNCI）是通过其实际被引次数除以同文献类型、同学科领域文献的期望被引次数获得的，一组文献的 CNCI，如某个人、某个机构或国家，是该组中每篇文献 CNCI 的平均值，该指标能够表征一组论文在学科层面上的相对影响力水平，一般以 1.00 为分界线，大于 1.00 表示科研产出影响力高于平均水平，小于 1.00 表示低于平均水平。本章考察在统计当年，高校人文社科相关学科的学科规范化的引文影响力。

人文社科高被引论文百分比是指高校人文社科相关学科在统计当年的 ESI 高被引论文数占该高校人文社科相关学科的论文总数的比例，其中，ESI 高被引论文是同一年同一个 ESI 学科发表论文的总被引频次按照从高到低进行排序，排在前 1% 的论文。该指标代表了高校人文社科高水平科研及其论文产出在全球最具影响力论文中所占百分比的情况。

3.2　中国高校人文社科评价方法

3.2.1　多属性评价方法设计原则

3.2.1.1　基于客观统计数据原则

评价指标的数据来源包括两个方面：一是客观指标，其数据主要来源于高校、教育部等官方网站、学术信息资源库等渠道；二是主观指标，其数据来源于专家打分或者调查。指标数据本质上是对客观世界的反映，然而客观世界难以完全用客观数据体现，但评价时又必须对这些定性的内容进行定量转换，这样才能使评价结果定量化。所以很多时候，采用客观指标数据与主观指标数据相结合进行评价是难免的，但在中国人文社科发展评价中，考虑到调查的成本以及获取数据的难度较大，难以对高校及其他社会公众开展调查，因此评价数据总体上基于客观统计数据。

3.2.1.2　主观与客观并重原则

主观评价一般采用专家赋权法，然后进行加权汇总。主观评价的最大优点是能够体现评价目的，根据各指标的重要程度赋予其不同的权重，体现管理目的，但这也是其缺点。由于主观评价法存在着人为因素的影响，稳定性和重复性较差，不同专家小组给出的权重是不相同的，即使是同一个专家小组，在不同时间给出的专家权重也不一致，因而会受到一些影响。

为了排除评价中的人为因素，出现了许多客观评价方法，如熵权法、变异

系数法、复相关系数法、主成分分析、因子分析、DEA 数据包络分析等。表面
上看，这些评价方法貌似公平，但是客观评价类方法完全根据数据评价，不考
虑评价指标的相对重要性，较少考虑评价主体——人的主观能动性。不同类型
的评价对评价的客观性要求是不同的，如大气环境评价就要求相对客观一些。
而人文社科发展评价涉及价值判断问题，因此需要将主观和客观评价相结合。

　　本质上，绝对主观是难以做到的，因为很多评价基础数据是客观的。绝对
客观的评价也是做不到的，首先评价指标的选取是主观的，某些指标值本身可
能也是主观的。即使全部都是客观评价方法，但评价方法的选取也是主观的，
是由评价者确定的，所以完全主观与完全客观都是失之偏颇的。在评价中，应
该充分考虑各种评价方法的优缺点，采取主观与客观并重的原则进行评价，以
发挥各种评价方法的特长，从而为科学合理地进行人文社科发展评价服务。

3.2.1.3　指标齐全原则

　　为了减少计算量和消除指标间的相关性，通常会删除部分存在重复信息的
指标，但是删除指标必然带来信息的损失，因此对这个问题的处理要慎重。在
评价对象数量较多的情况下，评价指标的数据比较密集，这时删除指标将对整
个排序结果产生较大的影响。现在计算机技术发展成熟，没有必要为了精简计
算而删减指标，我们需要重点解决的是如何消除指标间的相关问题。当然，这
也不意味着可以滥选评价指标，指标的选取要综合考虑指标的内涵及获取成本。

3.2.1.4　总量与质量兼顾原则

　　由于评价目的不同，不同评价活动在评价指标的选取上呈现出不同的特点，
有的评价中总量指标偏多，有的评价中相对指标偏多。在评价指标的权重设定
上也体现出这种差异，有的评价中总量指标权重较高，有的评价中相对指标的
权重较高。在高校人文社科发展评价，既要采用总量指标，因为总量指标可以
反映出人文社科发展规模和综合实力，同时也要以质量指标为先，切实强化评
价的质量意识，正确把握数量和质量的辩证关系，将质量导向贯穿于评价活动
的各个环节、各个层面，从根本上改变简单地以数量评价发展状况的做法，促
进人文社科发展水平和质量不断提升，促进人文社科发展繁荣。

3.2.1.5　纵向评价结果可比原则

　　多属性评价方法又可以分为线性评价与非线性评价方法，如图 3 - 1 所示，
对于线性评价方法，又可以分为权重依赖数据的评价方法与权重独立确定的评

价方法，前者如离散系数法、复相关系数法，后者主要是专家赋权法、层次分析法等。非线性评价方法完全依赖于评价数据，对于所有权重依赖数据的评价方法来说，其评价结果在纵向时间轴上均没有可比性。

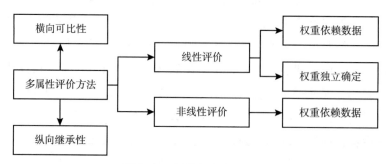

图 3-1　评价方法的可比性

对于人文社科发展评价而言，各高校每年都会有一个评价结果，每个高校也希望通过多方面的综合努力，提升学校的人文社科发展水平和质量，在这种情况下，评价结果的纵向结果适当可比就具有一定的现实意义。而评价的可比性问题一直是个容易被忽视的问题，所谓评价的可比性，就是不同时间的评价结果之间是否可比。以大学排名为例，去年某大学的排名为全球第 57 位，今年的排名为全球第 53 位，排名位次的提升就能说明该大学总体水平有所提升吗？不一定，假如去年和今年采取的是同样的加权汇总评价方法，在权重没有变化的情况下，那么结果是可比的，如果采取的是系统模型评价方法，那么不同年度的评价结果是不可比的，因为采用系统模型评价方法，或者说非加权汇总类评价方法，本质上都是依赖评价数据的，在这种情况下，是无法比较的。就评价结果的纵向可比性而言，采用相同权重的加权汇总类评价方法是唯一可比的。

3.2.1.6　指标单调性原则

所谓单调递增原则，就是不管什么评价方法，正向指标值增加一定会导致总评分值增加，反向指标增加一定会导致总评分值减少。在按照权重加权汇总类的评价方法中，如熵权法、专家会议法、层次分析法等，这并没有任何问题，但是在一些采用系统模型评价方法的评价中，如主成分分析法、因子分析法、灰色关联法等，则存在递减的可能性。在给定评价指标和数据后，用这些系统模型方法进行评价，然后用评价值作为因变量，评价指标作为自变量进行回归，有时会发现某些评价指标的系数为负数的异常情况，即出现某个指标值增加，其总得分会减少，排序会下降的异常现象。

　　针对这种情况，要具体问题具体分析，如果排除评价指标选择不当的情况，那么说明评价方法选择有问题，即不能用该评价方法进行评价，因此，评价方法是否单调递增可以作为评价指标筛选和评价方法选择的一个标准。

　　那么如何发现指标递减现象呢？可以将评价值作为因变量，评价指标作为自变量进行回归，然后看回归系数符号是否为负数。在用非线性评价类方法进行评价时，较为广泛地存在着某个正向指标值增加，评价值反而减小的情况。那么该异常情况究竟是由于该指标值不合理还是评价方法不合理呢？对这个问题要进行具体分析，我们在确认指标选取没有问题的情况下，要分析指标值增加评价值减小的原因，如果采取岭回归排除多重共线性的影响之后，该问题依然存在，那么就要重新选取其他评价方法进行评价；如果评价方法肯定没有问题，采用岭回归排除多重共线性影响后，若该问题依然存在，则要考虑删除相关指标。与非约束主成分分析法相比，回归修正法是针对非线性评价类方法的一种相对通用的检验方法。

3.2.1.7　定值评价原则

　　根据评价结果的不同，可以将评价区分为定值评价和定序评价两种。所谓定值评价，就是评价结果具有确定的分值，为了便于比较且符合人们的习惯，一般采用百分制转换后表示。所谓定序评价，就是评价结果没有确定的评价值，只有评价对象的排序。定序评价难以衡量评价对象的相对差距，因此从提供信息的完备性角度来说是不够的。如果评价目的是选优，那么采用定序评价是可以的。但是对人文社科发展评价而言，各高校需要从评价结果中寻找优势与不足，需要更为完备的评价信息，因此需要采用定值评价。

3.2.1.8　区分度适当原则

　　评价的目的之一是对所有评价对象的综合表现进行区分，或者说，各评价对象的评价结果得分之间越分散越好，这里就涉及区分度的概念。很显然，对于相同的评价对象，不同评价方法的区分度是不一样的。如果评价值比较拥挤，那么相邻评价对象就不易区分。

3.2.1.9　评价公众接受原则

　　决策更多地体现了决策者的意志，不需要关心决策对象的满意度。而评价则更多地要兼顾公平。评价方法和评价结果通常要公开，因此，在评价方法的选取过程中，除了兼顾方法的科学性外，一些影响小、使用不多的评价方法要慎重使用，例如，指标体系赋权中采取的变异系数法、复相关系数法。

3.2.1.10 标准化尊重原始数据原则

任何评价都离不开数据标准化，标准化是进行高质量评价工作的第一步，但是一些常用的数据标准化方法不尊重原始数据，存在一定的缺陷，如常见的正向指标标准化方法：

$$y_j = \frac{x_j - \min(x_j)}{\max(x_j) - \min(x_j)} \tag{3.1}$$

其中，x_j 是原始数据，y_j 是标准化后的数据，其原理是用原始数据减去极小值的结果再除以极差，该公式在传统统计学中应用了很长时间。该方法存在的问题是，如果某个评价对象所有值均为倒数第一，则最终评价结果为 0，这不符合原始数据和社会生活常识，因此这种标准化方法用于排序是可以的，但不能用于定值评价。应该采用传统的另一种标准化方法进行评价：

$$y_j = \frac{x_j}{\max(x_j)} \tag{3.2}$$

同样地，对于反向指标的标准化，传统的标准化公式之一为：

$$y_j = \frac{1}{x_j} \tag{3.3}$$

即用反向指标的倒数转化为正向指标，然后进行标准化后评价，这种转换方式的缺点是对原始数据进行了非线性转换，严重扭曲了原始数据，因而是一种存在较大问题的标准化方法，为此俞立平（2009）提出了一种通用的反向指标标准化方法，彻底解决了这个问题，即：

$$y_j = 1 - \frac{x_j}{\max(x_j)} + \left\{ 1 - \max\left[1 - \frac{x_j}{\max(x_j)} \right] \right\} \tag{3.4}$$

其中，极大值为 1，属于线性变换，标准化前后的极差不固定，反映了指标间的差距，是充分尊重原始数据的体现。

3.2.2 权重赋值方法

3.2.2.1 权重及其确定方法

评价离不开权重的计算，权重不仅体现了评价者对评价指标体系中单项指标重要性程度的认识，也体现了评价指标体系中单项指标评价能力的大小。从权重确定的方法角度，评价方法大致可以分为赋权评价与不赋权评价两类，如图 3-2 所示。

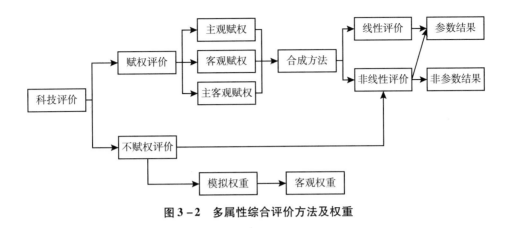

图 3 – 2　多属性综合评价方法及权重

第一类是需要赋权的评价方法，赋权方法又分为主观赋权、客观赋权与主客观相结合赋权。主观赋权方法是基于决策者的知识经验或偏好，通过重要性程度对各指标（属性）进行比较、赋值和计算得出其权重的方法，包括层次分析法（AHP）、专家调研法（Delphi）、模糊综合评判法、二项系数法等；客观赋权法是基于评价指标值的客观数据的差异而确定各指标权重的方法，包括熵权法、变异系数法、概率权、CRITIC 等。主客观赋权就是结合主观和客观因素及方法进行赋权。赋权仅仅是评价的一个重要环节，还要进行评价指标值的合成，合成方法又包括两类：一类是线性合成方法，其原理是将原始指标值标准化后进行线性加权汇总，是用得最多的一种评价方法；另一类是非线性评价方法，即评价得分与评价指标之间并非简单的线性关系，如调和平均、几何平均、加权 TOPSIS、VIKOR、灰色关联分析、证据理论、模糊综合评价、人工神经网络等。

第二类是不需要赋权的评价方法，此方法完全依赖于客观数据，不需要主观或者客观赋权，该类评价方法大多是非线性评价方法，如主成分分析、因子分析、数据包络分析、聚类分析等。不需要赋权的评价方法的评价指标也是有隐含权重的，不可能每个指标的重要性相同。俞立平（2011）提出模拟权重的概念，其原理是将非线性评价方法的评价得分作为被解释变量，评价指标作为解释变量进行回归，对回归系数进行归一化处理后就得到模拟权重。这种模拟权重也可以称为实际权重，本质上属于客观权重的范畴。

无论是赋权还是不赋权，无论是参数评价还是非参数评价，无论是线性评价还是非线性评价，均存在权重。只不过一些非线性评价方法和非参数评价需要通过一定的回归方法计算模拟权重。权重的本质问题存在于所有的多属性评价方法中，是多属性评价的基础理论问题。

在多属性评价问题中，还存在着实际权重的扭曲问题，即设计权重与实际权重存在差异。即使是在等权重的情况下，标准化后评价指标的均值并不相等，导致评价得分中不同指标的重要性也不相同，即评价指标具有"自然权重"。俞立平（2018）提出计算自然权重的方法，在不赋权评价的情况下，分别计算各指标均值占评价结果均值的比重。自然权重问题是指由于指标无量纲化后评价均值不等引起的实际权重差异问题。以学术期刊评价为例，假设只采用总被引频次和影响因子两个指标进行评价，采用等权重进行汇总加权，即期刊评价得分为总被引频次与影响因子无量纲化后的数值分别乘以 0.5 进行加权汇总，但是总被引频次与影响因子无量纲化后均值并不相等，假设总被引频次无量纲化后均值并不相等，假设总被引频次无量纲化后均值为 20，影响因子无量纲化后的均值为 50，那么在实际评价中虽然是等权重，但总被引频次由于均值较低明显没有得到重视，其实际权重只有影响因子的 40%（20/50）。这是由于数据本身产生的问题，因此称为自然权重，其根源是评价指标的数据分布及数据自身特点不同。

在线性评价中，只有保证实际权重与设计权重相等，才能真正发挥权重在评价中的作用。由于自然权重的存在，或者说是由于评价指标数据的差异性，这种情况成为一种理想状况，尤其是在科技评价中，自然权重问题是普遍存在的现象，它是隐藏在评价数据中的一种权重，根本原因是评价指标不服从正态分布、评价指标均值不相等所致。

以线性加权汇总评价为例，其计算公式为：

$$C_i = \omega_1 X_1 + \omega_2 X_2 + \cdots + \omega_n X_n \tag{3.5}$$

其中，ω_j 表示权重；X_j 是标准化后的评价指标；C_i 表示评价得分。ω_j 表示主观赋权，也可以是客观赋权，或者主观与客观相结合赋权，这是传统意义上的权重，为了以示区别，将该权重称为设计权重，傅荣（2021）将该权重称为初始权重，这里将其用 ω_D 表示。

自然权重 ω_S 是假设设计权重相等的情况下，各指标的相对重要性，可以用各指标的均值或者是汇总值所占比重表示：

$$\omega_S = \frac{\sum\limits_{i=1}^{m} X_{ij}}{\sum\limits_{j=1}^{n} \sum\limits_{i=1}^{m} X_{ij}} \tag{3.6}$$

实际权重是在评价结果中，各指标实际均值或者汇总值所占比重，傅荣（2021）称其为结果权重，这里用 ω_R 表示：

$$\omega_R = \frac{\sum\limits_{i=1}^{m} \omega_j X_{ij}}{\sum\limits_{j=1}^{n} \sum\limits_{i=1}^{m} \omega_j X_{ij}} \tag{3.7}$$

很明显，设计权重 ω_D、自然权重 ω_s、实际权重 ω_R 并不相等。

在加权线性评价中，如果认识不到自然权重问题，将造成实际权重的严重扭曲，从而对评价结果产生影响，降低评价质量。为了做到设计权重与实际权重相等，必须彻底消除自然权重问题，一种最为简捷的方法就是通过标准化方法，使所有评价指标的均值相等，这样其汇总值也相等。为了尽可能避免自然权重问题造成实际权重扭曲，本章采用 Sigmoid 函数标准化方法进行标准化处理，其标准化方法将在 3.2.3 中详细阐述。

3.2.2.2　主观权重确定方法及其比较

主观赋权法在根据决策者意图和属性含义确定权重方面比客观赋权法具有更大的优势，专家可以根据实际的决策问题和其自身的知识经验合理确定各属性权重的排序，不至于出现属性权重与属性实际重要程度相悖的情况。而客观赋权法主要是根据原始数据本身确定权重，具有较强的数学理论依据，且不增加决策者的负担。但是客观赋权法没有考虑决策者的主观意向，因此确定的权重可能与人们的主观愿望或实际情况不一致。

在开展人文社科发展评价时，一方面，考虑到人文社科发展评价具有较强的专业性和实务性，使用客观赋权法可能会出现权重与人们的主观愿望或者实际情况不一致，因此本章采用主观赋权法确定指标权重；另一方面，为了保持不同年份评价结果的可比性，指标权重要尽可能保持不变，而客观赋权法确定的指标权重会根据评价数据的不同而发生改变，使评价结果在时间上的可比性变差，因此最终考虑采用主观赋权法计算指标权重。

最常见的主观赋权法包括层次分析法（AHP）、德尔菲法（Delphi）和模糊综合评判法等，现对最常见的主观赋权法进行简单介绍。

（1）层次分析法（AHP）是 20 世纪 70 年代由著名运筹学家萨蒂（Saaty）提出的，其基本原理是首先根据具有递阶结果的目标、子目标（准则）、约束条件及部门等评价方案，用两两比较的方法确定判断矩阵；其次将判断矩阵的最大特征根相应的特征向量的分量作为相应的系数；最后综合得出方案各自的权重（优先程度），该方法作为一种定性和定量相结合的工具，目前已得到了广泛的应用。AHP 方法将人们的主观判断进行了科学的整理和综合，其权数体现的是评价者对各指标的主观价值判断大小，所需的定量信息较少，对指标结构复杂而且缺乏必要数据的情况下非常实用。此外，它能大大提高综合评价的有效性、可靠性和可行性，但由于要求评价者对评价本质、所包含的要素及其相互之间的逻辑关系掌握得十分透彻，因此虽然层次分析法较好地考虑和集成了综合评价过程中的各种定性和定量信息，但是在应用中仍摆脱不了评价过程中的随机性、评价专家主观上的不确定性及认识上的模糊性，同时当同一层指标较多时，除了使上述问题更加突出之外，决策者很容易作出矛盾且混乱的相对重要性判断，使判断矩阵出现严重的不一致现象。

（2）德尔菲法（Delphi），又称专家评分法或者专家咨询法，采取匿名的方式广泛征求专家的意见，经过反复多次的信息交流和反馈修正，使专家的意见逐步趋向一致，最终根据专家的综合意见，对评价对象作出评价的一种定量与定性相结合的预测、评价方法。德尔菲法能够充分发挥各位专家的作用，集思广益，准确性高，能把各位专家意见的分歧点表达出来，取各家所长，避各家所短。但是德尔菲法不能避免权威人士的意见对其他人的影响，有的专家碍于情面，不愿意发表与其他人不同的意见，出于自尊心不愿意修改自己原来不全面的意见，最主要的缺点是过程比较复杂，花费的时间较长。

（3）模糊综合评判法的基本原理是首先确定被评判对象的因素集和评价集；其次分别确定各个因素的权重及他们的隶属度向量，获得模糊评判矩阵；最后把模糊评判矩阵与因素的权重集进行模糊运算并进行归一化，得到模糊评价综合结果。模糊综合评判法无法解决以下问题：评价指标间相关造成的评价信息重复，各因素权重的确定带有一定的主观性，在某些情况下，隶属函数的确定较为困难，尤其是多目标评价模型，要对每一个目标、每个因素确定隶属度函数，过于烦琐，实用性不强。

3.2.2.3 基于专家评价法的指标权重确定

本章采用专家评价法确定指标权重，通过专家组背靠背打分，既消除了因专家关注点不同而产生的差异，又能发挥专家对于人文社科发展评价指标权重分配的专业观点，是一种较具操作性的指标权重确定方法。本章设计了《人文社科发展评价指标权重体系的专家意见调查表》，并对学术界、理论界和政府相关部门的相关专家进行了调查。具体办法如下。

在调查中，要求各位专家对24项三级指标的重要性程度进行打分，分别在"1~4"的范围进行赋值；其中，1为"一般"，2为"重要"，3为"比较重要"，4为"非常重要"。

首先，统计打分分别为 1、2、3、4 的总项数并赋值，其中打分为 1、2、3、4 分别赋值为 1、2、3、4，计算出每个三级指标的重要性，即：

$$I_{3,ij} = 4x_{3,ij} + 3y_{3,ij} + 2z_{3,ij} + h_{3,ij} \tag{3.8}$$

其中，$I_{3,ij}$ 为第 i 个二级指标下第 j 个三级指标的重要性；$x_{3,ij}$ 表示打分为 4 的总项数；$y_{3,ij}$ 表示打分为 3 的总项数；$z_{3,ij}$ 表示打分为 2 的总项数；$h_{3,ij}$ 表示打分为 1 的总项数。

其次，按照式（3.9）将每个三级指标重要性折算为比例数，即得到三级指标的权重：

$$W_{3,ij} = \frac{I_{3,ij}}{\sum\limits_{m}^{M_1} \sum\limits_{k=1}^{M_{2,m}} \sum\limits_{l=1}^{M_{3,k}} I_{3,kl}} \tag{3.9}$$

其中，$I_{3,ij}$ 为第 i 个二级指标下第 j 个三级指标的重要性；M_1 为一级指标个数，$M_{2,m}$ 和 $M_{3,k}$ 分别为第 m 个一级指标和第 k 个二级指标下次级指标的个数；$w_{3,ij}$ 为第 i 个二级指标下第 j 个三级指标的权重计算结果。

再次，对每个二级指标下的三级指标权重进行累加，得到二级指标的权重。

$$w_{2,i} = \frac{\sum\limits_{l=1}^{M_{3,i}} w_{3,il}}{\sum\limits_{m=1}^{M_1} \sum\limits_{k=1}^{M_{2,m}} \sum\limits_{l=1}^{M_{3,k}} I_{3,kl}} \tag{3.10}$$

其中，$w_{2,i}$ 为第 i 个二级指标对应的权重值；$M_{3,i}$ 为第 i 个二级指标下次级指标个数。

最后，采用类似方法，计算得到一级指标权重。

最终形成指标权重分配结果，如表 3-2 所示。

表 3-2　　　　　　　　　　人文社科发展评价指标权重

评价指标	指标权重
师资队伍	0.11
人才培养	0.14
科学研究	0.51
文化传承与服务社会	0.15
国际化	0.09

3.2.3 中国人文社科评价方法及评价流程

3.2.3.1 数据标准化方法及其选择

在多属性综合评价中，由于各指标原始数据的度量单位、内在属性及数量级存在差异，不能直接进行综合和比较，因此需要一定的数学变换以消除指标类型及量纲的影响，这一过程即为指标的标准化。指标数据标准化是多属性评价的基础，经过数据标准化处理后，各指标处于同一数量级，适合进行综合对比分析。指标标准化方法，又称为数据无量纲化方法，包括线性无量纲化方法和非线性无量纲化方法，最常见的线性标准化方法是极大值标准化，即：

$$y_i = \frac{x_i}{\max(x_i)} \tag{3.11}$$

常见的正向标准化方法包括极差标准化，也称为最大最小值标准化或离差标准化，其特点是标准化后指标极大值为 1，极小值为 0，但是当有新的数据加入时，会导致最小值和最大值发生变化，需要重新定义，极差标准化的计算公式如下：

$$y_i = \frac{x_i - \min(x_i)}{\max(x_i) - \min(x_i)} \tag{3.12}$$

标准差标准化（$Z - score$）也是一种常见的正向标准化方法，计算方法为：

$$x^* = \frac{x - \mu}{\sigma} \tag{3.13}$$

其中，μ 和 σ 分别为原始数据集的均值和方差。该方法的特点是经过处理的数据符合正态分布，均值为 0，标准差为 1，对于样本多的数据比较稳定，不改变数据的原始分布，但是计算时需要得到总体的均值及标准差，在数据较多时难以实现，大多数情况下用样本均值及标准差代替，但是这种做法又会导致分析结果与真实结果之间会存在差异。此外该方法只有在数据大致符合正态分布时才能得到最佳结果。

对于一些分布特殊、发展速度较快的指标，也可以采用对数标准化方法进行标准化，这是一种非线性标准化方法，对数标准化也包括极大值标准化和极差标准化，由于取对数容易得到负数，对于这种情况，需要加上一个合适的正数，如 $|int\{min[\ln(x_i)]\}|$，然后根据式（3.15）进行标准化，以极大值标准化为例：

$$y_i = \begin{cases} \dfrac{\ln(x_i)}{\max[\ln(x_i)]} & \min[\ln(x_i)] > 0 \\[3ex] \dfrac{\ln(x_i) + |\operatorname{int}\{\min[\ln(x_i)]\}|}{\max[\ln(x_i)] + |\operatorname{int}\{\min[\ln(x_i)]\}|} & \min[\ln(x_i)] < 0 \end{cases} \tag{3.14}$$

对于反向指标，采用取倒数的标准化方法也是一种非线性标准化：

$$y_i = \frac{1}{x_i} \tag{3.15}$$

但是式（3.15）标准化方法并不彻底，因为标准化后其极大值不等于 1，所以实际评价中还要除以极大值进行再次标准化，即：

$$y_i = \frac{\dfrac{1}{x_i}}{\max\left(\dfrac{1}{x_i}\right)} \tag{3.16}$$

本书采用 Sigmoid 函数进行标准化，先计算评价指标的 z 值，即：

$$z = \frac{X - \mu}{\sigma} \tag{3.17}$$

其中，X 为原始指标值；μ 为其平均值；σ 为其标准差。

将 z 值代入 Sigmoid 函数，得到标准化后的指标 Y，即：

$$Y = \frac{1}{1 + e^{-z}} \tag{3.18}$$

采用该方法进行标准化无须考虑原始指标的数据分布问题，无论原始数据是否服从正态分布，均可采用 Sigmoid 函数进行标准化。采用此方法进行标准化使不同指标的均值有接近趋势，即使在评价指标不服从正态分布的情况下，这样可以有效消除某个指标均值过低导致其在多属性评价值中比重过小的问题，即自然权重问题，从而使评价结果更加科学合理。

3.2.3.2　广义加权 BM 算子定义

在绝大多数现实世界中的多属性评价问题中，不同指标之间往往会存在不同程度的联系，如互补、冗余、偏好关系等，但是现有的评价活动中，很少会将指标之间的相互关联考虑在内，这在一定程度上导致了评价结果的不准确。而 Bonferroni 平均算子能够很好地捕获变量之间相互关联情况，可以将多个输入变量集结为一个输入变量，是一种介于最大和最小之间的集成算子，本章采用 GBM 算子对评价信息进行聚合。BM 算子和 GBM 算子的定义如下：

令 $a_i = (i = 1, 2, \cdots, n)$ 为一系列非负实数，参数 s，$t \geq 0$ 且 $s + t > 0$。若

$$BM^{s,t}(a_1, a_2, \cdots, a_n) = \left(\frac{1}{n(n-1)} \sum_{i,j=1}^{n} a_i^s a_j^t \right)^{\frac{1}{s+t}} \tag{3.19}$$

则 $BM^{s,t}$ 被称为 BM 算子。

BM 算子只能反映任意两个变量之间的关联关系，实际上，在实际的多指标综合评价问题中，往往是多个指标之间的关联关系，所以在信息集成时仅仅考虑两个输入变量之间的关联关系是不够的，别里科夫等（Beloakov et al.）提出了广义 BM（GBM）算子，夏等（Xia et al.）对 GBM 算子进行了改进，提出了加权形式的 GBM，即广义加权 BM（GWBM）算子，其定义如下：

令 p，q，$r \geq 0$，$a_i(i = 1, 2, \cdots, n)$ 为一列非负实数，并且对应的权重向量为 $w = (w_1, w_2, \cdots, w_n)^T$，满足 $w_i \in [0, 1]$ 和 $\sum_{i=1}^{n} w_i = 1$，则 GWBM 可以定义为：

$$GWBM^{p,q,r}(a_1, a_2, \cdots, a_n) = \left(\sum_{i,j,k=1}^{n} w_i w_j w_k a_i^p a_j^q a_k^r \right)^{\frac{1}{p+q+r}} \tag{3.20}$$

3.2.3.3　中国人文社科评价的基本流程

评价流程是指评价活动的组织流程，人文社科发展评价的评价活动主要包括评价的前期准备、评价实施以及评价结果分析三个阶段。评价的前期准备工作主要包括确定评价对象、确定评价目的和评价原则、建立评价专家小组、构建评价指标体系、综合评价方法选择等多个环节，评价实施主要包括收集评价信息、数据预处理、专家评价法确定评价指标权重、基于 GWBM 算子计算综合评价结果四个环节。评价结果分析包括撰写评价报告、评价结果公布、评价结果反馈三个环节。中国人文社科评价的基本流程如图 3-3 所示。

此外，在参考教育部学科评估专业分档基础上，本章中高校人文社科评价结果同样采取"分档"的方式呈现，具体方法是按"高校人文社科评价得分"的位次百分比，将评价高校划分为 A、B、C、D 四大类别共 12 个等级予以呈现：前 2%（或前 2 名）为 A+，2% ~ 5% 为 A（不含 2%，下同），5% ~ 10% 为 A-，10% ~ 20% 为 B+，20% ~ 30% 为 B，30% ~ 40% 为 B-，40% ~ 50% 为 C+，50% ~ 60% 为 C，60% ~ 70% 为 C-，70% ~ 80% 为 D+，80% ~ 90% 为 D，最后 10% 为 D-。高校人文社科评价结果分档方法如表 3-3 所示。

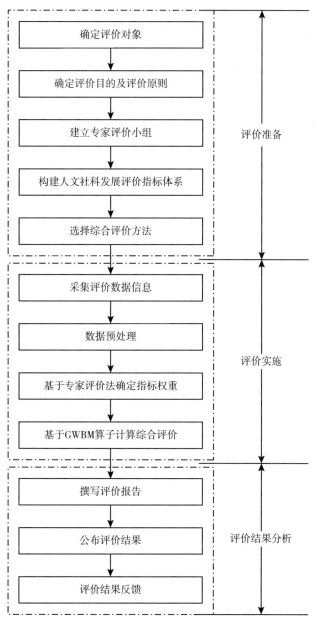

图 3 - 3　人文社科发展评价流程

表 3 - 3　　　　　　　　　　高校人文社科评价结果分档方法

类别	级别	标准	类别百分比（％）	级别百分比（％）
A 类	A +	排名前 2%	2	10
	A	2% ~ 5%	3	
	A -	5% ~ 10%	5	

类别	级别	标准	类别百分比（%）	级别百分比（%）
B 类	B +	10% ~ 20%	10	30
	B	20% ~ 30%	10	
	B −	30% ~ 40%	10	
C 类	C +	40% ~ 50%	10	30
	C	50% ~ 60%	10	
	C −	60% ~ 70%	10	
D 类	D +	70% ~ 80%	10	30
	D	80% ~ 90%	10	
	D −	最后 10%	10	

3.3　数据采集与预处理

3.3.1　数据来源及采集

3.3.1.1　数据来源

本章的原始数据主要来源于互联网，主要包括各学校官网、中组部、教育部、国家自然科学基金委员会、科学基金网络信息系统、全国哲学社会科学工作办公室、教育部学位与研究生教育发展研究中心、中共中央宣传部、中国智库索引、中华人民共和国教育部中外合作办学监管工作信息平台等官方网站，还包括 Incites、Web of Science、Scopus、中国知网、中文社会科学引文索引（CSSCI）等数据库网站。

3.3.1.2　数据采集原则和方法

数据采集是指通过各种方法收集、整理、分析和处理数据的过程，在进行数据采集时，需要遵循四大原则，即目的性原则、选择合适的数据源、采用合适的采集方法、保证数据的准确性和完整性，以确保数据的准确性、可靠性和有效性。

（1）目的性原则。在数据采集之前，我们必须清楚了解我们需要什么类型的数据，明确采集数据的目的和用途，只有明确了数据采集的目的，才能有针对性地采集数据，避免浪费时间和资源。

（2）选择合适的数据源。数据源的选择直接影响数据的质量和可靠性，在选择数据源时，需要考虑数据的来源、采集方式、采集时间等因素，以确保数据的准确性和可靠性。为了保证数据信息的准确性，采用官方机构发布的数据、权威的研究报告和调查数据，以及经过严格审核和筛选的第三方数据等，有时还需要对各种渠道的数据信息进行多方比对。

（3）采用合适的采集方法。采集方法的选择需要根据数据的类型、数量和质量等因素进行综合考虑，常见的采集方法包括问卷调查、访谈、观察、实验等，选择合适的数据采集方法可以提高数据采集的效率和精度。

（4）保证数据的准确性和完整性。在进行数据采集时，需要注意数据的准确性和完整性。采集数据时，应尽可能避免主观性和偏见，确保数据的客观性和真实性。对于一些缺失数据，要分析数据缺失的原因，避免数据遗漏不完整的情况出现。

人文社科发展评价指标体系是一个包含 5 个一级指标、14 个二级指标、24 个三级指标的庞大系统，需要调查的指标众多，数据类型和数据来源多种多样，根据指标的类型和数据来源，主要考虑人工收集整理和网络爬虫这两种方式收集数据。

3.3.2　数据质量检查

（1）数据可视化方法。采用可视化工具，如条形图、散点图、饼图等，直观地观察数据是否存在异常值、趋势及分布等情况，对数据进行初步筛选。

（2）值域检查方法。对数据值的范围、单位、格式以及数据类型等进行检查，包括进行数值大小、数值范围、逻辑关系等方面的检查，以确保数据的准确性。

（3）缺失值检查方法。对数据表格中的缺失值进行检查，包括检查缺失值的数量、位置、类型等，找出缺失值的原因以及对应的处理方法。

（4）重复值检查方法。对数据表格中的重复值进行检查，采用公式或软件工具进行比对，找出重复值的位置和原因，对数据进行去重处理。

（5）数据源检查方法。对数据源的可靠性、可信度以及完整性进行检查，包括数据来源的背景、数据收集方式、数据处理信息等方面进行分析，确保数据来源可靠。

（6）历史数据对比方法。通过历史数据观察数据变化规律，从而验证数据质量。从变化趋势、加速或减速、周期，拐点等方面论证数据的可靠性程度。

通常以同比发展速度进行判断，评估时应根据各种指标发展特点，重点对同比发展速度增幅（或降幅）较大的数据进行审核。历史数据对比法包括同比和环比两种方式。

3.3.3 数据预处理

在综合评价指标体系中，无论是定名尺度还是定序尺度，定性变量都必须具有方向性，即与评价目标完全相关，否则该定性变量就不能成为综合评价指标体系中的一个变量。根据量化时的具体对象不同，定性变量的量化分析可分为"直接量化法"和"间接量化法"（苏为华，1998）。

直接量化法是将总体中各单位的某一品质标准表现直接给出一个定量的数值，例如，在评价大学的"学术声誉"时，可以采用一定的方式直接给出每一个重点大学的"评分值"。间接量化法则是先列出定性变量的所有可能取值的集合，并且将每个待评价单位在该变量上定性取值登记下来，然后将"定性变量取值集合"中的元素进行量化，据此将每个单位的定性取值全部转化为数量。

在本章中，采用间接量化方法对定性变量进行量化。例如，对于学术论文数进行评价时，首先按照发表期刊的级别，划分为 TOP 期刊、一级期刊、核心版和扩展版；其次确定不同级别期刊的具体分值。针对奖项进行评价时，首先按照奖项的等级，划分为特等奖、一等奖、二等奖等；其次确定不同奖项等级的分值。

第4章　中国高校人文社科发展总报告

4.1　全国人文社科科研项目发展报告

本章主要对 2020～2023 年全国高校的项目基金立项情况、论文发表情况、奖励获取情况进行统计分析，进而把握全国人文社科科研项目状况。此外，通过 CR 指数、HHI、CI 指数和 Gini 系数对各类项目的均衡情况、竞争类型、集中程度进行分析，进一步了解全国高校人文社科发展情况。

4.1.1　全国高校国家社科基金项目统计分析

对全国高校 2023 年和 2020～2023 年的国家社科基金项目进行总体的统计分析。根据项目性质将国家社科项目分为国家社科重大项目、国家社科重点项目、国家哲学社会科学成果文库项目、国家社科一般项目、国家社科西部项目以及国家社科青年项目。其中，国家社科重大项目包括国家社科重大基金项目、国家社科艺术学重大项目、国家社科教育学重大项目、党的十九届六中全会精神国家社科基金重大项目。国家社科重点项目包括国家社科年度重点项目、国家社科后期重点项目、国家社科艺术学重点项目、国家社科教育学重点项目、高校思政重点项目、中华学术外译重点项目。国家社科西部项目包括国家社科基金西部项目、国家社科艺术学西部项目、国家社科教育学西部项目。国家社科青年项目包括国家社科基金青年项目、国家社科艺术学青年项目、国家社科教育学青年项目。国家社科一般项目包括国家社科年度一般项目、国家社科后期一般项目、国家社科艺术学一般项目、国家社科教育学一般项目、中华学术外译一般项目。

如表 4-1 所示，高校国家社科基金总项目为 5010 项，国家社科重大项目、国家社科重点项目、国家社科一般项目、国家社科西部项目、国家社科青年项目的项目数分别为 302 项、357 项、2876 项、389 项、1086 项。

表 4 - 1   2023 年高校国家社科基金项目统计纵向合计

项目	项目数（项）
国家社科重大项目	302
国家社科重点项目	357
国家社科一般项目	2876
国家社科西部项目	389
国家社科青年项目	1086
合计	5010

如图 4 - 1 所示，2023 年高校国家社科基金项目中，国家社科一般项目数量最多，远高于其他高校国家社科基金项目，占到全部项目数的 57.41%。项目数第二多的为国家社科青年项目，其项目数量占全部项目数的 21.68%。国家社科重大项目、国家社科重点项目、国家社科西部项目的项目数大致相当，占项目总数的比例分别为 6.03%、7.13%、7.76%。

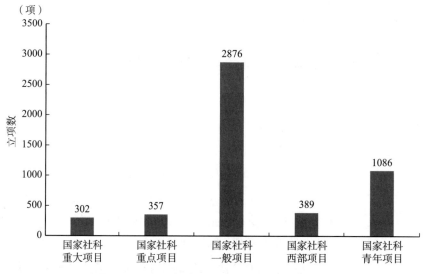

图 4 - 1 2023 年高校国家社科基金项目分布

2020 ~ 2023 年高校国家社科基金项目总数分别为 6383 项、7096 项、7038 项、5010 项，平均增长率为 - 5.88%。具体来看，2020 ~ 2022 年高校国家社科基金项目数呈现上升趋势，但在 2022 ~ 2023 年高校国家社科基金项目数大幅下降，并且没达到 2020 年的数量。2020 ~ 2023 年高校国家社科基金项目统计合计如表 4 - 2 所示。

表 4 – 2　　　　　　2020～2023 年高校国家社科基金项目统计合计

项目	2020 年（项）	2021 年（项）	2022 年（项）	2023 年（项）	合计（项）	平均增长率（%）
国家社科重大项目	444	455	443	302	1644	– 12.06
国家社科重点项目	410	470	465	357	1702	– 4.51
国家哲学社会科学成果文库项目	/	/	62	/	62	/
国家社科一般项目	3988	4681	4509	2876	16054	– 10.32
国家社科西部项目	434	444	475	389	1742	– 3.58
国家社科青年项目	968	1046	1084	1086	4184	3.91
高校思政项目	139	/	/	/	139	/
合计	6383	7096	7038	5010	25527	– 5.88

　　从项目类别角度出发，单个类别项目总数最多的是国家社科一般项目，2020～2023 年国家社科一般项目数分别为 3988 项、4681 项、4509 项、2876 项，4 年总项目数为 16054 项。4 年总项目中，单个项目最少的是国家哲学社会科学成果文库项目，项目数为 62 项。此外，国家社科重大项目、国家社科重点项目、国家社科西部项目、国家社科青年项目的项目数从低到高依次是 1644 项、1702 项、1742 项、4184 项。

　　从项目数的平均增长率角度出发，除了国家社科青年项目为正平均增长率，达到 3.91%，其余项目的平均增长率均为负数。其中，国家社科重大项目的下降幅度最大，平均增长率为 – 12.06%。此外国家社科重点项目、国家社科一般项目、国家社科西部项目的平均增长率为 – 4.51%、– 10.32%、– 3.58%，如图 4 – 2 所示。

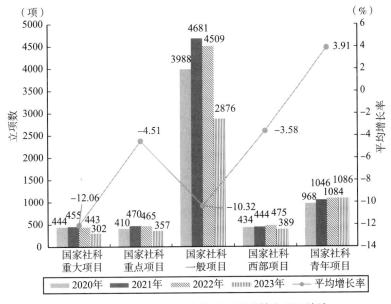

图 4 – 2　2020～2023 年高校国家社科基金项目统计

4.1.2 全国高校国家自然科学基金管理学项目统计分析

对全国高校 2023 年获得国家自然科学基金管理学项目情况进行总体的统计分析，如表 4 – 3 所示。

表 4 – 3 　　　　　2023 年国家自然科学基金管理学项目统计纵向合计

项目	项目数（项）
国家自然科学基金管理学重点项目	40
国家自然科学基金管理学一般项目	803
国家自然科学基金管理学青年项目	1194
合计	2037

2023 年，国家自然科学基金管理学总项目为 2037 项，从项目类别角度来看，国家自然科学基金管理学青年项目立项数为 1194 项，位列第一；立项最少的为国家自然科学基金管理学重点项目，立项数为 40 项。此外，国家自然科学基金管理学一般项目立项数为 803 项，如图 4 – 3 所示。

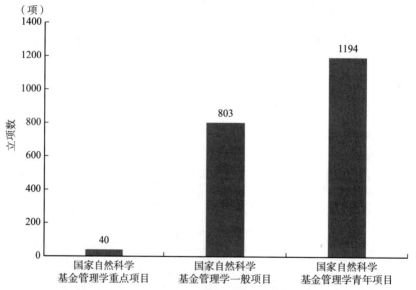

图 4 – 3 　2023 年高校国家自然科学基金管理学项目统计

2020 ~ 2023 年我国高校国家自然科学基金管理学项目总数分别为 1865 项、1932 项、1989 项、2037 项，平均增长率为 2.98%，总体呈现上升趋势，如表 4 – 4 所示。

表 4 - 4　　　　　2020～2023 年高校国家自然科学基金管理学项目统计合计

项目	2020 年（项）	2021 年（项）	2022 年（项）	2023 年（项）	合计（项）	平均增长率（%）
国家自然科学基金管理学重点项目	62	56	30	40	188	- 13.59
国家自然科学基金管理学一般项目	742	748	790	803	3083	2.67
国家自然科学基金管理学青年项目	1061	1128	1129	1194	4512	4.02
合计	1865	1932	1949	2037	7783	2.98

　　从项目类别角度出发，单个类别项目总数最多的是国家自然科学基金管理学青年项目，2020～2023 年项目数分别为 1061 项、1128 项、1129 项、1194项。单个项目最少的为国家自然科学基金管理学重点项目，2020～2023 年项目数分别为 62 项、56 项、30 项、40 项。国家自然科学基金管理学一般项目，2020～2023 年项目数分别为 742 项、748 项、790 项、803 项。

　　如图 4 -4 所示，2020～2023 年高校国家自然科学基金管理学项目统计的平均增长率中，只有国家自然科学基金管理学重点项目的平均增长率为负，其余项目均为正。国家自然科学基金管理学重点项目、国家自然科学基金管理学一般项目、国家自然科学基金管理学青年项目的平均增长率分别为 - 13.59%、2.67%、4.02%。

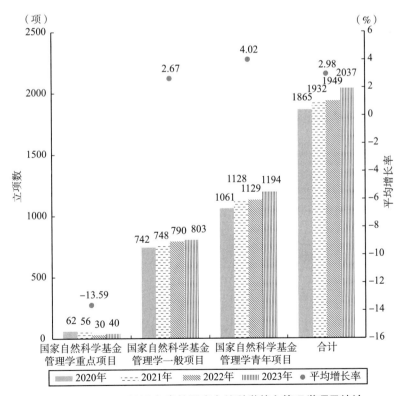

图 4 - 4　2020～2023 年高校国家自然科学基金管理学项目统计

对 2023 年高校国家自然科学基金管理学项目占比进行统计，分析高校人文社科专业的贡献，如表 4 - 5 所示。

表 4 - 5　　　　　2023 年高校国家自然科学基金管理学项目占比

项目	高校项目数（项）	所有项目数（项）	高校占比（%）
国家自然科学基金管理学重点项目	40	47	85.11
国家自然科学基金管理学一般项目	803	844	95.14
国家自然科学基金管理学青年项目	1194	1270	94.02
合计	2037	2161	94.26

从项目占比情况来看，国家自然科学基金一般项目的占比最高，达到 95.14%；国家自然科学基金管理学重点项目最低，为 85.11%；国家自然科学基金管理学青年项目占比为 94.02%，各项目占比均达到 80% 以上。

4.1.3　全国高校教育部人文社会科学研究项目统计分析

对全国高校 2023 年获得教育部人文社会科学研究项目情况进行统计分析，如表 4 - 6 所示。

表 4 - 6　　　　2023 年教育部人文社会科学研究项目统计纵向合计

项目	2023 年项目数（项）
教育部哲学社会科学研究重大项目	48
教育部人文社会科学研究规划基金	1022
教育部人文社会科学研究青年基金	1816
教育部人文社会科学研究自筹基金	15
教育部人文社会科学研究西部规划基金项目	68
教育部人文社会科学研究西部青年基金项目	124
高校辅导员研究专项	172
合计	3265

2023 年，教育部人文社会科学研究总项目为 3265 项，单个类别项目总数最多的是教育部人文社会科学研究青年基金，项目数为 1816 项，单个项目最少的是教育部人文社会科学研究自筹基金，项目数为 15 项。此外，教育部哲学社会科学研究重大项目、教育部人文社会科学研究规划基金、教育部人文社会科学

研究西部规划基金项目、教育部人文社会科学研究西部青年基金项目、高校辅
导员研究专项分别为 48 项、1022 项、68 项、124 项、172 项，如图 4 - 5 所示。

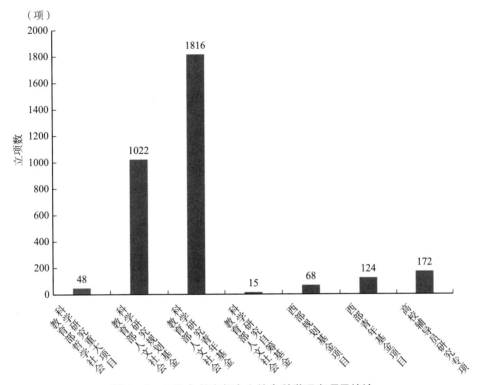

图 4 - 5　2023 年教育部人文社会科学研究项目统计

2020 年我国高校教育部人文社会科学项目总数为 3053 项，2021 年我国高
校教育部人文社会科学项目总数为 2701 项，2022 年我国高校教育部人文社会科
学项目总数为 3078 项，2023 年我国高校教育部人文社会科学项目总数为 3265
项，平均增长率为 2.26%，总体呈现上升趋势，如表 4 - 7 所示。

表 4 - 7　　　　　2020 ~ 2023 年教育部人文社会科学项目统计合计

项目	2020 年（项）	2021 年（项）	2022 年（项）	2023 年（项）	合计（项）	平均增长率（%）
教育部哲学社会科学研究重大项目	51	60	51	48	210	- 2.00
教育部人文社会科学研究规划基金	1031	907	1072	1022	4032	- 0.29
教育部人文社会科学研究青年基金	1634	1389	1597	1816	6436	3.58
教育部人文社会科学研究自筹基金	6	9	10	15	40	35.72

续表

项目	2020 年 （项）	2021 年 （项）	2022 年 （项）	2023 年 （项）	合计 （项）	平均 增长率（%）
教育部人文社会科学研究西部规划基金项目	72	55	58	68	253	−1.89
教育部人文社会科学研究西部青年基金项目	84	95	105	124	408	13.86
高校辅导员研究专项	175	186	185	172	718	−0.57
合计	3053	2701	3078	3265	12097	2.26

从项目类别角度出发，单个类别项目总数最多的是教育部人文社会科学研究青年基金，2020～2023 年项目数分别为 1634 项、1389 项、1597 项、1816 项，4 年总项目数为 6436 项。单个项目最少的是教育部人文社会科学研究自筹基金，项目数为 40 项。此外，教育部哲学社会科学研究重大项目、教育部人文社会科学研究规划基金、教育部人文社会科学研究西部规划基金项目、教育部人文社会科学研究西部青年基金项目、高校辅导员研究专项分别立项 210 项、4032 项、253 项、408 项、718 项。

从项目数的平均增长率角度出发，平均增长率最高的项目是教育部人文社会科学研究自筹基金，4 年平均增长率为 35.72%。平均增长率最低的项目是教育部哲学社会科学研究重大项目，平均增长率为 −2.00%。此外，教育部人文社会科学研究规划基金、教育部人文社会科学研究青年基金、教育部人文社会科学研究西部规划基金项目、教育部人文社会科学研究西部青年基金项目、高校辅导员研究专项的平均增长率分别是 −0.29%、3.58%、−1.89%、13.86%、−0.57%。

4.1.4　全国高校项目当量统计分析

对高校 2023 年和 2020～2023 年的国家社科基金项目、国家自然科学基金管理学项目、教育部人文社会科学研究项目进行总体的统计分析。国家社科基金项目的权重设置如表 4-8 所示。

表 4-8　　　　　　　　　　国家社科基金项目权重

项目大类权重	项目类型	二级项目权重
国家社科基金 大类权重为 1.5	国家社科重大项目	3
	国家哲学社会科学成果文库项目	1.5
	国家社科重点项目	1.5
	国家社科一般项目	1
	高校思政项目	1
	国家社科西部项目	0.6
	国家社科青年项目	0.6

国家自然科学基金管理学项目的权重设置如表 4-9 所示。

表 4-9　　　　　　国家自然科学基金管理学项目权重

项目大类权重	项目类型	二级项目权重
国家自然科学基金管理学 项目大类权重为 1.5	国家自然科学基金管理学重点项目	2
	国家自然科学基金管理学一般项目	1
	国家自然科学基金管理学青年项目	0.6

教育部人文社会科学研究项目的权重设置如表 4-10 所示。

表 4-10　　　　　　教育部人文社会科学研究项目权重

项目大类权重	项目类型	二级项目权重
教育部人文社会科学研究 项目大类权重为 1	教育部哲学社会科学研究重大项目	3
	教育部人文社会科学研究规划基金	1
	教育部人文社会科学研究青年基金	0.6
	教育部人文社会科学研究自筹基金	0.6
	教育部人文社会科学研究西部规划基金项目	0.6
	教育部人文社会科学研究西部青年基金项目	0.6
	高校辅导员研究专项	0.6

根据项目大类权重和二级项目权重可计算得全国高校项目当量，2020～2023 年全国高校的项目当量分别为 10996.4 项、12026.6 项、12331.1 项、

11723.6 项，全国高校的项目当量 2020～2023 年总体呈现增长状态，具体来看，2020～2023 年处于稳步上升阶段，而 2022～2023 年有所下降，如图 4-6 所示。

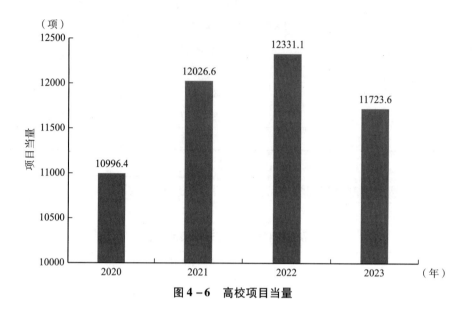

图 4-6　高校项目当量

4.2　全国人文社科论文发展报告

4.2.1　全国高校人文社科科研论文统计分析

本节将从全国高校的国际期刊与国内期刊发表的文科论文对高校人文社科水平进行整体的统计分析。

WOS 是外文索引库，全称为"Web of Science"，其核心合集包含三大学科引文索引（SCIE、SSCI、A&HCI）、两大国际会议录引文索引 CPCI（社会科学人文版+自然科学）、图书引文索引（社会科学人文版+自然科学版）和两大化学索引。本章以高校发表文科论文被 WOS 数据库收录情况视作高校国际论文的发表情况。对 2019～2022 年高校在 Web of Science（WOS）数据库中被社会科学引文索引（SSCI）收录的论文及科学引文索引（SCI）收录的人文社科类论文进行统计分析，如表 4-11 和图 4-7 所示。

表 4 – 11　　　　　　　　2019～2022 年高校 WOS 论文发表横向合计　　　　单位：篇

期刊发文	2019 年 WOS 论文数	2020 年 WOS 论文数	2021 年 WOS 论文数	2022 年 WOS 论文数	合计
全国	31833	41278	34528	45344	152983
平均	25.1	32.5	27.2	35.56	119.99

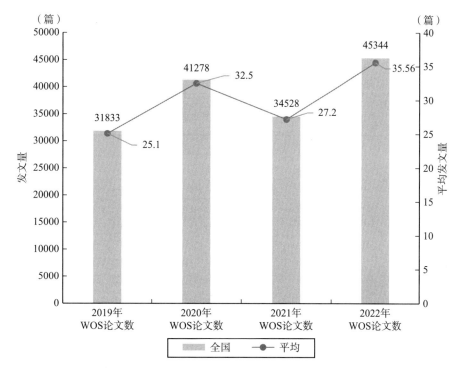

图 4 – 7　2019～2022 年高校 WOS 论文发表分布

2019～2022 年我国高校 WOS 的总发文量为 152983 篇，我国高校 WOS 的总发文量和平均发文量都呈现先增后降再增的趋势，2023 年的高校总发文量和平均发文量最高，其中，2019 年我国高校 WOS 发文总数为 31833 篇，高校平均发表数为 25.1 篇，2020 年我国高校 WOS 发文总数为 41278 篇，高校平均发表数为 32.5 篇，2021 年我国高校 WOS 发文总数为 34528 篇，高校平均发表数为 27.2 篇，2022 年我国高校 WOS 发文总数为 45344 篇，高校平均发表数为 35.56 篇。

中文社会科学引文索引（Chinese Social Sciences Citation Index）与中文社会科学引文索引（扩展版）是由南京大学投资建设、南京大学中国社会科学研究评价中心开发研制的人文社会科学引文数据库，用来检索中文人文社会科学领域的论文收录和被引用情况。本章以高校发表论文被 CSSCI 来源期刊与 CSSCI 扩展版来源期刊收录作为高校国内期刊的发表情况。本节先对高校 2020～2023

年的全国高校发表总量与平均发表情况进行统计分析。

对高校 2020～2023 年的 CSSCI 来源期刊论文的发布情况进行统计分析，结果如表 4 –12 与图 4 –8 所示。

表 4 –12　　　　　2020～2023 年的 CSSCI 来源期刊论文发表纵向合计　　　单位：篇

期刊论文	全国总体	高校平均
2020 年 CSSCI 期刊论文数	63955	50.36
2021 年 CSSCI 期刊论文数	66443	52.32
2022 年 CSSCI 期刊论文数	59430	46.80
2023 年 CSSCI 期刊论文数	58620	45.98
平均增长率（%）	– 2.86	– 2.99
论文合计	248448	195.46

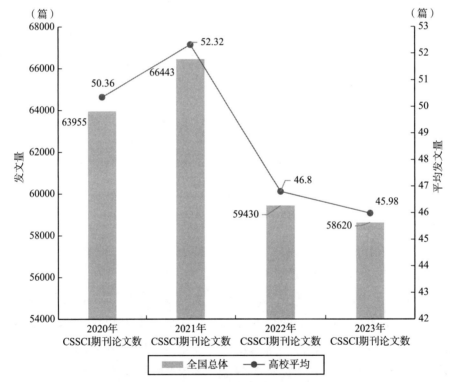

图 4 –8　2020～2023 年高校 CSSCI 发文分布

2020～2023 年，我国高校 CSSCI 期刊累计发文 248448 篇，2022 年、2021 年、2022 年、2023 年发文总数分别为 63955 篇、66443 篇、59430 篇、58620 篇，呈现先增后降的趋势。2020～2023 年，CSSCI 期刊累积发文量为 0 的高校总计 270 所，占比为 21.76%。累积发文量位于（0，1000］区间的高校总计

941 所，占比为 73.22%；累积发文量位于（1000，2000］区间的高校总计 39 所，占比为 3.06%；累积发文量位于（2000，3000］区间的高校总计 10 所，占比 0.78%。累积发文量位于（3000，4000］区间的高校总计 4 所，占比为 0.32%；累积发文量数位于（4000，5000］区间的高校总计 5 所，占比为 0.39%；此外，累积发文量超过 5000 的高校仅 6 所，占比为 0.47%。高校 4 年平均 CSSCI 期刊发文量为 195.46 篇。

对高校 2020~2023 年的 CSSCI 扩展版来源期刊论文的发表情况进行统计分析，结果如表 4-13 和图 4-9 所示。

表 4-13　　　　2020~2023 年 CSSCI 来源期刊论文发表纵向合计　　　　单位：篇

期刊论文	全国总体	高校平均
2020 年 CSSCI 扩展版期刊论文数	31377	24.71
2021 年 CSSCI 扩展版期刊论文数	31792	25.03
2022 年 CSSCI 扩展版期刊论文数	31919	25.13
2023 年 CSSCI 扩展版期刊论文数	30305	23.77
平均增长率（%）	-1.15	-1.28
论文合计	125393	98.64

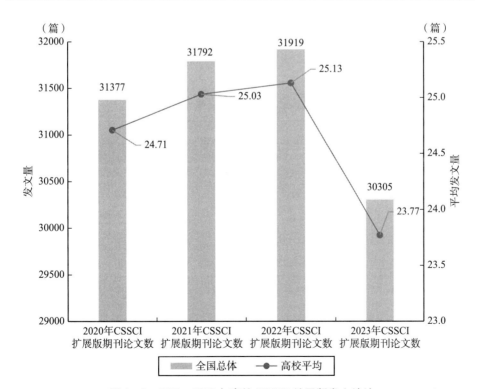

图 4-9　2020~2023 年高校 CSSCI 扩展版发文统计

2020~2023 年，我国高校 CSSCI 扩展版期刊发文总数分别为 31377 篇、31792 篇、31919 篇、30305 篇，4 年累积 125393 篇。2020~2023 年 CSSCI 扩展版期刊的高校发文量呈现缓慢增长趋势，但在 2022~2023 年呈现明显下降。2020~2023 年，累积发文量为 0 的高校总计 85 所，占比为 6.67%。累积发文量位于（0，500］区间的高校总计 1140 所，占比为 89.41%。累积发文量位于（500，1000］区间的高校总计 31 所，占比为 2.43%。累积发文量位于（1000，1500］区间的高校总计 10 所，占比为 0.78%。累积发文量位于（1500，2000］区间的高校总计 5 所，占比为 0.71%。高校 3 年平均 CSSCI 扩展版期刊发文量为 98.64 篇。

4.2.2　全国高校人文社科科研论文贡献分析

高校是我国科研的主要阵地，是支撑教育强国、科技强国和人才强国的核心力量，论文是展示科研成果进而服务于社会的基石，因此对高校论文占总论文发表的情况进行统计分析。

根据表 4-14 可知，2019~2022 年我国高校 WOS 收录文章分别为 31833 篇、41278 篇、34528 篇、45344 篇，其中，高校科研论文占全部单位论文的比例分别为 85.40%、89.22%、88.13%、90.64%。从整体看，呈现出波动上升的趋势。

表 4-14　　　　全国高校人文社科国际论文贡献分析纵向合计

论文类别	高校发文量（篇）	总发文量（篇）	占比（%）
2019 年 WOS 论文	31833	37277	85.40
2020 年 WOS 论文	41278	46265	89.22
2021 年 WOS 论文	34528	39178	88.13
2022 年 WOS 论文	45344	50027	90.64
合计	152983	172747	88.56

根据表 4-15 可知，我国高校在 2020~2023 年 CSSCI 期刊收录文章为 63955 篇、66443 篇、59430 篇、58620 篇；CSSCI 扩展版期刊收录文章为 31377 篇、31792 篇、31919 篇、30305 篇。收录文章数量上呈现先增后降的趋势，高校发文量均在总发文量的 75% 以上。

表 4 - 15 全国高校人文社科国内论文贡献分析纵向合计

期刊	高校发文量（篇）	总发文量（篇）	占比（%）
2020 年 CSSCI 期刊	63955	75489	84.72
2020 年 CSSCI 扩展版期刊	31377	41683	75.28
2021 年 CSSCI 期刊	66443	75457	88.05
2021 年 CSSCI 扩展版期刊	31792	39030	81.46
2022 年 CSSCI 期刊	59430	73024	81.38
2022 年 CSSCI 扩展版期刊	31919	35905	88.90
2023 年 CSSCI 期刊	58620	69141	84.78
2023 年 CSSCI 扩展版期刊	30305	37266	81.32
合计	284916	340588	83.65

对 2019～2022 年英文期刊的文科论文进行当量运算，其中，WOS 论文按照 JCR 分区中 1 区、2 区、3 区、4 区的分别赋予权重为 8、4、2、1，计算国内高校英文期刊当量。对 2020～2023 年中文期刊的文科论文进行当量的运算，中文期刊按照 TOP 期刊、权威期刊、普通 CSSCI 期刊、普通 CSSCI 扩展版期刊分别赋予权重为 8、4、2、1，计算国内高校中文期刊当量。

计算可得，2019 年国内高校英文 WOS 期刊论文当量为 95499 篇，2020 年英文 WOS 期刊论文当量为 123834 篇，2021 年英文 WOS 期刊当量为 103584 篇，2022 年英文 WOS 期刊当量为 314586 篇。对 2020～2023 年中文期刊的论文当量进行运算可得，2020 年国内高校期刊论文当量为 1143246 篇，2021 年期刊论文当量为 123214 篇，2022 年期刊当量为 129436 篇，2023 年期刊当量为 210785 篇。

4.3　人文社科奖励发展报告

本节将从高校奖励的获奖情况以及分布情况进行统计分析，采用的奖励数据为第九届高等学校科学研究优秀成果奖、高校国家级教学成果奖、高校国家级一流本科课程奖、高校全国优秀教材奖励，其中，奖励计数仅包含人文社会科学类研究。

4.3.1　全国高校科学研究优秀成果奖统计分析

高校科学研究优秀成果奖（人文社会科学）评奖是教育部为表彰奖励高校哲学社会科学工作者取得的突出成绩，展示高校社科界服务党和国家事业发展的重大理论与实践成果，推动高校加快构建中国特色哲学社会科学的重大举措。

对2023年高校科学研究优秀成果奖（人文社会科学）进行奖项总体的统计分析，如表4-16和图4-10所示。

表4-16　　全国高校教育部科学研究优秀成果奖（人文社会科学）获奖统计横向合计　　单位：项

奖项	著作论文奖（一等奖）	著作论文奖（二等奖）	著作论文奖（三等奖）	咨询服务报告奖（一等奖）	咨询服务报告奖（二等奖）	咨询服务报告奖（三等奖）	普及读物奖	青年成果奖	合计
奖励数	118	510	566	7	32	37	20	200	1490

我国高校的著作论文奖（一等奖）、著作论文奖（二等奖）、著作论文奖（三等奖）、咨询服务报告奖（一等奖）、咨询服务报告奖（二等奖）、咨询服务报告奖（三等奖）、普及读物奖、青年成果奖的获奖总数分别为118项、510项、566项、7项、32项、37项、20项、200项。

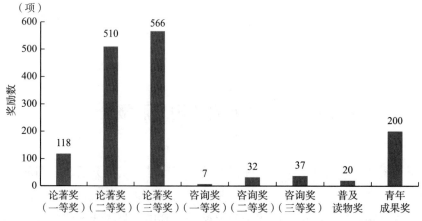

图4-10　高校教育部科学研究优秀成果奖（人文社会科学）获奖分布

测算我国高等学校科学研究优秀成果奖的CR4指数、CR8指数、CR20指数、CR50指数、CR100指数，如表4-17所示。

表 4 - 17　　　　　高校科学研究优秀成果奖（人文社会科学）CR 指数

奖励	CR4	CR8	CR20	CR50	CR100
著作论文奖（一等奖）	0.288	0.441	0.644	0.898	1.000
著作论文奖（二等奖）	0.204	0.322	0.551	0.767	0.914
著作论文奖（三等奖）	0.186	0.302	0.500	0.719	0.889
咨询服务报告奖（一等奖）	0.714	1.000	1.000	1.000	1.000
咨询服务报告奖（二等奖）	0.313	0.563	0.938	1.000	1.000
咨询服务报告奖（三等奖）	0.243	0.351	0.405	1.000	1.000
普及读物奖	0.400	0.600	1.000	1.000	1.000
青年成果奖	0.260	0.405	0.630	0.830	1.000

根据我国高等学校科学研究优秀成果奖的 CR8 指数可知，咨询服务报告奖（一等奖）大于 0.7，为极高寡占型，奖项总量少且分布集中。高校的著作论文奖（一等奖）、著作论文奖（二等奖）、著作论文奖（三等奖）、咨询服务报告奖（二等奖）为低集中竞争型，咨询服务报告奖（二等奖）、普及读物奖、青年成果奖为低集中寡占型。

分别测算高校科学研究优秀成果奖 HHI 指数、CI 指数和 Gini 系数，如表 4 - 18 所示。

表 4 - 18　　WOS 高等学校科学研究优秀成果奖 HHI 指数、CI 指数、Gini 系数

项目	HHI	CI	Gini
著作论文奖（一等奖）	0.036	0.035	0.971
著作论文奖（二等奖）	0.021	0.021	0.950
著作论文奖（三等奖）	0.018	0.018	0.941
咨询服务报告奖（一等奖）	0.184	0.183	0.996
咨询服务报告奖（二等奖）	0.057	0.056	0.987
咨询服务报告奖（三等奖）	0.036	0.035	0.978
普及读物奖	0.075	0.074	0.990
青年成果奖	0.030	0.029	0.965

国家高等学校科学研究优秀成果奖中，普及读物奖的 HHI 指数、CI 指数最低分别为 0.075、0.074，这说明在高校的普及读物奖的获奖分布最为分散。咨询服务报告奖（一等奖）的 HHI 指数、CI 指数最高，分别为 0.184、0.183，

说明咨询服务报告奖（一等奖）的分布集中，获奖少，集中程度高，仅个别少数高校获得奖励。从 Gini 系数角度来看，著作论文奖（一等奖）、著作论文奖（二等奖）、著作论文奖（三等奖）、咨询服务报告奖（一等奖）、咨询服务报告奖（二等奖）、咨询服务报告奖（三等奖）、普及读物奖、青年成果奖的 Gini 系数都在 0.9 以上，说明获奖的分配较为悬殊。

4.3.2　全国高校国家级教学成果奖统计分析

国家级教学成果奖是中华人民共和国教育部为了奖励取得教学成果的集体和个人，鼓励教育工作者从事教育教学研究，提高教学水平和教育质量而设立的最高级别的奖励。本章对 2022 年全国高校国家级教学成果奖中的人文社会科学专业的奖励进行统计分析，结果如表 4–19 所示。

表 4–19　　全国国家级教学成果奖人文社科专业获奖统计横向合计　　单位：项

奖项	本科特等奖	本科一等奖	本科二等奖	研究生特等奖	研究生一等奖	研究生二等奖	合计
全国高校获奖	0	16	219	0	9	79	323
获奖高校数	0	12	143	0	7	59	221

高校人文社会科学专业的国家级教学成果奖主要包括：本科一等奖 16 项，本科二等奖 219 项；研究生一等奖 9 项，研究生二等奖 79 项。其中，本科一等奖获奖高校 12 所，高校占比为 0.94%。本科二等奖获奖高校 143 所，高校占比为 11.26%。研究生一等奖获奖高校 7 所，高校占比为 0.71%。研究生二等奖获奖高校 59 所，高校占比为 4.65%。

4.3.3　全国高校国家级一流本科课程奖励统计分析

国家级一流本科课程奖励是为贯彻落实习近平总书记关于教育的重要论述和全国教育大会精神，落实新时代全国高等学校本科教育工作会议要求，深化教育教学改革，把教学改革成果落实到课程建设上而制定的法规规定的奖励。对 2022 年全国高校国家级一流本科课程中的人文社会科学课程进行统计分析，结果如表 4–20 所示。

表 4 – 20　　　　　国家级一流本科课程人文社科课程获奖统计横向合计　　　单位：项

奖项	线上 一流课程	线下 一流课程	社会实践 一流课程	虚拟仿真实验 教学一流课程	线上线下 混合式一流课程	合计
全国高校 获奖	1108	705	155	149	565	2682
获奖 高校数	258	304	142	111	315	1130

全国高校线上一流课程、线下一流课程、社会实践一流课程虚拟仿真实验教学一流课程、线上线下混合式一流课程的获奖数目分别是 1108 项、705 项、155 项、149 项、565 项。其中线上一流课程获奖高校 258 所，高校占比为 20.31%。线下一流课程获奖高校 304 所，高校占比为 23.94%。社会实践一流课程获奖高校 142 所，高校占比为 11.18%。虚拟仿真实验教学一流课程获奖高校 111 所，高校占比为 8.74%。线上线下混合式一流课程获奖高校 315 所，高校占比为 24.80%。

4.3.4　全国高校优秀教材奖励统计分析

全国高校优秀教材奖，是由原国家教委主办的"全国高等学校优秀教材评奖审定会"评定的国家级优秀教材奖。对 2022 年全国高校全国优秀教材奖中的人文社会科学专业的获奖情况进行统计分析，如表 4 – 21 所示。

表 4 – 21　　　　全国高校优秀教材奖人文社科专业获奖统计横向合计

项目	特等奖 （高等教育奖）	一等奖 （高等教育奖）	二等奖 （高等教育奖）	合计
全国高校优秀 教材获奖（项）	0	47	178	225
获奖高校数（所）	0	27	87	114

我国全国高校优秀教材奖的特等奖（高等教育类）、一等奖（高等教育类）、二等奖（高等教育类）的获奖数目分别是 0、47 项、178 项。其中，高校优秀教材奖的一等奖（高等教育类）获奖高校 27 所，高校占比为 2.12%。高校优秀教材奖的二等奖（高等教育类），获奖高校 87 所，高校占比为 6.85%。

第5章 中国高校人文社科发展分类报告

5.1 不同办学主体高校人文社科发展报告

本章对 1275 所高校按照办学主体分类，其中，公办高校 851 所，民办高校 252 所，独立学院类高校 161 所，合作办学类高校 10 所。此外，由于 1 所境外独立办学高校的特殊性质且其统计数据均为 0，因此不将其纳入汇总。接下来，本章将针对不同办学主体高校分别从项目基金、论文发表、奖励获取等角度，对高校的人文社科发展情况进行统计分析。

5.1.1 不同办学主体高校基金项目立项统计分析

5.1.1.1 不同办学主体高校国家社科基金项目统计分析

对公办高校、民办高校、独立学院类高校、合作办学类高校 2023 年获得国家社科基金项目情况进行统计分析，如表 5-1 所示。

表 5-1　2023 年不同办学主体高校国家社科基金项目统计横向合计　　单位：项

项目	公办	民办	独立	合作	合计
国家社科重大项目	302	0	0	0	302
国家社科重点项目	355	2	0	0	357
国家社科一般项目	2861	13	2	0	2876
国家社科西部项目	387	2	0	0	389
国家社科青年项目	1081	3	2	0	1086
合计	4986	20	4	0	5010

2023 年公办高校、民办高校、独立学院、合作办学类高校的国家社科基金项目立项总数分别为 4986 项、20 项、4 项、0。其中，公办高校的国家社科重大项目、国家社科重点项目、国家社科一般项目、国家社科西部项目、国家社科青年项目的立项数目分别为 302 项、355 项、2861 项、387 项、1081 项。民办高校的国家社科重大项目、国家社科重点项目、国家社科一般项目、国家社科西部项目、国家社科青年项目的立项数目分别为 0、2 项、13 项、2 项、3 项。独立学院的国家社科重大项目、国家社科重点项目、国家社科一般项目、国家社科西部项目、国家社科青年项目的立项数目分别为 0、0、2 项、0、2 项。合作办学类高校的国家社科重大项目、国家社科重点项目、国家社科一般项目、国家社科西部项目、国家社科青年项目的立项数目均为 0。

我国公办高校在国家社科基金项目中表现突出，共获得 4986 项，占比为 99.52%，平均立项数为 5.86 项，以显著优势位列第一。具体来看，在各项目类别中，国家社科一般项目的立项数最多，共 2861 项，公办高校的平均立项为 3.36 项，高于全国高校的平均值 2.26 项。立项最少的是国家社科重大项目，总计 302 项，均由公办高校获得。此外，国家社科重点项目、国家社科西部项目和国家社科青年项目的立项数分别为 355 项、387 项和 1081 项，公办高校的占比分别为 99.44%、99.49% 和 99.54%。在 851 所公办高校中，获得国家社科基金项目立项的公办学校共有 538 所高校，占所有公办学校的 63.22%。

相比之下，2023 年民办高校获得国家社科基金项目仅 20 项，占比为 0.40%，平均立项为 0.08 项。其中，国家社科一般项目的立项数最多，共 13 项。在 252 所民办高校中，获得国家社科基金立项的民办高校有 14 所，占所有民办高校的 5.56%。

独立学院类高校的表现更为微弱，2023 年仅获得 4 项国家社科基金项目，占比为 0.08%，平均立项数为 0.02 项，仅有 2 项为国家社科一般项目。在 161 所独立学院类高校中，获得国家社科基金立项的独立学院类高校共有 4 所，占比为 2.48%。

合作办学类高校则未获得任何国家社科基金项目，立项总数为 0。

5.1.1.2　不同办学主体高校国家自然科学基金管理学项目统计分析

对公办高校、民办高校、独立学院类高校、合作办学类高校 2023 年获得国家自然科学基金管理学项目情况进行统计分析，如表 5-2 所示。

表 5－2   2023 年不同办学主体高校国家自然科学基金管理学项目统计横向合计

单位：项

项目	公办	民办	独立	合作	合计
国家自然科学基金管理学重点项目	38	0	0	2	40
国家自然科学基金管理学一般项目	793	4	0	6	803
国家自然科学基金管理学青年项目	1181	1	0	12	1194
合计	2012	5	0	20	2037

2023 年公办高校、民办高校、独立学院、合作办学类高校的国家自然科学基金管理学项目立项总数分别为 2012 项、5 项、0、20 项。其中，公办高校的国家自然科学基金管理学重点项目、国家自然科学基金管理学一般项目、国家自然科学基金管理学青年项目的立项数目分别为 38 项、793 项、1181 项。民办高校的国家自然科学基金管理学重点项目、国家自然科学基金管理学一般项目、国家自然科学基金管理学青年项目的立项数目分别为 0、4 项、1 项。独立学院的国家自然科学基金管理学重点项目、国家自然科学基金管理学一般项目、国家自然科学基金管理学青年项目的立项数目均为 0。合作办学类高校的国家自然科学基金管理学重点项目、国家自然科学基金管理学一般项目、国家自然科学基金管理学青年项目的立项数目分别为 2 项、6 项、12 项。

我国公办高校在国家自然科学基金管理学项目中展现出强劲的实力，总项目数达到 2012 项，占比高达 98.77%，平均立项数为 2.36 项。在各类项目中，公办高校立项数最多的是国家自然科学基金管理学青年项目，共计 1181 项，占该项目立项总数的 95%，其平均立项数也达到 1.39 项，明显高于全国所有高校在该项目的平均立项数 0.93 项。此外，公办高校在国家自然科学基金管理学重点项目和国家自然科学基金管理学一般项目中也分别有 793 项和 38 项立项，分别占各自项目的 95.00% 和 98.75%。在全部公办高校中，有 285 所高校获得了国家自然科学基金管理学项目立项，占公办高校总数的 33.49%。

相比之下，2023 年我国民办类高校在国家自然科学基金管理学项目中的表现较为逊色，总项目数仅为 5 项，占比为 0.25%。其中，4 项为国家自然科学基金管理学一般项目，1 项为国家自然科学基金管理学青年项目。在民办高校群体中，仅有 4 所获得了国家自然科学基金管理学项目立项，占比为 1.59%。

至于独立学院类高校，2023 年在国家自然科学基金管理学项目中未能获得任何立项，总项目数为 0。

合作办学类高校获得的国家自然科学基金管理学项目总数达 20 项，占比为

0.98%。具体来看，合作办学类高校在国家自然科学基金管理学重点项目、国家自然科学基金管理学一般项目和国家自然科学基金管理学青年项目中分别立项 2 项、6 项和 12 项。在合作办学的高校群体中，有 6 所高校获得了国家自然科学基金管理学项目立项，占比为 60.00%。

5.1.1.3　不同办学主体高校教育部人文社会科学研究项目统计分析

对公办高校、民办高校、独立学院类高校、合作办学类高校 2023 年获得高校教育部人文社会科学研究基金项目情况进行统计分析，如表 5-3 所示。

表 5-3　　2023 年不同办学主体高校教育部人文社会科学研究项目统计横向合计

单位：项

项目	公办	民办	独立	合作	合计
教育部哲学社会科学研究重大项目	48	0	0	0	48
教育部人文社会科学研究规划基金	992	26	2	2	1022
教育部人文社会科学研究青年基金	1790	23	1	2	1816
教育部人文社会科学研究自筹基金	15	0	0	0	15
教育部人文社会科学研究西部规划基金项目	68	0	0	0	68
教育部人文社会科学研究西部青年基金项目	122	1	1	0	124
高校辅导员研究专项	162	6	4	0	172
合计	3197	56	8	4	3265

2023 年，公办高校、民办高校、独立学院、合作办学类高校的教育部人文社会科学研究基金项目立项总数分别为 3197 项、56 项、8 项、4 项。其中，公办高校的教育部哲学社会科学研究重大项目、教育部人文社会科学研究规划基金、教育部人文社会科学研究青年基金、教育部人文社会科学研究自筹基金、教育部人文社会科学研究西部规划基金项目、教育部人文社会科学研究西部青年基金项目、高校辅导员研究专项的立项数目分别为 48 项、992 项、1790 项、15 项、68 项、122 项、162 项。民办高校的教育部哲学社会科学研究重大项目、教育部人文社会科学研究规划基金、教育部人文社会科学研究青年基金、教育部人文社会科学研究自筹基金、教育部人文社会科学研究西部规划基金项目、教育部人文社会科学研究西部青年基金项目、高校辅导员研究专项的立项数目

分别为0、26项、23项、0、0、1项、6项。独立学院的教育部哲学社会科学研究重大项目、教育部人文社会科学研究规划基金、教育部人文社会科学研究青年基金、教育部人文社会科学研究自筹基金、教育部人文社会科学研究西部规划基金项目、教育部人文社会科学研究西部青年基金项目、高校辅导员研究专项的立项数目分别为0、2项、1项、0、0、1项、4项。合作办学类高校的教育部哲学社会科学研究重大项目、教育部人文社会科学研究规划基金、教育部人文社会科学研究青年基金、教育部人文社会科学研究自筹基金、教育部人文社会科学研究西部规划基金项目、教育部人文社会科学研究西部青年基金项目、高校辅导员研究专项的立项数目分别为0、2项、2项、0、0、0、0。

我国公办高校在教育部社科基金方面取得了显著成就，2023年总立项数高达3197项，稳居各类高校之首，平均每所公办高校立项3.76项。在各类项目中，教育部人文社会科学研究青年基金尤为突出，共计立项1790项，平均每校立项2.10项，相较全国所有高校的平均立项1.42项，展现出公办高校的强劲实力。而立项数目最少的则为教育部人文社会科学研究自筹基金项目，总立项数仅15项。在全部公办高校中，共有611所公办高校获得教育部人文社会科学研究项目，占公办高校总数的71.80%。

相较公办高校，民办高校在教育部社科基金上的表现则略显逊色，2023年总立项数为56项，平均每所民办高校立项0.22项。其中，教育部人文社会科学研究规划基金立项最多，达26项。在全部民办高校中，共有39所民办高校获得教育部人文社会科学研究项目，占民办高校总数的15.48%。

2023年独立学院类高校在教育部社科基金上的情况更为惨淡，立项数仅为8项，平均每所独立学院立项0.05项。在各类项目中，高校辅导员研究专项项目立项最多，共计4项。在全部独立学院中，仅有6所独立学院类高校获得教育部人文社会科学研究项目，占比为3.73%。

2023年合作办学类高校获得教育部人文社会科学研究项目总数为4项，平均每所合作办学类高校立项0.4项。立项主要集中在教育部人文社会科学研究规划基金和青年基金项目上，其中，青年基金项目立项最多，达6项。仅有2所合作办学类高校获得教育部社科基金立项，占该类高校总数的20.00%。

表5-4展示了不同主体办学的高校项目当量。对不同主体办学的高校进行项目当量的运算，其中，公办高校的项目当量为11597.68项，民办高校的项目当量为87.92项，独立学院类高校的项目当量为14.6项，合作办学类高校的项目当量为23.4项。

表 5 - 4　　　　2023 年双一流高校、普通高校项目当量横向合计　　　单位：项

类别	公办	民办	独立	合作	合计
项目当量	11597.68	87.92	14.6	23.4	11723.6

5.1.2　不同办学主体高校论文分布

5.1.2.1　不同办学主体高校国外学术论文统计分析

对公办高校、民办高校、独立学院类高校、合作办学类高校 2022 年 WOS 数据库收录的人文社科论文情况进行统计分析，如表 5 - 5 所示。

表 5 - 5　　　　2022 年不同办学主体高校 WOS 期刊发表统计横向合计

期刊论文	公办	民办	独立	合作	合计
WOS 论文数（篇）	44270	363	50	661	45344
WOS 论文发文占比（%）	97.63	0.80	0.11	1.46	100

2022 年，公办高校、民办高校、独立学院类高校、合作办学类高校的 WOS 期刊的发表总数分别为 44270 篇、363 篇、50 篇、661 篇，其中，公办高校的发表总数最高，占全部发文数的 97.63%。民办高校、独立学院类高校、合作办学类高校的 WOS 期刊发文分别占比为 0.80%、0.11%、1.46%。

5.1.2.2　不同办学主体高校国内学术论文统计分析

对公办高校、民办高校、独立学院类高校、合作办学类高校 2023 年 CSSCI 期刊论文收录情况进行统计分析，如表 5 - 6 所示。

表 5 - 6　　　　2023 年不同办学主体高校 CSSCI 期刊与 CSSCI
扩展版期刊发表统计横向合计

期刊发文	公办	民办	独立	合作	合计
CSSCI 期刊发文量（篇）	58341	217	40	22	58620
CSSCI 期刊发文占比（%）	99.52	0.37	0.07	0.04	100
CSSCI 扩展版期刊发文量（篇）	29191	898	204	12	30305
CSSCI 扩展版发文占比（%）	96.32	2.96	0.67	0.04	100

2023 年，公办高校、民办高校、独立学院类高校、合作办学类高校 CSSCI
期刊发文总数分别为 58341 篇、217 篇、40 篇、22 篇。公办高校的 CSSCI 期刊
发文总量最多，占比为 99.52%。民办高校、独立学院类高校、合作办学类高
校发文分别占比为 0.37%、0.07%、0.04%。

2023 年公办高校、民办高校、独立学院类高校、合作办学类高校 CSSCI 扩
展版期刊发文总数分别为 29191 篇、898 篇、204 篇、12 篇。公办高校的 CSSCI
扩展版期刊发文总量最多，占比为 96.32%，民办高校、独立学院类高校、合
作办学类高校发文占比分别为 2.96%、0.67%、0.04%。公办类高校在 CSSCI
期刊与 CSSCI 扩展版期刊发表论文总量上均远高于其余三类高校。

5.1.3 不同办学主体高校人文社科奖励分布

不同办学主体高校人文社科科学研究优秀成果奖统计分析

对公办高校、民办高校、独立学院类高校、合作办学类高校的科学研究优
秀成果奖（人文社会科学）进行统计分析，如表 5 – 7 所示。

表 5 – 7　　　　　不同办学主体高校科学研究优秀成果奖

（人文社会科学）统计横向合计　　　　　单位：项

奖励	公办	民办	独立	合作	合计
著作论文奖（一等奖）	118	0	0	0	118
著作论文奖（二等奖）	510	0	0	0	510
著作论文奖（三等奖）	565	0	0	1	566
咨询服务报告奖（一等奖）	7	0	0	0	7
咨询服务报告奖（二等奖）	32	0	0	0	32
咨询服务报告奖（三等奖）	37	0	0	0	37
普及读物奖	20	0	0	0	20
青年成果奖	200	0	0	0	200
合计	1489	0	0	1	1490

全国高校的著作论文奖（一等奖）、著作论文奖（二等奖）、著作论文奖
（三等奖）、咨询服务报告奖（一等奖）、咨询服务报告奖（二等奖）、咨询服务
报告奖（三等奖）、普及读物奖、青年成果奖的获奖总数分别为 118 项、510
项、566 项、7 项、32 项、37 项、20 项、200 项。除了合作办学类高校获得一

项著作论文奖（三等奖），其余奖项均由公办高校获得。高校著作论文奖（三等奖）为获得奖励最多的项目，咨询服务报告奖（一等奖）为总数最少的获奖项目。公办高校平均获奖数分别为 0.14 项、0.60 项、0.66 项、0.01 项、0.04项、0.04 项、0.02 项、0.24 项。共 238 个公办高校获得了科学研究优秀成果奖（人文社会科学），占全部公办学校的 27.93% 。

5.2　双一流高校与普通高校人文社科发展报告

5.2.1　双一流高校与普通高校基金项目立项分布

对双一流高校、普通高校 2023 年获得的国家社科基金项目情况进行统计分析，如表 5 - 8 所示。

表 5 - 8　　双一流高校、普通高校 2022 年国家社科基金项目统计横向合计　单位：项

项目	双一流高校	普通高校	合计
国家社科重大项目	235	67	302
国家社科重点项目	211	146	357
国家社科一般项目	1336	1540	2876
国家社科西部项目	111	278	389
国家社科青年项目	677	409	1086
合计	2570	2440	5010

2023 年，双一流高校国家社科基金项目总数为 2570 项，占比为 51.30%，双一流高校平均立项 17.85 项，单个类别项目总数最多的是国家社科一般项目，项目数为 1336 项，双一流高校平均立项 9.28 项，单个类别项目最少的是国家社科西部项目，项目数为 111 项。此外，双一流高校的国家社科重大项目、国家社科重点项目、国家社科青年项目的立项数目分别是 235 项、211 项、677 项。

普通高校的国家社科基金项目总数为 2440 项，占比为 48.70%，普通高校平均立项 2.16 项，单个类别项目总数最多的是国家社科年度一般项目，项目数为 1540 项，普通高校平均立项 2.1 项，单个类别项目最少的是国家社科重大项目，项目数为 67 项。此外，普通高校的国家社科重点项目、国家社科西部项

目、国家社科青年项目的立项数目分别是 146 项、278 项、409 项。

对双一流高校、普通高校 2023 年获得国家自然科学基金管理学项目情况进行统计分析，如表 5－9 所示。

表 5－9　　　　　2023 年双一流高校、普通高校国家自然科学

基金管理学项目统计横向合计　　　　　单位：项

项目	双一流高校	普通高校	合计
国家自然科学基金管理学重点项目	36	4	40
国家自然科学基金管理学一般项目	670	133	803
国家自然科学基金管理学青年项目	794	400	1194
合计	1500	537	2037

2023 年，我国双一流高校国家自然科学基金管理学总项目为 1500 项，项目占比为 73.64%，普通高校国家自然科学基金管理学总项目为 537 项，项目占比为 26.36%。双一流高校国家自然科学基金管理学项目重点项目、一般项目、青年项目分别为 36 项、670 项、794 项，各项目占比分别为 90.00%、83.44%、66.50%。普通高校的国家自然科学基金管理学重点项目、一般项目、青年项目为 4 项、133 项、400 项，各项目占比分别为 10.00%、16.56%、33.50%。

对双一流高校、普通高校 2023 年获得教育部人文社会科学研究基金项目情况进行统计分析，如表 5－10 所示。

表 5－10　　　　　2023 年双一流高校、普通高校教育部人文社会

科学研究项目统计横向合计　　　　　单位：项

项目	双一流高校	普通高校	合计
教育部哲学社会科学研究重大项目	42	6	48
教育部人文社会科学研究规划基金	394	628	1022
教育部人文社会科学研究青年基金	733	1083	1816
教育部人文社会科学研究自筹基金	2	13	15
教育部人文社会科学研究西部规划基金项目	21	47	68
教育部人文社会科学研究西部青年基金项目	54	70	124
高校辅导员研究专项	46	126	172
合计	1292	1973	3265

2023 年，双一流高校教育部人文社会科学研究基金项目总数为1292 项，项目占比为39.57%，普通高校国家人文社会科学研究基金项目总数为 1973 项，项目占比为60.43%。教育部人文社会科学研究青年基金为两类高校立项最多的项目。双一流高校的教育部哲学社会科学研究重大项目、教育部人文社会科学研究规划基金、教育部人文社会科学研究青年基金、教育部人文社会科学研究自筹基金、教育部人文社会科学研究西部规划基金项目、教育部人文社会科学研究西部青年基金项目、高校辅导员研究专项的立项分别为 42 项、394 项、733 项、2 项、21 项、54 项、46 项，分别占各自项目的 87.50%、38.55%、40.36%、13.33%、30.88%、43.55%、26.74%。普通高校的教育部哲学社会科学研究重大项目、教育部人文社会科学研究规划基金、教育部人文社会科学研究青年基金、教育部人文社会科学研究自筹基金、教育部人文社会科学研究西部规划基金项目、教育部人文社会科学研究西部青年基金项目、高校辅导员研究专项的立项分别为 6 项、628 项、1083 项、13 项、47 项、70 项、126 项，分别占各自项目的 12.50%、61.45%、59.64%、86.67%、69.12%、56.45%、73.26%。

表 5－11 展示了双一流高校和普通高校项目当量。双一流高校 2023 年的项目当量为6538.4 项，普通高校 2023 年的项目当量为5185.2 项。

表 5－11　　　　　2023 年双一流高校、普通高校项目当量横向合计　　　单位：项

类别	双一流高校	普通高校	合计
项目当量	6538.4	5185.2	11723.6

5.2.2　双一流高校以及普通高校期刊发表分布

对双一流高校与普通高校 2022 年 WOS 数据库的人文社科论文收录情况进行统计分析，如表 5－12 所示。

表 5－12　　　　2022 年双一流与普通高校 WOS 期刊发表分布纵向合计　　　单位：篇

高校类型	WOS 期刊发表总数	WOS 期刊发表平均数
双一流高校	28471	197.72
普通高校	16873	14.92
合计	34639	35.56

2022 年，双一流高校 WOS 期刊发文总数为 28471 篇，占全部发文量的 62.79%，平均发文量为 197.72 篇。普通高校 WOS 期刊发文总数为 16873 篇，占全部发文量的 37.21%，平均发文量 14.92 篇。双一流高校在 WOS 期刊的总发表数与平均发表数的表现均优于普通高校。

表 5-13 展示了双一流高校和普通高校 WOS 期刊的各项指数。双一流高校与普通高校的 CR 指数、HHI 指数、CI 指数均为较小值，说明两者的 WOS 收录期刊类型均为分散竞争型，即平均发表论文接近，发文分散。双一流高校 Gini 系数处于相对合理的范围，说明的组内差异较小。而普通高校的 Gini 系数处于较高范围，说明普通高校的组内差异较大。

表 5-13　双一流与普通高校 WOS 期刊人文社科论文 CR、HHI、CI、Gini 系数

高校类型	论文	CR4	CR8	HHI	CI	Gini
双一流高校	2022 年 WOS 收录期刊	0.09	0.11	0.014	0.004	0.51
普通高校	2022 年 WOS 收录期刊	0.07	0.13	0.007	0.007	0.79

对双一流高校以及普通高校 2023 年 CSSCI 期刊论文与 CSSCI 扩展版期刊收录情况进行统计分析，如表 5-14 所示。

表 5-14　2023 年 CSSCI 期刊论文与 CSSCI 扩展版期刊收录统计横向合计　单位：篇

发文	双一流高校	普通高校	合计
CSSCI 期刊发文量	40544	18076	58620
CSSCI 扩展版期刊发文量	16097	14208	30305
CSSCI 期刊平均发文量	281.56	15.98	297.54
CSSCI 扩展版期刊平均发文量	111.78	12.56	124.35

2023 年，双一流高校 CSSCI 期刊发文总数为 40544 篇，占全部发文量的 69.16%；CSSCI 期刊扩展版发文总数为 18076 篇，占全部发文量的 53.12%。双一流高校 CSSCI 期刊的平均发文量为 281.56 篇，CSSCI 扩展版期刊的平均发文量为 111.78 篇。

普通高校 CSSCI 期刊发文总数为 16097 篇，占全部发文量的 30.84%；CSSCI 期刊扩展版发文总数为 14208 篇，占全部发文量的 46.88%。普通高校 CSSCI 期刊的平均发文量为 15.98 篇，CSSCI 扩展版期刊的平均发文量为 12.56 篇。

计算双一流高校、普通高校的 CSSCI 期刊与 CSSCI 扩展版期刊的 CR、

HHI、CI、Gini 系数，如表 5 – 15 所示。

表 5 – 15　　　　　双一流与普通高校 CSSCI 期刊与 CSSCI
扩展版期刊 CR、HHI、CI、Gini 系数

高校类型	期刊	CR4	CR8	HHI	CI	Gini
双一流高校	2023 年 CSSCI 期刊	0.162	0.279	0.018	0.012	0.593
	2023 年 CSSCI 扩展版期刊	0.134	0.242	0.015	0.008	0.522
普通高校	2023 年 CSSCI 期刊	0.364	0.625	0.008	0.007	0.971
	2023 年 CSSCI 扩展版期刊	0.152	0.274	0.004	0.003	0.548

双一流高校中，CSSCI 期刊与 CSSCI 扩展版期刊收录情况的 CR 指数、HHI 指数、CI 指数均为较小值，属于分散竞争型，即双一流高校的整体科研水平较高，平均发表论文接近，发文分散。Gini 系数处于适当范围，说明双一流高校组内差异不太明显，不存在过大差距。

普通高校中，CSSCI 期刊收录情况的 CR 指数较大，HHI 指数和 CI 指数较小，为低集中竞争型发表，少数普通高校的发文较为集中，少数普通高校是 CSSCI 期刊论文发表的主力军，Gini 系数较高说明普通高校的论文发表能力差距悬殊。而 CSSCI 扩展版期刊收录情况的 CR 指数、HHI 指数、CI 指数均为较小值，属于分散竞争型。而 Gini 系数处于适当范围，说明在 CSSCI 扩展版期刊收录上，普通高校的组内差距不大，发表论文数量接近。

5.2.3　双一流高校与普通高校科研奖励获奖分布

双一流高校与普通高校人文社科科学研究优秀成果奖分布

对双一流高校以及普通高校的高校科学研究优秀成果奖（人文社会科学）奖励情况进行统计分析，如表 5 – 16 所示。

表 5 – 16　　　双一流高校、普通高校人文社科科学研究优秀成果奖统计　　单位：项

奖励	双一流高校奖励总数	双一流高校奖励平均数	普通高校奖励总数	普通高校奖励平均数
著作论文奖（一等奖）	91	0.02	27	0.63
著作论文奖（二等奖）	402	0.10	108	2.79
著作论文奖（三等奖）	431	0.12	135	2.99

奖励	双一流高校奖励总数	双一流高校奖励平均数	普通高校奖励总数	普通高校奖励平均数
咨询服务报告奖（一等奖）	7	0.00	0	0.05
咨询服务报告奖（二等奖）	28	0.00	4	0.19
咨询服务报告奖（三等奖）	22	0.01	15	0.15
普及读物奖	17	0.00	3	0.12
青年成果奖	167	0.03	33	1.16
合计	1165	0.28	325	8.09

我国双一流高校的著作论文奖（一等奖）、著作论文奖（二等奖）、著作论文奖（三等奖）、咨询服务报告奖（一等奖）、咨询服务报告奖（二等奖）、咨询服务报告奖（三等奖）、普及读物奖、青年成果奖的获奖总数分别为91项、402项、431项、7项、28项、22项、17项、167项。我国普通高校的著作论文奖（一等奖）、著作论文奖（二等奖）、著作论文奖（三等奖）、咨询服务报告奖（一等奖）、咨询服务报告奖（二等奖）、咨询服务报告奖（三等奖）、普及读物奖、青年成果奖的获奖总数分别为27项、108项、135项、0、4项、15项、3项、33项。从项目类型来看，著作论文奖（三等奖）为双一流高校与普通高校共同的最多获奖类型，如图5-1所示。

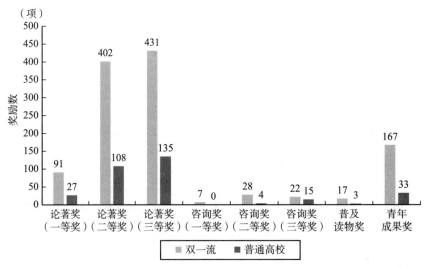

图5-1　双一流、普通高校科学研究优秀成果奖获奖分布

对双一流高校以及普通高校的平均高校科学研究优秀成果奖（人文社会科

学）进行计算分析，如图 5 - 2 所示。

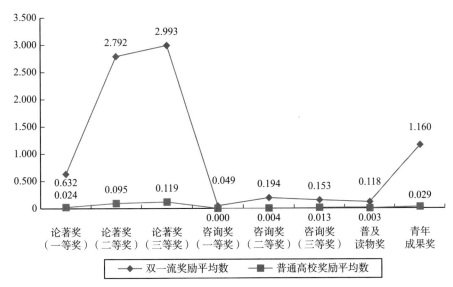

图 5 - 2　双一流、普通高校平均科学研究优秀成果奖获奖分布

双一流高校的著作论文奖（一等奖）、著作论文奖（二等奖）、著作论文奖（三等奖）、咨询服务报告奖（一等奖）、咨询服务报告奖（二等奖）、咨询服务报告奖（三等奖）、普及读物奖、青年成果奖的平均项数分别为 0.632 项、2.792 项、2.993 项、0.049 项、0.194 项、0.153 项、0.118 项、1.160 项。普通高校的著作论文奖（一等奖）、著作论文奖（二等奖）、著作论文奖（三等奖）、咨询服务报告奖（一等奖）、咨询服务报告奖（二等奖）、咨询服务报告奖（三等奖）、普及读物奖、青年成果奖的平均项数分别为 0.024 项、0.095 项、0.119 项、0、0.004 项、0.013 项、0.003 项、0.029 项。

计算双一流高校、普通高校的科学研究优秀成果奖的 CR、HHI、CI、Gini 系数，如表 5 - 17 所示。

表 5 - 17　双一流与普通高校科学研究优秀成果奖 CR、HHI、CI、Gini 系数

高校类型	奖励	CR4	CR8	HHI	CI	Gini
双一流高校	著作论文奖（一等奖）	0.374	0.571	0.056	0.050	0.858
	著作论文奖（二等奖）	0.259	0.408	0.033	0.026	0.757
	著作论文奖（三等奖）	0.244	0.397	0.030	0.023	0.734
	咨询服务报告奖（一等奖）	0.714	1.000	0.184	0.178	0.963

高校类型	奖励	CR4	CR8	HHI	CI	Gini
双一流高校	咨询服务报告奖（二等奖）	0.357	0.643	0.069	0.062	0.903
	咨询服务报告奖（三等奖）	0.409	0.591	0.070	0.064	0.903
	普及读物奖	0.471	0.706	0.093	0.087	0.927
	青年成果奖	0.311	0.485	0.041	0.034	0.809
普通高校	著作论文奖（一等奖）	0.222	0.370	0.045	0.044	0.979
	著作论文奖（二等奖）	0.231	0.343	0.027	0.026	0.961
	著作论文奖（三等奖）	0.170	0.259	0.019	0.018	0.952
	咨询服务报告奖（一等奖）	—	—	—	—	—
	咨询服务报告奖（二等奖）	1.000	1.000	0.250	0.249	0.114
	咨询服务报告奖（三等奖）	0.267	0.533	0.067	0.066	0.987
	普及读物奖	1.000	1.000	0.333	0.333	0.997
	青年成果奖	0.212	0.333	0.038	0.037	0.976

双一流高校中，Gini 系数普遍较高，说明同为双一流高校，高校间的获奖也较为悬殊。结合其他指数来看，著作论文奖（二等奖）、著作论文奖（三等奖）、青年成果奖奖项的 CR 指数、HHI 指数与 CI 指数较小，因此这些获奖为低集中寡占型；著作论文奖（一等奖）、咨询服务报告奖（二等奖）、咨询服务报告奖（三等奖）的 CR 指数、HHI 指数与 CI 指数较大，因此，这些获奖为集中寡占型；咨询服务报告奖（一等奖）的 CR 指数、HHI 指数与 CI 指数最高，因此为高集中寡占型。

普通高校中，没有高校获得咨询服务报告奖（一等奖），因此无法计算指数。咨询服务报告奖（二等奖）的 CR 指数为 1，HHI 指数与 CI 指数偏高，但 Gini 指数较小，因此为高集中竞争型，著作论文奖（一等奖）、著作论文奖（二等奖）、著作论文奖（三等奖）、咨询服务报告奖（三等奖）、青年成果奖的 CR 指数、HHI 指数与 CI 指数较小，因此这些获奖为低集中寡占型；普及读物奖的 CR 指数、HHI 指数与 CI 指数较高，且 Gini 系数偏高，因此属于高集中寡占型。

5.3　公办大学人文社科发展报告

5.3.1　各类公办学科类型高校基金项目立项分布

将公办高校按其类型分为 11 类高校，包括公办财经类、公办理工类、公办民族类、公办农林类、公办师范类、公办体育类、公办医药类、公办艺术类、公办语言类、公办政法类、公办综合类，并对其 2023 年获得国家社科基金项目情况进行统计分析，如表 5 - 18 所示。

表 5 - 18　　　不同公办学科类型高校国家社科基金项目统计纵向合计　　　单位：项

公办学科类型	国家社科重大项目	国家社科重点项目	国家社科一般项目	国家社科西部项目	国家社科青年项目
财经类	30	33	341	124	41
理工类	24	40	445	139	57
民族类	5	14	123	27	42
农林类	10	7	98	22	5
师范类	42	70	601	161	97
体育类	4	5	23	4	3
医药类	0	2	29	5	8
艺术类	1	0	6	4	0
语言类	5	7	65	24	8
政法类	7	9	71	30	13
综合类	174	168	1059	541	113
合计	302	355	2861	1081	387

2023 年，我国公办类高校国家社科基金项目总数为 4986 项，高校平均立项 5.86 项。从项目总数角度出发，公办综合类高校的项目总数最多，立项总数 2055 项，占比为 41.22%，公办艺术类高校的项目总数最少，立项总数 11 项，占比为 0.22%。从高校平均立项的角度出发，公办民族类高校的平均立项数最多，平均达到 15.07 项，公办艺术类高校的平均立项数最少，平均立项 0.31 项。各类型公办高校 2023 年获得国家社科基金项目具体情况如下。

公办财经类高校的国家社科重大项目、国家社科重点项目、国家社科一般项目、国家社科西部项目、国家社科青年项目总数分别为 30 项、33 项、341 项、124 项、41 项，分别占公办高校相对应立项总数的 7.95%、11.27%、15.55%、12.86%、14.73%。

公办理工类高校的国家社科重大项目、国家社科重点项目、国家社科一般项目、国家社科西部项目、国家社科青年项目总数分别为 24 项、40 项、445 项、139 项、57 项，分别占公办高校相对应立项总数的 1.66%、3.94%、4.30%、2.50%、10.85%。

公办民族类高校的国家社科重大项目、国家社科重点项目、国家社科一般项目、国家社科西部项目、国家社科青年项目总数分别为 5 项、14 项、123 项、27 项、42 项，分别占公办高校相对应立项总数的 1.66%、3.94%、4.30%、2.50%、10.85%。

公办农林类高校的国家社科重大项目、国家社科重点项目、国家社科一般项目、国家社科西部项目、国家社科青年项目总数分别为 10 项、7 项、98 项、22 项、5 项，分别占公办高校相对应立项总数的 3.31%、1.97%、3.43%、2.04%、1.29%。

公办师范类高校的国家社科重大项目、国家社科重点项目、国家社科一般项目、国家社科西部项目、国家社科青年项目总数分别为 42 项、70 项、601 项、161 项、97 项，分别占公办高校相对应立项总数的 13.91%、19.72%、21.01%、14.89%、25.06%。

公办体育类高校的国家社科重大项目、国家社科重点项目、国家社科一般项目、国家社科西部项目、国家社科青年项目总数分别为 4 项、5 项、23 项、4 项、3 项，分别占公办高校相对应立项总数的 1.32%、1.41%、0.80%、0.37%、0.78%。

公办医药类高校的国家社科重大项目、国家社科重点项目、国家社科一般项目、国家社科西部项目、国家社科青年项目总数分别为 0、2 项、29 项、5 项、8 项，分别占公办高校相对应立项总数的 0、0.56%、1.01%、0.46%、2.07%。

公办艺术类高校的国家社科重大项目、国家社科重点项目、国家社科一般项目、国家社科西部项目、国家社科青年项目总数分别为 1 项、0、6 项、4 项、0，分别占公办高校相对应立项总数的 0.33%、0、0.21%、0.37%、0。

公办语言类高校的国家社科重大项目、国家社科重点项目、国家社科一般项目、国家社科西部项目、国家社科青年项目总数分别为 5 项、7 项、65 项、

24 项、8 项，分别占公办高校相对应立项总数的 1.66%、1.97%、2.27%、2.22%、2.07%。

公办政法类高校的国家社科重大项目、国家社科重点项目、国家社科一般项目、国家社科西部项目、国家社科青年项目总数分别为 7 项、9 项、71 项、30 项、13 项，分别占公办高校相对应立项总数的 2.32%、2.54%、2.48%、2.78%、3.36%。

公办综合类高校的国家社科重大项目、国家社科重点项目、国家社科一般项目、国家社科西部项目、国家社科青年项目总数分别为 174 项、168 项、1059 项、541 项、113 项，分别占公办高校相对应立项总数的 57.62%、47.32%、37.02%、50.05%、29.20%。

表 5-19 展示了 2023 年各类公办学校获得国家自然科学基金管理学项目的统计。

表 5-19　不同公办学科类型高校国家自然科学基金管理学项目统计纵向合计　单位：项

公办学科类型	国家自然科学基金管理学重点项目	国家自然科学基金管理学一般项目	国家自然科学基金管理学青年项目
财经类	3	110	226
理工类	10	215	321
民族类	0	2	8
农林类	1	20	47
师范类	1	33	76
体育类	0	0	1
医药类	0	15	39
艺术类	0	0	0
语言类	0	7	15
政法类	0	0	2
综合类	23	391	446
合计	38	793	1181

2023 年，我国公办类高校国家自然科学基金管理学项目总数为 2012 项，高校平均立项 2.36 项。从项目总数角度出发，公办综合类高校的项目总数最多，立项总数 860 项，占比为 42.74%，公办艺术类高校的项目总数最少，立项总数为 0。从高校平均立项的角度出发，公办财经类高校的平均立项数最多，平均达到 6.40 项，公办艺术类高校的平均立项数最少，平均立项为 0。各类型公办

高校 2023 年获得国家自然科学基金管理学项目的具体情况如下。

公办财经类高校的国家自然科学基金管理学重点项目、国家自然科学基金管理学一般项目、国家自然科学基金管理学青年项目的项目总数分别 3 项、110 项、226 项，分别占公办高校相对应立项总数的 7.89%、13.87%、19.14%。

公办理工类高校的国家自然科学基金管理学重点项目、国家自然科学基金管理学一般项目、国家自然科学基金管理学青年项目的项目总数分别为 10 项、215 项、321 项，分别占公办高校相对应立项总数的 26.32%、27.11%、27.18%。

公办民族类高校的国家自然科学基金管理学重点项目、国家自然科学基金管理学一般项目、国家自然科学基金管理学青年项目的项目总数分别为 0、2 项、8 项，分别占公办高校相对应立项总数的 0、0.25%、0.68%。

公办农林类高校的国家自然科学基金管理学重点项目、国家自然科学基金管理学一般项目、国家自然科学基金管理学青年项目的项目总数分别为 1 项、20 项、47 项，分别占公办高校相对应立项总数的 2.63%、2.52%、3.98%。

公办师范类高校的国家自然科学基金管理学重点项目、国家自然科学基金管理学一般项目、国家自然科学基金管理学青年项目的项目总数分别为 1 项、33 项、76 项，分别占公办高校相对应立项总数的 2.63%、4.16%、6.44%。

公办体育类高校的国家自然科学基金管理学重点项目、国家自然科学基金管理学一般项目、国家自然科学基金管理学青年项目的项目总数为 0、0、1 项，分别占公办高校相对应立项总数的 0、0、0.08%。

公办医药类高校的国家自然科学基金管理学重点项目、国家自然科学基金管理学一般项目、国家自然科学基金管理学青年项目的项目总数分别为 0、15 项、39 项，分别占公办高校相对应立项总数的 0、1.89%、3.30%。

公办艺术类高校的国家自然科学基金管理学重点项目、国家自然科学基金管理学一般项目、国家自然科学基金管理学青年项目的项目总数均为 0。

公办语言类高校的国家自然科学基金管理学重点项目、国家自然科学基金管理学一般项目、国家自然科学基金管理学青年项目的项目总数分别为 0、7 项、15 项，分别占公办高校相对应立项总数的 0、0.88%、1.27%。

公办政法类高校的国家自然科学基金管理学重点项目、国家自然科学基金管理学一般项目、国家自然科学基金管理学青年项目的项目总数分别为 0、0、2 项，分别占公办高校相对应立项总数的 0、0、0.17%。

公办综合类高校的国家自然科学基金管理学重点项目、国家自然科学基金管理学一般项目、国家自然科学基金管理学青年项目的项目总数分别为 23 项、391 项、446 项，分别占公办高校相对应立项总数的 60.53%、49.31%、37.76%。

表 5-20 展示了各类公办学校教育部人文社会科学研究项目的统计情况。

表 5-20　　　　各类公办学校教育部人文社会科学研究项目统计纵向合计　　单位：项

公办学科类型	教育部哲学社会科学研究重大项目	教育部人文社会科学研究规划基金	教育部人文社会科学研究青年基金	教育部人文社会科学研究自筹基金	教育部人文社会科学研究西部规划基金项目	教育部人文社会科学研究西部青年基金项目	高校辅导员研究专项
财经类	1	107	211	1	8	14	13
理工类	4	273	490	4	10	23	56
民族类	1	7	12	1	3	3	1
农林类	2	47	74	0	1	4	12
师范类	8	169	301	2	15	29	19
体育类	0	8	14	0	0	0	1
医药类	0	32	41	1	3	3	17
艺术类	1	22	30	1	0	1	2
语言类	4	30	55	0	1	4	3
政法类	0	17	40	2	4	4	2
综合类	27	280	522	3	23	37	36
合计	48	992	1790	15	68	122	162

2023 年，我国公办类高校教育部人文社会科学研究基金项目总数为 3197 项，高校平均立项 3.76 项。从项目总数角度出发，公办综合类高校的教育部人文社会科学研究基金项目总数最多，立项总数 928 项，占比为 29.03%；公办体育类高校的项目总数最少，占比为 0.72%。从高校平均立项的角度出发，公办财经类高校的平均立项数最多，平均达到 6.70 项；公办医药类高校的平均立项数最少，平均立项数为 1.14 项。各类型公办高校 2023 年获得教育部人文社会科学研究项目的具体情况如下。

公办财经类高校的教育部哲学社会科学研究重大项目、教育部人文社会科学研究规划基金、教育部人文社会科学研究青年基金、教育部人文社会科学研究自筹基金、教育部人文社会科学研究西部规划基金项目、教育部人文社会科学研究西部青年基金项目、高校辅导员研究专项项目的总数分别为 1 项、107项、211 项、1 项、8 项、14 项、13 项，分别占公办高校相对应立项总数的

2.08%、10.79%、11.79%、6.67%、11.76%、11.48%、8.02%。

公办理工类高校的教育部哲学社会科学研究重大项目、教育部人文社会科学研究规划基金、教育部人文社会科学研究青年基金、教育部人文社会科学研究自筹基金、教育部人文社会科学研究西部规划基金项目、教育部人文社会科学研究西部青年基金项目、高校辅导员研究专项项目的总数分别为 4 项、273 项、490 项、4 项、10 项、23 项、56 项，分别占公办高校相对应立项总数的 5.88%、24.83%、23.77%、44.44%、7.02%、26.47%、36.00%、10.29%。

公办民族类高校的教育部哲学社会科学研究重大项目、教育部人文社会科学研究规划基金、教育部人文社会科学研究青年基金、教育部人文社会科学研究自筹基金、教育部人文社会科学研究西部规划基金项目、教育部人文社会科学研究西部青年基金项目、高校辅导员研究专项项目的总数分别为 1 项、7 项、12 项、1 项、3 项、3 项、1 项，分别占公办高校相对应立项总数的 2.08%、0.71%、0.67%、6.67%、4.41%、2.46%、0.62%。

公办农林类高校的教育部哲学社会科学研究重大项目、教育部人文社会科学研究规划基金、教育部人文社会科学研究青年基金、教育部人文社会科学研究自筹基金、教育部人文社会科学研究西部规划基金项目、教育部人文社会科学研究西部青年基金项目、高校辅导员研究专项项目的总数分别为 2 项、47 项、74 项、0、1 项、4 项、12 项，分别占公办高校相对应立项总数的 4.17%、4.74%、4.13%、0、1.47%、3.28%、7.41%。

公办师范类高校的教育部哲学社会科学研究重大项目、教育部人文社会科学研究规划基金、教育部人文社会科学研究青年基金、教育部人文社会科学研究自筹基金、教育部人文社会科学研究西部规划基金项目、教育部人文社会科学研究西部青年基金项目、高校辅导员研究专项项目的总数分别为 8 项、169 项、301 项、2 项、15 项、29 项、19 项，分别占公办高校相对应立项总数的 16.67%、17.04%、16.82%、13.33%、22.06%、23.77%、11.73%。

公办体育类高校的教育部哲学社会科学研究重大项目、教育部人文社会科学研究规划基金、教育部人文社会科学研究青年基金、教育部人文社会科学研究自筹基金、教育部人文社会科学研究西部规划基金项目、教育部人文社会科学研究西部青年基金项目、高校辅导员研究专项项目的总数分别为 0、8 项、14 项、0、0、0、1 项，分别占公办高校相对应立项总数的 0、0.81%、0.78%、0、0、0、0.62%。

公办医药类高校的教育部哲学社会科学研究重大项目、教育部人文社会科学研究规划基金、教育部人文社会科学研究青年基金、教育部人文社会科学研究自筹基金、教育部人文社会科学研究西部规划基金项目、教育部人文社会科学研究西部青年基金项目、高校辅导员研究专项项目的总数分别为 0、32 项、41 项、1 项、3 项、3 项、17 项，分别占公办高校相对应立项总数的 0、3.23%、2.29%、6.67%、4.41%、2.46%、10.49%。

公办艺术类高校的教育部哲学社会科学研究重大项目、教育部人文社会科学研究规划基金、教育部人文社会科学研究青年基金、教育部人文社会科学研究自筹基金、教育部人文社会科学研究西部规划基金项目、教育部人文社会科学研究西部青年基金项目、高校辅导员研究专项项目的总数分别为 1 项、22 项、30 项、1 项、0、1 项、2 项，分别占公办高校相对应立项总数的 2.08%、2.22%、1.68%、6.67%、0、0.82%、1.23%。

语言类高校的教育部哲学社会科学研究重大项目、教育部人文社会科学研究规划基金、教育部人文社会科学研究青年基金、教育部人文社会科学研究自筹基金、教育部人文社会科学研究西部规划基金项目、教育部人文社会科学研究西部青年基金项目、高校辅导员研究专项项目的总数分别为 4 项、30 项、55 项、0、1 项、4 项、3 项，分别占公办高校相对应立项总数的 8.33%、3.02%、3.07%、0、1.47%、3.28%、1.85%。

政法类高校的教育部哲学社会科学研究重大项目、教育部人文社会科学研究规划基金、教育部人文社会科学研究青年基金、教育部人文社会科学研究自筹基金、教育部人文社会科学研究西部规划基金项目、教育部人文社会科学研究西部青年基金项目、高校辅导员研究专项项目的总数分别为 0、17 项、40 项、2 项、4 项、4 项、2 项，分别占公办高校相对应立项总数的 0、1.71%、2.23%、13.33%、5.88%、3.28%、1.23%。

综合类高校的教育部哲学社会科学研究重大项目、教育部人文社会科学研究规划基金、教育部人文社会科学研究青年基金、教育部人文社会科学研究自筹基金、教育部人文社会科学研究西部规划基金项目、教育部人文社会科学研究西部青年基金项目、高校辅导员研究专项项目的总数分别为 27 项、280 项、522 项、3 项、23 项、37 项、36 项，分别占公办高校相对应立项总数的 56.25%、28.23%、29.16%、20.00%、33.82%、30.33%、22.22%。

5.3.2　各类公办学科类型高校期刊论文统计分析

对 11 类公办高校的 2022 年 WOS 数据人文社科论文库的论文收录情况进行统计分析，如表 5-21 所示。

表 5-21 　　　　　　2022 年公办高校 WOS 期刊发表统计纵向合计 　　　　　单位：篇

公办学科类型	WOS 期刊发表总数	WOS 期刊发表平均数
财经类	4710	88.87
理工类	10828	46.08
民族类	192	13.71
农林类	1745	41.55
师范类	5880	47.42
体育类	176	12.57
医药类	1141	13.42
艺术类	47	1.34
语言类	991	66.07
政法类	277	7.29
综合类	18283	93.28
合计	44270	52.02

2022 年，我国公办类高校 WOS 期刊发文总数为 44270 篇，高校平均发文量为 52.02 篇。公办高校中，公办综合类高校 WOS 期刊发文总数与平均发文数在 11 类公办高校中均位列第一，分别为 18283 篇和 93.28 篇，公办艺术类高校的 WOS 期刊发文总数与平均发文数最少，分别为 47 篇和 1.34 篇。各类型公办高校的 2022 年 WOS 数据人文社科论文库的论文收录情况如下。

公办财经类高校 WOS 期刊发文总数为 4710 篇，占公办类高校总发文量的 10.64%，平均发表数为 88.87 篇。公办理工类高校 WOS 期刊发文总数为 10828 篇，占公办类高校总发文量的 24.46%，平均发表数为 46.08 篇。公办民族类高校 WOS 期刊发文总数为 192 篇，占公办类高校总发文量的 0.43%，平均发表数为 13.71 篇。公办农林类高校发文总数为 1745 篇，占公办类高校 WOS 期刊总发文量的 3.94%，平均发表数为 41.55 篇。公办师范类高校 WOS 期刊发文总数为 5880 篇，占公办类高校总发文量的 13.28%，平均发表数为 47.42 篇。公办体育类高校 WOS 期刊发文总数为 176 篇，占公办类高校总发文量的 0.40%，平均发表数为 12.57 篇。公办医药类高校发文总数为 1141 篇，占公办类高校 WOS 期刊总发文量的 2.58%，平均发表数为 13.42 篇。公办艺术类高校 WOS 期刊发文总数为 47 篇，占公办类高校总发文量的 0.11%，平均发表数为 1.34 篇。公办语言类高校 WOS 期刊发文总数为 991 篇，占公办类高校总发文量的 2.24%，平均发表数为 66.07 篇。公办政法类高校 WOS 期刊发文总数为 277 篇，占公办类高校总发文量的 0.63%，平均发表数为 7.29 篇。公办综合类高校 WOS 期刊发文总数为 18283 篇，占公办类高校总发文量的 41.30%，平均发表数为 93.28 篇。

对 11 类公办高校 2023 年 CSSCI 期刊论文与 CSSCI 扩展版期刊收录情况进行统计分析，如表 5 - 22 所示。

表 5 - 22　　　　　　2023 年公办高校 CSSCI 期刊与
CSSCI 扩展版期刊发表统计纵向合计　　　　单位：篇

公办学科类型	CSSCI 期刊发文量	CSSCI 扩展版发文量	CSSCI 期刊发文平均量	CSSCI 扩展版期刊发文平均量
财经类	5320	2025	100.38	38.21
理工类	6918	5160	29.44	21.96
民族类	1004	774	71.71	55.29
农林类	1463	839	34.83	19.98
师范类	10502	5892	84.69	47.52
体育类	419	289	29.93	20.64
医药类	249	322	2.93	3.79
艺术类	918	921	26.23	26.31
语言类	1692	752	112.80	50.13
政法类	1743	861	45.87	22.66
综合类	28113	11356	143.43	57.94
合计	58341	29191	68.56	34.30

2023 年，我国公办类高校 CSSCI 期刊发文总数为 58341 篇，平均发文量为 68.56 篇；CSSCI 扩展版期刊发文总数为 29191 篇，平均发文量为 34.30 篇。公办高校中，公办综合类高校 CSSCI 期刊发文总数与平均发文数在 11 类公办高校中均位列第一，分别为 28113 篇和 143.43 篇；公办医药类高校的 CSSCI 期刊发文总数与平均发文数最少，分别为 249 篇和 2.93 篇。公办高校的 CSSCI 扩展版收录情况也大致相同，公办综合类高校 CSSCI 扩展版期刊发文总数与平均发文数在公办高校中均位列第一，为 11356 篇和 57.94 篇；公办体育类高校的 CSSCI 扩展版期刊发文总数最低，为 289 篇，而平均发文数最低的公办高校类型是公办医药类高校，为 3.79 篇。各类型公办高校的 2023 年 CSSCI 期刊与 CSSCI 扩展版期刊的论文收录情况如下。

公办财经类高校 CSSCI 期刊发文总数为 5320 篇，占公办类高校 CSSCI 期刊总发文量的 9.12%，平均发表数为 100.38 篇；CSSCI 扩展版期刊发文总数为 2025 篇，占公办类高校 CSSCI 扩展版期刊总发文量的 6.94%，平均发表数为 38.21 篇。

公办理工类高校 CSSCI 期刊发文总数为 6918 篇，占公办类高校 CSSCI 期刊总发文量的 11.86%，平均发表数为 29.44 篇；CSSCI 扩展版期刊发文总数为 5160 篇，占公办类高校 CSSCI 扩展版期刊总发文量的 17.68%，平均发表数为 21.96 篇。

公办民族类高校 CSSCI 期刊发文总数为 1004 篇，占公办类高校 CSSCI 期刊总发文量的 1.72%，平均发表数为 71.71 篇；CSSCI 扩展版期刊发文总数为 774 篇，占公办类高校 CSSCI 扩展版期刊总发文量的 2.65%，平均发表数为 55.29 篇。

公办农林类高校 CSSCI 期刊发文总数为 1463 篇，占公办类高校 CSSCI 期刊总发文量的 2.51%，平均发表数为 34.83 篇；CSSCI 扩展版期刊发文总数为 839 篇，占公办类高校 CSSCI 扩展版期刊总发文量的 2.87%，平均发表数为 19.98 篇。

公办师范类高校 CSSCI 期刊发文总数为 10502 篇，占公办类高校 CSSCI 期刊总发文量的 18.00%，平均发表数为 84.69 篇；CSSCI 扩展版期刊发文总数为 5892 篇，占公办类高校 CSSCI 扩展版期刊总发文量的 20.18%，平均发表数为 47.52 篇。

公办体育类高校 CSSCI 期刊发文总数为 419 篇，占公办类高校 CSSCI 期刊总发文量的 0.72%，平均发表数为 29.93 篇；CSSCI 扩展版期刊发文总数为 289 篇，占公办类高校 CSSCI 扩展版期刊总发文量的 0.99%，平均发表数为 20.64 篇。

公办医药类高校 CSSCI 期刊发文总数为 249 篇，占公办类高校 CSSCI 期刊总发文量的 0.43%，平均发表数为 2.93 篇；CSSCI 扩展版期刊发文总数为 322 篇，占公办类高校 CSSCI 扩展版期刊总发文量的 1.10%，平均发表数为 3.79 篇。

公办艺术类高校 CSSCI 期刊发文总数为 918 篇，占公办类高校 CSSCI 期刊总发文量的 1.57%，平均发表数为 26.23 篇；CSSCI 扩展版期刊发文总数为 921 篇，占公办类高校 CSSCI 扩展版期刊总发文量的 3.16%，平均发表数为 26.31 篇。

公办语言类高校 CSSCI 期刊发文总数为 1692 篇，占公办类高校 CSSCI 期刊总发文量的 2.90%，平均发表数为 112.80 篇；CSSCI 扩展版期刊发文总数为

752 篇，占公办类高校 CSSCI 扩展版期刊总发文量的 2.58%，平均发表数为 50.13 篇。

公办政法类高校 CSSCI 期刊发文总数为 1743 篇，占公办类高校 CSSCI 期刊总发文量的 2.99%，平均发表数为 45.87 篇；CSSCI 期刊扩展版发文总数为 861 篇，占公办类高校 CSSCI 扩展版期刊总发文量的 2.95%，平均发表数为 22.66 篇。

公办综合类高校 CSSCI 期刊发文总数为 28113 篇，占公办类高校 CSSCI 期刊总发文量的 48.19%，平均发表数为 143.43 篇；CSSCI 扩展版期刊发文总数为 11356 篇，占公办类高校 CSSCI 扩展版期刊总发文量的 38.90%，平均发表数为 57.94 篇。

5.3.3　各类公办学科类型高校科研奖励获奖分布

各类公办学科类型高校人文社科科学研究优秀成果奖统计分析

对 11 类公办高校获得科学研究优秀成果奖（人文社会科学）情况进行统计分析，如表 5 - 23 所示。

表 5 - 23　　　　　不同公办学科类型高校科学研究优秀成果奖

（人文社会科学）统计纵向合计　　　　　单位：项

公办学科类型	著作论文奖			咨询服务报告奖			普及读物奖	青年成果奖
	一等奖	二等奖	三等奖	一等奖	二等奖	三等奖		
财经类	9	30	36	2	2	4	0	11
理工类	6	29	45	1	7	9	0	15
民族类	1	8	8	0	0	0	0	0
农林类	3	7	5	0	0	3	0	3
师范类	29	96	124	1	6	4	4	47
体育类	2	4	2	0	0	0	0	0
医药类	0	0	3	0	0	1	1	0
艺术类	2	13	13	0	0	0	1	2
语言类	3	10	13	0	1	1	1	5
政法类	3	6	5	0	0	0	0	2
综合类	60	307	311	3	16	15	13	115
合计	118	510	565	7	32	37	20	200

2023 年，我国公办类高校获得科学研究优秀成果奖（人文社会科学）1489 项，每所高校平均获得奖项 1.75 项。公办高校中，公办综合类高校获得科学研究优秀成果奖总数与平均获奖数在 11 类公办高校中均位列第一，分别为 840 项和 4.29 项；公办医药类高校获得科学研究优秀成果奖总数最少，仅获得 5 项。而平均获奖数最少的是公办政法类高校，平均获奖 0.42 项。各类型公办高校的2023 年获得科学研究优秀成果奖（人文社会科学）情况如下。

公办财经类高校的著作论文奖（一等奖）、著作论文奖（二等奖）、著作论文奖（三等奖）、咨询服务报告奖（一等奖）、咨询服务报告奖（二等奖）、咨询服务报告奖（三等奖）、普及读物奖、青年成果奖的获奖总数分别为 9 项、30项、36 项、2 项、2 项、4 项、0、11 项，共计 94 项，占公办高校科学研究优秀成果奖总数的 6.31%。

公办理工类高校的著作论文奖（一等奖）、著作论文奖（二等奖）、著作论文奖（三等奖）、咨询服务报告奖（一等奖）、咨询服务报告奖（二等奖）、咨询服务报告奖（三等奖）、普及读物奖、青年成果奖的获奖总数分别为 6 项、29项、45 项、1 项、7 项、9 项、0、15 项，共计 112 项，占公办类高校科学研究优秀成果奖总数的 7.52%。

公办民族类高校的著作论文奖（一等奖）、著作论文奖（二等奖）、著作论文奖（三等奖）、咨询服务报告奖（一等奖）、咨询服务报告奖（二等奖）、咨询服务报告奖（三等奖）、普及读物奖、青年成果奖的获奖总数分别为 1 项、8项、8 项、0、0、0、0、0，共计 17 项，占公办高校科学研究优秀成果奖总数的1.14%。

公办农林类高校的著作论文奖（一等奖）、著作论文奖（二等奖）、著作论文奖（三等奖）、咨询服务报告奖（一等奖）、咨询服务报告奖（二等奖）、咨询服务报告奖（三等奖）、普及读物奖、青年成果奖的获奖总数分别为 3 项、7项、5 项、0、0、3 项、0、3 项，共计 21 项，占公办高校科学研究优秀成果奖总数的 1.41%。

公办师范类高校的著作论文奖（一等奖）、著作论文奖（二等奖）、著作论文奖（三等奖）、咨询服务报告奖（一等奖）、咨询服务报告奖（二等奖）、咨询服务报告奖（三等奖）、普及读物奖、青年成果奖的获奖总数分别为 29 项、96 项、124 项、1 项、6 项、4 项、4 项、47 项，共计 311 项，占公办高校科学研究优秀成果奖总数的 20.89%。

公办体育类高校的著作论文奖（一等奖）、著作论文奖（二等奖）、著作论文奖（三等奖）、咨询服务报告奖（一等奖）、咨询服务报告奖（二等奖）、咨询服务报告奖（三等奖）、普及读物奖、青年成果奖的获奖总数分别为 2 项、4 项、2 项、0、0、0、0、0，共计 8 项，占公办高校科学研究优秀成果奖总数的 0.54%。

公办医药类高校的著作论文奖（一等奖）、著作论文奖（二等奖）、著作论文奖（三等奖）、咨询服务报告奖（一等奖）、咨询服务报告奖（二等奖）、咨询服务报告奖（三等奖）、普及读物奖、青年成果奖的获奖总数分别为 0、0、3 项、0、0、1 项、1 项、0，共计 5 项，占公办项目科学研究优秀成果奖总数的 0.34%。

公办艺术类高校的著作论文奖（一等奖）、著作论文奖（二等奖）、著作论文奖（三等奖）、咨询服务报告奖（一等奖）、咨询服务报告奖（二等奖）、咨询服务报告奖（三等奖）、普及读物奖、青年成果奖的获奖总数分别为 2 项、13 项、13 项、0、0、0、1 项、2 项，共计 31 项，占公办类高校科学研究优秀成果奖总数的 2.08%。

公办语言类高校的著作论文奖（一等奖）、著作论文奖（二等奖）、著作论文奖（三等奖）、咨询服务报告奖（一等奖）、咨询服务报告奖（二等奖）、咨询服务报告奖（三等奖）、普及读物奖、青年成果奖的获奖总数分别为 3 项、10 项、13 项、0、1 项、1 项、1 项、5 项，共计 34 项，占公办高校科学研究优秀成果奖总数的 2.28%。

公办政法类高校的著作论文奖（一等奖）、著作论文奖（二等奖）、著作论文奖（三等奖）、咨询服务报告奖（一等奖）、咨询服务报告奖（二等奖）、咨询服务报告奖（三等奖）、普及读物奖、青年成果奖的获奖总数分别为 3 项、6 项、5 项、0、0、0、0、2 项，共计 16 项，占公办类高校科学研究优秀成果奖总数的 1.07%。

公办综合类高校的著作论文奖（一等奖）、著作论文奖（二等奖）、著作论文奖（三等奖）、咨询服务报告奖（一等奖）、咨询服务报告奖（二等奖）、咨询服务报告奖（三等奖）、普及读物奖、青年成果奖的获奖总数分别为 60 项、307 项、311 项、3 项、16 项、15 项、13 项、115 项，共计 840 项，占公办高校项目科学研究优秀成果奖总数的 56.41%。

第6章　中国高校人文社科发展地区报告

6.1　科研项目地区发展报告

为了直观地比较全国（港澳台地区除外）东、中、西部地区在高校基金项目、论文发表及奖励情况上的差异，本章对31个省（区、市）进行了以下地区划分。

东部：北京、辽宁、河北、天津、山东、江苏、浙江、上海、福建、广东、广西、海南。

中部：黑龙江、吉林、内蒙古自治区、山西、河南，湖北、江西、安徽、湖南。

西部：陕西、甘肃、青海、宁夏回族自治区、新疆维吾尔自治区、四川、重庆、云南、贵州、西藏自治区。

分类后，对31个省（区、市）高校的基金项目、论文发表及奖励情况进行统计分析。

6.1.1　全国高校国家社科基金项目地区统计分析

对东、中、西部地区高校2023年获得国家社科基金项目情况进行统计分析，如表6-1所示。

表6-1　　　　　2023年地区高校国家社科基金项目统计横向合计　　　　单位：项

项目	东部	中部	西部	合计
国家社科重大项目	207	58	37	302

续表

项目	东部	中部	西部	合计
国家社科重点项目	219	88	50	357
国家社科一般项目	1492	828	556	2876
国家社科西部项目	69	46	274	389
国家社科青年项目	651	272	163	1086
合计	2638	1292	1080	5010

东部地区获得高校国家社科基金总项目为 2638 项，占比为 52.65%，平均立项 4.23 项。其中，国家社科重大项目、国家社科重点项目、国家社科一般项目、国家社科西部项目、国家社科青年项目分别立项 207 项、219 项、1492 项、69 项、651 项，各类别项目数分别占全国的 68.54%、61.34%、51.88%、17.74%、59.94%。

中部地区获得高校国家社科基金总项目为 1292 项，占比为 25.79%，平均立项 3.26 项。其中，国家社科重大项目、国家社科重点项目、国家社科一般项目、国家社科西部项目、国家社科青年项目分别立项 58 项、88 项、828 项、46 项、272 项，各类别项目数分别占全国的 19.21%、24.65%、28.79%、11.83%、25.05%。

西部地区获得高校国家社科基金总项目为 1080 项，占比为 21.56%，平均立项 4.24 项。其中，国家社科重大项目、国家社科重点项目、国家社科一般项目、国家社科西部项目、国家社科青年项目分别立项 37 项、50 项、556 项、274 项、163 项，各类别项目数分别占全国的 12.25%、14.01%、19.33%、70.44%、15.01%。

对 31 个省（区、市）高校 2023 年获得国家社科基金项目情况进行统计分析，如表 6-2 所示。

表 6-2　　　　　　2023 年各省份国家社科基金项目统计　　　　　单位：项

地区	国家社科重大项目	国家社科重点项目	国家社科一般项目	国家社科西部项目	国家社科青年项目	合计
北京	50	48	267	0	172	537
上海	44	27	196	0	94	361
江苏	28	37	220	0	102	387
重庆	4	13	94	50	27	188

地区	国家社科重大项目	国家社科重点项目	国家社科一般项目	国家社科西部项目	国家社科青年项目	合计
广东	26	18	157	0	58	259
浙江	20	32	162	0	55	269
湖北	22	25	186	3	72	308
天津	10	7	72	0	27	116
四川	8	12	93	44	42	199
陕西	10	11	118	48	29	216
福建	10	12	99	13	25	159
湖南	8	12	165	2	49	236
山东	6	13	147	0	63	229
青海	1	2	15	7	6	31
海南	0	4	8	1	1	40
西藏	1	1	21	3	4	12
吉林	10	11	68	5	22	116
甘肃	2	0	41	36	16	95
安徽	2	6	86	0	29	123
云南	9	6	79	28	12	134
辽宁	9	11	59	0	20	99
内蒙古	3	1	53	23	8	88
河南	2	19	117	0	49	187
黑龙江	3	6	42	0	11	62
宁夏	0	0	19	7	5	31
新疆	0	2	43	17	9	71
江西	5	6	74	13	25	123
广西	3	5	52	43	9	112
贵州	2	3	46	36	16	103
山西	3	2	37	0	7	49
河北	1	5	45	0	19	70
全国	302	357	2875	389	1086	5010

从国家社科基金项目立项总数角度出发，31 个省（区、市）中，北京市高校获得国家社科基金项目总数最多，立项 537 项；西藏高校获得国家社科基金

最少，立项 12 项。从单个项目的立项总数角度出发，重庆市获得国家社科西部项目数位列第一，为 50 项；北京市高校获得国家社科重大项目、国家社科重点项目、国家社科一般项目、国家社科青年项目的立项总数均为第一，项目数分别为 50 项、48 项、267 项、172 项。

6.1.2　全国高校国家自然科学基金管理学项目地区统计分析

分别对东、中、西部地区高校 2023 年获得国家自然科学基金管理学项目情况进行统计分析，如表 6 - 3 所示。

表 6 - 3　　2023 年地区高校国家自然科学基金管理学项目统计横向合计　　单位：项

项目	东部	中部	西部	合计
国家自然科学基金管理学重点项目	33	3	4	40
国家自然科学基金管理学一般项目	580	132	91	803
国家自然科学基金管理学青年项目	775	243	176	1194
合计	1388	378	271	2037

东部地区高校国家自然科学基金管理学总项目为 1388 项，占比为 68.14%，平均立项 2.22 项。其中，国家自然科学基金管理学重点项目、国家自然科学基金管理学一般项目、国家自然科学基金管理学青年项目分别立项 33 项、580 项、775 项，各类别项目数分别占全国的 82.50%、72.23%、64.91%。

中部地区高校国家自然科学基金管理学总项目为 378 项，占比为 18.56%，平均立项 0.95 项。其中，国家自然科学基金管理学重点项目、国家自然科学基金管理学一般项目、国家自然科学基金管理学青年项目分别立项 3 项、132 项、243 项。各类别项目数分别占全国的 7.50%、16.44%、20.35%。

西部地区高校国家自然科学基金管理学总项目为 271 项，占比为 13.30%，平均立项 1.06 项。其中，国家自然科学基金管理学重点项目、国家自然科学基金管理学一般项目、国家自然科学基金管理学青年项目分别立项 4 项、91 项、176 项。各类别项目数分别占全国的 10.00%、11.33%、14.74%。

对 31 个省（区、市）高校 2023 年获得国家自然科学基金管理学项目情况进行统计分析，如表 6 - 4 所示。

表 6－4　　　　2023 年各省份国家自然科学基金管理学项目统计合计　　　单位：项

地区	国家自然科学基金管理学重点项目	国家自然科学基金管理学一般项目	国家自然科学基金管理学青年项目	合计	地区	国家自然科学基金管理学重点项目	国家自然科学基金管理学一般项目	国家自然科学基金管理学青年项目	合计
北京	13	180	217	410	吉林	0	7	4	11
上海	7	99	101	207	甘肃	0	9	15	24
江苏	2	83	117	202	安徽	2	30	40	72
重庆	0	14	19	33	云南	0	3	21	24
广东	4	86	102	192	辽宁	2	32	31	65
浙江	5	29	63	97	内蒙古	0	0	12	12
湖北	1	54	69	124	河南	0	2	14	16
天津	0	18	23	41	黑龙江	0	10	18	28
四川	2	40	55	97	宁夏	0	0	6	6
陕西	2	24	42	68	新疆	0	1	5	6
福建	0	27	23	50	江西	0	4	53	57
湖南	0	23	29	52	广西	0	1	21	22
山东	0	21	56	77	贵州	0	0	12	12
青海	0	0	1	1	山西	0	2	4	6
海南	0	2	18	20	河北	0	2	3	5
西藏	0	0	0	0	全国	40	803	1194	2037

从国家自然科学基金管理学项目立项总数角度出发，31 个省（区、市）中，北京市高校获得国家自然科学基金管理学项目总数最多，立项为 410 项；西藏自治区高校获得国家自然科学基金管理学项目最少，立项为 0。从单个项目的立项总数角度出发，北京市高校获得国家自然科学基金管理学重点项目、国家自然科学基金管理学一般项目、国家自然科学基金管理学青年项目立项总数均为第一，项目数分别为 13 项、180 项、217 项。

6.1.3　全国高校教育部人文社会科学研究项目地区统计分析

对东、中、西部地区高校 2023 年获得教育部人文社会科学研究项目情况进行统计分析，如表 6 – 5 所示。

表 6 – 5　　　　2023 年地区高校教育部人文社会科学研究项目统计合计　　单位：项

项目	东部	中部	西部	合计
教育部哲学社会科学研究重大项目	38	8	2	48
教育部人文社会科学研究规划基金	609	248	165	1022
教育部人文社会科学研究青年基金	1135	430	251	1816
教育部人文社会科学研究自筹基金	8	6	1	15
教育部人文社会科学研究西部规划基金项目	7	5	56	68
教育部人文社会科学研究西部青年基金项目	10	2	112	124
高校辅导员研究专项	110	37	25	172
合计	1917	736	612	3265

东部地区高校教育部社科基金总项目为 1917 项，占比为 58.71%，高校平均立项 3.07 项。其中，教育部哲学社会科学研究重大项目、教育部人文社会科学研究规划基金、教育部人文社会科学研究青年基金、教育部人文社会科学研究自筹基金、教育部人文社会科学研究西部规划基金项目、教育部人文社会科学研究西部青年基金项目、高校辅导员研究专项分别立项 38 项、609 项、1135 项、8 项、7 项、10 项、110 项，各类别项目分别占全国的 79.17%、59.59%、62.50%、53.33%、10.29%、8.06%、63.95%。

中部地区高校教育部社科基金总项目为 736 项，占比为 22.54%，高校平均立项 1.86 项。其中，教育部哲学社会科学研究重大项目、教育部人文社会科学研究规划基金、教育部人文社会科学研究青年基金、教育部人文社会科学研究自筹基金、教育部人文社会科学研究西部规划基金项目、教育部人文社会科学研究西部青年基金项目、高校辅导员研究专项分别立项 8 项、248 项、430 项、6 项、5 项、2 项、37 项，各类别项目分别占全部地区的 16.67%、24.27%、23.68%、40.00%、7.35%、1.61%、21.51%。

西部地区高校教育部社科基金总项目为 612 项，占比为 18.74%，高校平均立项 2.4 项。其中，教育部哲学社会科学研究重大项目、教育部人文社会科学研究规划基金、教育部人文社会科学研究青年基金、教育部人文社会科学研究自筹基金、教育部人文社会科学研究西部规划基金项目、教育部人文社会科学研究西部青年基金项目、高校辅导员研究专项分别立项 2 项、165 项、251 项、1 项、56 项、112 项、25 项。西部地区各类别项目分别占全部地区的 4.17%、

16.14%、13.82%、6.67%、82.35%、90.32%、14.53%。

对 31 个省（区、市）高校 2023 年获得教育部人文社会科学研究项目情况进行统计分析，如表 6-6 所示。

表 6-6　　2023 年各省份教育部人文社会科学研究项目统计纵向合计　　单位：项

地区	教育部哲学社会科学研究重大项目	教育部人文社会科学研究规划基金	教育部人文社会科学研究青年基金	教育部人文社会科学研究自筹基金	教育部人文社会科学研究西部规划基金项目	教育部人文社会科学研究西部青年基金项目	高校辅导员研究专项	总计
北京	18	94	201	2	0	0	8	323
上海	6	61	142	2	0	0	10	221
江苏	1	113	210	0	0	0	17	341
重庆	0	26	51	1	12	15	4	109
广东	3	108	164	3	0	0	17	295
浙江	4	52	149	0	0	0	28	233
湖北	4	80	127	1	0	0	6	218
天津	3	20	30	0	0	0	5	58
四川	2	38	61	0	12	26	4	143
陕西	0	57	89	0	11	46	6	209
福建	0	41	42	0	0	0	0	83
湖南	1	49	64	3	1	1	9	128
山东	2	63	119	0	0	0	12	196
青海	0	1	1	0	1	0	0	3
海南	0	4	2	0	2	3	0	11
西藏	0	1	0	0	0	0	0	1
吉林	2	15	34	1	0	0	3	55
甘肃	0	11	7	0	7	13	1	39
安徽	0	17	48	0	0	0	5	70
云南	0	15	21	0	6	9	6	57
辽宁	1	30	44	1	0	0	7	83
内蒙古	0	2	5	0	4	1	1	13
河南	0	39	65	1	0	0	3	108
黑龙江	1	8	16	0	0	0	5	30
宁夏	0	0	3	0	3	1	0	7

续表

地区	教育部哲学社会科学研究重大项目	教育部人文社会科学研究规划基金	教育部人文社会科学研究青年基金	教育部人文社会科学研究自筹基金	教育部人文社会科学研究西部规划基金项目	教育部人文社会科学研究西部青年基金项目	高校辅导员研究专项	总计
新疆	0	11	4	0	0	0	1	16
江西	0	18	18	0	0	0	3	39
广西	0	17	13	0	5	7	1	43
贵州	0	5	14	0	4	2	3	28
山西	0	20	53	0	0	0	2	75
河北	0	6	19	0	0	0	5	30
全国	48	1022	1816	15	68	124	172	3265

从教育部人文社会科学研究项目立项总数角度出发，31 个省（区、市）中，江苏省高校获得教育部人文社会科学研究项目总数最多，立项共计 341 项；西藏高校获得教育部人文社会科学研究项目最少，立项 1 项。从单个项目的立项总数角度出发，北京市高校获得教育部哲学社会科学研究重大项目数位列第一，总计 18 项；江苏省高校获得教育部人文社会科学研究规划基金、教育部人文社会科学研究青年基金立项数位列第一，项目数分别为 113 项、210 项；湖南省与广东省获得教育部人文社会科学研究自筹基金项目数并列第一，总计 3 项；重庆市与四川省高校获得教育部人文社会科学研究西部规划基金项目数并列第一，总计 12 项；陕西省高校教育部人文社会科学研究西部青年基金项目数位列第一，总计 46 项；浙江省高校获得高校辅导员研究专项数位列第一，总计 28 项。

6.2　学术论文地区发展报告

6.2.1　全国高校人文社科国外学术论文地区统计分析

对东、中、西部地区高校 2022 年 WOS 数据库的人文社科类论文收录情况进行统计分析，如表 6－7 所示。

表 6 – 7　　　　**2022 年东、中、西部地区高校 WOS 论文发表横向合计**　　　单位：篇

地区	东部	中部	西部	合计
2022 年 WOS 论文数	30080	8873	6391	45344

　　2022 年我国共有 45344 篇论文被 WOS 数据库的人文社科类论文收录，其中东部地区、中部地区、西部地区高校 WOS 期刊人文社科研究类论文发文分别为 30080 篇、8873 篇、6391 篇，占比分别为 66.34%、19.57%、14.09%。

　　对 31 个省（区、市）高校 2022 年 WOS 数据库收录的人文社科论文进行统计分析，如表 6 – 8 所示。

表 6 – 8　　　　　　**2022 年 WOS 人文社科论文发文统计纵向合计**　　　单位：篇

地区	Web of Science 人文社科论文数	地区高校平均发文数	地区	Web of Science 人文社科论文数	地区高校平均发文数
北京	7429	110.88	福建	1335	34.23
上海	4214	105.35	湖南	1422	27.35
江苏	4605	59.04	山东	2041	29.16
重庆	1058	39.19	青海	34	8.50
广东	3640	52.75	海南	297	33.00
浙江	3388	56.47	西藏	17	5.67
湖北	2880	42.35	吉林	646	17.46
天津	1043	33.65	甘肃	418	19.00
四川	2041	38.51	安徽	1151	25.02
陕西	1776	30.62	云南	393	12.28
辽宁	1234	19.59	江西	598	13.29
内蒙古	106	6.24	广西	463	12.18
河南	1083	18.67	贵州	276	9.52
黑龙江	736	18.87	山西	251	7.38
宁夏	90	11.25	河北	391	6.52
新疆	288	15.16	全国	45344	35.56

　　从论文发表总数看，在 31 个省（区、市）中，北京市高校的 WOS 人文社科期刊论文发表数最多，总计发表 7429 篇；西藏自治区高校的 WOS 人文社科期刊论文发表最少，总计发表 17 篇。从平均发表角度出发，北京市高校的

WOS 人文社科期刊论文平均发表数最多，平均发表 110.88 篇；西藏自治区高校的 WOS 人文社科期刊论文平均发表最少，平均发表 5.67 篇。

6.2.2　全国高校人文社科国内学术论文地区统计分析

对东、中、西部地区高校 2023 年 CSSCI 期刊论文与 CSSCI 扩展版期刊收录情况进行计算分析，如表 6-9 所示。

表 6-9　　　　　**2023 年地区 CSSCI 期刊与 CSSCI 期刊扩展版论文发文统计横向合计**　　　　单位：篇

发文量	东部	中部	西部	合计
CSSCI 期刊发文量	38864	11736	8020	58620
CSSCI 扩展版期刊发文量	17874	7560	4871	30305
CSSCI 期刊平均发文量	62.28	29.64	31.45	45.98
CSSCI 扩展版期刊平均发文量	28.64	19.09	19.10	23.77

从 CSSCI 期刊与 CSSCI 期刊扩展版论文发表总数来看，东部地区高校 CSSCI 期刊发文总数为 38864 篇，占全部发文量的 66.30%，CSSCI 期刊扩展版发文总数为 17874 篇，占全部发文量的 58.98%；中部地区高校 CSSCI 期刊发文总数为 11736 篇，占全部发文量的 20.02%，CSSCI 期刊扩展版发文总数为 7560 篇，占全部发文量的 24.95%；西部地区高校 CSSCI 期刊发文总数为 8020 篇，占全部发文量的 13.68%，CSSCI 期刊扩展版发文总数为 4871 篇，占全部发文量的 16.07%。

从 CSSCI 期刊与 CSSCI 期刊扩展版论文平均发表总数来看，东部地区高校的平均 CSSCI 期刊与 CSSCI 扩展版期刊发文数最高，发表数量分别为 62.28 篇、28.64 篇；中部地区高校的平均 CSSCI 期刊与 CSSCI 扩展版期刊发文数分别为 29.64 篇、19.09 篇；西部地区高校的平均 CSSCI 期刊与 CSSCI 扩展版期刊发文数分别为 31.45 篇、19.10 篇。

对 31 个省（区、市）高校 2023 年 CSSCI 期刊论文收录情况进行统计分析，如表 6-10 所示。

表6-10　　2023年各省份高校CSSCI期刊论文统计纵向合计　　单位：篇

地区	2023年CSSCI期刊发文量	地区高校平均发表数	地区	2023年CSSCI期刊发文量	地区高校平均发表数
北京	12547	187.27	吉林	1529	41.32
上海	6201	155.03	甘肃	742	33.73
江苏	5425	69.55	安徽	1022	22.22
重庆	1537	56.93	云南	623	19.47
广东	3455	50.07	辽宁	1299	20.62
浙江	2856	47.60	内蒙古	210	12.35
湖北	3980	58.53	河南	1168	20.14
天津	1841	59.39	黑龙江	529	13.56
四川	1866	35.21	宁夏	85	10.63
陕西	2351	40.53	新疆	332	17.47
福建	1427	36.59	江西	749	16.64
湖南	1899	36.52	广西	510	13.42
山东	2600	37.14	贵州	401	13.83
青海	39	9.75	山西	650	19.12
海南	214	23.78	河北	489	8.15
西藏	44	14.67	全国	59429	69.75

从发表总数角度出发，在31个省（区、市）中，北京市高校的CSSCI期刊论文发表数最多，发表12547篇；青海省高校的CSSCI期刊论文发表数最少，发表39篇。从平均发表角度出发，北京市高校的CSSCI期刊论文平均发表数最多，平均发表187.27篇；河北省高校的CSSCI期刊论文平均发表数最少，平均发表8.15篇。

对31个省（区、市）高校2023年CSSCI扩展版期刊论文收录情况进行统计分析，如表6-11所示。

表6-11　　2023年各省份高校CSSCI扩展版期刊论文统计　　单位：篇

地区	2023年CSSCI扩展版期刊发文量	地区高校平均发表数	地区	2023年CSSCI扩展版期刊发文量	地区高校平均发表数
北京	5070	75.67	吉林	957	25.86
上海	2456	61.40	甘肃	431	19.59

地区	2023 年 CSSCI 扩展版期刊发文量	地区高校平均发表数	地区	2023 年 CSSCI 扩展版期刊发文量	地区高校平均发表数
江苏	2720	34.87	安徽	498	10.83
重庆	841	31.15	云南	530	16.56
广东	1682	24.38	辽宁	824	13.08
浙江	1300	21.67	内蒙古	249	14.65
湖北	2105	30.96	河南	968	16.69
天津	867	27.97	黑龙江	541	13.87
四川	921	17.38	宁夏	94	11.75
陕西	1271	21.91	新疆	288	15.16
福建	628	16.10	江西	523	11.62
湖南	1264	24.31	广西	541	14.24
山东	1101	15.73	贵州	359	12.38
青海	89	22.25	山西	455	13.38
海南	168	18.67	河北	517	8.62
西藏	47	15.67	全国	30305	23.77

从发表总数角度出发，在31个省（区、市）中，北京市高校的 CSSCI 扩展版期刊论文发表数最多，共计发表5070篇；西藏高校 CSSCI 扩展版期刊论文发表数最少，共计发表47篇。从平均发表角度出发，北京市高校 CSSCI 扩展版期刊论文平均发表数最多，平均发表75.67篇；河北省高校 CSSCI 扩展版期刊论文平均发表数最少，平均发表8.62篇。

6.3　人文社科奖励发展报告

对东、中、西部地区高校获得2023年高校科学研究优秀成果奖（人文社会科学）奖项情况进行统计分析，如表6-12所示。

表 6 – 12　　　　　　2023 年地区高校科学研究优秀成果奖
（人文社会科学）获奖统计横向合计　　　　单位：项

奖项	东部	中部	西部	合计
著作论文奖（一等奖）	96	17	5	118
著作论文奖（二等奖）	380	84	46	510
著作论文奖（三等奖）	412	98	56	566
咨询服务报告奖（一等奖）	5	0	2	7
咨询服务报告奖（二等奖）	22	7	3	32
咨询服务报告奖（三等奖）	26	5	6	37
普及读物奖	17	2	1	20
青年成果奖	147	28	25	200

东部地区高校的著作论文奖（一等奖）、著作论文奖（二等奖）、著作论文奖（三等奖）、咨询服务报告奖（一等奖）、咨询服务报告奖（二等奖）、咨询服务报告奖（三等奖）、普及读物奖、青年成果奖的获奖总数分别为 96 项、380 项、412 项、5 项、22 项、26 项、17 项、147 项，分别占全国奖励的 81.36%、74.51%、72.79%、71.43%、68.75%、70.27%、85.00%、73.50%。

中部地区高校的著作论文奖（一等奖）、著作论文奖（二等奖）、著作论文奖（三等奖）、咨询服务报告奖（一等奖）、咨询服务报告奖（二等奖）、咨询服务报告奖（三等奖）、普及读物奖、青年成果奖的获奖总数分别为 17 项、84 项、98 项、0、7 项、5 项、2 项、28 项，分别占全国奖励的 14.41%、16.47%、17.31%、0、21.88%、13.51%、10.00%、14.00%。

西部地区高校的著作论文奖（一等奖）、著作论文奖（二等奖）、著作论文奖（三等奖）、咨询服务报告奖（一等奖）、咨询服务报告奖（二等奖）、咨询服务报告奖（三等奖）、普及读物奖、青年成果奖的获奖总数分别为 5 项、46 项、56 项、2 项、3 项、6 项、1 项、25 项，分别占全国奖励的 4.24%、9.02%、9.89%、28.57%、9.38%、16.22%、5.00%、12.50%。

对 31 个省（区、市）高校 2023 年获得高校科学研究优秀成果奖（人文社会科学）奖励情况进行统计分析，如表 6 – 13 所示。

表 6 - 13　　　　　　　2023 年各省份高校科学研究优秀成果奖
（人文社会科学）统计纵向统计　　　　　单位：项

地区	著作论文奖			咨询服务报告奖			普及读物奖	青年成果奖	合计
	一等奖	二等奖	三等奖	一等奖	二等奖	三等奖			
北京	48	136	139	5	6	9	6	64	413
上海	14	65	70	0	8	4	3	22	186
江苏	10	51	47	0	2	4	2	20	136
重庆	1	16	8	0	2	0	0	5	32
广东	4	31	42	0	1	1	1	5	85
浙江	11	46	43	0	1	3	2	15	121
湖北	6	35	50	0	4	2	0	16	113
天津	1	17	19	0	2	1	3	7	50
四川	1	12	15	1	0	1	0	7	37
陕西	2	11	19	1	1	3	1	8	46
福建	0	15	13	0	0	1	0	6	35
湖南	4	16	15	0	1	2	1	2	41
山东	4	11	20	0	0	1	0	5	41
青海	0	0	1	0	0	0	0	0	1
海南	0	0	1	0	0	0	0	0	1
西藏	0	0	0	0	0	0	0	0	0
吉林	3	1	9	0	1	0	0	4	31
甘肃	0	4	2	0	0	1	0	3	10
安徽	2	2	7	0	0	0	0	1	12
云南	1	1	7	0	0	1	0	2	12
辽宁	3	6	10	0	1	1	0	2	23
内蒙古	0	3	0	0	0	0	0	1	4
河南	0	4	4	0	0	0	1	1	10
黑龙江	1	3	4	0	0	1	0	0	9
宁夏	0	0	1	0	0	0	0	0	1
新疆	0	0	2	0	0	0	0	0	2
江西	1	5	6	0	1	0	0	2	15
广西	0	1	4	0	1	0	0	1	7
贵州	0	2	1	0	0	0	0	0	3
山西	0	2	3	0	0	0	0	1	6
河北	1	1	4	0	0	1	0	0	7
全国	118	510	566	7	32	3	20	200	1490

　　从全部获奖总数来看，在 31 个省（区、市）中，北京市高校获得高校科学研究优秀成果奖（人文社会科学）数量最多，总计为 413 项；西藏自治区获得高校科学研究优秀成果奖（人文社会科学）数量最少，为 0。从单项奖励总数角度出发，在 31 个省（区、市）中，北京市高校的著作论文奖（一等奖）、著作论文奖（二等奖）、著作论文奖（三等奖）、咨询服务报告奖（一等奖）、咨询服务报告奖（三等奖）、普及读物奖、青年成果奖数均位列第一，分别为 48 项、136 项、139 项、5 项、9 项、6 项、64 项；咨询服务报告奖（二等奖）为上海市获奖数最多，总计获奖 8 项。

第7章 中国高校人文社科发展评价报告

7.1 中国高校总榜

本章根据前面建立的指标体系，对中国1275所本科高校人文社科发展展开评价分析，并将综合得分按照降序排列。鉴于排名后30%的高校整体得分偏低，区分度不高，因此，仅公布排名前70%高校的综合得分，排名后30%高校的综合得分暂不予公布。表7-1为中国高校人文社科发展评价总榜。

表7-1 　　　　　　　　中国高校人文社科发展评价总榜

总排名	学校名称	所有制	办学层次	学校类型	省份	得分
1	中国人民大学	公办	双一流	综合类	北京	98.112
2	北京大学	公办	双一流	综合类	北京	85.302
3	北京师范大学	公办	双一流	师范类	北京	78.590
4	浙江大学	公办	双一流	综合类	浙江	70.433
5	武汉大学	公办	双一流	综合类	湖北	70.052
6	清华大学	公办	双一流	综合类	北京	66.529
7	复旦大学	公办	双一流	综合类	上海	61.151
8	华东师范大学	公办	双一流	师范类	上海	60.512
9	中山大学	公办	双一流	综合类	广东	59.823
10	南京大学	公办	双一流	综合类	江苏	59.507
11	厦门大学	公办	双一流	综合类	福建	55.950
12	上海交通大学	公办	双一流	综合类	上海	51.792
13	四川大学	公办	双一流	综合类	四川	50.547

续表

总排名	学校名称	所有制	办学层次	学校类型	省份	得分
14	山东大学	公办	双一流	综合类	山东	49.541
15	南开大学	公办	双一流	综合类	天津	43.395
16	吉林大学	公办	双一流	综合类	吉林	41.460
17	华中师范大学	公办	双一流	师范类	湖北	38.030
18	同济大学	公办	双一流	综合类	上海	35.493
19	暨南大学	公办	双一流	综合类	广东	35.459
20	西安交通大学	公办	双一流	综合类	陕西	35.263
21	华南师范大学	公办	双一流	师范类	广东	31.618
22	中南财经政法大学	公办	双一流	财经类	湖北	31.455
23	华中科技大学	公办	双一流	综合类	湖北	31.398
24	西南大学	公办	双一流	综合类	重庆	30.650
25	上海大学	公办	双一流	综合类	上海	30.086
26	湖南大学	公办	双一流	综合类	湖南	29.989
27	陕西师范大学	公办	双一流	师范类	陕西	29.968
28	东南大学	公办	双一流	综合类	江苏	29.806
29	南京师范大学	公办	双一流	师范类	江苏	29.725
30	西南财经大学	公办	双一流	财经类	四川	29.012
31	中南大学	公办	双一流	综合类	湖南	27.166
32	浙江工商大学	公办	—	财经类	浙江	25.633
33	重庆大学	公办	双一流	综合类	重庆	25.489
34	郑州大学	公办	双一流	综合类	河南	24.693
35	东北师范大学	公办	双一流	师范类	吉林	24.352
36	湖南师范大学	公办	双一流	师范类	湖南	23.706
37	上海财经大学	公办	双一流	财经类	上海	23.370
38	中国科学院大学	公办	双一流	理工类	北京	22.866
39	广东外语外贸大学	公办	—	语言类	广东	22.835
40	对外经济贸易大学	公办	双一流	财经类	北京	22.828
41	中央财经大学	公办	双一流	财经类	北京	22.696
42	广州大学	公办	—	综合类	广东	22.398
43	深圳大学	公办	—	综合类	广东	22.198
44	上海师范大学	公办	—	师范类	上海	22.128
45	天津大学	公办	双一流	理工类	天津	21.554

总排名	学校名称	所有制	办学层次	学校类型	省份	得分
46	苏州大学	公办	双一流	综合类	江苏	21.361
47	北京理工大学	公办	双一流	理工类	北京	21.183
48	河南大学	公办	双一流	综合类	河南	21.151
49	云南大学	公办	双一流	综合类	云南	20.978
50	华南理工大学	公办	双一流	理工类	广东	20.566
51	西北大学	公办	双一流	综合类	陕西	19.573
52	中国政法大学	公办	双一流	政法类	北京	19.157
53	杭州师范大学	公办	—	师范类	浙江	18.709
54	兰州大学	公办	双一流	综合类	甘肃	18.620
55	北京航空航天大学	公办	双一流	理工类	北京	18.506
56	福建师范大学	公办	—	师范类	福建	17.958
57	浙江师范大学	公办	—	师范类	浙江	17.769
58	中央民族大学	公办	双一流	民族类	北京	17.740
59	北京交通大学	公办	双一流	理工类	北京	17.730
60	山东师范大学	公办	—	师范类	山东	17.655
61	浙江工业大学	公办	—	理工类	浙江	17.360
62	首都经济贸易大学	公办	—	财经类	北京	17.330
63	东北财经大学	公办	—	财经类	辽宁	17.311
64	首都师范大学	公办	双一流	师范类	北京	17.191
65	江西财经大学	公办	—	财经类	江西	16.875
66	大连理工大学	公办	双一流	理工类	辽宁	16.847
67	浙江财经大学	公办	—	财经类	浙江	16.529
68	上海外国语大学	公办	双一流	语言类	上海	16.206
69	中国矿业大学	公办	双一流	理工类	江苏	15.600
70	西南交通大学	公办	双一流	理工类	四川	15.583
71	宁波大学	公办	双一流	综合类	浙江	15.475
72	南昌大学	公办	双一流	综合类	江西	15.254
73	江西师范大学	公办	—	师范类	江西	15.220
74	山西大学	公办	双一流	综合类	山西	14.989
75	中国社会科学院大学	公办	—	综合类	北京	14.833
76	东北大学	公办	双一流	理工类	辽宁	14.689
77	天津师范大学	公办	—	师范类	天津	14.668

总排名	学校名称	所有制	办学层次	学校类型	省份	得分
78	海南大学	公办	双一流	综合类	海南	14.504
79	北京外国语大学	公办	双一流	语言类	北京	14.292
80	哈尔滨工业大学	公办	双一流	理工类	黑龙江	14.026
81	中国科学技术大学	公办	双一流	理工类	安徽	14.008
82	电子科技大学	公办	双一流	理工类	四川	13.709
83	西南政法大学	公办	—	政法类	重庆	13.640
84	南京财经大学	公办	—	财经类	江苏	13.626
85	扬州大学	公办	—	综合类	江苏	13.604
86	南京农业大学	公办	双一流	农林类	江苏	13.537
87	青岛大学	公办	—	综合类	山东	13.487
88	安徽大学	公办	双一流	综合类	安徽	13.110
89	中国海洋大学	公办	双一流	综合类	山东	12.427
90	湘潭大学	公办	双一流	综合类	湖南	12.312
91	南京审计大学	公办	—	财经类	江苏	12.301
92	西北师范大学	公办	—	师范类	甘肃	12.249
93	南京航空航天大学	公办	双一流	理工类	江苏	12.248
94	山东财经大学	公办	—	财经类	山东	11.935
95	中国传媒大学	公办	双一流	语言类	北京	11.928
96	江苏大学	公办	—	综合类	江苏	11.909
97	合肥工业大学	公办	双一流	理工类	安徽	11.730
98	华东政法大学	公办	—	政法类	上海	11.709
99	江南大学	公办	双一流	综合类	江苏	11.698
100	湖北大学	公办	—	综合类	湖北	11.687
101	河北大学	公办	—	综合类	河北	11.682
102	北京科技大学	公办	双一流	理工类	北京	11.672
103	河海大学	公办	双一流	理工类	江苏	11.395
104	华侨大学	公办	—	综合类	福建	11.318
105	安徽师范大学	公办	—	师范类	安徽	11.277
106	华中农业大学	公办	双一流	农林类	湖北	11.252
107	辽宁大学	公办	双一流	综合类	辽宁	11.143
108	北京工业大学	公办	双一流	理工类	北京	11.064
109	广西师范大学	公办	—	师范类	广西	11.052

续表

总排名	学校名称	所有制	办学层次	学校类型	省份	得分
110	中国农业大学	公办	双一流	农林类	北京	10.914
111	中国地质大学（武汉）	公办	双一流	理工类	湖北	10.874
112	华东理工大学	公办	双一流	理工类	上海	10.715
113	大连海事大学	公办	双一流	理工类	辽宁	10.597
114	河南师范大学	公办	—	师范类	河南	10.370
115	广西大学	公办	双一流	综合类	广西	10.320
116	华南农业大学	公办	双一流	农林类	广东	10.154
117	武汉理工大学	公办	双一流	理工类	湖北	9.927
118	四川师范大学	公办	—	师范类	四川	9.885
119	南京理工大学	公办	双一流	理工类	江苏	9.690
120	曲阜师范大学	公办	—	师范类	山东	9.559
121	北京工商大学	公办	—	财经类	北京	9.530
122	新疆大学	公办	双一流	综合类	新疆	9.476
123	西北农林科技大学	公办	双一流	农林类	陕西	9.465
124	安徽财经大学	公办	—	财经类	安徽	9.382
125	南京信息工程大学	公办	双一流	理工类	江苏	9.357
126	中南民族大学	公办	—	民族类	湖北	8.991
127	南京邮电大学	公办	双一流	理工类	江苏	8.705
128	内蒙古大学	公办	双一流	综合类	内蒙古	8.671
129	云南师范大学	公办	—	师范类	云南	8.671
130	西北工业大学	公办	双一流	理工类	陕西	8.448
131	广东工业大学	公办	—	理工类	广东	8.423
132	江苏师范大学	公办	—	师范类	江苏	8.399
133	浙江理工大学	公办	—	理工类	浙江	8.361
134	长沙理工大学	公办	—	理工类	湖南	8.358
135	福州大学	公办	双一流	理工类	福建	8.296
136	重庆工商大学	公办	—	财经类	重庆	8.273
137	贵州大学	公办	双一流	综合类	贵州	8.168
138	云南财经大学	公办	—	财经类	云南	8.097
139	湖南科技大学	公办	—	综合类	湖南	7.975
140	辽宁师范大学	公办	—	师范类	辽宁	7.861
141	南京林业大学	公办	双一流	农林类	江苏	7.847

总排名	学校名称	所有制	办学层次	学校类型	省份	得分
142	北京语言大学	公办	—	语言类	北京	7.663
143	长安大学	公办	双一流	理工类	陕西	7.541
144	天津财经大学	公办	—	财经类	天津	7.367
145	山西财经大学	公办	—	财经类	山西	7.336
146	广东财经大学	公办	—	财经类	广东	7.080
147	杭州电子科技大学	公办	—	理工类	浙江	6.937
148	贵州财经大学	公办	—	财经类	贵州	6.927
149	北京林业大学	公办	双一流	农林类	北京	6.905
150	黑龙江大学	公办	—	综合类	黑龙江	6.819
151	内蒙古师范大学	公办	—	师范类	内蒙古	6.812
152	上海理工大学	公办	—	理工类	上海	6.732
153	河北师范大学	公办	—	师范类	河北	6.637
154	石河子大学	公办	双一流	综合类	新疆	6.611
155	北京邮电大学	公办	双一流	理工类	北京	6.594
156	东华大学	公办	双一流	理工类	上海	6.529
157	西南民族大学	公办	—	民族类	四川	6.491
158	四川农业大学	公办	双一流	农林类	四川	6.465
159	重庆师范大学	公办	—	师范类	重庆	6.272
160	贵州师范大学	公办	—	师范类	贵州	6.166
161	上海对外经贸大学	公办	—	财经类	上海	6.146
162	西安外国语大学	公办	—	语言类	陕西	6.078
163	云南民族大学	公办	—	民族类	云南	5.950
164	西安建筑科技大学	公办	—	理工类	陕西	5.919
165	四川外国语大学	公办	—	语言类	重庆	5.888
166	华北电力大学	公办	双一流	理工类	北京	5.802
167	燕山大学	公办	—	理工类	河北	5.661
168	温州大学	公办	—	综合类	浙江	5.615
169	南通大学	公办	—	综合类	江苏	5.498
170	哈尔滨工程大学	公办	双一流	理工类	黑龙江	5.350
171	山东理工大学	公办	—	理工类	山东	5.298
172	海南师范大学	公办	—	师范类	海南	5.257
173	上海海事大学	公办	—	理工类	上海	5.236

总排名	学校名称	所有制	办学层次	学校类型	省份	得分
174	贵州民族大学	公办	—	民族类	贵州	5.231
175	山东科技大学	公办	—	理工类	山东	5.166
176	广西民族大学	公办	—	民族类	广西	5.146
177	北京体育大学	公办	双一流	体育类	北京	5.129
178	汕头大学	公办	—	综合类	广东	5.112
179	西藏民族大学	公办	—	民族类	西藏	5.072
180	湖南工商大学	公办	—	财经类	湖南	5.069
181	哈尔滨师范大学	公办	—	师范类	黑龙江	5.057
182	温州医科大学	公办	—	医药类	浙江	4.968
183	西安理工大学	公办	—	理工类	陕西	4.886
184	南方科技大学	公办	双一流	理工类	广东	4.834
185	南京艺术学院	公办	—	艺术类	江苏	4.830
186	香港中文大学（深圳）	合作办学	—	合作办学	广东	4.821
187	昆明理工大学	公办	—	理工类	云南	4.806
188	福建农林大学	公办	—	农林类	福建	4.769
189	新疆师范大学	公办	—	师范类	新疆	4.716
190	济南大学	公办	—	综合类	山东	4.645
191	宁夏大学	公办	双一流	综合类	宁夏	4.552
192	山西师范大学	公办	—	师范类	山西	4.520
193	中国美术学院	公办	双一流	艺术类	浙江	4.498
194	成都理工大学	公办	双一流	理工类	四川	4.495
195	重庆交通大学	公办	—	理工类	重庆	4.485
196	苏州科技大学	公办	—	理工类	江苏	4.483
197	江苏科技大学	公办	—	理工类	江苏	4.465
198	河北工业大学	公办	双一流	理工类	河北	4.454
199	上海政法学院	公办	—	政法类	上海	4.446
200	浙江传媒学院	公办	—	语言类	浙江	4.436
201	湖北经济学院	公办	—	财经类	湖北	4.429
202	东北农业大学	公办	双一流	农林类	黑龙江	4.412
203	西藏大学	公办	双一流	综合类	西藏	4.401
204	浙江农林大学	公办	—	农林类	浙江	4.306
205	武汉体育学院	公办	—	体育类	湖北	4.299

总排名	学校名称	所有制	办学层次	学校类型	省份	得分
206	西北民族大学	公办	—	民族类	甘肃	4.294
207	中国石油大学（北京）	公办	双一流	理工类	北京	4.281
208	西安电子科技大学	公办	双一流	理工类	陕西	4.200
209	宁波诺丁汉大学	合作办学	—	合作办学	浙江	4.191
210	聊城大学	公办	—	综合类	山东	4.179
211	湖北工业大学	公办	—	理工类	湖北	4.147
212	鲁东大学	公办	—	综合类	山东	4.126
213	上海立信会计金融学院	公办	—	财经类	上海	4.098
214	河南财经政法大学	公办	—	财经类	河南	4.018
215	南方医科大学	公办	—	医药类	广东	3.996
216	湖州师范学院	公办	—	师范类	浙江	3.982
217	南京工业大学	公办	—	理工类	江苏	3.973
218	中央美术学院	公办	双一流	艺术类	北京	3.891
219	湖南第一师范学院	公办	—	师范类	湖南	3.887
220	三峡大学	公办	—	综合类	湖北	3.782
221	北京化工大学	公办	双一流	理工类	北京	3.766
222	河南工业大学	公办	—	理工类	河南	3.763
223	南京晓庄学院	公办	—	师范类	江苏	3.746
224	西交利物浦大学	合作办学	—	合作办学	江苏	3.743
225	首都医科大学	公办	—	医药类	北京	3.740
226	青海师范大学	公办	—	师范类	青海	3.731
227	南京医科大学	公办	双一流	医药类	江苏	3.720
228	河南理工大学	公办	—	理工类	河南	3.690
229	山东工商学院	公办	—	财经类	山东	3.658
230	武汉科技大学	公办	—	理工类	湖北	3.655
231	集美大学	公办	—	综合类	福建	3.645
232	安徽医科大学	公办	—	医药类	安徽	3.643
233	青海民族大学	公办	—	民族类	青海	3.643
234	常州大学	公办	—	理工类	江苏	3.623
235	上海体育大学	公办	—	体育类	上海	3.622
236	吉首大学	公办	—	综合类	湖南	3.592
237	上海工程技术大学	公办	—	理工类	上海	3.580

续表

总排名	学校名称	所有制	办学层次	学校类型	省份	得分
238	河南农业大学	公办	—	农林类	河南	3.567
239	烟台大学	公办	—	综合类	山东	3.476
240	西安财经大学	公办	—	财经类	陕西	3.456
241	广东金融学院	公办	—	财经类	广东	3.431
242	吉林财经大学	公办	—	财经类	吉林	3.388
243	重庆邮电大学	公办	—	理工类	重庆	3.384
244	广西财经学院	公办	—	财经类	广西	3.384
245	北京联合大学	公办	—	综合类	北京	3.365
246	西北政法大学	公办	—	政法类	陕西	3.357
247	东北林业大学	公办	双一流	农林类	黑龙江	3.356
248	北方民族大学	公办	—	民族类	宁夏	3.352
249	华北水利水电大学	公办	—	理工类	河南	3.325
250	绍兴文理学院	公办	—	综合类	浙江	3.292
251	湖南农业大学	公办	—	农林类	湖南	3.282
252	天津理工大学	公办	—	理工类	天津	3.236
253	中国计量大学	公办	—	理工类	浙江	3.232
254	长江大学	公办	—	综合类	湖北	3.229
255	太原理工大学	公办	双一流	理工类	山西	3.213
256	天津商业大学	公办	—	财经类	天津	3.212
257	广州美术学院	公办	—	艺术类	广东	3.199
258	台州学院	公办	—	综合类	浙江	3.183
259	沈阳师范大学	公办	—	师范类	辽宁	3.170
260	北京建筑大学	公办	—	理工类	北京	3.169
261	湖南财政经济学院	公办	—	财经类	湖南	3.120
262	武汉纺织大学	公办	—	理工类	湖北	3.111
263	常熟理工学院	公办	—	理工类	江苏	3.102
264	兰州财经大学	公办	—	财经类	甘肃	3.097
265	延边大学	公办	双一流	综合类	吉林	3.076
266	中南林业科技大学	公办	—	农林类	湖南	3.070
267	四川美术学院	公办	—	艺术类	重庆	3.059
268	山东建筑大学	公办	—	理工类	山东	3.049
269	西安科技大学	公办	—	理工类	陕西	3.014

总排名	学校名称	所有制	办学层次	学校类型	省份	得分
270	西华师范大学	公办	—	师范类	四川	3.007
271	武汉工程大学	公办	—	理工类	湖北	2.981
272	长春师范大学	公办	—	师范类	吉林	2.975
273	哈尔滨商业大学	公办	—	财经类	黑龙江	2.954
274	桂林理工大学	公办	—	理工类	广西	2.936
275	西安工程大学	公办	—	理工类	陕西	2.886
276	重庆理工大学	公办	—	理工类	重庆	2.879
277	西华大学	公办	—	综合类	四川	2.864
278	哈尔滨理工大学	公办	—	理工类	黑龙江	2.864
279	中央音乐学院	公办	双一流	艺术类	北京	2.849
280	湖南工业大学	公办	—	理工类	湖南	2.841
281	郑州航空工业管理学院	公办	—	财经类	河南	2.833
282	成都体育学院	公办	—	体育类	四川	2.771
283	安徽工业大学	公办	—	理工类	安徽	2.754
284	大理大学	公办	—	综合类	云南	2.754
285	赣南师范大学	公办	—	师范类	江西	2.732
286	延安大学	公办	—	综合类	陕西	2.731
287	淮北师范大学	公办	—	师范类	安徽	2.715
288	闽南师范大学	公办	—	师范类	福建	2.714
289	岭南师范学院	公办	—	师范类	广东	2.707
290	北方工业大学	公办	—	理工类	北京	2.698
291	大连外国语大学	公办	—	语言类	辽宁	2.670
292	上海音乐学院	公办	双一流	艺术类	上海	2.661
293	湖北师范大学	公办	—	师范类	湖北	2.608
294	浙江音乐学院	公办	—	艺术类	浙江	2.607
295	南宁师范大学	公办	—	师范类	广西	2.559
296	桂林电子科技大学	公办	—	理工类	广西	2.547
297	内蒙古民族大学	公办	—	民族类	内蒙古	2.541
298	陕西科技大学	公办	—	理工类	陕西	2.490
299	新疆财经大学	公办	—	财经类	新疆	2.479
300	北京第二外国语学院	公办	—	语言类	北京	2.479
301	洛阳师范学院	公办	—	师范类	河南	2.443

续表

总排名	学校名称	所有制	办学层次	学校类型	省份	得分
302	盐城师范学院	公办	—	师范类	江苏	2.435
303	华东交通大学	公办	—	理工类	江西	2.421
304	西安邮电大学	公办	—	理工类	陕西	2.413
305	中国人民公安大学	公办	双一流	政法类	北京	2.394
306	河北经贸大学	公办	—	财经类	河北	2.365
307	哈尔滨医科大学	公办	—	医药类	黑龙江	2.361
308	兰州交通大学	公办	—	理工类	甘肃	2.348
309	广东技术师范大学	公办	—	师范类	广东	2.342
310	上海应用技术大学	公办	—	理工类	上海	2.338
311	中国矿业大学（北京）	公办	双一流	理工类	北京	2.326
312	北京印刷学院	公办	—	理工类	北京	2.326
313	青岛理工大学	公办	—	理工类	山东	2.295
314	安徽理工大学	公办	—	理工类	安徽	2.288
315	山东农业大学	公办	—	农林类	山东	2.254
316	郑州轻工业大学	公办	—	理工类	河南	2.227
317	徐州工程学院	公办	—	理工类	江苏	2.207
318	河南科技大学	公办	—	综合类	河南	2.204
319	长江师范学院	公办	—	师范类	重庆	2.177
320	北京信息科技大学	公办	—	理工类	北京	2.170
321	景德镇陶瓷大学	公办	—	理工类	江西	2.165
322	宁波财经学院	民办	—	财经类	浙江	2.165
323	首都体育学院	公办	—	体育类	北京	2.153
324	福建医科大学	公办	—	医药类	福建	2.146
325	江西理工大学	公办	—	理工类	江西	2.144
326	外交学院	公办	双一流	语言类	北京	2.136
327	淮阴师范学院	公办	—	师范类	江苏	2.130
328	佛山科学技术学院	公办	—	理工类	广东	2.127
329	青岛科技大学	公办	—	理工类	山东	2.124
330	长沙学院	公办	—	综合类	湖南	2.100
331	广西艺术学院	公办	—	艺术类	广西	2.076
332	北京电影学院	公办	—	艺术类	北京	2.073
333	沈阳农业大学	公办	—	农林类	辽宁	2.065

总排名	学校名称	所有制	办学层次	学校类型	省份	得分
334	国际关系学院	公办	—	政法类	北京	2.044
335	中国地质大学（北京）	公办	双一流	理工类	北京	2.042
336	上海海洋大学	公办	双一流	农林类	上海	2.022
337	闽江学院	公办	—	理工类	福建	2.021
338	阜阳师范大学	公办	—	师范类	安徽	2.020
339	江西农业大学	公办	—	农林类	江西	1.992
340	中国医科大学	公办	—	医药类	辽宁	1.955
341	内蒙古工业大学	公办	—	理工类	内蒙古	1.941
342	内蒙古财经大学	公办	—	财经类	内蒙古	1.935
343	武汉轻工大学	公办	—	理工类	湖北	1.925
344	西南石油大学	公办	双一流	理工类	四川	1.921
345	山东艺术学院	公办	—	艺术类	山东	1.917
346	天津医科大学	公办	双一流	医药类	天津	1.917
347	安徽农业大学	公办	—	农林类	安徽	1.910
348	西南科技大学	公办	—	理工类	四川	1.908
349	南华大学	公办	—	综合类	湖南	1.908
350	上海商学院	公办	—	财经类	上海	1.903
351	成都大学	公办	—	综合类	四川	1.898
352	中国音乐学院	公办	双一流	艺术类	北京	1.894
353	湖北民族大学	公办	—	民族类	湖北	1.881
354	北京物资学院	公办	—	财经类	北京	1.872
355	青海大学	公办	双一流	综合类	青海	1.863
356	北京协和医学院	公办	双一流	医药类	北京	1.852
357	青岛农业大学	公办	—	农林类	山东	1.849
358	安徽工程大学	公办	—	理工类	安徽	1.846
359	新乡医学院	公办	—	医药类	河南	1.846
360	南京中医药大学	公办	双一流	医药类	江苏	1.840
361	浙大城市学院	公办	—	综合类	浙江	1.839
362	淮阴工学院	公办	—	理工类	江苏	1.811
363	南昌航空大学	公办	—	理工类	江西	1.789
364	齐鲁工业大学	公办	—	理工类	山东	1.782
365	浙江万里学院	公办	—	理工类	浙江	1.771

续表

总排名	学校名称	所有制	办学层次	学校类型	省份	得分
366	太原师范学院	公办	—	师范类	山西	1.763
367	南京体育学院	公办	—	体育类	江苏	1.741
368	北京师范大学—香港浸会大学联合国际学院	合作办学	—	合作办学	广东	1.736
369	中国民航大学	公办	—	理工类	天津	1.711
370	江西科技师范大学	公办	—	师范类	江西	1.699
371	浙江外国语学院	公办	—	语言类	浙江	1.697
372	上海戏剧学院	公办	—	艺术类	上海	1.694
373	东华理工大学	公办	—	理工类	江西	1.667
374	中国石油大学（华东）	公办	双一流	理工类	山东	1.656
375	湘南学院	公办	—	综合类	湖南	1.648
376	江苏第二师范学院	公办	—	师范类	江苏	1.632
377	浙江越秀外国语学院	民办	—	语言类	浙江	1.629
378	华北理工大学	公办	—	理工类	河北	1.626
379	浙江树人学院	民办	—	理工类	浙江	1.616
380	西南医科大学	公办	—	医药类	四川	1.610
381	常州工学院	公办	—	理工类	江苏	1.599
382	贵州医科大学	公办	—	医药类	贵州	1.591
383	新疆农业大学	公办	—	农林类	新疆	1.588
384	重庆医科大学	公办	—	医药类	重庆	1.568
385	上海科技大学	公办	双一流	理工类	上海	1.566
386	沈阳体育学院	公办	—	体育类	辽宁	1.536
387	安阳师范学院	公办	—	师范类	河南	1.527
388	周口师范学院	公办	—	师范类	河南	1.525
389	临沂大学	公办	—	综合类	山东	1.525
390	北京服装学院	公办	—	艺术类	北京	1.522
391	云南艺术学院	公办	—	艺术类	云南	1.519
392	天津城建大学	公办	—	理工类	天津	1.518
393	山东工艺美术学院	公办	—	艺术类	山东	1.499
394	西南林业大学	公办	—	农林类	云南	1.490
395	怀化学院	公办	—	综合类	湖南	1.463
396	成都中医药大学	公办	双一流	医药类	四川	1.447

总排名	学校名称	所有制	办学层次	学校类型	省份	得分
397	厦门理工学院	公办	—	理工类	福建	1.446
398	天津外国语大学	公办	—	语言类	天津	1.437
399	商丘师范学院	公办	—	师范类	河南	1.433
400	广州中医药大学	公办	双一流	医药类	广东	1.423
401	浙大宁波理工学院	公办	—	理工类	浙江	1.405
402	伊犁师范大学	公办	—	师范类	新疆	1.395
403	中国药科大学	公办	双一流	医药类	江苏	1.392
404	黄冈师范学院	公办	—	师范类	湖北	1.388
405	江汉大学	公办	—	综合类	湖北	1.385
406	河北农业大学	公办	—	农林类	河北	1.361
407	渤海大学	公办	—	综合类	辽宁	1.353
408	四川音乐学院	公办	—	艺术类	四川	1.350
409	湖北美术学院	公办	—	艺术类	湖北	1.340
410	辽宁工程技术大学	公办	—	理工类	辽宁	1.338
411	徐州医科大学	公办	—	医药类	江苏	1.338
412	深圳技术大学	公办	—	理工类	广东	1.330
413	北京中医药大学	公办	双一流	医药类	北京	1.323
414	赤峰学院	公办	—	综合类	内蒙古	1.319
415	宝鸡文理学院	公办	—	综合类	陕西	1.311
416	信阳师范大学	公办	—	师范类	河南	1.308
417	天津工业大学	公办	双一流	理工类	天津	1.303
418	贵州师范学院	公办	—	师范类	贵州	1.293
419	内蒙古农业大学	公办	—	农林类	内蒙古	1.291
420	安庆师范大学	公办	—	师范类	安徽	1.281
421	东莞理工学院	公办	—	理工类	广东	1.268
422	大连民族大学	公办	—	民族类	辽宁	1.264
423	山东体育学院	公办	—	体育类	山东	1.261
424	桂林旅游学院	公办	—	财经类	广西	1.255
425	衡阳师范学院	公办	—	师范类	湖南	1.254
426	西安音乐学院	公办	—	艺术类	陕西	1.250
427	廊坊师范学院	公办	—	师范类	河北	1.240
428	山东女子学院	公办	—	综合类	山东	1.239

续表

总排名	学校名称	所有制	办学层次	学校类型	省份	得分
429	泉州师范学院	公办	—	师范类	福建	1.236
430	福建江夏学院	公办	—	财经类	福建	1.231
431	肇庆学院	公办	—	综合类	广东	1.229
432	广西科技大学	公办	—	理工类	广西	1.214
433	中国劳动关系学院	公办	—	政法类	北京	1.208
434	广东科技学院	民办	—	综合类	广东	1.206
435	广州体育学院	公办	—	体育类	广东	1.203
436	昆山杜克大学	合作办学	—	合作办学	江苏	1.201
437	江苏海洋大学	公办	—	理工类	江苏	1.188
438	江苏理工学院	公办	—	理工类	江苏	1.178
439	浙江海洋大学	公办	—	农林类	浙江	1.172
440	湖南城市学院	公办	—	综合类	湖南	1.168
441	兰州理工大学	公办	—	理工类	甘肃	1.163
442	中央戏剧学院	公办	双一流	艺术类	北京	1.158
443	重庆文理学院	公办	—	综合类	重庆	1.152
444	温州肯恩大学	合作办学	—	合作办学	浙江	1.151
445	中国戏曲学院	公办	—	艺术类	北京	1.150
446	河北金融学院	公办	—	财经类	河北	1.126
447	西安文理学院	公办	—	综合类	陕西	1.119
448	盐城工学院	公办	—	理工类	江苏	1.103
449	长春工业大学	公办	—	理工类	吉林	1.099
450	广东海洋大学	公办	—	农林类	广东	1.096
451	太原科技大学	公办	—	理工类	山西	1.092
452	南京工程学院	公办	—	理工类	江苏	1.087
453	内蒙古科技大学	公办	—	综合类	内蒙古	1.078
454	合肥师范学院	公办	—	师范类	安徽	1.065
455	福州外语外贸学院	民办	—	财经类	福建	1.065
456	玉林师范学院	公办	—	师范类	广西	1.062
457	河南中医药大学	公办	—	医药类	河南	1.061
458	呼和浩特民族学院	公办	—	语言类	内蒙古	1.057
459	铜仁学院	公办	—	综合类	贵州	1.050
460	兰州城市学院	公办	—	综合类	甘肃	1.049

总排名	学校名称	所有制	办学层次	学校类型	省份	得分
461	吉林师范大学	公办	—	师范类	吉林	1.047
462	齐齐哈尔大学	公办	—	综合类	黑龙江	1.047
463	韩山师范学院	公办	—	师范类	广东	1.041
464	凯里学院	公办	—	综合类	贵州	1.040
465	昆明学院	公办	—	综合类	云南	1.012
466	湖南文理学院	公办	—	综合类	湖南	1.005
467	四川轻化工大学	公办	—	理工类	四川	1.002
468	湖南中医药大学	公办	—	医药类	湖南	1.002
469	井冈山大学	公办	—	综合类	江西	0.997
470	金陵科技学院	公办	—	理工类	江苏	0.986
471	仲恺农业工程学院	公办	—	农林类	广东	0.985
472	丽水学院	公办	—	综合类	浙江	0.985
473	曲靖师范学院	公办	—	师范类	云南	0.972
474	浙江中医药大学	公办	—	医药类	浙江	0.968
475	天津科技大学	公办	—	理工类	天津	0.961
476	北部湾大学	公办	—	综合类	广西	0.961
477	黄淮学院	公办	—	综合类	河南	0.959
478	重庆第二师范学院	公办	—	师范类	重庆	0.949
479	陇东学院	公办	—	综合类	甘肃	0.946
480	齐鲁师范学院	公办	—	师范类	山东	0.941
481	嘉兴大学	公办	—	综合类	浙江	0.938
482	湖南工程学院	公办	—	理工类	湖南	0.929
483	吉林艺术学院	公办	—	艺术类	吉林	0.928
484	西安工业大学	公办	—	理工类	陕西	0.924
485	北华大学	公办	—	综合类	吉林	0.921
486	成都师范学院	公办	—	师范类	四川	0.905
487	淮南师范学院	公办	—	师范类	安徽	0.902
488	甘肃政法大学	公办	—	政法类	甘肃	0.897
489	浙江科技大学	公办	—	理工类	浙江	0.894
490	大连大学	公办	—	综合类	辽宁	0.891
491	九江学院	公办	—	综合类	江西	0.887
492	山西农业大学	公办	—	农林类	山西	0.882

总排名	学校名称	所有制	办学层次	学校类型	省份	得分
493	三明学院	公办	—	综合类	福建	0.878
494	西安美术学院	公办	—	艺术类	陕西	0.875
495	南阳师范学院	公办	—	师范类	河南	0.874
496	河北地质大学	公办	—	理工类	河北	0.872
497	哈尔滨音乐学院	公办	—	艺术类	黑龙江	0.872
498	北京舞蹈学院	公办	—	艺术类	北京	0.870
499	宁夏医科大学	公办	—	医药类	宁夏	0.861
500	上海中医药大学	公办	双一流	医药类	上海	0.857
501	湖北汽车工业学院	公办	—	理工类	湖北	0.851
502	遵义医科大学	公办	—	医药类	贵州	0.850
503	许昌学院	公办	—	理工类	河南	0.850
504	辽宁工业大学	公办	—	理工类	辽宁	0.840
505	浙江警察学院	公办	—	政法类	浙江	0.839
506	西京学院	民办	—	综合类	陕西	0.837
507	海南医学院	公办	—	医药类	海南	0.834
508	成都信息工程大学	公办	—	理工类	四川	0.834
509	宁波工程学院	公办	—	理工类	浙江	0.833
510	湖北中医药大学	公办	—	医药类	湖北	0.828
511	山东管理学院	公办	—	财经类	山东	0.826
512	沈阳音乐学院	公办	—	艺术类	辽宁	0.826
513	莆田学院	公办	—	综合类	福建	0.824
514	湖南理工学院	公办	—	理工类	湖南	0.822
515	天津音乐学院	公办	—	艺术类	天津	0.818
516	鲁迅美术学院	公办	—	艺术类	辽宁	0.815
517	荆楚理工学院	公办	—	理工类	湖北	0.814
518	星海音乐学院	公办	—	艺术类	广东	0.810
519	滨州医学院	公办	—	医药类	山东	0.810
520	西安体育学院	公办	—	体育类	陕西	0.807
521	四川文理学院	公办	—	综合类	四川	0.802
522	广州商学院	民办	—	财经类	广东	0.799
523	河南科技学院	公办	—	理工类	河南	0.794
524	长春大学	公办	—	综合类	吉林	0.789

总排名	学校名称	所有制	办学层次	学校类型	省份	得分
525	云南农业大学	公办	—	农林类	云南	0.781
526	广西医科大学	公办	—	医药类	广西	0.781
527	西安石油大学	公办	—	理工类	陕西	0.780
528	天津体育学院	公办	—	体育类	天津	0.780
529	长春理工大学	公办	—	理工类	吉林	0.779
530	牡丹江师范学院	公办	—	师范类	黑龙江	0.777
531	福建理工大学	公办	—	理工类	福建	0.774
532	中北大学	公办	—	理工类	山西	0.773
533	河北科技大学	公办	—	理工类	河北	0.772
534	安徽建筑大学	公办	—	理工类	安徽	0.771
535	三亚学院	民办	—	综合类	海南	0.770
536	南昌工程学院	公办	—	理工类	江西	0.766
537	呼伦贝尔学院	公办	—	综合类	内蒙古	0.765
538	河北工程大学	公办	—	理工类	河北	0.765
539	吉林外国语大学	民办	—	语言类	吉林	0.765
540	塔里木大学	公办	—	综合类	新疆	0.760
541	吉林农业大学	公办	—	农林类	吉林	0.751
542	吉林体育学院	公办	—	体育类	吉林	0.742
543	惠州学院	公办	—	综合类	广东	0.741
544	山西医科大学	公办	—	医药类	山西	0.739
545	河北医科大学	公办	—	医药类	河北	0.733
546	沈阳工业大学	公办	—	理工类	辽宁	0.731
547	昆明医科大学	公办	—	医药类	云南	0.722
548	长沙师范学院	公办	—	师范类	湖南	0.720
549	山东第一医科大学	公办	—	医药类	山东	0.720
550	泰山学院	公办	—	综合类	山东	0.709
551	湖北第二师范学院	公办	—	师范类	湖北	0.706
552	成都医学院	公办	—	医药类	四川	0.697
553	潍坊学院	公办	—	综合类	山东	0.697
554	中华女子学院	公办	—	综合类	北京	0.695
555	广州医科大学	公办	双一流	医药类	广东	0.687
556	滨州学院	公办	—	综合类	山东	0.681

续表

总排名	学校名称	所有制	办学层次	学校类型	省份	得分
557	上海电力大学	公办	—	理工类	上海	0.680
558	贺州学院	公办	—	综合类	广西	0.677
559	湖北文理学院	公办	—	综合类	湖北	0.675
560	沈阳大学	公办	—	综合类	辽宁	0.674
561	南昌师范学院	公办	—	师范类	江西	0.666
562	大连医科大学	公办	—	医药类	辽宁	0.666
563	湖南科技学院	公办	—	理工类	湖南	0.665
564	天水师范学院	公办	—	师范类	甘肃	0.655
565	沈阳建筑大学	公办	—	理工类	辽宁	0.653
566	广东医科大学	公办	—	医药类	广东	0.652
567	郑州师范学院	公办	—	师范类	河南	0.650
568	陕西理工大学	公办	—	理工类	陕西	0.647
569	宿迁学院	公办	—	综合类	江苏	0.639
570	黑龙江科技大学	公办	—	理工类	黑龙江	0.635
571	中原工学院	公办	—	理工类	河南	0.634
572	石家庄铁道大学	公办	—	理工类	河北	0.633
573	嘉应学院	公办	—	综合类	广东	0.625
574	湖北工程学院	公办	—	理工类	湖北	0.617
575	海南热带海洋学院	公办	—	综合类	海南	0.613
576	东北石油大学	公办	—	理工类	黑龙江	0.612
577	上海第二工业大学	公办	—	理工类	上海	0.611
578	北京石油化工学院	公办	—	理工类	北京	0.609
579	百色学院	公办	—	综合类	广西	0.607
580	天津中医药大学	公办	双一流	医药类	天津	0.601
581	湖北科技学院	公办	—	理工类	湖北	0.600
582	韶关学院	公办	—	综合类	广东	0.597
583	洛阳理工学院	公办	—	理工类	河南	0.596
584	武汉商学院	公办	—	财经类	湖北	0.592
585	山西大同大学	公办	—	综合类	山西	0.588
586	哈尔滨体育学院	公办	—	体育类	黑龙江	0.585
587	铜陵学院	公办	—	财经类	安徽	0.583
588	广东药科大学	公办	—	医药类	广东	0.582

总排名	学校名称	所有制	办学层次	学校类型	省份	得分
589	乐山师范学院	公办	—	师范类	四川	0.582
590	武夷学院	公办	—	综合类	福建	0.576
591	河北科技师范学院	公办	—	师范类	河北	0.575
592	巢湖学院	公办	—	综合类	安徽	0.573
593	武昌理工学院	民办	—	理工类	湖北	0.573
594	枣庄学院	公办	—	综合类	山东	0.572
595	山东青年政治学院	公办	—	综合类	山东	0.566
596	遵义师范学院	公办	—	师范类	贵州	0.565
597	衢州学院	公办	—	理工类	浙江	0.565
598	四川旅游学院	公办	—	综合类	四川	0.562
599	皖南医学院	公办	—	医药类	安徽	0.561
600	湖南工学院	公办	—	理工类	湖南	0.560
601	湖南人文科技学院	公办	—	综合类	湖南	0.558
602	滁州学院	公办	—	综合类	安徽	0.558
603	中国青年政治学院	公办	—	政法类	北京	0.550
604	宜宾学院	公办	—	综合类	四川	0.550
605	香港科技大学（广州）	合作办学	—	综合类	广东	0.539
606	宜春学院	公办	—	综合类	江西	0.537
607	平顶山学院	公办	—	综合类	河南	0.537
608	甘肃农业大学	公办	—	农林类	甘肃	0.530
609	黑龙江八一农垦大学	公办	—	农林类	黑龙江	0.528
610	陕西学前师范学院	公办	—	师范类	陕西	0.527
611	吉林建筑大学	公办	—	理工类	吉林	0.527
612	大连交通大学	公办	—	理工类	辽宁	0.520
613	龙岩学院	公办	—	综合类	福建	0.517
614	内江师范学院	公办	—	师范类	四川	0.516
615	皖西学院	公办	—	综合类	安徽	0.509
616	重庆三峡学院	公办	—	综合类	重庆	0.501
617	杭州医学院	公办	—	医药类	浙江	0.501
618	贵阳学院	公办	—	综合类	贵州	0.498
619	上海海关学院	公办	—	政法类	上海	0.497
620	安徽中医药大学	公办	—	医药类	安徽	0.496

续表

总排名	学校名称	所有制	办学层次	学校类型	省份	得分
621	长治学院	公办	—	综合类	山西	0.493
622	福建技术师范学院	公办	—	师范类	福建	0.476
623	广东石油化工学院	公办	—	理工类	广东	0.475
624	新疆政法学院	公办	—	政法类	新疆	0.469
625	三江学院	民办	—	综合类	江苏	0.468
626	山西传媒学院	公办	—	艺术类	山西	0.465
627	哈尔滨学院	公办	—	综合类	黑龙江	0.465
628	河南牧业经济学院	公办	—	农林类	河南	0.464
629	广州航海学院	公办	—	理工类	广东	0.462
630	南京传媒学院	民办	—	艺术类	江苏	0.459
631	长春中医药大学	公办	—	医药类	吉林	0.452
632	榆林学院	公办	—	综合类	陕西	0.451
633	宿州学院	公办	—	综合类	安徽	0.449
634	运城学院	公办	—	综合类	山西	0.446
635	渭南师范学院	公办	—	师范类	陕西	0.440
636	广东第二师范学院	公办	—	师范类	广东	0.440
637	东北电力大学	公办	—	理工类	吉林	0.435
638	梧州学院	公办	—	综合类	广西	0.433
639	中国人民警察大学	公办	—	政法类	河北	0.430
640	兰州文理学院	公办	—	综合类	甘肃	0.428
641	山东交通学院	公办	—	理工类	山东	0.426
642	深圳职业技术大学	公办	—	综合类	广东	0.425
643	琼台师范学院	公办	—	师范类	海南	0.420
644	山东华宇工学院	民办	—	理工类	山东	0.419
645	唐山师范学院	公办	—	师范类	河北	0.418
646	云南中医药大学	公办	—	医药类	云南	0.414
647	贵州中医药大学	公办	—	医药类	贵州	0.412
648	北京理工大学珠海学院	独立学院	—	理工类	广东	0.411
649	桂林航天工业学院	公办	—	理工类	广西	0.411
650	北华航天工业学院	公办	—	理工类	河北	0.410
651	忻州师范学院	公办	—	师范类	山西	0.408
652	福建商学院	公办	—	财经类	福建	0.407

总排名	学校名称	所有制	办学层次	学校类型	省份	得分
653	泰州学院	公办	—	综合类	江苏	0.402
654	湖南女子学院	公办	—	语言类	湖南	0.401
655	宁夏师范学院	公办	—	师范类	宁夏	0.401
656	邵阳学院	公办	—	综合类	湖南	0.401
657	大庆师范学院	公办	—	师范类	黑龙江	0.396
658	喀什大学	公办	—	综合类	新疆	0.394
659	浙江水利水电学院	公办	—	理工类	浙江	0.394
660	绵阳师范学院	公办	—	师范类	四川	0.393
661	厦门大学嘉庚学院	独立学院	—	综合类	福建	0.392
662	新乡学院	公办	—	综合类	河南	0.388
663	安徽新华学院	民办	—	理工类	安徽	0.382
664	沈阳航空航天大学	公办	—	理工类	辽宁	0.380
665	安徽科技学院	公办	—	理工类	安徽	0.375
666	甘肃民族师范学院	公办	—	师范类	甘肃	0.374
667	西安外事学院	民办	—	综合类	陕西	0.371
668	萍乡学院	公办	—	综合类	江西	0.370
669	山东第二医科大学	公办	—	医药类	山东	0.368
670	新疆医科大学	公办	—	医药类	新疆	0.367
671	大连工业大学	公办	—	理工类	辽宁	0.365
672	武昌首义学院	民办	—	理工类	湖北	0.364
673	上饶师范学院	公办	—	师范类	江西	0.361
674	德州学院	公办	—	综合类	山东	0.360
675	上海电机学院	公办	—	理工类	上海	0.357
676	华北科技学院	公办	—	理工类	河北	0.353
677	辽宁科技大学	公办	—	理工类	辽宁	0.352
678	西安欧亚学院	民办	—	财经类	陕西	0.351
679	沈阳理工大学	公办	—	理工类	辽宁	0.350
680	山东政法学院	公办	—	政法类	山东	0.350
681	咸阳师范学院	公办	—	师范类	陕西	0.346
682	桂林医学院	公办	—	医药类	广西	0.344
683	新疆理工学院	公办	—	理工类	新疆	0.342
684	五邑大学	公办	—	综合类	广东	0.341

续表

总排名	学校名称	所有制	办学层次	学校类型	省份	得分
685	济宁学院	公办	—	综合类	山东	0.340
686	南阳理工学院	公办	—	理工类	河南	0.338
687	红河学院	公办	—	综合类	云南	0.335
688	福建警察学院	公办	—	政法类	福建	0.334
689	天津职业技术师范大学	公办	—	师范类	天津	0.334
690	辽宁石油化工大学	公办	—	理工类	辽宁	0.330
691	四川警察学院	公办	—	政法类	四川	0.329
692	广西民族师范学院	公办	—	师范类	广西	0.327
693	江西中医药大学	公办	—	医药类	江西	0.327
694	山东中医药大学	公办	—	医药类	山东	0.327
695	南京特殊教育师范学院	公办	—	师范类	江苏	0.325
696	苏州城市学院	公办	—	综合类	江苏	0.325
697	新疆艺术学院	公办	—	艺术类	新疆	0.324
698	中国民用航空飞行学院	公办	—	理工类	四川	0.323
699	河西学院	公办	—	综合类	甘肃	0.323
700	玉溪师范学院	公办	—	师范类	云南	0.322
701	无锡学院	公办	—	综合类	江苏	0.320
702	防灾科技学院	公办	—	理工类	河北	0.316
703	济宁医学院	公办	—	医药类	山东	0.315
703	安顺学院	公办	—	综合类	贵州	0.315
705	通化师范学院	公办	—	师范类	吉林	0.313
706	大连海洋大学	公办	—	农林类	辽宁	0.311
707	上海健康医学院	公办	—	医药类	上海	0.310
708	新疆工程学院	公办	—	理工类	新疆	0.309
709	衡水学院	公办	—	综合类	河北	0.307
710	广西中医药大学	公办	—	医药类	广西	0.299
711	河池学院	公办	—	综合类	广西	0.299
712	贵州理工学院	公办	—	理工类	贵州	0.298
713	天津美术学院	公办	—	艺术类	天津	0.297
714	黄山学院	公办	—	综合类	安徽	0.294
715	湖北医药学院	公办	—	医药类	湖北	0.294
716	宁德师范学院	公办	—	师范类	福建	0.288

总排名	学校名称	所有制	办学层次	学校类型	省份	得分
717	湖南涉外经济学院	民办	—	财经类	湖南	0.286
718	广州华商学院	民办	—	财经类	广东	0.281
719	武汉音乐学院	公办	—	艺术类	湖北	0.280
720	吕梁学院	公办	—	综合类	山西	0.277
721	河南工程学院	公办	—	理工类	河南	0.273
722	郑州商学院	民办	—	财经类	河南	0.270
723	信阳农林学院	公办	—	农林类	河南	0.268
724	西安翻译学院	民办	—	语言类	陕西	0.267
725	四川民族学院	公办	—	民族类	四川	0.263
726	上海外国语大学贤达经济人文学院	独立学院	—	财经类	上海	0.261
727	福建中医药大学	公办	—	医药类	福建	0.259
728	云南警官学院	公办	—	政法类	云南	0.259
729	江西科技学院	民办	—	理工类	江西	0.258
730	黔南民族师范学院	公办	—	师范类	贵州	0.257
731	重庆科技大学	公办	—	综合类	重庆	0.256
732	锦州医科大学	公办	—	医药类	辽宁	0.253
733	阳光学院	民办	—	理工类	福建	0.251
734	合肥大学	公办	—	综合类	安徽	0.250
735	攀枝花学院	公办	—	综合类	四川	0.250
736	佳木斯大学	公办	—	综合类	黑龙江	0.248
737	贵州商学院	公办	—	财经类	贵州	0.246
738	江苏警官学院	公办	—	政法类	江苏	0.243
739	南京工业职业技术大学	公办	—	理工类	江苏	0.243
740	无锡太湖学院	民办	—	综合类	江苏	0.239
741	太原学院	公办	—	综合类	山西	0.232
742	宁波大学科学技术学院	独立学院	—	综合类	浙江	0.228
743	内蒙古艺术学院	公办	—	艺术类	内蒙古	0.227
744	浙江工商大学杭州商学院	独立学院	—	财经类	浙江	0.224
745	北京城市学院	民办	—	综合类	北京	0.221
746	贵州工程应用技术学院	公办	—	理工类	贵州	0.218
747	河北北方学院	公办	—	综合类	河北	0.217
748	广东外语外贸大学南国商学院	独立学院	—	财经类	广东	0.214

总排名	学校名称	所有制	办学层次	学校类型	省份	得分
749	武汉东湖学院	民办	—	综合类	湖北	0.213
750	新余学院	公办	—	综合类	江西	0.213
751	内蒙古医科大学	公办	—	医药类	内蒙古	0.212
752	邯郸学院	公办	—	综合类	河北	0.211
752	温州理工学院	公办	—	理工类	浙江	0.211
754	山东英才学院	民办	—	综合类	山东	0.208
755	福建师范大学协和学院	独立学院	—	综合类	福建	0.207
755	黑龙江工业学院	公办	—	理工类	黑龙江	0.207
757	池州学院	公办	—	综合类	安徽	0.206
758	广西警察学院	公办	—	政法类	广西	0.205
759	安阳工学院	公办	—	理工类	河南	0.204
760	厦门工学院	民办	—	理工类	福建	0.200
761	河北民族师范学院	公办	—	师范类	河北	0.199
762	西昌学院	公办	—	综合类	四川	0.196
763	湛江科技学院	民办	—	综合类	广东	0.193
764	集美大学诚毅学院	独立学院	—	综合类	福建	0.193
765	中国刑事警察学院	公办	—	政法类	辽宁	0.191
766	北京电子科技学院	公办	—	理工类	北京	0.190
767	西藏农牧学院	公办	—	农林类	西藏	0.189
768	海口经济学院	民办	—	财经类	海南	0.189
768	兴义民族师范学院	公办	—	师范类	贵州	0.189
770	长春大学旅游学院	独立学院	—	综合类	吉林	0.185
770	温州商学院	民办	—	财经类	浙江	0.185
772	山东工程职业技术大学	民办	—	理工类	山东	0.182
772	张家口学院	公办	—	综合类	河北	0.182
774	天津农学院	公办	—	农林类	天津	0.178
775	汉江师范学院	公办	—	师范类	湖北	0.177
776	湖州学院	公办	—	综合类	浙江	0.177
777	深圳北理莫斯科大学	合作办学	—	合作办学	广东	0.175
778	吉林动画学院	民办	—	艺术类	吉林	0.174
779	赣南医科大学	公办	—	医药类	江西	0.172
780	海南科技职业大学	民办	—	理工类	海南	0.168

续表

总排名	学校名称	所有制	办学层次	学校类型	省份	得分
781	沈阳化工大学	公办	—	理工类	辽宁	0.168
782	河南财政金融学院	公办	—	财经类	河南	0.164
783	石家庄学院	公办	—	师范类	河北	0.163
784	四川电影电视学院	民办	—	艺术类	四川	0.159
785	广州工商学院	民办	—	财经类	广东	0.159
786	南宁学院	民办	—	综合类	广西	0.157
787	北京农学院	公办	—	农林类	北京	0.156
788	珠海科技学院	民办	—	综合类	广东	0.156
789	河北中医药大学	民办	—	医药类	河北	0.152
790	黑龙江中医药大学	公办	—	医药类	黑龙江	0.151
791	湖北理工学院	公办	—	理工类	湖北	0.150
792	吉林医药学院	公办	—	医药类	吉林	0.144
793	广州城市理工学院	民办	—	理工类	广东	0.142
793	广西职业师范学院	公办	—	师范类	广西	0.142
795	信阳学院	民办	—	综合类	河南	0.141
795	武汉学院	民办	—	财经类	湖北	0.141
797	广东培正学院	民办	—	财经类	广东	0.138
798	河北美术学院	民办	—	艺术类	河北	0.138
798	沧州师范学院	公办	—	师范类	河北	0.138
800	南京警察学院	公办	—	政法类	江苏	0.136
801	广州理工学院	民办	—	理工类	广东	0.134
802	吉林化工学院	公办	—	理工类	吉林	0.134
803	川北医学院	公办	—	医药类	四川	0.134
804	茅台学院	民办	—	综合类	贵州	0.133
805	沈阳药科大学	公办	—	医药类	辽宁	0.132
806	广州软件学院	民办	—	理工类	广东	0.131
807	黑河学院	公办	—	综合类	黑龙江	0.131
808	承德医学院	公办	—	医药类	河北	0.130
809	西湖大学	民办	—	理工类	浙江	0.125
809	河南城建学院	公办	—	理工类	河南	0.125
811	鞍山师范学院	公办	—	师范类	辽宁	0.125
812	普洱学院	公办	—	综合类	云南	0.124

总排名	学校名称	所有制	办学层次	学校类型	省份	得分
813	广州南方学院	民办	—	综合类	广东	0.122
814	泰山科技学院	民办	—	理工类	山东	0.120
814	湖北商贸学院	民办	—	财经类	湖北	0.120
816	江西服装学院	民办	—	艺术类	江西	0.120
817	兰州工业学院	公办	—	理工类	甘肃	0.119
818	齐鲁理工学院	民办	—	理工类	山东	0.117
819	吉林警察学院	公办	—	政法类	吉林	0.116
820	重庆对外经贸学院	民办	—	财经类	重庆	0.116
820	贵阳人文科技学院	民办	—	综合类	贵州	0.116
822	滇西应用技术大学	公办	—	综合类	云南	0.113
823	广州新华学院	民办	—	综合类	广东	0.113
823	赣南科技学院	公办	—	理工类	江西	0.113
823	楚雄师范学院	公办	—	师范类	云南	0.113
826	江西财经大学现代经济管理学院	独立学院	—	财经类	江西	0.112
827	上海杉达学院	民办	—	财经类	上海	0.109
828	宁夏大学新华学院	独立学院	—	综合类	宁夏	0.108
828	贵州警察学院	公办	—	政法类	贵州	0.108
830	吉林工程技术师范学院	公办	—	师范类	吉林	0.107
831	武汉传媒学院	民办	—	艺术类	湖北	0.106
832	辽宁中医药大学	公办	—	医药类	辽宁	0.103
833	重庆财经学院	民办	—	财经类	重庆	0.103
834	辽宁科技学院	公办	—	理工类	辽宁	0.098
834	安徽艺术学院	公办	—	艺术类	安徽	0.098
836	山西工程科技职业大学	公办	—	理工类	山西	0.097
836	菏泽学院	公办	—	综合类	山东	0.097
838	晋中学院	公办	—	综合类	山西	0.093
838	安康学院	公办	—	综合类	陕西	0.093
840	河北建筑工程学院	公办	—	理工类	河北	0.093
841	右江民族医学院	公办	—	医药类	广西	0.092
842	潍坊科技学院	民办	—	理工类	山东	0.091
843	厦门医学院	公办	—	医药类	福建	0.089
844	湖南医药学院	公办	—	医药类	湖南	0.088

总排名	学校名称	所有制	办学层次	学校类型	省份	得分
845	四川大学锦江学院	独立学院	—	综合类	四川	0.085
846	武汉工商学院	民办	—	财经类	湖北	0.082
846	北京师范大学珠海分校	独立学院	—	师范类	广东	0.082
846	重庆人文科技学院	民办	—	综合类	重庆	0.082
846	西安医学院	公办	—	医药类	陕西	0.082
850	郑州经贸学院	民办	—	财经类	河南	0.081
850	武汉华夏理工学院	民办	—	理工类	湖北	0.081
852	上海视觉艺术学院	民办	—	艺术类	上海	0.079
852	哈尔滨金融学院	公办	—	财经类	黑龙江	0.079
852	亳州学院	公办	—	综合类	安徽	0.079
852	阿坝师范学院	公办	—	师范类	四川	0.079
856	河北传媒学院	民办	—	艺术类	河北	0.078
857	长春建筑学院	民办	—	理工类	吉林	0.075
857	文华学院	民办	—	理工类	湖北	0.075
857	成都艺术职业大学	民办	—	艺术类	四川	0.075
857	四川传媒学院	民办	—	艺术类	四川	0.075
857	河南警察学院	公办	—	政法类	河南	0.075
862	浙江药科职业大学	公办	—	医药类	浙江	0.073
863	长治医学院	公办	—	医药类	山西	0.071
863	吉林工商学院	公办	—	财经类	吉林	0.071
865	嘉兴南湖学院	公办	—	综合类	浙江	0.071
866	四川文化艺术学院	民办	—	艺术类	四川	0.070
867	广东白云学院	民办	—	理工类	广东	0.068
867	广东警官学院	公办	—	政法类	广东	0.068
869	邢台学院	公办	—	综合类	河北	0.064
869	西藏藏医药大学	公办	—	医药类	西藏	0.064
871	烟台南山学院	民办	—	理工类	山东	0.057
871	黄河科技学院	民办	—	理工类	河南	0.057
871	唐山学院	公办	—	理工类	河北	0.057
871	河北体育学院	公办	—	体育类	河北	0.057
871	广西科技师范学院	公办	—	师范类	广西	0.057
876	沈阳医学院	公办	—	医药类	辽宁	0.057

总排名	学校名称	所有制	办学层次	学校类型	省份	得分
877	太原工业学院	公办	—	理工类	山西	0.054
877	山东石油化工学院	公办	—	理工类	山东	0.054
877	商洛学院	公办	—	综合类	陕西	0.054
880	黑龙江工程学院	公办	—	理工类	黑龙江	0.053
881	扬州大学广陵学院	独立学院	—	综合类	江苏	0.053
881	浙江广厦建设职业技术大学	民办	—	理工类	浙江	0.053
881	鄂尔多斯应用技术学院	公办	—	理工类	内蒙古	0.053
884	陕西中医药大学	公办	—	医药类	陕西	0.053
885	绍兴文理学院元培学院	独立学院	—	综合类	浙江	0.050
885	厦门华厦学院	民办	—	综合类	福建	0.050
885	广州应用科技学院	民办	—	综合类	广东	0.050
885	长春工程学院	公办	—	理工类	吉林	0.050
885	豫章师范学院	公办	—	师范类	江西	0.050
890	新疆科技学院	公办	—	理工类	新疆	0.049
891	浙江财经大学东方学院	独立学院	—	财经类	浙江	0.046
891	白城师范学院	公办	—	师范类	吉林	0.046
891	吉林农业科技学院	公办	—	农林类	吉林	0.046
891	河南工学院	公办	—	理工类	河南	0.046
891	保山学院	公办	—	综合类	云南	0.046
891	西安航空学院	公办	—	理工类	陕西	0.046
897	浙江工业大学之江学院	独立学院	—	理工类	浙江	—
897	湖南信息学院	民办	—	理工类	湖南	—
897	西安交通大学城市学院	独立学院	—	综合类	陕西	—
897	山西工程技术学院	公办	—	理工类	山西	—
897	山东农业工程学院	公办	—	农林类	山东	—
897	成都工业学院	公办	—	理工类	四川	—
903	南京医科大学康达学院	独立学院	—	医药类	江苏	—
903	昆明医科大学海源学院	独立学院	—	医药类	云南	—
905	南京师范大学泰州学院	独立学院	—	师范类	江苏	—
905	浙江师范大学行知学院	独立学院	—	综合类	浙江	—
905	吉首大学张家界学院	独立学院	—	综合类	湖南	—
905	广东理工学院	民办	—	理工类	广东	—

总排名	学校名称	所有制	办学层次	学校类型	省份	得分
905	重庆工程学院	民办	—	理工类	重庆	—
910	牡丹江医学院	公办	—	医药类	黑龙江	—
911	黑龙江外国语学院	民办	—	语言类	黑龙江	—
911	南京审计大学金审学院	独立学院	—	综合类	江苏	—
911	泉州信息工程学院	民办	—	理工类	福建	—
911	安阳学院	民办	—	综合类	河南	—
911	湖南应用技术学院	民办	—	理工类	湖南	—
911	陕西国际商贸学院	民办	—	财经类	陕西	—
911	景德镇学院	公办	—	综合类	江西	—
911	昭通学院	公办	—	综合类	云南	—
919	齐齐哈尔医学院	公办	—	医药类	黑龙江	—
919	甘肃中医药大学	公办	—	医药类	甘肃	—
921	天津财经大学珠江学院	独立学院	—	综合类	天津	—
921	郑州科技学院	民办	—	理工类	河南	—
921	四川工商学院	民办	—	财经类	四川	—
921	河北水利电力学院	公办	—	理工类	河北	—
925	河北工程技术学院	民办	—	理工类	河北	—
925	长春人文学院	民办	—	综合类	吉林	—
925	上海建桥学院	民办	—	理工类	上海	—
925	郑州西亚斯学院	民办	—	综合类	河南	—
925	长沙医学院	民办	—	医药类	湖南	—
925	重庆城市科技学院	民办	—	综合类	重庆	—
925	上海纽约大学	合作办学	—	合作办学	上海	—
925	广东以色列理工学院	合作办学	—	合作办学	广东	—
933	桂林学院	民办	—	综合类	广西	—
933	西安培华学院	民办	—	综合类	陕西	—
933	中国消防救援学院	公办	—	理工类	北京	—
933	北京警察学院	公办	—	政法类	北京	—
933	绥化学院	公办	—	综合类	黑龙江	—
933	郑州工程技术学院	公办	—	理工类	河南	—
933	湖北警官学院	公办	—	政法类	湖北	—
933	兰州资源环境职业技术大学	公办	—	财经类	甘肃	—

总排名	学校名称	所有制	办学层次	学校类型	省份	得分
941	昌吉学院	公办	—	师范类	新疆	—
942	华北理工大学轻工学院	独立学院	—	理工类	河北	—
942	长春光华学院	民办	—	综合类	吉林	—
942	长春财经学院	民办	—	财经类	吉林	—
942	南昌工学院	民办	—	理工类	江西	—
942	烟台理工学院	民办	—	理工类	山东	—
942	河南开封科技传媒学院	民办	—	财经类	河南	—
942	郑州工商学院	民办	—	理工类	河南	—
942	武昌工学院	民办	—	理工类	湖北	—
942	湖南交通工程学院	民办	—	理工类	湖南	—
942	广东工商职业技术大学	民办	—	财经类	广东	—
942	保定学院	公办	—	师范类	河北	—
942	山西中医药大学	公办	—	医药类	山西	—
954	运城职业技术大学	民办	—	综合类	山西	—
954	杭州师范大学钱江学院	独立学院	—	师范类	浙江	—
954	上海财经大学浙江学院	独立学院	—	财经类	浙江	—
954	长江大学文理学院	独立学院	—	综合类	湖北	—
954	电子科技大学中山学院	独立学院	—	综合类	广东	—
954	西安汽车职业大学	民办	—	理工类	陕西	—
954	辽东学院	公办	—	综合类	辽宁	—
954	滇西科技师范学院	公办	—	师范类	云南	—
954	新疆警察学院	公办	—	政法类	新疆	—
963	黑龙江东方学院	民办	—	综合类	黑龙江	—
963	中央司法警官学院	公办	—	政法类	河北	—
965	首都师范大学科德学院	独立学院	—	语言类	北京	—
965	南开大学滨海学院	独立学院	—	综合类	天津	—
965	河北师范大学汇华学院	独立学院	—	师范类	河北	—
965	燕京理工学院	民办	—	理工类	河北	—
965	晋中信息学院	民办	—	理工类	山西	—
965	山西工商学院	民办	—	财经类	山西	—
965	大连财经学院	民办	—	财经类	辽宁	—
965	大连东软信息学院	民办	—	理工类	辽宁	—

总排名	学校名称	所有制	办学层次	学校类型	省份	得分
965	辽宁传媒学院	民办	—	语言类	辽宁	—
965	上海师范大学天华学院	独立学院	—	综合类	上海	—
965	南京师范大学中北学院	独立学院	—	综合类	江苏	—
965	苏州大学应用技术学院	独立学院	—	综合类	江苏	—
965	南昌航空大学科技学院	独立学院	—	理工类	江西	—
965	青岛恒星科技学院	民办	—	理工类	山东	—
965	青岛黄海学院	民办	—	理工类	山东	—
965	青岛电影学院	民办	—	艺术类	山东	—
965	郑州工业应用技术学院	民办	—	理工类	河南	—
965	武汉城市学院	民办	—	理工类	湖北	—
965	武汉工程科技学院	民办	—	理工类	湖北	—
965	武汉设计工程学院	民办	—	综合类	湖北	—
965	华南农业大学珠江学院	独立学院	—	综合类	广东	—
965	西安交通工程学院	民办	—	理工类	陕西	—
965	西安科技大学高新学院	独立学院	—	理工类	陕西	—
965	兰州信息科技学院	民办	—	理工类	甘肃	—
965	天津中德应用技术大学	公办	—	理工类	天津	—
965	山东警察学院	公办	—	政法类	山东	—
965	郑州警察学院	公办	—	政法类	河南	—
965	广西农业职业技术大学	公办	—	农林类	广西	—
993	天津商业大学宝德学院	独立学院	—	财经类	天津	—
993	长春工业大学人文信息学院	独立学院	—	综合类	吉林	—
993	长春科技学院	民办	—	理工类	吉林	—
993	哈尔滨广厦学院	民办	—	综合类	黑龙江	—
993	上海立达学院	民办	—	综合类	上海	—
993	南通理工学院	民办	—	理工类	江苏	—
993	东南大学成贤学院	独立学院	—	综合类	江苏	—
993	江苏大学京江学院	独立学院	—	综合类	江苏	—
993	浙江理工大学科技与艺术学院	独立学院	—	理工类	浙江	—
993	安徽外国语学院	民办	—	语言类	安徽	—
993	南昌理工学院	民办	—	理工类	江西	—
993	南昌交通学院	民办	—	理工类	江西	—

总排名	学校名称	所有制	办学层次	学校类型	省份	得分
993	武汉生物工程学院	民办	—	理工类	湖北	—
993	广东东软学院	民办	—	理工类	广东	—
993	广西民族大学相思湖学院	独立学院	—	综合类	广西	—
993	成都东软学院	民办	—	理工类	四川	—
993	云南经济管理学院	民办	—	财经类	云南	—
993	丽江文化旅游学院	民办	—	综合类	云南	—
993	昆明文理学院	民办	—	综合类	云南	—
993	云南工商学院	民办	—	财经类	云南	—
993	西安思源学院	民办	—	理工类	陕西	—
993	西安建筑科技大学华清学院	独立学院	—	理工类	陕西	—
993	辽宁警察学院	公办	—	政法类	辽宁	—
993	湖南警察学院	公办	—	政法类	湖南	—
1017	宁夏理工学院	民办	—	理工类	宁夏	—
1018	天津传媒学院	民办	—	语言类	天津	—
1018	北京科技大学天津学院	独立学院	—	综合类	天津	—
1018	天津仁爱学院	民办	—	综合类	天津	—
1018	河北外国语学院	民办	—	语言类	河北	—
1018	北京中医药大学东方学院	独立学院	—	医药类	河北	—
1018	山西应用科技学院	民办	—	理工类	山西	—
1018	内蒙古鸿德文理学院	民办	—	综合类	内蒙古	—
1018	辽宁理工职业大学	民办	—	理工类	辽宁	—
1018	沈阳工学院	民办	—	理工类	辽宁	—
1018	沈阳城市学院	民办	—	综合类	辽宁	—
1018	辽宁财贸学院	民办	—	财经类	辽宁	—
1018	吉林建筑科技学院	民办	—	理工类	吉林	—
1018	南京航空航天大学金城学院	独立学院	—	理工类	江苏	—
1018	南京理工大学泰州科技学院	独立学院	—	理工类	江苏	—
1018	苏州科技大学天平学院	独立学院	—	综合类	江苏	—
1018	南京邮电大学通达学院	独立学院	—	综合类	江苏	—
1018	安徽三联学院	民办	—	理工类	安徽	—
1018	马鞍山学院	民办	—	理工类	安徽	—
1018	闽南科技学院	民办	—	理工类	福建	—

总排名	学校名称	所有制	办学层次	学校类型	省份	得分
1018	福州工商学院	民办	—	财经类	福建	—
1018	福州理工学院	民办	—	理工类	福建	—
1018	福建农林大学金山学院	独立学院	—	综合类	福建	—
1018	江西工程学院	民办	—	理工类	江西	—
1018	南昌职业大学	民办	—	综合类	江西	—
1018	南昌大学科学技术学院	独立学院	—	综合类	江西	—
1018	景德镇艺术职业大学	民办	—	艺术类	江西	—
1018	赣南师范大学科技学院	独立学院	—	师范类	江西	—
1018	山东外国语职业技术大学	民办	—	语言类	山东	—
1018	山东外事职业大学	民办	—	综合类	山东	—
1018	山东财经大学东方学院	独立学院	—	财经类	山东	—
1018	烟台科技学院	民办	—	综合类	山东	—
1018	黄河交通学院	民办	—	理工类	河南	—
1018	中原科技学院	民办	—	理工类	河南	—
1018	汉口学院	民办	—	综合类	湖北	—
1018	武汉体育学院体育科技学院	独立学院	—	综合类	湖北	—
1018	广州华立学院	民办	—	理工类	广东	—
1018	东莞城市学院	民办	—	综合类	广东	—
1018	桂林信息科技学院	民办	—	理工类	广西	—
1018	重庆机电职业技术大学	民办	—	理工类	重庆	—
1018	吉利学院	民办	—	理工类	四川	—
1018	云南艺术学院文华学院	独立学院	—	艺术类	云南	—
1018	银川科技学院	民办	—	理工类	宁夏	—
1018	河套学院	公办	—	综合类	内蒙古	—
1018	沈阳工程学院	公办	—	理工类	辽宁	—
1018	上海公安学院	公办	—	政法类	上海	—
1018	蚌埠学院	公办	—	理工类	安徽	—
1018	赣东学院	公办	—	综合类	江西	—
1018	六盘水师范学院	公办	—	师范类	贵州	—
1066	天津天狮学院	民办	—	综合类	天津	—
1066	天津外国语大学滨海外事学院	独立学院	—	语言类	天津	—
1066	沧州交通学院	民办	—	理工类	河北	—

续表

总排名	学校名称	所有制	办学层次	学校类型	省份	得分
1066	山西师范大学现代文理学院	独立学院	—	师范类	山西	—
1066	内蒙古大学创业学院	独立学院	—	综合类	内蒙古	—
1066	大连理工大学城市学院	独立学院	—	理工类	辽宁	—
1066	大连工业大学艺术与信息工程学院	独立学院	—	理工类	辽宁	—
1066	大连科技学院	民办	—	理工类	辽宁	—
1066	大连医科大学中山学院	独立学院	—	医药类	辽宁	—
1066	锦州医科大学医疗学院	独立学院	—	医药类	辽宁	—
1066	辽宁理工学院	民办	—	理工类	辽宁	—
1066	大连艺术学院	民办	—	艺术类	辽宁	—
1066	长春电子科技学院	民办	—	理工类	吉林	—
1066	吉林师范大学博达学院	独立学院	—	师范类	吉林	—
1066	黑龙江工商学院	民办	—	财经类	黑龙江	—
1066	哈尔滨剑桥学院	民办	—	综合类	黑龙江	—
1066	上海中侨职业技术大学	民办	—	财经类	上海	—
1066	南京理工大学紫金学院	独立学院	—	理工类	江苏	—
1066	南京中医药大学翰林学院	独立学院	—	医药类	江苏	—
1066	南京财经大学红山学院	独立学院	—	综合类	江苏	—
1066	江苏科技大学苏州理工学院	独立学院	—	综合类	江苏	—
1066	常州大学怀德学院	独立学院	—	综合类	江苏	—
1066	杭州电子科技大学信息工程学院	独立学院	—	理工类	浙江	—
1066	浙江农林大学暨阳学院	独立学院	—	综合类	浙江	—
1066	安徽信息工程学院	民办	—	理工类	安徽	—
1066	安徽医科大学临床医学院	独立学院	—	医药类	安徽	—
1066	淮北理工学院	民办	—	理工类	安徽	—
1066	皖江工学院	民办	—	理工类	安徽	—
1066	福州大学至诚学院	独立学院	—	综合类	福建	—
1066	江西师范大学科学技术学院	独立学院	—	师范类	江西	—
1066	聊城大学东昌学院	独立学院	—	综合类	山东	—
1066	青岛城市学院	民办	—	理工类	山东	—
1066	潍坊理工学院	民办	—	综合类	山东	—
1066	青岛农业大学海都学院	独立学院	—	综合类	山东	—
1066	郑州财经学院	民办	—	财经类	河南	—

总排名	学校名称	所有制	办学层次	学校类型	省份	得分
1066	新乡工程学院	民办	—	理工类	河南	—
1066	郑州升达经贸管理学院	民办	—	财经类	河南	—
1066	郑州美术学院	民办	—	艺术类	河南	—
1066	湖北大学知行学院	独立学院	—	理工类	湖北	—
1066	湖北工业大学工程技术学院	独立学院	—	理工类	湖北	—
1066	武汉工程大学邮电与信息工程学院	独立学院	—	理工类	湖北	—
1066	湖北师范大学文理学院	独立学院	—	综合类	湖北	—
1066	湘潭理工学院	民办	—	财经类	湖南	—
1066	中南林业科技大学涉外学院	独立学院	—	综合类	湖南	—
1066	湖南文理学院芙蓉学院	独立学院	—	综合类	湖南	—
1066	北海艺术设计学院	民办	—	艺术类	广西	—
1066	广西中医药大学赛恩斯新医药学院	独立学院	—	医药类	广西	—
1066	广西外国语学院	民办	—	语言类	广西	—
1066	广西城市职业大学	民办	—	综合类	广西	—
1066	重庆外语外事学院	民办	—	语言类	重庆	—
1066	电子科技大学成都学院	独立学院	—	理工类	四川	—
1066	成都银杏酒店管理学院	民办	—	财经类	四川	—
1066	成都文理学院	民办	—	综合类	四川	—
1066	四川外国语大学成都学院	独立学院	—	语言类	四川	—
1066	四川工业科技学院	民办	—	理工类	四川	—
1066	成都锦城学院	民办	—	综合类	四川	—
1066	西南财经大学天府学院	独立学院	—	财经类	四川	—
1066	贵州黔南经济学院	民办	—	财经类	贵州	—
1066	贵州黔南科技学院	民办	—	综合类	贵州	—
1066	云南大学滇池学院	民办	—	综合类	云南	—
1066	银川能源学院	民办	—	理工类	宁夏	—
1066	河北石油职业技术大学	公办	—	理工类	河北	—
1066	河北环境工程学院	公办	—	理工类	河北	—
1066	山西警察学院	公办	—	政法类	山西	—
1066	山西能源学院	公办	—	理工类	山西	—
1066	集宁师范学院	公办	—	师范类	内蒙古	—
1066	营口理工学院	公办	—	理工类	辽宁	—

总排名	学校名称	所有制	办学层次	学校类型	省份	得分
1066	重庆警察学院	公办	—	政法类	重庆	—
1066	贵阳康养职业大学	公办	—	医药类	贵州	—
1066	文山学院	公办	—	综合类	云南	—
1066	甘肃医学院	公办	—	医药类	甘肃	—
1066	新疆第二医学院	公办	—	医药类	新疆	—
1138	北京工商大学嘉华学院	独立学院	—	财经类	北京	—
1138	北京邮电大学世纪学院	独立学院	—	综合类	北京	—
1138	北京工业大学耿丹学院	独立学院	—	综合类	北京	—
1138	北京第二外国语学院中瑞酒店管理学院	独立学院	—	语言类	北京	—
1138	天津医科大学临床医学院	独立学院	—	医药类	天津	—
1138	天津师范大学津沽学院	独立学院	—	综合类	天津	—
1138	天津理工大学中环信息学院	独立学院	—	综合类	天津	—
1138	河北科技学院	民办	—	理工类	河北	—
1138	河北大学工商学院	民办	—	财经类	河北	—
1138	河北经贸大学经济管理学院	独立学院	—	财经类	河北	—
1138	河北医科大学临床学院	独立学院	—	医药类	河北	—
1138	河北工程大学科信学院	独立学院	—	理工类	河北	—
1138	燕山大学里仁学院	独立学院	—	理工类	河北	—
1138	石家庄铁道大学四方学院	独立学院	—	理工类	河北	—
1138	河北地质大学华信学院	独立学院	—	综合类	河北	—
1138	河北农业大学现代科技学院	独立学院	—	综合类	河北	—
1138	华北理工大学冀唐学院	独立学院	—	医药类	河北	—
1138	保定理工学院	民办	—	理工类	河北	—
1138	河北东方学院	民办	—	综合类	河北	—
1138	山西晋中理工学院	民办	—	理工类	山西	—
1138	山西医科大学晋祠学院	独立学院	—	医药类	山西	—
1138	山西财经大学华商学院	独立学院	—	财经类	山西	—
1138	辽宁对外经贸学院	民办	—	财经类	辽宁	—
1138	沈阳工业大学工程学院	独立学院	—	理工类	辽宁	—
1138	沈阳航空航天大学北方科技学院	独立学院	—	理工类	辽宁	—
1138	沈阳城市建设学院	民办	—	理工类	辽宁	—

总排名	学校名称	所有制	办学层次	学校类型	省份	得分
1138	辽宁师范大学海华学院	独立学院	—	师范类	辽宁	—
1138	辽宁中医药大学杏林学院	独立学院	—	医药类	辽宁	—
1138	辽宁何氏医学院	民办	—	医药类	辽宁	—
1138	沈阳科技学院	民办	—	理工类	辽宁	—
1138	哈尔滨信息工程学院	民办	—	理工类	黑龙江	—
1138	齐齐哈尔工程学院	民办	—	理工类	黑龙江	—
1138	黑龙江财经学院	民办	—	财经类	黑龙江	—
1138	哈尔滨石油学院	民办	—	理工类	黑龙江	—
1138	哈尔滨远东理工学院	民办	—	理工类	黑龙江	—
1138	黑龙江工程学院昆仑旅游学院	独立学院	—	财经类	黑龙江	—
1138	哈尔滨华德学院	民办	—	理工类	黑龙江	—
1138	上海兴伟学院	民办	—	理工类	上海	—
1138	中国矿业大学徐海学院	独立学院	—	理工类	江苏	—
1138	南京大学金陵学院	独立学院	—	综合类	江苏	—
1138	南京工业大学浦江学院	独立学院	—	综合类	江苏	—
1138	江苏师范大学科文学院	独立学院	—	综合类	江苏	—
1138	南通大学杏林学院	独立学院	—	综合类	江苏	—
1138	温州医科大学仁济学院	独立学院	—	医药类	浙江	—
1138	浙江中医药大学滨江学院	独立学院	—	医药类	浙江	—
1138	中国计量大学现代科技学院	独立学院	—	理工类	浙江	—
1138	同济大学浙江学院	独立学院	—	综合类	浙江	—
1138	安徽文达信息工程学院	民办	—	理工类	安徽	—
1138	蚌埠工商学院	民办	—	财经类	安徽	—
1138	安徽大学江淮学院	独立学院	—	综合类	安徽	—
1138	合肥城市学院	民办	—	理工类	安徽	—
1138	合肥经济学院	民办	—	财经类	安徽	—
1138	安徽师范大学皖江学院	独立学院	—	师范类	安徽	—
1138	阜阳师范大学信息工程学院	独立学院	—	综合类	安徽	—
1138	仰恩大学	民办	—	综合类	福建	—
1138	闽南理工学院	民办	—	理工类	福建	—
1138	泉州职业技术大学	民办	—	理工类	福建	—
1138	江西应用科技学院	民办	—	理工类	江西	—

总排名	学校名称	所有制	办学层次	学校类型	省份	得分
1138	南昌大学共青学院	独立学院	—	综合类	江西	—
1138	江西农业大学南昌商学院	独立学院	—	综合类	江西	—
1138	南昌应用技术师范学院	民办	—	理工类	江西	—
1138	江西软件职业技术大学	民办	—	理工类	江西	—
1138	齐鲁医药学院	民办	—	医药类	山东	—
1138	青岛滨海学院	民办	—	综合类	山东	—
1138	山东现代学院	民办	—	综合类	山东	—
1138	山东协和学院	民办	—	医药类	山东	—
1138	山东财经大学燕山学院	独立学院	—	财经类	山东	—
1138	青岛工学院	民办	—	理工类	山东	—
1138	商丘工学院	民办	—	理工类	河南	—
1138	新乡医学院三全学院	独立学院	—	医药类	河南	—
1138	商丘学院	民办	—	综合类	河南	—
1138	河南科技职业大学	民办	—	理工类	河南	—
1138	武汉晴川学院	民办	—	综合类	湖北	—
1138	三峡大学科技学院	独立学院	—	理工类	湖北	—
1138	武汉文理学院	民办	—	财经类	湖北	—
1138	武汉纺织大学外经贸学院	独立学院	—	财经类	湖北	—
1138	荆州学院	民办	—	理工类	湖北	—
1138	湖北汽车工业学院科技学院	独立学院	—	理工类	湖北	—
1138	湖北医药学院药护学院	独立学院	—	医药类	湖北	—
1138	湖北恩施学院	民办	—	理工类	湖北	—
1138	湖北经济学院法商学院	独立学院	—	财经类	湖北	—
1138	湖北文理学院理工学院	独立学院	—	理工类	湖北	—
1138	湖北工程学院新技术学院	独立学院	—	理工类	湖北	—
1138	湘潭大学兴湘学院	独立学院	—	综合类	湖南	—
1138	湖南工业大学科技学院	独立学院	—	理工类	湖南	—
1138	湖南科技大学潇湘学院	独立学院	—	综合类	湖南	—
1138	南华大学船山学院	独立学院	—	理工类	湖南	—
1138	湖南师范大学树达学院	独立学院	—	师范类	湖南	—
1138	湖南农业大学东方科技学院	独立学院	—	综合类	湖南	—
1138	湖南理工学院南湖学院	独立学院	—	理工类	湖南	—

总排名	学校名称	所有制	办学层次	学校类型	省份	得分
1138	衡阳师范学院南岳学院	独立学院	—	师范类	湖南	—
1138	湖南工程学院应用技术学院	独立学院	—	理工类	湖南	—
1138	湖南中医药大学湘杏学院	独立学院	—	医药类	湖南	—
1138	长沙理工大学城南学院	独立学院	—	理工类	湖南	—
1138	湖南软件职业技术大学	民办	—	理工类	湖南	—
1138	广州科技职业技术大学	民办	—	理工类	广东	—
1138	柳州工学院	民办	—	理工类	广西	—
1138	南宁师范大学师园学院	独立学院	—	综合类	广西	—
1138	南宁理工学院	民办	—	理工类	广西	—
1138	北京航空航天大学北海学院	民办	—	理工类	广西	—
1138	重庆工商大学派斯学院	独立学院	—	财经类	重庆	—
1138	重庆移通学院	民办	—	理工类	重庆	—
1138	成都理工大学工程技术学院	独立学院	—	理工类	四川	—
1138	绵阳城市学院	民办	—	理工类	四川	—
1138	西南交通大学希望学院	独立学院	—	综合类	四川	—
1138	贵州中医药大学时珍学院	独立学院	—	医药类	贵州	—
1138	贵阳信息科技学院	民办	—	综合类	贵州	—
1138	遵义医科大学医学与科技学院	独立学院	—	医药类	贵州	—
1138	贵州医科大学神奇民族医药学院	独立学院	—	医药类	贵州	—
1138	昆明理工大学津桥学院	独立学院	—	综合类	云南	—
1138	昆明城市学院	民办	—	综合类	云南	—
1138	陕西服装工程学院	民办	—	理工类	陕西	—
1138	西北大学现代学院	独立学院	—	综合类	陕西	—
1138	西安财经大学行知学院	独立学院	—	财经类	陕西	—
1138	陕西科技大学镐京学院	独立学院	—	理工类	陕西	—
1138	西安工商学院	民办	—	财经类	陕西	—
1138	延安大学西安创新学院	独立学院	—	综合类	陕西	—
1138	西安电子科技大学长安学院	独立学院	—	理工类	陕西	—
1138	西安明德理工学院	民办	—	理工类	陕西	—
1138	西安信息职业大学	民办	—	理工类	陕西	—
1138	长安大学兴华学院	独立学院	—	综合类	陕西	—
1138	西安理工大学高科学院	独立学院	—	理工类	陕西	—

总排名	学校名称	所有制	办学层次	学校类型	省份	得分
1138	兰州工商学院	民办	—	财经类	甘肃	—
1138	兰州博文科技学院	民办	—	理工类	甘肃	—
1138	青海大学昆仑学院	独立学院	—	综合类	青海	—
1138	新疆农业大学科学技术学院	独立学院	—	理工类	新疆	—
1138	新疆天山职业技术大学	民办	—	综合类	新疆	—
1138	海南比勒费尔德应用科学大学	合作办学	—	理工类	海南	—
1138	首钢工学院	公办	—	理工类	北京	—
1138	河北工业职业技术大学	公办	—	理工类	河北	—
1138	河北科技工程职业技术大学	公办	—	理工类	河北	—
1138	山西工学院	公办	—	理工类	山西	—
1138	山西科技学院	公办	—	理工类	山西	—
1138	蚌埠医科大学	公办	—	医药类	安徽	—
1138	江西警察学院	公办	—	政法类	江西	—
1138	南昌医学院	公办	—	医药类	江西	—
1138	重庆中医药学院	公办	—	医药类	重庆	—
1138	兰州石化职业技术大学	公办	—	理工类	甘肃	—

注：得分为"四舍五入"后保留小数点后三位数的结果。

如表 7-1 所示，总榜中 1275 所本科高校人文社科发展综合得分均值为 3.272 分，共有 251 所高校的综合得分超过了平均分，其余 1024 所高校的综合得分处于平均值以下，表明中国高校整体人文社科水平尚存在较大的发展潜力和发展空间。总体上呈现出由少数高校引领，多数高校追赶的发展格局。

从具体排名来看，中国高校人文社科发展前 10 强的高校分别为中国人民大学、北京大学、北京师范大学、浙江大学、武汉大学、清华大学、复旦大学、华东师范大学、中山大学、南京大学。中国人民大学以 98.112 的高分居于榜首，被评为中国人文社科发展最强高校。而北京大学和北京师范大学分别以 85.302 分和 78.590 分的成绩位居第 2 名、第 3 名，同样在人文社科领域表现出不俗的实力。

在上榜名单中，排名前 321 名的高校均为公办高校，约占公办高校总数的 25.18%，这表现出公办高校强大的人文社科实力。因此，本章将会对总榜中排名前 100 强公办高校人文社科发展情况进行详细的分析。

在民办性质的高校中，有 77 所高校进入所有高校总榜的前 70%。排名前 3 的民办高校均位于浙江省，依次是宁波财经学院、浙江越秀外国语学院和浙江树人学院，它们分别位列第 322 名、第 377 名及第 379 名。在独立学院的高校中，排名前 3 的分别是位于广东的北京理工大学珠海学院、位于福建的厦门大学嘉庚学院以及位于上海的上海外国语贤达经济人文学院，它们分别位列第 648 名、第 661 名以及第 726 名。综合来看，浙江、广东、福建等沿海城市民办与独立院校的高校在人文社科发展较好，具有较大发展潜力。

此外，在 10 所合作办学高校中，有 8 所进入所有高校总榜的前 70%，这 10 所高校分别是香港中文大学（深圳）（第 186 名）、宁波诺丁汉大学（第 209 名）、西交利物浦大学（第 224 名）、北京师范大学—香港浸会大学联合国际学院（第 368 名）、昆山杜克大学（第 436 名）、温州肯恩大学（第 444 名）、香港科技大学（广州）（第 605 名）、深圳北理莫斯科大学（第 777 名），其中，位于广州的香港中文大学（深圳）在合作办学性质的高校中人文社科实力排名第一。

7.2　中国高校人文社科发展的地区分类分析

全国不同省份高校数量及人文社科发展综合得分汇总比较情况如表 7 - 2 所示。

表 7 - 2　　　　　　　各省份高校数量及综合得分汇总比较

排名	省份	数量（所）	各省份所有高校 得分总和（分）	各省份高校得分总和 占全国总和比重（%）	均值（分）
1	北京	67	707.254	16.968	10.556
2	上海	40	379.493	9.105	9.487
3	江苏	78	370.216	8.882	4.746
4	浙江	60	264.322	6.342	4.405
5	广东	69	297.204	7.13	4.307
6	重庆	27	110.924	2.661	4.108
7	湖北	68	272.162	6.53	4.002
8	天津	30	105.287	2.526	3.51
9	四川	53	163.847	3.931	3.091
10	福建	39	120.51	2.891	3.09

排名	省份	数量（所）	各省份所有高校 得分总和（分）	各省份高校得分总和 占全国总和比重（%）	均值（分）
11	湖南	52	151.346	3.631	2.91
12	陕西	57	163.32	3.918	2.865
13	山东	70	177.951	4.269	2.542
14	海南	9	22.756	0.546	2.528
15	西藏	4	9.726	0.233	2.432
16	吉林	37	85.949	2.062	2.323
17	青海	4	9.237	0.222	2.309
18	甘肃	22	47.093	1.13	2.141
19	安徽	46	86.116	2.066	1.872
20	云南	32	59.478	1.427	1.859
21	河南	58	101.773	2.442	1.755
22	辽宁	63	103.63	2.486	1.645
23	内蒙古	17	27.901	0.669	1.641
24	江西	45	69.906	1.677	1.553
25	新疆	19	29.278	0.702	1.541
26	黑龙江	39	53.984	1.295	1.384
27	广西	38	49.342	1.184	1.298
28	贵州	29	35.67	0.856	1.23
29	宁夏	8	9.274	0.223	1.159
30	山西	34	38.53	0.924	1.133
31	河北	61	44.617	1.07	0.731
全国		1275	4168.098	100	3.272

由表 7-2 可知，从各省份所有高校得分总和及其占全国得分总和的比重来看，排名前 10 的省份依次是北京、上海、江苏、浙江、广东、重庆、湖北、天津、四川、福建。其中，北京、上海、江苏高校得分总和分别为 707.254 分、379.493 分以及 370.216 分，占全国所有高校总得分的 16.968%、9.105% 以及 8.882%。这表明这 3 个省份的高校人文社科发展的整体实力强劲。综合来看，我国 31 个省份中，有 15 个省份的高校总得分超过了 100 分。然而，西部地区如宁夏、青海的高校得分分别仅为 9.274 分和 9.237 分，不同地区高校得分差异显著，存在不均衡现象。这表明，各省份在高校人文社科发展的实力上仍存

在较大差距。

从中国高校人文社科发展评价省市内及全国所有高校均值来看（见图 7-1），全国 31 个省份（不含港澳台地区）共 1275 所高校的人文社科得分均值为 3.272 分，共有 8 个省份高校的均值在全国平均分以上，约占 31 个省份数量的 25.806%。其中，北京均值为 10.56 分，排名第 1，随后排名依次为上海、江苏、浙江、广东、重庆、湖北、天津、四川和福建。值得注意的是，只有北京高校的均值超过 10 分，而其余省份的高校平均得分均在 10 分以下。

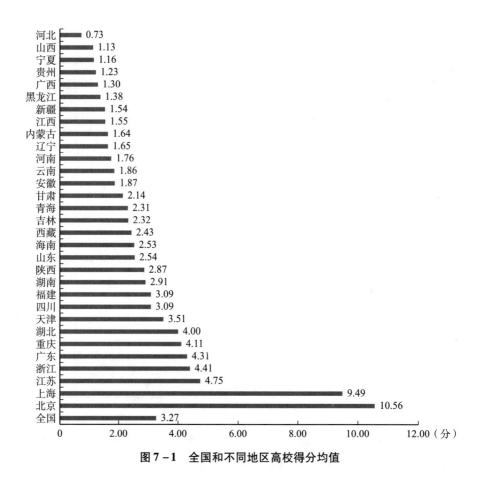

图 7-1　全国和不同地区高校得分均值

图 7-2 展示了全国及东中西部地区高校均值，东部、中部及西部地区高校人文社科均值分别为 4.209 分、2.221 分和 2.189 分，东部地区高校均值高于全国均值，而中部和西部地区均低于平均值。这说明了"东部＞西部＞中部"的非均衡发展格局。从均值比值来看，东部与中部、西部均值的比值分别为 1.905 和 1.923，接近于 2 倍。综合来看，无论是均值差距，还是比值大小，都

反映了教育资源和发展机会在地区间的不均衡分布，东部地区在高校人文社科领域的优势明显，而中部和西部地区在教育发展上面临着挑战。

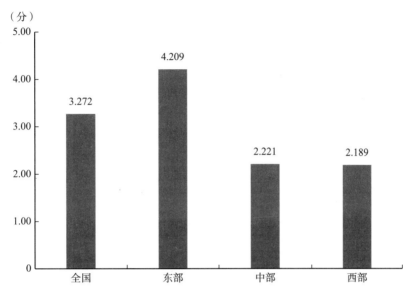

图 7 - 2　全国和东中西部地区高校得分均值

7.3　中国高校人文社科发展按高校所有制分类分析

全国不同所有制高校数量及人文社科发展综合得分汇总比较情况如表 7 - 3 所示。

表 7 - 3　　　　　　　所有制高校数量及综合得分汇总比较

排名	所有制类型	数量（所）	不同所有制高校各自得分总和（分）	不同所有制高校得分总和占全国总和比重（%）	均值（分）
1	公办	850	4124.371	98.951	4.852
2	合作办学	11	17.557	0.421	1.596
3	民办（含独立学院）	414	26.170	0.627	0.110
	全国	1275	4168.098	100	3.272

由表 7 - 3 展示了不同所有制类型高校各自得分之和以及全国占比，公办高

校得分总和为 4124.371 分，占全国得分总和比重的 98.951%。而合作办学类型高校和民办（含独立学院）类型高校各自的得分总和分别为 17.557 分和 26.170 分，占全国得分总和比重分别为 0.421% 和 0.627%。综合来看，全国所有高校的总得分基本上都是公办高校所贡献的，公办高校的人文社科实力和水平处于绝对领先地位，而民办（含独立学院）类型高校的人文社科发展仍然任重而道远，但同时也存在较大的发展潜力。

从全国不同所有制类型高校得分均值来看，公办类型高校、合作办学类型高校以及民办（含独立学院）类型高校的人文社科得分均值分别为 4.852 分、1.596 分和 0.11 分。且公办高校与合作办学高校、民办（含独立学院）高校均值的比值分别为 3.040 以及 44.109。另外，同样仅有公办高校的得分均值超过了全国平均水平 3.272 分，而合作办学高校和民办（含独立学院）高校均值均在全国均值以下。为了更直观地比较不同所有制类型高校得分均值情况，将其得分均值情况绘制成图 7-3。因此，就全国来看，呈现出公办高校领先于合作办学类型高校和民办（含独立学院）的局面，公办高校目前是我国高校人文社科发展的主力军，不同所有制高校间人文社科发展差距较大。

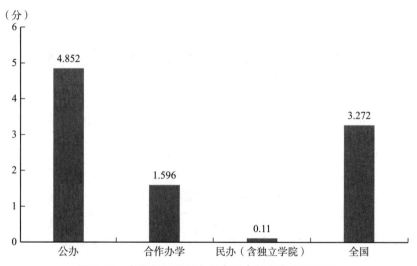

图 7-3　全国和不同所有制类型高校各自得分均值

7.4　中国高校人文社科发展按高校学科类型分类分析

本节将全国 1275 所高校中去除 9 所合作办学类型高校后余下的 1266 所高校划分为 11 种类型进行宏观比较分析，如表 7-4 所示。

表 7 - 4　　　　　　全国不同学科类型高校数量及综合得分汇总比较

排名	学校类型	数量（所）	全国不同类型高校 各自得分总和（分）	不同类型高校各自得分 总和占全国总和比重（%）	均值（分）
1	综合类	325	1775.962	42.608	5.464
2	民族类	14	71.858	1.724	5.133
3	师范类	136	692.017	16.603	5.088
4	财经类	115	406.566	9.754	3.535
5	语言类	30	103.864	2.492	3.462
6	农林类	42	129.462	3.106	3.082
7	理工类	390	752.921	18.064	1.931
8	体育类	14	26.684	0.64	1.906
9	政法类	38	64.05	1.537	1.686
10	艺术类	52	58.071	1.393	1.117
11	医药类	110	69.624	1.67	0.633
	全国	1266	4168.097	100	3.292

　　表 7 - 4 展示了不同学科类型高校各自得分总和及其占全国得分总和的比重，综合类、理工类、师范类三种类型高校得分总和分别为 1775.962 分、752.921 分和 692.017 分，占全国所有高校总得分的比重则分别是 42.608%、18.064% 以及 16.603%，这也是 11 种类型高校中占比超过 10% 的三种类型。综合类高校以绝对的优势位居不同类型高校得分总和、全国得分总和比重的第 1 名，这三种类型高校占全国得分总值的比重高达 77.275%，而其他 8 种类型高校占全国得分总值的比重仅为 22.725%。从高校类型视角来看，全国高校人文社科得分的综合表现主要源于综合类、理工类和师范类三种类型高校的贡献。

　　从全国各类型高校各自的得分均值来看，全国所有高校得分均值为 3.292 分，共有 5 种类型高校的均值在全部平均分以上，约占 11 种类型数量的 45.454%。其中，综合类、民族类、师范类分别以 5.464 分、5.133 分和 5.088 分的成绩位列 11 种类型中前 3 名。综合类高校依然排名第 1，财经类、语言类三种类型高校均值分别以 3.535 分和 3.462 分位居第 4 名和第 5 名；理工类和体育类得分均值在 2 分以上，分别为 1.931 分和 1.906 分，政法类和艺术类得分均值在 1 分以上，分别为 1.686 分和 1.117 分；医药类高校的平均得分相对较低，仅为 0.633 分。为了更直观地比较不同学科类型高校得分均值情况，将得分均值绘制成图 7 - 4。综合来看，综合类高校表现出其具有的强大的人文社科实力，师范类、民族类、财经类、语言类高校同样有不俗的表现。

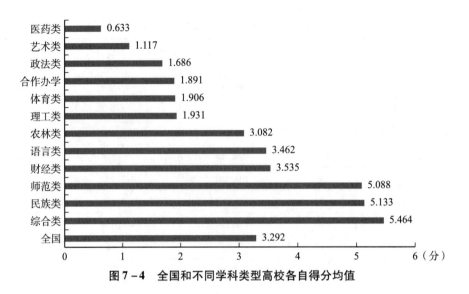

图 7 - 4　全国和不同学科类型高校各自得分均值

第8章 公办高校人文社科发展评价报告

8.1 公办高校报告

根据构建好的评价指标体系，对我国850所公办高校人文社科发展进行评价及排名，公办高校人文社科评价前100强得分及排名如表8-1所示。

表8-1 公办高校人文社科评价结果及排名

公办总排名	学校名称	学校类型	办学层次	省份	得分（分）	等级
1	中国人民大学	综合类	双一流	北京	98.112	A+
2	北京大学	综合类	双一流	北京	85.302	A+
3	北京师范大学	师范类	双一流	北京	78.590	A+
4	浙江大学	综合类	双一流	浙江	70.433	A+
5	武汉大学	综合类	双一流	湖北	70.052	A+
6	清华大学	综合类	双一流	北京	66.529	A+
7	复旦大学	综合类	双一流	上海	61.151	A+
8	华东师范大学	师范类	双一流	上海	60.512	A+
9	中山大学	综合类	双一流	广东	59.823	A+
10	南京大学	综合类	双一流	江苏	59.507	A+
11	厦门大学	综合类	双一流	福建	55.950	A+
12	上海交通大学	综合类	双一流	上海	51.792	A+
13	四川大学	综合类	双一流	四川	50.547	A+
14	山东大学	综合类	双一流	山东	49.541	A+
15	南开大学	综合类	双一流	天津	43.395	A+

公办总排名	学校名称	学校类型	办学层次	省份	得分（分）	等级
16	吉林大学	综合类	双一流	吉林	41.460	A+
17	华中师范大学	师范类	双一流	湖北	38.030	A+
18	同济大学	综合类	双一流	上海	35.493	A+
19	暨南大学	综合类	双一流	广东	35.459	A+
20	西安交通大学	综合类	双一流	陕西	35.263	A+
21	华南师范大学	师范类	双一流	广东	31.618	A+
22	中南财经政法大学	财经类	双一流	湖北	31.455	A+
23	华中科技大学	综合类	双一流	湖北	31.398	A+
24	西南大学	综合类	双一流	重庆	30.650	A+
25	上海大学	综合类	双一流	上海	30.086	A+
26	湖南大学	综合类	双一流	湖南	29.989	A
27	陕西师范大学	师范类	双一流	陕西	29.968	A
28	东南大学	综合类	双一流	江苏	29.806	A
29	南京师范大学	师范类	双一流	江苏	29.725	A
30	西南财经大学	财经类	双一流	四川	29.012	A
31	中南大学	综合类	双一流	湖南	27.166	A
32	浙江工商大学	财经类	普通高校	浙江	25.633	A
33	重庆大学	综合类	双一流	重庆	25.489	A
34	郑州大学	综合类	双一流	河南	24.693	A
35	东北师范大学	师范类	双一流	吉林	24.352	A
36	湖南师范大学	师范类	双一流	湖南	23.706	A
37	上海财经大学	财经类	双一流	上海	23.370	A
38	中国科学院大学	理工类	双一流	北京	22.866	A
39	广东外语外贸大学	语言类	普通高校	广东	22.835	A
40	对外经济贸易大学	财经类	双一流	北京	22.828	A
41	中央财经大学	财经类	双一流	北京	22.696	A
42	广州大学	综合类	普通高校	广东	22.398	A
43	深圳大学	综合类	普通高校	广东	22.198	A
44	上海师范大学	师范类	普通高校	上海	22.128	A
45	天津大学	理工类	双一流	天津	21.554	A
46	苏州大学	综合类	双一流	江苏	21.361	A
47	北京理工大学	理工类	双一流	北京	21.183	A

公办总排名	学校名称	学校类型	办学层次	省份	得分（分）	等级
48	河南大学	综合类	双一流	河南	21.151	A
49	云南大学	综合类	双一流	云南	20.978	A
50	华南理工大学	理工类	双一流	广东	20.566	A
51	西北大学	综合类	双一流	陕西	19.573	A
52	中国政法大学	政法类	双一流	北京	19.157	A
53	杭州师范大学	师范类	普通高校	浙江	18.709	A
54	兰州大学	综合类	双一流	甘肃	18.620	A
55	北京航空航天大学	理工类	双一流	北京	18.506	A
56	福建师范大学	师范类	普通高校	福建	17.958	A
57	浙江师范大学	师范类	普通高校	浙江	17.769	A
58	中央民族大学	民族类	双一流	北京	17.740	A
59	北京交通大学	理工类	双一流	北京	17.730	A
60	山东师范大学	师范类	普通高校	山东	17.655	A
61	浙江工业大学	理工类	普通高校	浙江	17.360	A
62	首都经济贸易大学	财经类	普通高校	北京	17.330	A
63	东北财经大学	财经类	普通高校	辽宁	17.311	A
64	首都师范大学	师范类	双一流	北京	17.191	A -
65	江西财经大学	财经类	普通高校	江西	16.875	A -
66	大连理工大学	理工类	双一流	辽宁	16.847	A -
67	浙江财经大学	财经类	普通高校	浙江	16.529	A -
68	上海外国语大学	语言类	双一流	上海	16.206	A -
69	中国矿业大学	理工类	双一流	江苏	15.600	A -
70	西南交通大学	理工类	双一流	四川	15.583	A -
71	宁波大学	综合类	双一流	浙江	15.475	A -
72	南昌大学	综合类	双一流	江西	15.254	A -
73	江西师范大学	师范类	普通高校	江西	15.220	A -
74	山西大学	综合类	双一流	山西	14.989	A -
75	中国社会科学院大学	综合类	普通高校	北京	14.833	A -
76	东北大学	理工类	双一流	辽宁	14.689	A -
77	天津师范大学	师范类	普通高校	天津	14.668	A -
78	海南大学	综合类	双一流	海南	14.504	A -
79	北京外国语大学	语言类	双一流	北京	14.292	A -

公办总排名	学校名称	学校类型	办学层次	省份	得分（分）	等级
80	哈尔滨工业大学	理工类	双一流	黑龙江	14.026	A－
81	中国科学技术大学	理工类	双一流	安徽	14.008	A－
82	电子科技大学	理工类	双一流	四川	13.709	A－
83	西南政法大学	政法类	普通高校	重庆	13.640	A－
84	南京财经大学	财经类	普通高校	江苏	13.626	A－
85	扬州大学	综合类	普通高校	江苏	13.604	A－
86	南京农业大学	农林类	双一流	江苏	13.537	A－
87	青岛大学	综合类	普通高校	山东	13.487	A－
88	安徽大学	综合类	双一流	安徽	13.110	A－
89	中国海洋大学	综合类	双一流	山东	12.427	A－
90	湘潭大学	综合类	双一流	湖南	12.312	A－
91	南京审计大学	财经类	普通高校	江苏	12.301	A－
92	西北师范大学	师范类	普通高校	甘肃	12.249	A－
93	南京航空航天大学	理工类	双一流	江苏	12.248	A－
94	山东财经大学	财经类	普通高校	山东	11.935	A－
95	中国传媒大学	语言类	双一流	北京	11.928	A－
96	江苏大学	综合类	普通高校	江苏	11.909	A－
97	合肥工业大学	理工类	双一流	安徽	11.730	A－
98	华东政法大学	政法类	普通高校	上海	11.709	A－
99	江南大学	综合类	双一流	江苏	11.698	A－
100	湖北大学	综合类	普通高校	湖北	11.687	A－
101	河北大学	综合类	普通高校	河北	11.682	A－
102	北京科技大学	理工类	双一流	北京	11.672	A－
103	河海大学	理工类	双一流	江苏	11.395	A－
104	华侨大学	综合类	普通高校	福建	11.318	A－
105	安徽师范大学	师范类	普通高校	安徽	11.277	A－
106	华中农业大学	农林类	双一流	湖北	11.252	A－
107	辽宁大学	综合类	双一流	辽宁	11.143	A－
108	北京工业大学	理工类	双一流	北京	11.064	A－
109	广西师范大学	师范类	普通高校	广西	11.052	A－
110	中国农业大学	农林类	双一流	北京	10.914	A－
111	中国地质大学（武汉）	理工类	双一流	湖北	10.874	A－

续表

公办总排名	学校名称	学校类型	办学层次	省份	得分（分）	等级
112	华东理工大学	理工类	双一流	上海	10.715	A－
113	大连海事大学	理工类	双一流	辽宁	10.597	A－
114	河南师范大学	师范类	普通高校	河南	10.370	A－
115	广西大学	综合类	双一流	广西	10.320	A－
116	华南农业大学	农林类	双一流	广东	10.154	A－
117	武汉理工大学	理工类	双一流	湖北	9.927	A－
118	四川师范大学	师范类	普通高校	四川	9.885	A－
119	南京理工大学	理工类	双一流	江苏	9.690	A－
120	曲阜师范大学	师范类	普通高校	山东	9.559	A－
121	北京工商大学	财经类	普通高校	北京	9.530	A－
122	新疆大学	综合类	双一流	新疆	9.476	A－
123	西北农林科技大学	农林类	双一流	陕西	9.465	A－
124	安徽财经大学	财经类	普通高校	安徽	9.382	A－
125	南京信息工程大学	理工类	双一流	江苏	9.357	A－
126	中南民族大学	民族类	普通高校	湖北	8.991	A－
127	南京邮电大学	理工类	双一流	江苏	8.705	A－
128	内蒙古大学	综合类	双一流	内蒙古	8.671	B＋
128	云南师范大学	师范类	普通高校	云南	8.671	B＋
130	西北工业大学	理工类	双一流	陕西	8.448	B＋
131	广东工业大学	理工类	普通高校	广东	8.423	B＋
132	江苏师范大学	师范类	普通高校	江苏	8.399	B＋
133	浙江理工大学	理工类	普通高校	浙江	8.361	B＋
134	长沙理工大学	理工类	普通高校	湖南	8.358	B＋
135	福州大学	理工类	双一流	福建	8.296	B＋
136	重庆工商大学	财经类	普通高校	重庆	8.273	B＋
137	贵州大学	综合类	双一流	贵州	8.168	B＋
138	云南财经大学	财经类	普通高校	云南	8.097	B＋
139	湖南科技大学	综合类	普通高校	湖南	7.975	B＋
140	辽宁师范大学	师范类	普通高校	辽宁	7.861	B＋
141	南京林业大学	农林类	双一流	江苏	7.847	B＋
142	北京语言大学	语言类	普通高校	北京	7.663	B＋
143	长安大学	理工类	双一流	陕西	7.541	B＋

续表

公办总排名	学校名称	学校类型	办学层次	省份	得分（分）	等级
144	天津财经大学	财经类	普通高校	天津	7.367	B +
145	山西财经大学	财经类	普通高校	山西	7.336	B +
146	广东财经大学	财经类	普通高校	广东	7.080	B +
147	杭州电子科技大学	理工类	普通高校	浙江	6.937	B +
148	贵州财经大学	财经类	普通高校	贵州	6.927	B +
149	北京林业大学	农林类	双一流	北京	6.905	B +
150	黑龙江大学	综合类	普通高校	黑龙江	6.819	B +
151	内蒙古师范大学	师范类	普通高校	内蒙古	6.812	B +
152	上海理工大学	理工类	普通高校	上海	6.732	B +
153	河北师范大学	师范类	普通高校	河北	6.637	B +
154	石河子大学	综合类	双一流	新疆	6.611	B +
155	北京邮电大学	理工类	双一流	北京	6.594	B +
156	东华大学	理工类	双一流	上海	6.529	B +
157	西南民族大学	民族类	普通高校	四川	6.491	B +
158	四川农业大学	农林类	双一流	四川	6.465	B +
159	重庆师范大学	师范类	普通高校	重庆	6.272	B +
160	贵州师范大学	师范类	普通高校	贵州	6.166	B +
161	上海对外经贸大学	财经类	普通高校	上海	6.146	B +
162	西安外国语大学	语言类	普通高校	陕西	6.078	B +
163	云南民族大学	民族类	普通高校	云南	5.950	B +
164	西安建筑科技大学	理工类	普通高校	陕西	5.919	B +
165	四川外国语大学	语言类	普通高校	重庆	5.888	B +
166	华北电力大学	理工类	双一流	北京	5.802	B +
167	燕山大学	理工类	普通高校	河北	5.661	B +
168	温州大学	综合类	普通高校	浙江	5.615	B +
169	南通大学	综合类	普通高校	江苏	5.498	B +
170	哈尔滨工程大学	理工类	双一流	黑龙江	5.350	B +
171	山东理工大学	理工类	普通高校	山东	5.298	B +
172	海南师范大学	师范类	普通高校	海南	5.257	B +
173	上海海事大学	理工类	普通高校	上海	5.236	B +
174	贵州民族大学	民族类	普通高校	贵州	5.231	B +
175	山东科技大学	理工类	普通高校	山东	5.166	B +

续表

公办总排名	学校名称	学校类型	办学层次	省份	得分（分）	等级
176	广西民族大学	民族类	普通高校	广西	5.146	B+
177	北京体育大学	体育类	双一流	北京	5.129	B+
178	汕头大学	综合类	普通高校	广东	5.112	B+
179	西藏民族大学	民族类	普通高校	西藏	5.072	B+
180	湖南工商大学	财经类	普通高校	湖南	5.069	B+
181	哈尔滨师范大学	师范类	普通高校	黑龙江	5.057	B+
182	温州医科大学	医药类	普通高校	浙江	4.968	B+
183	西安理工大学	理工类	普通高校	陕西	4.886	B+
184	南方科技大学	理工类	双一流	广东	4.834	B+
185	南京艺术学院	艺术类	普通高校	江苏	4.830	B+
186	昆明理工大学	理工类	普通高校	云南	4.806	B+
187	福建农林大学	农林类	普通高校	福建	4.769	B+
188	新疆师范大学	师范类	普通高校	新疆	4.716	B+
189	济南大学	综合类	普通高校	山东	4.645	B+
190	宁夏大学	综合类	双一流	宁夏	4.552	B+
191	山西师范大学	师范类	普通高校	山西	4.520	B+
192	中国美术学院	艺术类	双一流	浙江	4.498	B+
193	成都理工大学	理工类	双一流	四川	4.495	B+
194	重庆交通大学	理工类	普通高校	重庆	4.485	B+
195	苏州科技大学	理工类	普通高校	江苏	4.483	B+
196	江苏科技大学	理工类	普通高校	江苏	4.465	B+
197	河北工业大学	理工类	双一流	河北	4.454	B+
198	上海政法学院	政法类	普通高校	上海	4.446	B+
199	浙江传媒学院	语言类	普通高校	浙江	4.436	B+
200	湖北经济学院	财经类	普通高校	湖北	4.429	B+
201	东北农业大学	农林类	双一流	黑龙江	4.412	B+
202	西藏大学	综合类	双一流	西藏	4.401	B+
203	浙江农林大学	农林类	普通高校	浙江	4.306	B+
204	武汉体育学院	体育类	普通高校	湖北	4.299	B+
205	西北民族大学	民族类	普通高校	甘肃	4.294	B+
206	中国石油大学（北京）	理工类	双一流	北京	4.281	B+
207	西安电子科技大学	理工类	双一流	陕西	4.200	B+

续表

公办总排名	学校名称	学校类型	办学层次	省份	得分（分）	等级
208	聊城大学	综合类	普通高校	山东	4.179	B +
209	湖北工业大学	理工类	普通高校	湖北	4.147	B +
210	鲁东大学	综合类	普通高校	山东	4.126	B +
211	上海立信会计金融学院	财经类	普通高校	上海	4.098	B +
212	河南财经政法大学	财经类	普通高校	河南	4.018	B +
213	南方医科大学	医药类	普通高校	广东	3.996	B +
214	湖州师范学院	师范类	普通高校	浙江	3.982	B +
215	南京工业大学	理工类	普通高校	江苏	3.973	B +
216	中央美术学院	艺术类	双一流	北京	3.891	B +
217	湖南第一师范学院	师范类	普通高校	湖南	3.887	B +
218	三峡大学	综合类	普通高校	湖北	3.782	B +
219	北京化工大学	理工类	双一流	北京	3.766	B +
220	河南工业大学	理工类	普通高校	河南	3.763	B +
221	南京晓庄学院	师范类	普通高校	江苏	3.746	B +
222	首都医科大学	医药类	普通高校	北京	3.740	B +
223	青海师范大学	师范类	普通高校	青海	3.731	B +
224	南京医科大学	医药类	双一流	江苏	3.720	B +
225	河南理工大学	理工类	普通高校	河南	3.690	B +
226	山东工商学院	财经类	普通高校	山东	3.658	B +
227	武汉科技大学	理工类	普通高校	湖北	3.655	B +
228	集美大学	综合类	普通高校	福建	3.645	B +
229	安徽医科大学	医药类	普通高校	安徽	3.643	B +
229	青海民族大学	民族类	普通高校	青海	3.643	B +
231	常州大学	理工类	普通高校	江苏	3.623	B +
232	上海体育大学	体育类	普通高校	上海	3.622	B +
233	吉首大学	综合类	普通高校	湖南	3.592	B +
234	上海工程技术大学	理工类	普通高校	上海	3.580	B +
235	河南农业大学	农林类	普通高校	河南	3.567	B +
236	烟台大学	综合类	普通高校	山东	3.476	B +
237	西安财经大学	财经类	普通高校	陕西	3.456	B +
238	广东金融学院	财经类	普通高校	广东	3.431	B +
239	吉林财经大学	财经类	普通高校	吉林	3.388	B +

续表

公办总排名	学校名称	学校类型	办学层次	省份	得分（分）	等级
240	重庆邮电大学	理工类	普通高校	重庆	3.384	B +
240	广西财经学院	财经类	普通高校	广西	3.384	B +
242	北京联合大学	综合类	普通高校	北京	3.365	B +
243	西北政法大学	政法类	普通高校	陕西	3.357	B +
244	东北林业大学	农林类	双一流	黑龙江	3.356	B +
245	北方民族大学	民族类	普通高校	宁夏	3.352	B +
246	华北水利水电大学	理工类	普通高校	河南	3.325	B +
247	绍兴文理学院	综合类	普通高校	浙江	3.292	B +
248	湖南农业大学	农林类	普通高校	湖南	3.282	B +
249	天津理工大学	理工类	普通高校	天津	3.236	B +
250	中国计量大学	理工类	普通高校	浙江	3.232	B +
251	长江大学	综合类	普通高校	湖北	3.229	B +
252	太原理工大学	理工类	双一流	山西	3.213	B
253	天津商业大学	财经类	普通高校	天津	3.212	B
254	广州美术学院	艺术类	普通高校	广东	3.199	B
255	台州学院	综合类	普通高校	浙江	3.183	B
256	沈阳师范大学	师范类	普通高校	辽宁	3.170	B
257	北京建筑大学	理工类	普通高校	北京	3.169	B
258	湖南财政经济学院	财经类	普通高校	湖南	3.120	B
259	武汉纺织大学	理工类	普通高校	湖北	3.111	B
260	常熟理工学院	理工类	普通高校	江苏	3.102	B
261	兰州财经大学	财经类	普通高校	甘肃	3.097	B
262	延边大学	综合类	双一流	吉林	3.076	B
263	中南林业科技大学	农林类	普通高校	湖南	3.070	B
264	四川美术学院	艺术类	普通高校	重庆	3.059	B
265	山东建筑大学	理工类	普通高校	山东	3.049	B
266	西安科技大学	理工类	普通高校	陕西	3.014	B
267	西华师范大学	师范类	普通高校	四川	3.007	B
268	武汉工程大学	理工类	普通高校	湖北	2.981	B
269	长春师范大学	师范类	普通高校	吉林	2.975	B
270	哈尔滨商业大学	财经类	普通高校	黑龙江	2.954	B
271	桂林理工大学	理工类	普通高校	广西	2.936	B

公办总排名	学校名称	学校类型	办学层次	省份	得分（分）	等级
272	西安工程大学	理工类	普通高校	陕西	2.886	B
273	重庆理工大学	理工类	普通高校	重庆	2.879	B
274	西华大学	综合类	普通高校	四川	2.864	B
274	哈尔滨理工大学	理工类	普通高校	黑龙江	2.864	B
276	中央音乐学院	艺术类	双一流	北京	2.849	B
277	湖南工业大学	理工类	普通高校	湖南	2.841	B
278	郑州航空工业管理学院	财经类	普通高校	河南	2.833	B
279	成都体育学院	体育类	普通高校	四川	2.771	B
280	安徽工业大学	理工类	普通高校	安徽	2.754	B
280	大理大学	综合类	普通高校	云南	2.754	B
282	赣南师范大学	师范类	普通高校	江西	2.732	B
283	延安大学	综合类	普通高校	陕西	2.731	B
284	淮北师范大学	师范类	普通高校	安徽	2.715	B
285	闽南师范大学	师范类	普通高校	福建	2.714	B
286	岭南师范学院	师范类	普通高校	广东	2.707	B
287	北方工业大学	理工类	普通高校	北京	2.698	B
288	大连外国语大学	语言类	普通高校	辽宁	2.670	B
289	上海音乐学院	艺术类	双一流	上海	2.661	B
290	湖北师范大学	师范类	普通高校	湖北	2.608	B
291	浙江音乐学院	艺术类	普通高校	浙江	2.607	B
292	南宁师范大学	师范类	普通高校	广西	2.559	B
293	桂林电子科技大学	理工类	普通高校	广西	2.547	B
294	内蒙古民族大学	民族类	普通高校	内蒙古	2.541	B
295	陕西科技大学	理工类	普通高校	陕西	2.490	B
296	新疆财经大学	财经类	普通高校	新疆	2.479	B
296	北京第二外国语学院	语言类	普通高校	北京	2.479	B
298	洛阳师范学院	师范类	普通高校	河南	2.443	B
299	盐城师范学院	师范类	普通高校	江苏	2.435	B
300	华东交通大学	理工类	普通高校	江西	2.421	B
301	西安邮电大学	理工类	普通高校	陕西	2.413	B
302	中国人民公安大学	政法类	双一流	北京	2.394	B
303	河北经贸大学	财经类	普通高校	河北	2.365	B

公办总排名	学校名称	学校类型	办学层次	省份	得分（分）	等级
304	哈尔滨医科大学	医药类	普通高校	黑龙江	2.361	B
305	兰州交通大学	理工类	普通高校	甘肃	2.348	B
306	广东技术师范大学	师范类	普通高校	广东	2.342	B
307	上海应用技术大学	理工类	普通高校	上海	2.338	B
308	中国矿业大学（北京）	理工类	双一流	北京	2.326	B
308	北京印刷学院	理工类	普通高校	北京	2.326	B
310	青岛理工大学	理工类	普通高校	山东	2.295	B
311	安徽理工大学	理工类	普通高校	安徽	2.288	B
312	山东农业大学	农林类	普通高校	山东	2.254	B
313	郑州轻工业大学	理工类	普通高校	河南	2.227	B
314	徐州工程学院	理工类	普通高校	江苏	2.207	B
315	河南科技大学	综合类	普通高校	河南	2.204	B
316	长江师范学院	师范类	普通高校	重庆	2.177	B
317	北京信息科技大学	理工类	普通高校	北京	2.170	B
318	景德镇陶瓷大学	理工类	普通高校	江西	2.165	B
319	首都体育学院	体育类	普通高校	北京	2.153	B
320	福建医科大学	医药类	普通高校	福建	2.146	B
321	江西理工大学	理工类	普通高校	江西	2.144	B
322	外交学院	语言类	双一流	北京	2.136	B
323	淮阴师范学院	师范类	普通高校	江苏	2.130	B
324	佛山科学技术学院	理工类	普通高校	广东	2.127	B
325	青岛科技大学	理工类	普通高校	山东	2.124	B
326	长沙学院	综合类	普通高校	湖南	2.100	B
327	广西艺术学院	艺术类	普通高校	广西	2.076	B
328	北京电影学院	艺术类	普通高校	北京	2.073	B
329	沈阳农业大学	农林类	普通高校	辽宁	2.065	B
330	国际关系学院	政法类	普通高校	北京	2.044	B
331	中国地质大学（北京）	理工类	双一流	北京	2.042	B
332	上海海洋大学	农林类	双一流	上海	2.022	B
333	闽江学院	理工类	普通高校	福建	2.021	B
334	阜阳师范大学	师范类	普通高校	安徽	2.020	B
335	江西农业大学	农林类	普通高校	江西	1.992	B

续表

公办总排名	学校名称	学校类型	办学层次	省份	得分（分）	等级
336	中国医科大学	医药类	普通高校	辽宁	1.955	B
337	内蒙古工业大学	理工类	普通高校	内蒙古	1.941	B
338	内蒙古财经大学	财经类	普通高校	内蒙古	1.935	B
339	武汉轻工大学	理工类	普通高校	湖北	1.925	B
340	西南石油大学	理工类	双一流	四川	1.921	B
341	山东艺术学院	艺术类	普通高校	山东	1.917	B
341	天津医科大学	医药类	双一流	天津	1.917	B
343	安徽农业大学	农林类	普通高校	安徽	1.910	B
344	西南科技大学	理工类	普通高校	四川	1.908	B
344	南华大学	综合类	普通高校	湖南	1.908	B
346	上海商学院	财经类	普通高校	上海	1.903	B
347	成都大学	综合类	普通高校	四川	1.898	B
348	中国音乐学院	艺术类	双一流	北京	1.894	B
349	湖北民族大学	民族类	普通高校	湖北	1.881	B
350	北京物资学院	财经类	普通高校	北京	1.872	B
351	青海大学	综合类	双一流	青海	1.863	B
352	北京协和医学院	医药类	双一流	北京	1.852	B
353	青岛农业大学	农林类	普通高校	山东	1.849	B
354	安徽工程大学	理工类	普通高校	安徽	1.846	B
354	新乡医学院	医药类	普通高校	河南	1.846	B
356	南京中医药大学	医药类	双一流	江苏	1.840	B
357	浙大城市学院	综合类	普通高校	浙江	1.839	B
358	淮阴工学院	理工类	普通高校	江苏	1.811	B
359	南昌航空大学	理工类	普通高校	江西	1.789	B
360	齐鲁工业大学	理工类	普通高校	山东	1.782	B
361	浙江万里学院	理工类	普通高校	浙江	1.771	B
362	太原师范学院	师范类	普通高校	山西	1.763	B
363	南京体育学院	体育类	普通高校	江苏	1.741	B
364	中国民航大学	理工类	普通高校	天津	1.711	B
365	江西科技师范大学	师范类	普通高校	江西	1.699	B
366	浙江外国语学院	语言类	普通高校	浙江	1.697	B
367	上海戏剧学院	艺术类	普通高校	上海	1.694	B

公办总排名	学校名称	学校类型	办学层次	省份	得分（分）	等级
368	东华理工大学	理工类	普通高校	江西	1.667	B
369	中国石油大学（华东）	理工类	双一流	山东	1.656	B
370	湘南学院	综合类	普通高校	湖南	1.648	B
371	江苏第二师范学院	师范类	普通高校	江苏	1.632	B
372	华北理工大学	理工类	普通高校	河北	1.626	B
373	西南医科大学	医药类	普通高校	四川	1.610	B
374	常州工学院	理工类	普通高校	江苏	1.599	B
375	贵州医科大学	医药类	普通高校	贵州	1.591	B
376	新疆农业大学	农林类	普通高校	新疆	1.588	B −
377	重庆医科大学	医药类	普通高校	重庆	1.568	B −
378	上海科技大学	理工类	双一流	上海	1.566	B −
379	沈阳体育学院	体育类	普通高校	辽宁	1.536	B −
380	安阳师范学院	师范类	普通高校	河南	1.527	B −
381	周口师范学院	师范类	普通高校	河南	1.525	B −
381	临沂大学	综合类	普通高校	山东	1.525	B −
383	北京服装学院	艺术类	普通高校	北京	1.522	B −
384	云南艺术学院	艺术类	普通高校	云南	1.519	B −
385	天津城建大学	理工类	普通高校	天津	1.518	B −
386	山东工艺美术学院	艺术类	普通高校	山东	1.499	B −
387	西南林业大学	农林类	普通高校	云南	1.490	B −
388	怀化学院	综合类	普通高校	湖南	1.463	B −
389	成都中医药大学	医药类	双一流	四川	1.447	B −
390	厦门理工学院	理工类	普通高校	福建	1.446	B −
391	天津外国语大学	语言类	普通高校	天津	1.437	B −
392	商丘师范学院	师范类	普通高校	河南	1.433	B −
393	广州中医药大学	医药类	双一流	广东	1.423	B −
394	浙大宁波理工学院	理工类	普通高校	浙江	1.405	B −
395	伊犁师范大学	师范类	普通高校	新疆	1.395	B −
396	中国药科大学	医药类	双一流	江苏	1.392	B −
397	黄冈师范学院	师范类	普通高校	湖北	1.388	B −
398	江汉大学	综合类	普通高校	湖北	1.385	B −
399	河北农业大学	农林类	普通高校	河北	1.361	B −

公办总排名	学校名称	学校类型	办学层次	省份	得分（分）	等级
400	渤海大学	综合类	普通高校	辽宁	1.353	B－
401	四川音乐学院	艺术类	普通高校	四川	1.350	B－
402	湖北美术学院	艺术类	普通高校	湖北	1.340	B－
403	辽宁工程技术大学	理工类	普通高校	辽宁	1.338	B－
403	徐州医科大学	医药类	普通高校	江苏	1.338	B－
405	深圳技术大学	理工类	普通高校	广东	1.330	B－
406	北京中医药大学	医药类	双一流	北京	1.323	B－
407	赤峰学院	综合类	普通高校	内蒙古	1.319	B－
408	宝鸡文理学院	综合类	普通高校	陕西	1.311	B－
409	信阳师范大学	师范类	普通高校	河南	1.308	B－
410	天津工业大学	理工类	双一流	天津	1.303	B－
411	贵州师范学院	师范类	普通高校	贵州	1.293	B－
412	内蒙古农业大学	农林类	普通高校	内蒙古	1.291	B－
413	安庆师范大学	师范类	普通高校	安徽	1.281	B－
414	东莞理工学院	理工类	普通高校	广东	1.268	B－
415	大连民族大学	民族类	普通高校	辽宁	1.264	B－
416	山东体育学院	体育类	普通高校	山东	1.261	B－
417	桂林旅游学院	财经类	普通高校	广西	1.255	B－
418	衡阳师范学院	师范类	普通高校	湖南	1.254	B－
419	西安音乐学院	艺术类	普通高校	陕西	1.250	B－
420	廊坊师范学院	师范类	普通高校	河北	1.240	B－
421	山东女子学院	综合类	普通高校	山东	1.239	B－
422	泉州师范学院	师范类	普通高校	福建	1.236	B－
423	福建江夏学院	财经类	普通高校	福建	1.231	B－
424	肇庆学院	综合类	普通高校	广东	1.229	B－
425	广西科技大学	理工类	普通高校	广西	1.214	B－
426	中国劳动关系学院	政法类	普通高校	北京	1.208	B－
427	广州体育学院	体育类	普通高校	广东	1.203	B－
428	江苏海洋大学	理工类	普通高校	江苏	1.188	B－
429	江苏理工学院	理工类	普通高校	江苏	1.178	B－
430	浙江海洋大学	农林类	普通高校	浙江	1.172	B－
431	湖南城市学院	综合类	普通高校	湖南	1.168	B－

续表

公办总排名	学校名称	学校类型	办学层次	省份	得分（分）	等级
432	兰州理工大学	理工类	普通高校	甘肃	1.163	B−
433	中央戏剧学院	艺术类	双一流	北京	1.158	B−
434	重庆文理学院	综合类	普通高校	重庆	1.152	B−
435	中国戏曲学院	艺术类	普通高校	北京	1.150	B−
436	河北金融学院	财经类	普通高校	河北	1.126	B−
437	西安文理学院	综合类	普通高校	陕西	1.119	B−
438	盐城工学院	理工类	普通高校	江苏	1.103	B−
439	长春工业大学	理工类	普通高校	吉林	1.099	B−
440	广东海洋大学	农林类	普通高校	广东	1.096	B−
441	太原科技大学	理工类	普通高校	山西	1.092	B−
442	南京工程学院	理工类	普通高校	江苏	1.087	B−
443	内蒙古科技大学	综合类	普通高校	内蒙古	1.078	B−
444	合肥师范学院	师范类	普通高校	安徽	1.065	B−
445	玉林师范学院	师范类	普通高校	广西	1.062	B−
446	河南中医药大学	医药类	普通高校	河南	1.061	B−
447	呼和浩特民族学院	语言类	普通高校	内蒙古	1.057	B−
448	铜仁学院	综合类	普通高校	贵州	1.050	B−
449	兰州城市学院	综合类	普通高校	甘肃	1.049	B−
450	吉林师范大学	师范类	普通高校	吉林	1.047	B−
450	齐齐哈尔大学	综合类	普通高校	黑龙江	1.047	B−
452	韩山师范学院	师范类	普通高校	广东	1.041	B−
453	凯里学院	综合类	普通高校	贵州	1.040	B−
454	昆明学院	综合类	普通高校	云南	1.012	B−
455	湖南文理学院	综合类	普通高校	湖南	1.005	B−
456	四川轻化工大学	理工类	普通高校	四川	1.002	B−
456	湖南中医药大学	医药类	普通高校	湖南	1.002	B−
458	井冈山大学	综合类	普通高校	江西	0.997	B−
459	金陵科技学院	理工类	普通高校	江苏	0.986	B−
460	仲恺农业工程学院	农林类	普通高校	广东	0.985	B−
460	丽水学院	综合类	普通高校	浙江	0.985	B−
462	曲靖师范学院	师范类	普通高校	云南	0.972	B−
463	浙江中医药大学	医药类	普通高校	浙江	0.968	B−

公办总排名	学校名称	学校类型	办学层次	省份	得分（分）	等级
464	天津科技大学	理工类	普通高校	天津	0.961	B−
464	北部湾大学	综合类	普通高校	广西	0.961	B−
466	黄淮学院	综合类	普通高校	河南	0.959	B−
467	重庆第二师范学院	师范类	普通高校	重庆	0.949	B−
468	陇东学院	综合类	普通高校	甘肃	0.946	B−
469	齐鲁师范学院	师范类	普通高校	山东	0.941	B−
470	嘉兴大学	综合类	普通高校	浙江	0.938	B−
471	湖南工程学院	理工类	普通高校	湖南	0.929	B−
472	吉林艺术学院	艺术类	普通高校	吉林	0.928	B−
473	西安工业大学	理工类	普通高校	陕西	0.924	B−
474	北华大学	综合类	普通高校	吉林	0.921	B−
475	成都师范学院	师范类	普通高校	四川	0.905	B−
476	淮南师范学院	师范类	普通高校	安徽	0.902	B−
477	甘肃政法大学	政法类	普通高校	甘肃	0.897	B−
478	浙江科技大学	理工类	普通高校	浙江	0.894	B−
479	大连大学	综合类	普通高校	辽宁	0.891	B−
480	九江学院	综合类	普通高校	江西	0.887	B−
481	山西农业大学	农林类	普通高校	山西	0.882	B−
482	三明学院	综合类	普通高校	福建	0.878	B−
483	西安美术学院	艺术类	普通高校	陕西	0.875	B−
484	南阳师范学院	师范类	普通高校	河南	0.874	B−
485	河北地质大学	理工类	普通高校	河北	0.872	B−
485	哈尔滨音乐学院	艺术类	普通高校	黑龙江	0.872	B−
487	北京舞蹈学院	艺术类	普通高校	北京	0.870	B−
488	宁夏医科大学	医药类	普通高校	宁夏	0.861	B−
489	上海中医药大学	医药类	双一流	上海	0.857	B−
490	湖北汽车工业学院	理工类	普通高校	湖北	0.851	B−
491	遵义医科大学	医药类	普通高校	贵州	0.850	B−
491	许昌学院	理工类	普通高校	河南	0.850	B−
493	辽宁工业大学	理工类	普通高校	辽宁	0.840	B−
494	浙江警察学院	政法类	普通高校	浙江	0.839	B−
495	海南医学院	医药类	普通高校	海南	0.834	B−

续表

公办总排名	学校名称	学校类型	办学层次	省份	得分（分）	等级
495	成都信息工程大学	理工类	普通高校	四川	0.834	B -
497	宁波工程学院	理工类	普通高校	浙江	0.833	C +
498	湖北中医药大学	医药类	普通高校	湖北	0.828	C +
499	山东管理学院	财经类	普通高校	山东	0.826	C +
499	沈阳音乐学院	艺术类	普通高校	辽宁	0.826	C +
501	莆田学院	综合类	普通高校	福建	0.824	C +
502	湖南理工学院	理工类	普通高校	湖南	0.822	C +
503	天津音乐学院	艺术类	普通高校	天津	0.818	C +
504	鲁迅美术学院	艺术类	普通高校	辽宁	0.815	C +
505	荆楚理工学院	理工类	普通高校	湖北	0.814	C +
506	星海音乐学院	艺术类	普通高校	广东	0.810	C +
506	滨州医学院	医药类	普通高校	山东	0.810	C +
508	西安体育学院	体育类	普通高校	陕西	0.807	C +
509	四川文理学院	综合类	普通高校	四川	0.802	C +
510	河南科技学院	理工类	普通高校	河南	0.794	C +
511	长春大学	综合类	普通高校	吉林	0.789	C +
512	云南农业大学	农林类	普通高校	云南	0.781	C +
512	广西医科大学	医药类	普通高校	广西	0.781	C +
514	西安石油大学	理工类	普通高校	陕西	0.780	C +
514	天津体育学院	体育类	普通高校	天津	0.780	C +
516	长春理工大学	理工类	普通高校	吉林	0.779	C +
517	牡丹江师范学院	师范类	普通高校	黑龙江	0.777	C +
518	福建理工大学	理工类	普通高校	福建	0.774	C +
519	中北大学	理工类	普通高校	山西	0.773	C +
520	河北科技大学	理工类	普通高校	河北	0.772	C +
521	安徽建筑大学	理工类	普通高校	安徽	0.771	C +
522	南昌工程学院	理工类	普通高校	江西	0.766	C +
523	呼伦贝尔学院	综合类	普通高校	内蒙古	0.765	C +
523	河北工程大学	理工类	普通高校	河北	0.765	C +
525	塔里木大学	综合类	普通高校	新疆	0.760	C +
526	吉林农业大学	农林类	普通高校	吉林	0.751	C +
527	吉林体育学院	体育类	普通高校	吉林	0.742	C +

公办总排名	学校名称	学校类型	办学层次	省份	得分（分）	等级
528	惠州学院	综合类	普通高校	广东	0.741	C+
529	山西医科大学	医药类	普通高校	山西	0.739	C+
530	河北医科大学	医药类	普通高校	河北	0.733	C+
531	沈阳工业大学	理工类	普通高校	辽宁	0.731	C+
532	昆明医科大学	医药类	普通高校	云南	0.722	C+
533	长沙师范学院	师范类	普通高校	湖南	0.720	C+
533	山东第一医科大学	医药类	普通高校	山东	0.720	C+
535	泰山学院	综合类	普通高校	山东	0.709	C+
536	湖北第二师范学院	师范类	普通高校	湖北	0.706	C+
537	成都医学院	医药类	普通高校	四川	0.697	C+
537	潍坊学院	综合类	普通高校	山东	0.697	C+
539	中华女子学院	综合类	普通高校	北京	0.695	C+
540	广州医科大学	医药类	双一流	广东	0.687	C+
541	滨州学院	综合类	普通高校	山东	0.681	C+
542	上海电力大学	理工类	普通高校	上海	0.680	C+
543	贺州学院	综合类	普通高校	广西	0.677	C+
544	湖北文理学院	综合类	普通高校	湖北	0.675	C+
545	沈阳大学	综合类	普通高校	辽宁	0.674	C+
546	南昌师范学院	师范类	普通高校	江西	0.666	C+
546	大连医科大学	医药类	普通高校	辽宁	0.666	C+
548	湖南科技学院	理工类	普通高校	湖南	0.665	C+
549	天水师范学院	师范类	普通高校	甘肃	0.655	C+
550	沈阳建筑大学	理工类	普通高校	辽宁	0.653	C+
551	广东医科大学	医药类	普通高校	广东	0.652	C+
552	郑州师范学院	师范类	普通高校	河南	0.650	C+
553	陕西理工大学	理工类	普通高校	陕西	0.647	C+
554	宿迁学院	综合类	普通高校	江苏	0.639	C+
555	黑龙江科技大学	理工类	普通高校	黑龙江	0.635	C+
556	中原工学院	理工类	普通高校	河南	0.634	C+
557	石家庄铁道大学	理工类	普通高校	河北	0.633	C+
558	嘉应学院	综合类	普通高校	广东	0.625	C+
559	湖北工程学院	理工类	普通高校	湖北	0.617	C+

续表

公办总排名	学校名称	学校类型	办学层次	省份	得分（分）	等级
560	海南热带海洋学院	综合类	普通高校	海南	0.613	C+
561	东北石油大学	理工类	普通高校	黑龙江	0.612	C+
562	上海第二工业大学	理工类	普通高校	上海	0.611	C+
563	北京石油化工学院	理工类	普通高校	北京	0.609	C+
564	百色学院	综合类	普通高校	广西	0.607	C+
565	天津中医药大学	医药类	双一流	天津	0.601	C+
566	湖北科技学院	理工类	普通高校	湖北	0.600	C+
567	韶关学院	综合类	普通高校	广东	0.597	C+
568	洛阳理工学院	理工类	普通高校	河南	0.596	C+
569	武汉商学院	财经类	普通高校	湖北	0.592	C+
570	山西大同大学	综合类	普通高校	山西	0.588	C+
571	哈尔滨体育学院	体育类	普通高校	黑龙江	0.585	C+
572	铜陵学院	财经类	普通高校	安徽	0.583	C+
573	广东药科大学	医药类	普通高校	广东	0.582	C+
573	乐山师范学院	师范类	普通高校	四川	0.582	C+
575	武夷学院	综合类	普通高校	福建	0.576	C+
576	河北科技师范学院	师范类	普通高校	河北	0.575	C+
577	巢湖学院	综合类	普通高校	安徽	0.573	C+
578	枣庄学院	综合类	普通高校	山东	0.572	C+
579	山东青年政治学院	综合类	普通高校	山东	0.566	C+
580	遵义师范学院	师范类	普通高校	贵州	0.565	C+
580	衢州学院	理工类	普通高校	浙江	0.565	C+
582	四川旅游学院	综合类	普通高校	四川	0.562	C+
583	皖南医学院	医药类	普通高校	安徽	0.561	C+
584	湖南工学院	理工类	普通高校	湖南	0.560	C+
585	湖南人文科技学院	综合类	普通高校	湖南	0.558	C+
585	滁州学院	综合类	普通高校	安徽	0.558	C+
587	中国青年政治学院	政法类	普通高校	北京	0.550	C+
587	宜宾学院	综合类	普通高校	四川	0.550	C+
589	宜春学院	综合类	普通高校	江西	0.537	C+
589	平顶山学院	综合类	普通高校	河南	0.537	C+
591	甘肃农业大学	农林类	普通高校	甘肃	0.530	C+

公办总排名	学校名称	学校类型	办学层次	省份	得分（分）	等级
592	黑龙江八一农垦大学	农林类	普通高校	黑龙江	0.528	C +
593	陕西学前师范学院	师范类	普通高校	陕西	0.527	C +
593	吉林建筑大学	理工类	普通高校	吉林	0.527	C +
595	大连交通大学	理工类	普通高校	辽宁	0.520	C +
596	龙岩学院	综合类	普通高校	福建	0.517	C +
597	内江师范学院	师范类	普通高校	四川	0.516	C +
598	皖西学院	综合类	普通高校	安徽	0.509	C +
599	重庆三峡学院	综合类	普通高校	重庆	0.501	C +
599	杭州医学院	医药类	普通高校	浙江	0.501	C +
601	贵阳学院	综合类	普通高校	贵州	0.498	C +
602	上海海关学院	政法类	普通高校	上海	0.497	C +
603	安徽中医药大学	医药类	普通高校	安徽	0.496	C +
604	长治学院	综合类	普通高校	山西	0.493	C +
605	福建技术师范学院	师范类	普通高校	福建	0.476	C +
606	广东石油化工学院	理工类	普通高校	广东	0.475	C +
607	新疆政法学院	政法类	普通高校	新疆	0.469	C +
608	山西传媒学院	艺术类	普通高校	山西	0.465	C +
608	哈尔滨学院	综合类	普通高校	黑龙江	0.465	C +
610	河南牧业经济学院	农林类	普通高校	河南	0.464	C +
611	广州航海学院	理工类	普通高校	广东	0.462	C +
612	长春中医药大学	医药类	普通高校	吉林	0.452	C +
613	榆林学院	综合类	普通高校	陕西	0.451	C +
614	宿州学院	综合类	普通高校	安徽	0.449	C +
615	运城学院	综合类	普通高校	山西	0.446	C +
616	渭南师范学院	师范类	普通高校	陕西	0.440	C +
616	广东第二师范学院	师范类	普通高校	广东	0.440	C +
618	东北电力大学	理工类	普通高校	吉林	0.435	C +
619	梧州学院	综合类	普通高校	广西	0.433	C
620	中国人民警察大学	政法类	普通高校	河北	0.430	C
621	兰州文理学院	综合类	普通高校	甘肃	0.428	C
622	山东交通学院	理工类	普通高校	山东	0.426	C
623	深圳职业技术大学	综合类	普通高校	广东	0.425	C

公办总排名	学校名称	学校类型	办学层次	省份	得分（分）	等级
624	琼台师范学院	师范类	普通高校	海南	0.420	C
625	唐山师范学院	师范类	普通高校	河北	0.418	C
626	云南中医药大学	医药类	普通高校	云南	0.414	C
627	贵州中医药大学	医药类	普通高校	贵州	0.412	C
628	桂林航天工业学院	理工类	普通高校	广西	0.411	C
629	北华航天工业学院	理工类	普通高校	河北	0.410	C
630	忻州师范学院	师范类	普通高校	山西	0.408	C
631	福建商学院	财经类	普通高校	福建	0.407	C
632	泰州学院	综合类	普通高校	江苏	0.402	C
633	湖南女子学院	语言类	普通高校	湖南	0.401	C
633	宁夏师范学院	师范类	普通高校	宁夏	0.401	C
633	邵阳学院	综合类	普通高校	湖南	0.401	C
636	大庆师范学院	师范类	普通高校	黑龙江	0.396	C
637	喀什大学	综合类	普通高校	新疆	0.394	C
637	浙江水利水电学院	理工类	普通高校	浙江	0.394	C
639	绵阳师范学院	师范类	普通高校	四川	0.393	C
640	新乡学院	综合类	普通高校	河南	0.388	C
641	沈阳航空航天大学	理工类	普通高校	辽宁	0.380	C
642	安徽科技学院	理工类	普通高校	安徽	0.375	C
643	甘肃民族师范学院	师范类	普通高校	甘肃	0.374	C
644	萍乡学院	综合类	普通高校	江西	0.370	C
645	山东第二医科大学	医药类	普通高校	山东	0.368	C
646	新疆医科大学	医药类	普通高校	新疆	0.367	C
647	大连工业大学	理工类	普通高校	辽宁	0.365	C
648	上饶师范学院	师范类	普通高校	江西	0.361	C
649	德州学院	综合类	普通高校	山东	0.360	C
650	上海电机学院	理工类	普通高校	上海	0.357	C
651	华北科技学院	理工类	普通高校	河北	0.353	C
652	辽宁科技大学	理工类	普通高校	辽宁	0.352	C
653	沈阳理工大学	理工类	普通高校	辽宁	0.350	C
653	山东政法学院	政法类	普通高校	山东	0.350	C
655	咸阳师范学院	师范类	普通高校	陕西	0.346	C

公办总排名	学校名称	学校类型	办学层次	省份	得分（分）	等级
656	桂林医学院	医药类	普通高校	广西	0.344	C
657	新疆理工学院	理工类	普通高校	新疆	0.342	C
658	五邑大学	综合类	普通高校	广东	0.341	C
659	济宁学院	综合类	普通高校	山东	0.340	C
660	南阳理工学院	理工类	普通高校	河南	0.338	C
661	红河学院	综合类	普通高校	云南	0.335	C
662	福建警察学院	政法类	普通高校	福建	0.334	C
662	天津职业技术师范大学	师范类	普通高校	天津	0.334	C
664	辽宁石油化工大学	理工类	普通高校	辽宁	0.330	C
665	四川警察学院	政法类	普通高校	四川	0.329	C
666	广西民族师范学院	师范类	普通高校	广西	0.327	C
666	江西中医药大学	医药类	普通高校	江西	0.327	C
666	山东中医药大学	医药类	普通高校	山东	0.327	C
669	南京特殊教育师范学院	师范类	普通高校	江苏	0.325	C
669	苏州城市学院	综合类	普通高校	江苏	0.325	C
671	新疆艺术学院	艺术类	普通高校	新疆	0.324	C
672	中国民用航空飞行学院	理工类	普通高校	四川	0.323	C
672	河西学院	综合类	普通高校	甘肃	0.323	C
674	玉溪师范学院	师范类	普通高校	云南	0.322	C
675	无锡学院	综合类	普通高校	江苏	0.320	C
676	防灾科技学院	理工类	普通高校	河北	0.316	C
677	济宁医学院	医药类	普通高校	山东	0.315	C
677	安顺学院	综合类	普通高校	贵州	0.315	C
679	通化师范学院	师范类	普通高校	吉林	0.313	C
680	大连海洋大学	农林类	普通高校	辽宁	0.311	C
681	上海健康医学院	医药类	普通高校	上海	0.310	C
682	新疆工程学院	理工类	普通高校	新疆	0.309	C
683	衡水学院	综合类	普通高校	河北	0.307	C
684	广西中医药大学	医药类	普通高校	广西	0.299	C
684	河池学院	综合类	普通高校	广西	0.299	C
686	贵州理工学院	理工类	普通高校	贵州	0.298	C
687	天津美术学院	艺术类	普通高校	天津	0.297	C

公办总排名	学校名称	学校类型	办学层次	省份	得分（分）	等级
688	黄山学院	综合类	普通高校	安徽	0.294	C
688	湖北医药学院	医药类	普通高校	湖北	0.294	C
690	宁德师范学院	师范类	普通高校	福建	0.288	C
691	武汉音乐学院	艺术类	普通高校	湖北	0.280	C
692	吕梁学院	综合类	普通高校	山西	0.277	C
693	河南工程学院	理工类	普通高校	河南	0.273	C
694	信阳农林学院	农林类	普通高校	河南	0.268	C
695	四川民族学院	民族类	普通高校	四川	0.263	C
696	福建中医药大学	医药类	普通高校	福建	0.259	C
696	云南警官学院	政法类	普通高校	云南	0.259	C
698	黔南民族师范学院	师范类	普通高校	贵州	0.257	C
699	重庆科技大学	综合类	普通高校	重庆	0.256	C
700	锦州医科大学	医药类	普通高校	辽宁	0.253	C
701	合肥大学	综合类	普通高校	安徽	0.250	C
701	攀枝花学院	综合类	普通高校	四川	0.250	C
703	佳木斯大学	综合类	普通高校	黑龙江	0.248	C
704	贵州商学院	财经类	普通高校	贵州	0.246	C
705	江苏警官学院	政法类	普通高校	江苏	0.243	C
705	南京工业职业技术大学	理工类	普通高校	江苏	0.243	C
707	太原学院	综合类	普通高校	山西	0.232	C
708	内蒙古艺术学院	艺术类	普通高校	内蒙古	0.227	C
709	贵州工程应用技术学院	理工类	普通高校	贵州	0.218	C
710	河北北方学院	综合类	普通高校	河北	0.217	C
711	新余学院	综合类	普通高校	江西	0.213	C
712	内蒙古医科大学	医药类	普通高校	内蒙古	0.212	C
713	邯郸学院	综合类	普通高校	河北	0.211	C
713	温州理工学院	理工类	普通高校	浙江	0.211	C
715	黑龙江工业学院	理工类	普通高校	黑龙江	0.207	C
716	池州学院	综合类	普通高校	安徽	0.206	C
717	广西警察学院	政法类	普通高校	广西	0.205	C
718	安阳工学院	理工类	普通高校	河南	0.204	C
719	河北民族师范学院	师范类	普通高校	河北	0.199	C

续表

公办总排名	学校名称	学校类型	办学层次	省份	得分（分）	等级
720	西昌学院	综合类	普通高校	四川	0.196	C
721	中国刑事警察学院	政法类	普通高校	辽宁	0.191	C−
722	北京电子科技学院	理工类	普通高校	北京	0.190	C−
723	西藏农牧学院	农林类	普通高校	西藏	0.189	C−
723	兴义民族师范学院	师范类	普通高校	贵州	0.189	C−
725	张家口学院	综合类	普通高校	河北	0.182	C−
726	天津农学院	农林类	普通高校	天津	0.178	C−
727	汉江师范学院	师范类	普通高校	湖北	0.177	C−
727	湖州学院	综合类	普通高校	浙江	0.177	C−
729	赣南医科大学	医药类	普通高校	江西	0.172	C−
730	沈阳化工大学	理工类	普通高校	辽宁	0.168	C−
731	河南财政金融学院	财经类	普通高校	河南	0.164	C−
732	石家庄学院	师范类	普通高校	河北	0.163	C−
733	北京农学院	农林类	普通高校	北京	0.156	C−
734	黑龙江中医药大学	医药类	普通高校	黑龙江	0.151	C−
735	湖北理工学院	理工类	普通高校	湖北	0.150	C−
736	吉林医药学院	医药类	普通高校	吉林	0.144	C−
737	广西职业师范学院	师范类	普通高校	广西	0.142	C−
738	沧州师范学院	师范类	普通高校	河北	0.138	C−
739	南京警察学院	政法类	普通高校	江苏	0.136	C−
740	吉林化工学院	理工类	普通高校	吉林	0.134	C−
740	川北医学院	医药类	普通高校	四川	0.134	C−
742	沈阳药科大学	医药类	普通高校	辽宁	0.132	C−
743	黑河学院	综合类	普通高校	黑龙江	0.131	C−
744	承德医学院	医药类	普通高校	河北	0.130	C−
745	河南城建学院	理工类	普通高校	河南	0.125	C−
745	鞍山师范学院	师范类	普通高校	辽宁	0.125	C−
747	普洱学院	综合类	普通高校	云南	0.124	C−
748	兰州工业学院	理工类	普通高校	甘肃	0.119	C−
749	吉林警察学院	政法类	普通高校	吉林	0.116	C−
750	滇西应用技术大学	综合类	普通高校	云南	0.113	C−
750	赣南科技学院	理工类	普通高校	江西	0.113	C−

公办总排名	学校名称	学校类型	办学层次	省份	得分（分）	等级
750	楚雄师范学院	师范类	普通高校	云南	0.113	C−
753	贵州警察学院	政法类	普通高校	贵州	0.108	C−
754	吉林工程技术师范学院	师范类	普通高校	吉林	0.107	C−
755	辽宁中医药大学	医药类	普通高校	辽宁	0.103	C−
756	辽宁科技学院	理工类	普通高校	辽宁	0.098	C−
756	安徽艺术学院	艺术类	普通高校	安徽	0.098	C−
758	山西工程科技职业大学	理工类	普通高校	山西	0.097	C−
758	菏泽学院	综合类	普通高校	山东	0.097	C−
760	晋中学院	综合类	普通高校	山西	0.093	C−
760	安康学院	综合类	普通高校	陕西	0.093	C−
760	河北建筑工程学院	理工类	普通高校	河北	0.093	C−
763	右江民族医学院	医药类	普通高校	广西	0.092	C−
764	厦门医学院	医药类	普通高校	福建	0.089	C−
765	湖南医药学院	医药类	普通高校	湖南	0.088	C−
766	西安医学院	医药类	普通高校	陕西	0.082	C−
767	哈尔滨金融学院	财经类	普通高校	黑龙江	0.079	C−
767	亳州学院	综合类	普通高校	安徽	0.079	C−
767	阿坝师范学院	师范类	普通高校	四川	0.079	C−
770	河南警察学院	政法类	普通高校	河南	0.075	C−
771	浙江药科职业大学	医药类	普通高校	浙江	0.073	C−
772	长治医学院	医药类	普通高校	山西	0.071	C−
772	吉林工商学院	财经类	普通高校	吉林	0.071	C−
772	嘉兴南湖学院	综合类	普通高校	浙江	0.071	C−
775	广东警官学院	政法类	普通高校	广东	0.068	C−
776	邢台学院	综合类	普通高校	河北	0.064	C−
776	西藏藏医药大学	医药类	普通高校	西藏	0.064	C−
778	唐山学院	理工类	普通高校	河北	0.057	C−
778	河北体育学院	体育类	普通高校	河北	0.057	C−
778	广西科技师范学院	师范类	普通高校	广西	0.057	C−
778	沈阳医学院	医药类	普通高校	辽宁	0.057	C−
782	太原工业学院	理工类	普通高校	山西	0.054	C−
782	山东石油化工学院	理工类	普通高校	山东	0.054	C−

公办总排名	学校名称	学校类型	办学层次	省份	得分（分）	等级
782	商洛学院	综合类	普通高校	陕西	0.054	C－
785	黑龙江工程学院	理工类	普通高校	黑龙江	0.053	C－
785	鄂尔多斯应用技术学院	理工类	普通高校	内蒙古	0.053	C－
785	陕西中医药大学	医药类	普通高校	陕西	0.053	C－
788	长春工程学院	理工类	普通高校	吉林	0.050	C－
788	豫章师范学院	师范类	普通高校	江西	0.050	C－
790	新疆科技学院	理工类	普通高校	新疆	0.049	C－
791	白城师范学院	师范类	普通高校	吉林	0.046	C－
791	吉林农业科技学院	农林类	普通高校	吉林	0.046	C－
791	河南工学院	理工类	普通高校	河南	0.046	C－
791	保山学院	综合类	普通高校	云南	0.046	C－
791	西安航空学院	理工类	普通高校	陕西	0.046	C－
796	山西工程技术学院	理工类	普通高校	山西	—	D＋
796	山东农业工程学院	农林类	普通高校	山东	—	D＋
796	成都工业学院	理工类	普通高校	四川	—	D＋
796	牡丹江医学院	医药类	普通高校	黑龙江	—	D＋
796	景德镇学院	综合类	普通高校	江西	—	D＋
796	昭通学院	综合类	普通高校	云南	—	D＋
796	齐齐哈尔医学院	医药类	普通高校	黑龙江	—	D＋
796	甘肃中医药大学	医药类	普通高校	甘肃	—	D＋
796	河北水利电力学院	理工类	普通高校	河北	—	D＋
796	中国消防救援学院	理工类	普通高校	北京	—	D＋
796	北京警察学院	政法类	普通高校	北京	—	D＋
796	绥化学院	综合类	普通高校	黑龙江	—	D＋
796	郑州工程技术学院	理工类	普通高校	河南	—	D＋
796	湖北警官学院	政法类	普通高校	湖北	—	D＋
796	兰州资源环境职业技术大学	财经类	普通高校	甘肃	—	D＋
796	昌吉学院	师范类	普通高校	新疆	—	D＋
796	保定学院	师范类	普通高校	河北	—	D＋
796	山西中医药大学	医药类	普通高校	山西	—	D＋
796	辽东学院	综合类	普通高校	辽宁	—	D＋
796	滇西科技师范学院	师范类	普通高校	云南	—	D＋

公办总排名	学校名称	学校类型	办学层次	省份	得分（分）	等级
796	新疆警察学院	政法类	普通高校	新疆	—	D +
796	中央司法警官学院	政法类	普通高校	河北	—	D +
796	天津中德应用技术大学	理工类	普通高校	天津	—	D +
796	山东警察学院	政法类	普通高校	山东	—	D +
796	郑州警察学院	政法类	普通高校	河南	—	D +
796	广西农业职业技术大学	农林类	普通高校	广西	—	D +
796	辽宁警察学院	政法类	普通高校	辽宁	—	D +
796	湖南警察学院	政法类	普通高校	湖南	—	D +
796	河套学院	综合类	普通高校	内蒙古	—	D +
796	沈阳工程学院	理工类	普通高校	辽宁	—	D +
796	上海公安学院	政法类	普通高校	上海	—	D +
796	蚌埠学院	理工类	普通高校	安徽	—	D +
796	赣东学院	综合类	普通高校	江西	—	D +
796	六盘水师范学院	师范类	普通高校	贵州	—	D +
796	河北石油职业技术大学	理工类	普通高校	河北	—	D +
796	河北环境工程学院	理工类	普通高校	河北	—	D +
796	山西警察学院	政法类	普通高校	山西	—	D +
796	山西能源学院	理工类	普通高校	山西	—	D +
796	集宁师范学院	师范类	普通高校	内蒙古	—	D +
796	营口理工学院	理工类	普通高校	辽宁	—	D +
796	重庆警察学院	政法类	普通高校	重庆	—	D +
796	贵阳康养职业大学	医药类	普通高校	贵州	—	D +
796	文山学院	综合类	普通高校	云南	—	D +
796	甘肃医学院	医药类	普通高校	甘肃	—	D +
796	新疆第二医学院	医药类	普通高校	新疆	—	D +
796	首钢工学院	理工类	普通高校	北京	—	D +
796	河北工业职业技术大学	理工类	普通高校	河北	—	D +
796	河北科技工程职业技术大学	理工类	普通高校	河北	—	D +
796	山西工学院	理工类	普通高校	山西	—	D +
796	山西科技学院	理工类	普通高校	山西	—	D +
796	蚌埠医科大学	医药类	普通高校	安徽	—	D +
796	江西警察学院	政法类	普通高校	江西	—	D +

续表

公办总排名	学校名称	学校类型	办学层次	省份	得分	等级
796	南昌医学院	医药类	普通高校	江西	—	D +
796	重庆中医药学院	医药类	普通高校	重庆	—	D +
796	兰州石化职业技术大学	理工类	普通高校	甘肃	—	D +

8.1.1　公办高校人文社科发展前100强高校分析

由表8-1可知，公办100强高校的得分平均值为26.608分，共有31所高校的得分高于平均分。其余69所高校的得分均低于公办100强高校的平均值，排名靠前的高校和排名靠后的高校之间存在着较大的差距。从具体排名来看，中国人民大学、北京大学、北京师范大学以优异成绩位居公办高校人文社科发展前3名。浙江大学、武汉大学、清华大学、复旦大学、华东师范大学、中山大学、南京大学紧随其后。在排名前十的高校中北京有4所，上海则有2所，这些高校的地理位置均在经济发展水平发达城市，且均属于国家"双一流"建设高校。

从高校办学层次来看，公办高校人文社科100强中共有73所国家"双一流"建设高校上榜，这表明"双一流"高校整体上表现出较强的人文社科实力。当然，除了"双一流"高校外也有表现突出的普通高校，在前100强中有27所普通高校上榜，它们分别是浙江工商大学、广东外语外贸大学和广州大学等。值得一提的是，浙江工商大学作为综合实力较强的普通高校，其人文社科实力位居公办高校第32名，普通高校第1名，广东外语外贸大学、广州大学、深圳大学和上海师范大学分别以39名、42名、43名和44名的优异成绩跻身前50强。而在前100强中共有27所普通高校，这些普通高校表现出较强的人文社科实力，甚至赶超一些"双一流"高校，表现出较强的发展势头。

从学校类型来看（见图8-1），在公办高校人文社科评价前100强中，综合类高校共有45所，近乎一半的高校数量。前十强高校中8所均属于综合类高校，这一方面是由于我国综合类高校数量相对较多；另一方面也说明了综合类高校拥有较强的人文社科实力。师范类高校共有17所进入前100强，且北京师范大学和华东师范大学分别以第3名、第8名的成绩进入前10强，这也是前10强中除综合类高校之外的唯一其他类型的高校。理工类高校共有16所进入前100强，且中国科学院大学以第38名的成绩进入50强，这也是理工类大学中在人文社科中表现最好的大学。此外，天津大学、北京理工大学、华南理工大学同样进入了 50 强。财经类高校共有 13 所进入前 100 强，且中南财经政法大学在财经类大学中表现最为优异，以第 22 名的成绩进入 50 强，此外，西南财经大学、浙江工商大学、上海财经大学、对外经济贸易大学和中央财经大学同样进入了 50 强。语言类高校中，广东外语外贸大学、上海外国语大学、北京外国语大学和中国传媒大学 4 所高校分别以第 39 名、第 68 名、第 79 名和第 95 名的成绩位居 100 强。南京农业大学是唯一进入 100 强的农林类大学，位居 86 名，政法类高校有 3 所进入 100 强，中国政法大学、西南政法大学和华东政法大学分别位居第 52 名、第 83 名和第 98 名，而民族类大学只有中央民族大学以第 58 名的成绩位居 100 强。而艺术类、医药类、体育类三种类型的高校并未进入 100 强。

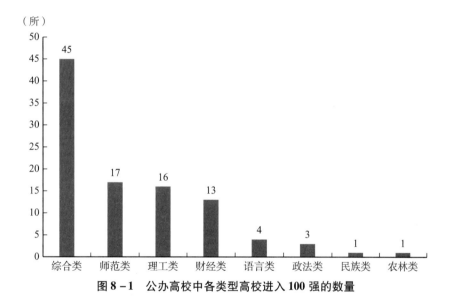

图 8-1　公办高校中各类型高校进入 100 强的数量

从地区分布来看（见图 8-2），在公办高校人文社科评价前 100 强中，北京、江苏、上海、浙江以及广东是进入前 100 强高校较多的 5 个省份。北京有 16 所高校入选，数量遥遥领先于其他省份，且在前 10 强中位于北京的高校有 4 个，中国人民大学和北京大学位列排行榜第 1 名和第 2 名，北京师范大学和清华大学位列第 3 名和第 6 名。江苏则有 12 所高校入选，表现同样比较优异，但是只有南京大学一所高校以第 10 名的成绩位居前 10 强。上海、广东、浙江分别有 9 所、7 所、6 所高校入选 100 强。在这 3 个省份中，位于浙江的浙江大学以第 4 名成绩位居前 10 强，表现十分突出，位于上海的复旦大学和华东师范大学分别以第 7 名和第 8 名的成绩位居前 10 强，位于广东的中山大学则以第 9 名的成绩位居前 10 强。

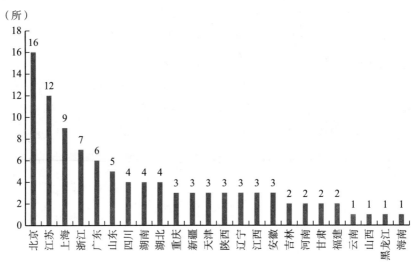

图 8－2　公办高校中各省份进入 100 强的高校数量

在其他省份中，陕西省有 3 所高校位居 100 强，分别是西安交通大学（第20 名）、陕西师范大学（第 27 名）和西北大学（第 51 名）。湖南省有 4 所高校进入 100 强，且有 3 所高校跻身 50 强，分别是湖南大学（第 26 名）、中南大学（第 31 名）和湖南师范大学（第 36 名）。四川省也有 3 所高校进入 50 强，分别是四川大学（第 13 名）、西南财经大学（第 30 名）和电子科技大学（第 82名）。天津市有 3 所高校进入前 100 名，其中，南开大学（第 15 名）和天津大学（第 45 名）进入 50 强。辽宁省有 3 所高校进入前 100 强，且大连理工大学（第 66 名）进入 50 强。重庆市有 3 所高校进入 100 强，且西南大学（第 24 名）位居前 50 名。其他省份如福建、吉林、河南、甘肃等地也有若干高校进入前100 名。

从区域来看，在公办高校人文社科评价前 100 强中，位于东部地区的高校有 64 所，占 100 强高校的 64%。而位于中部、西部地区的高校分别有 20 所和16 所。中国公办高校人文社科能力呈现出东部地区明显领先于中西部地区的非均衡发展格局，促进教育资源的区域协调发展仍然任重道远。

8.1.2　公办高校人文社科发展总体评价结果分析

从总体的评价结果来看，850 所公办高得分的平均值为 5.188 分，共有 174

所高校的分值高于平均分，说明公办高校人文社科发展存在较大的提升空间。

从"双一流"与普通高校的比较来看，"双一流"高校的得分均值为 18.144 分，有 55 所"双一流"高校的得分在平均值以上，超过 1/4，而普通高校得分的平均值仅为 2.346 分，总体而言，普通高校的人文社科发展与"双一流"高校存在较大差距。

从公办不同学科类型高校的比较来看（见图 8-3），综合类高校的平均得分为 9.257 分，财经类高校的平均得分为 7.660 分，语言类高校的平均得分为 6.747 分，师范类高校的平均得分为 5.815 分，民族类高校的平均得分为 5.133 分，理工类高校的平均得分为 3.473 分，农林类高校的平均得分为 3.237 分，体育类高校的平均得分为 1.906 分，政法类高校的平均得分为 2.463 分，艺术类高校的平均得分为 1.615 分，医药类高校的平均得分为 0.939 分。其中，综合类、财经类、语言类、师范类三种类型高校的得分均值均超过了 850 所公办高校的得分均值，而其他类型高校得分的均值处于 850 所公办高校得分均值以下，综合类、财经类、语言类与民族类高校整体上表现出更强的人文社科发展实力。

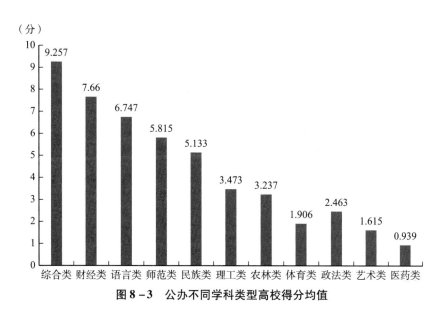

图 8-3 公办不同学科类型高校得分均值

从不同省份公办高校得分均值来看（见图 8-4），上海市和北京市分别以 12.635 分和 12.190 分位居前 2 名，也是省份内公办高校得分均值超过 10 分的仅有的两个地区。湖北、广东和江苏分别以 7.726 分、7.302 分和 7.281 分位居第 3 名至第 5 名，其余进入前 10 名的省份分别为重庆、浙江、天津、福建和湖南。在 31 个省份中，得分均值处于前 8 名的省份超过了全国 850 所公办高校的得分均值，约占 31 省份总数的 25.81%，这些地区公办高校人文社科呈现出较好的发展趋势。

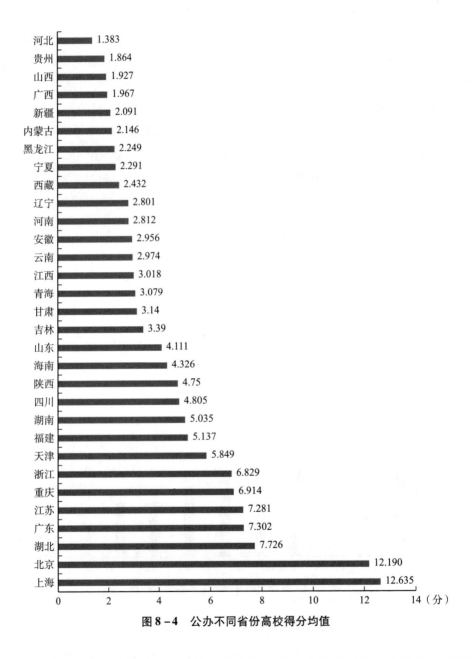

图 8-4 公办不同省份高校得分均值

从东中西部公办高校人文社科得分均值来看，东部地区公办高校人文社科发展得分均值为 6.428 分，中部地区公办高校人文社科发展得分均值为 3.844 分，西部地区公办高校人文社科发展得分均值为 2.826 分。只有东部地区公办高校均值在 850 所公办高校均值以上，呈现出东部大于中部、中部大于西部的发展格局。

8.2　不同地区公办高校人文社科发展评价报告

本章将分别对中国 31 个省（区、市）公办高校的人文社科发展水平进行综合分析，以深入了解不同地区高校人文社科的发展情况。

8.2.1　北京市公办高校评价报告

北京市公办高校人文社科发展水平综合评价得分与排名如表 8 - 2 所示。

表 8 - 2　　　　　　北京市公办高校人文社科综合得分与排名

排名	学校名称	学校类型	办学层次	得分（分）	级别
1	中国人民大学	综合类	双一流	98.112	A +
2	北京大学	综合类	双一流	85.302	A +
3	北京师范大学	师范类	双一流	78.590	A +
4	清华大学	综合类	双一流	66.529	A +
5	中国科学院大学	理工类	双一流	22.866	A
6	对外经济贸易大学	财经类	双一流	22.828	A
7	中央财经大学	财经类	双一流	22.696	A
8	北京理工大学	理工类	双一流	21.183	A
9	中国政法大学	政法类	双一流	19.157	A
10	北京航空航天大学	理工类	双一流	18.506	A
11	中央民族大学	民族类	双一流	17.740	A
12	北京交通大学	理工类	双一流	17.730	A
13	首都经济贸易大学	财经类	普通高校	17.330	A
14	首都师范大学	师范类	双一流	17.191	A -
15	中国社会科学院大学	综合类	普通高校	14.833	A -
16	北京外国语大学	语言类	双一流	14.292	A -
17	中国传媒大学	语言类	双一流	11.928	A -

排名	学校名称	学校类型	办学层次	得分（分）	级别
18	北京科技大学	理工类	双一流	11.672	A−
19	北京工业大学	理工类	双一流	11.064	A−
20	中国农业大学	农林类	双一流	10.914	A−
21	北京工商大学	财经类	普通高校	9.530	A−
22	北京语言大学	语言类	普通高校	7.663	B+
23	北京林业大学	农林类	双一流	6.905	B+
24	北京邮电大学	理工类	双一流	6.594	B+
25	华北电力大学	理工类	双一流	5.802	B+
26	北京体育大学	体育类	双一流	5.129	B+
27	中国石油大学（北京）	理工类	双一流	4.281	B+
28	中央美术学院	艺术类	双一流	3.891	B+
29	北京化工大学	理工类	双一流	3.766	B+
30	首都医科大学	医药类	普通高校	3.740	B+
31	北京联合大学	综合类	普通高校	3.365	B+
32	北京建筑大学	理工类	普通高校	3.169	B
33	中央音乐学院	艺术类	双一流	2.849	B
34	北方工业大学	理工类	普通高校	2.698	B
35	北京第二外国语学院	语言类	普通高校	2.479	B
36	中国人民公安大学	政法类	双一流	2.394	B
37	中国矿业大学（北京）	理工类	双一流	2.326	B
37	北京印刷学院	理工类	普通高校	2.326	B
39	北京信息科技大学	理工类	普通高校	2.170	B
40	首都体育学院	体育类	普通高校	2.153	B
41	外交学院	语言类	双一流	2.136	B
42	北京电影学院	艺术类	普通高校	2.073	B
43	国际关系学院	政法类	普通高校	2.044	B
44	中国地质大学（北京）	理工类	双一流	2.042	B
45	中国音乐学院	艺术类	双一流	1.894	B
46	北京物资学院	财经类	普通高校	1.872	B
47	北京协和医学院	医药类	双一流	1.852	B

续表

排名	学校名称	学校类型	办学层次	得分（分）	级别
48	北京服装学院	艺术类	普通高校	1.522	B −
49	北京中医药大学	医药类	双一流	1.323	B −
50	中国劳动关系学院	政法类	普通高校	1.208	B −
51	中央戏剧学院	艺术类	双一流	1.158	B −
52	中国戏曲学院	艺术类	普通高校	1.150	B −
53	北京舞蹈学院	艺术类	普通高校	0.870	B −
54	中华女子学院	综合类	普通高校	0.695	C +
55	北京石油化工学院	理工类	普通高校	0.609	C +
56	中国青年政治学院	政法类	普通高校	0.550	C +
57	北京电子科技学院	理工类	普通高校	0.190	C −
58	北京农学院	农林类	普通高校	0.156	C −
59	中国消防救援学院	理工类	普通高校	—	D +
59	北京警察学院	政法类	普通高校	—	D +
59	首钢工学院	理工类	普通高校	—	D +

由表 8 - 2 可知，北京市 61 所公办本科院校人文社科发展平均得分为 12.190 分。其中，高于平均得分的高校共有 16 所，接近北京市公办本科高校数量的 1/3。中国人民大学以 98.112 分的优异成绩位居北京市高校第 1 名，北京大学、北京师范大学分别以 85.301 分以及 78.590 分的成绩位居第 2 名和第 3 名，这三所高校的得分均在 75 分以上。这三所高校体现了北京市高校强劲的人文社科实力。而紧随其后的高校分别是清华大学、中国科学院大学、对外经济贸易大学、中央财经大学、北京理工大学、中国政法大学和北京航空航天大学。在北京市的高校排名中，前 12 名高校均属于"双一流"建设高校，表明了"双一流"高校在人文社科发展中表现出绝对的领先优势。

另外，在普通高校中，首都经济贸易大学、中国社会科学院大学、北京工商大学分别以 17.330 分、14.833 分和 9.530 分的成绩位列第 13 名、第 15 名和第 21 名，是普通类高校中人文社科发展表现较好的三所高校。

8.2.2　天津市公办高校评价报告

天津市公办高校人文社科发展水平综合评价得分与排名如表 8 -3 所示。

表8-3　　　　　　　　天津市公办高校人文社科综合得分与排名

排名	学校名称	学校类型	办学层次	得分	级别
1	南开大学	综合类	双一流	43.395	A +
2	天津大学	理工类	双一流	21.554	A
3	天津师范大学	师范类	普通高校	14.668	A -
4	天津财经大学	财经类	普通高校	7.367	B +
5	天津理工大学	理工类	普通高校	3.236	B +
6	天津商业大学	财经类	普通高校	3.212	B
7	天津医科大学	医药类	双一流	1.917	B
8	中国民航大学	理工类	普通高校	1.711	B
9	天津城建大学	理工类	普通高校	1.518	B -
10	天津外国语大学	语言类	普通高校	1.437	B -
11	天津工业大学	理工类	双一流	1.303	B -
12	天津科技大学	理工类	普通高校	0.961	B -
13	天津音乐学院	艺术类	普通高校	0.818	C +
14	天津体育学院	体育类	普通高校	0.780	C +
15	天津中医药大学	医药类	双一流	0.601	C +
16	天津职业技术师范大学	师范类	普通高校	0.334	C
17	天津美术学院	艺术类	普通高校	0.297	C
18	天津农学院	农林类	普通高校	0.178	C -
19	天津中德应用技术大学	理工类	普通高校	—	D +

由表8-3可知，天津市19所公办本科院校人文社科发展平均得分为5.849分，高于平均值的有4所高校，大部分高校均低于平均值，呈现出少数高校人文社科领先发展的局面。南开大学以43.395分的优异成绩遥遥领先于天津其他高校，位居第1名，天津大学、天津师范大学则分别以21.554分以及14.668分的成绩位居第2名和第3名，随后依次是天津财经大学、天津理工大学、天津商业大学、天津医科大学、中国民航大学、天津城建大学和天津外国语大学。

在排名前10的高校中，"双一流"建设高校有3所。前2名高校南开大学和天津大学均属于"双一流"建设高校，而天津医科大学位居第7名，理工类高校同样有前10名中的4所，是前10名中高校数量最多的类型。

另外，在普通高校中，天津师范大学、天津财经大学、天津理工大学分别位列第3名、第4名、第5名，其人文社科发展水平超越了一批"双一流"建设高校，是普通类高校中人文社科发展表现较好的三所高校，具有较好的发展潜力。

8.2.3 河北省公办高校评价报告

河北省公办高校人文社科发展水平综合评价得分与排名如表 8 - 4 所示。

表 8 - 4   河北省公办高校人文社科综合得分与排名

排名	学校名称	学校类型	办学层次	得分	级别
1	河北大学	综合类	普通高校	11.682	A -
2	河北师范大学	师范类	普通高校	6.637	B +
3	燕山大学	理工类	普通高校	5.661	B +
4	河北工业大学	理工类	双一流	4.454	B +
5	河北经贸大学	财经类	普通高校	2.365	B
6	华北理工大学	理工类	普通高校	1.626	B
7	河北农业大学	农林类	普通高校	1.361	B -
8	廊坊师范学院	师范类	普通高校	1.240	B -
9	河北金融学院	财经类	普通高校	1.126	B -
10	河北地质大学	理工类	普通高校	0.872	B -
11	河北科技大学	理工类	普通高校	0.772	C +
12	河北工程大学	理工类	普通高校	0.765	C +
13	河北医科大学	医药类	普通高校	0.733	C +
14	石家庄铁道大学	理工类	普通高校	0.633	C +
15	河北科技师范学院	师范类	普通高校	0.575	C +
16	中国人民警察大学	政法类	普通高校	0.430	C
17	唐山师范学院	师范类	普通高校	0.418	C
18	北华航天工业学院	理工类	普通高校	0.410	C
19	华北科技学院	理工类	普通高校	0.353	C
20	防灾科技学院	理工类	普通高校	0.316	C
21	衡水学院	综合类	普通高校	0.307	C
22	河北北方学院	综合类	普通高校	0.217	C
23	邯郸学院	综合类	普通高校	0.211	C
24	河北民族师范学院	师范类	普通高校	0.199	C
25	张家口学院	综合类	普通高校	0.182	C -

排名	学校名称	学校类型	办学层次	得分	级别
26	石家庄学院	师范类	普通高校	0.163	C -
27	沧州师范学院	师范类	普通高校	0.138	C -
28	承德医学院	医药类	普通高校	0.130	C -
29	河北建筑工程学院	理工类	普通高校	0.093	C -
30	邢台学院	综合类	普通高校	0.064	C -
31	唐山学院	理工类	普通高校	0.057	C -
31	河北体育学院	体育类	普通高校	0.057	C -
33	河北水利电力学院	理工类	普通高校	—	D +
33	保定学院	师范类	普通高校	—	D +
33	中央司法警官学院	政法类	普通高校	—	D +
33	河北石油职业技术大学	理工类	普通高校	—	D +
33	河北环境工程学院	理工类	普通高校	—	D +
33	河北工业职业技术大学	理工类	普通高校	—	D +
33	河北科技工程职业技术大学	理工类	普通高校	—	D +

由表 8 - 4 可知，河北省 39 所公办本科院校人文社科发展平均得分仅为 1.383 分，且有 6 所高校得分高于平均值。河北大学、河北师范大学、燕山大学 3 所普通高校分别以 11.682 分、6.637 分和 5.661 分的成绩位居前 3 名，其人文社科发展超过了河北唯一的"双一流"建设高校河北工业大学，河北工业大学则以 4.454 分的成绩位居 4 名。其他进入前 10 名的高校分别为河北经贸大学、华北理工大学、河北农业大学、廊坊师范学院、河北金融学院、河北地质大学，且前 10 名高校中理工类高校就有 4 所。

8.2.4　辽宁省公办高校评价报告

辽宁省公办高校人文社科发展水平综合评价得分与排名如表 8 - 5 所示。

表 8 - 5　　　　　　　　辽宁省公办高校人文社科综合得分与排名

排名	学校名称	学校类型	办学层次	得分	级别
1	东北财经大学	财经类	普通高校	17.311	A
2	大连理工大学	理工类	双一流	16.847	A -

续表

排名	学校名称	学校类型	办学层次	得分	级别
3	东北大学	理工类	双一流	14.689	A －
4	辽宁大学	综合类	双一流	11.143	A －
5	大连海事大学	理工类	双一流	10.597	A －
6	辽宁师范大学	师范类	普通高校	7.861	B ＋
7	沈阳师范大学	师范类	普通高校	3.170	B
8	大连外国语大学	语言类	普通高校	2.670	B
9	沈阳农业大学	农林类	普通高校	2.065	B
10	中国医科大学	医药类	普通高校	1.955	B
11	沈阳体育学院	体育类	普通高校	1.536	B －
12	渤海大学	综合类	普通高校	1.353	B －
13	辽宁工程技术大学	理工类	普通高校	1.338	B －
14	大连民族大学	民族类	普通高校	1.264	B －
15	大连大学	综合类	普通高校	0.891	B －
16	辽宁工业大学	理工类	普通高校	0.840	B －
17	沈阳音乐学院	艺术类	普通高校	0.826	C ＋
18	鲁迅美术学院	艺术类	普通高校	0.815	C ＋
19	沈阳工业大学	理工类	普通高校	0.731	C ＋
20	沈阳大学	综合类	普通高校	0.674	C ＋
21	大连医科大学	医药类	普通高校	0.666	C ＋
22	沈阳建筑大学	理工类	普通高校	0.653	C ＋
23	大连交通大学	理工类	普通高校	0.520	C ＋
24	沈阳航空航天大学	理工类	普通高校	0.380	C
25	大连工业大学	理工类	普通高校	0.365	C
26	辽宁科技大学	理工类	普通高校	0.352	C
27	沈阳理工大学	理工类	普通高校	0.350	C
28	辽宁石油化工大学	理工类	普通高校	0.330	C
29	大连海洋大学	农林类	普通高校	0.311	C
30	锦州医科大学	医药类	普通高校	0.253	C
31	中国刑事警察学院	政法类	普通高校	0.191	C －
32	沈阳化工大学	理工类	普通高校	0.168	C －
33	沈阳药科大学	医药类	普通高校	0.132	C －
34	鞍山师范学院	师范类	普通高校	0.125	C －

排名	学校名称	学校类型	办学层次	得分	级别
35	辽宁中医药大学	医药类	普通高校	0.103	C −
36	辽宁科技学院	理工类	普通高校	0.098	C −
37	沈阳医学院	医药类	普通高校	0.057	C −
38	辽东学院	综合类	普通高校	—	D +
38	辽宁警察学院	政法类	普通高校	—	D +
38	沈阳工程学院	理工类	普通高校	—	D +
38	营口理工学院	理工类	普通高校	—	D +

由表 8 −5 可知，辽宁省 41 所公办本科院校人文社科发展平均得分为 2.801 分，共有 7 所高校的得分在平均值以上，占辽宁公办高校数量不足 1/5，大部分高校均处于平均值以下。东北财经大学以 17.311 分的成绩位居辽宁公办本科高校第 1 名，而大连理工大学、东北大学则分别以 16.847 分和 14.689 分的成绩位居第 2 名和第 3 名。其他进入前 10 名的高校分别为辽宁大学、大连海事大学、辽宁师范大学、沈阳师范大学、大连外国语大学、沈阳农业大学以及中国医科大学。

在前 10 名高校中，"双一流"建设高校有 4 所。辽宁的 4 所"双一流"建设高校均位于前 5 名，东北财经大学虽然是普通高校，但是其文科实力位居辽宁高校第一，是普通类高校中人文社科发展表现最好的大学，前 3 名高校大连理工大学和东北大学均属于"双一流"建设高校。其他 2 所"双一流"建设高校辽宁大学和大连海事大学分别位居第 4 名和第 5 名，且理工类高校有前 10 名中的 3 所。

8.2.5　上海市公办高校评价报告

上海市公办高校人文社科发展水平综合评价得分与排名如表 8 −6 所示。

表 8 −6　　　　　上海市公办高校人文社科综合得分与排名

排名	学校名称	学校类型	办学层次	得分	级别
1	复旦大学	综合类	双一流	61.151	A +
2	华东师范大学	师范类	双一流	60.512	A +
3	上海交通大学	综合类	双一流	51.792	A +

排名	学校名称	学校类型	办学层次	得分	级别
4	同济大学	综合类	双一流	35.493	A +
5	上海大学	综合类	双一流	30.086	A +
6	上海财经大学	财经类	双一流	23.370	A
7	上海师范大学	师范类	普通高校	22.128	A
8	上海外国语大学	语言类	双一流	16.206	A −
9	华东政法大学	政法类	普通高校	11.709	A −
10	华东理工大学	理工类	双一流	10.715	A −
11	上海理工大学	理工类	普通高校	6.732	B +
12	东华大学	理工类	双一流	6.529	B +
13	上海对外经贸大学	财经类	普通高校	6.146	B +
14	上海海事大学	理工类	普通高校	5.236	B +
15	上海政法学院	政法类	普通高校	4.446	B +
16	上海立信会计金融学院	财经类	普通高校	4.098	B +
17	上海体育大学	体育类	普通高校	3.622	B +
18	上海工程技术大学	理工类	普通高校	3.580	B +
19	上海音乐学院	艺术类	双一流	2.661	B
20	上海应用技术大学	理工类	普通高校	2.338	B
21	上海海洋大学	农林类	双一流	2.022	B
22	上海商学院	财经类	普通高校	1.903	B
23	上海戏剧学院	艺术类	普通高校	1.694	B
24	上海科技大学	理工类	双一流	1.566	B −
25	上海中医药大学	医药类	双一流	0.857	B −
26	上海电力大学	理工类	普通高校	0.680	C +
27	上海第二工业大学	理工类	普通高校	0.611	C +
28	上海海关学院	政法类	普通高校	0.497	C +
29	上海电机学院	理工类	普通高校	0.357	C
30	上海健康医学院	医药类	普通高校	0.310	C
31	上海公安学院	政法类	普通高校	—	D +

由表 8 - 6 可知, 上海市 31 所公办本科院校人文社科发展平均得分为 12.635 分, 共有 8 所高校的得分在平均值以上, 其余高校均位于平均值以下。复旦大学以 61.151 分的成绩位居上海公办本科高校第 1 名, 而华东师范大学、

上海交通大学分别以 60.512 分和 51.792 分的成绩位居第 2 名和第 3 名。其他进入前 10 名的高校分别为同济大学、上海大学、上海财经大学、上海师范大学、上海外国语大学、华东政法大学以及华东理工大学。

在前 10 名高校中,"双一流"建设高校有 8 所,且前 6 名均为"双一流"建设高校,表现出"双一流"建设高校的绝对优势,而综合类高校有 4 所,且全部位于前 5 名,表明了上海综合类高校较强的人文社科实力。

此外,在普通高校中,上海师范大学和华东政法大学分别取得了 22.128 分和 11.709 分的成绩,其人文社科实力超越了华东理工大学、东华大学、上海音乐学院等"双一流"建设高校,分别为位居第 7 名和第 9 名,是上海市普通类高校中表现较好的两所高校。

8.2.6 江苏省公办高校评价报告

江苏省公办高校人文社科发展水平综合评价得分与排名如表 8 - 7 所示。

表 8 - 7　　　　　　江苏省公办高校人文社科综合得分与排名

排名	学校名称	学校类型	办学层次	得分	级别
1	南京大学	综合类	双一流	59.507	A +
2	东南大学	综合类	双一流	29.806	A
3	南京师范大学	师范类	双一流	29.725	A
4	苏州大学	综合类	双一流	21.361	A
5	中国矿业大学	理工类	双一流	15.600	A -
6	南京财经大学	财经类	普通高校	13.626	A -
7	扬州大学	综合类	普通高校	13.604	A -
8	南京农业大学	农林类	双一流	13.537	A -
9	南京审计大学	财经类	普通高校	12.301	A -
10	南京航空航天大学	理工类	双一流	12.248	A -
11	江苏大学	综合类	普通高校	11.909	A -
12	江南大学	综合类	双一流	11.698	A -
13	河海大学	理工类	双一流	11.395	A -
14	南京理工大学	理工类	双一流	9.690	A -
15	南京信息工程大学	理工类	双一流	9.357	A -
16	南京邮电大学	理工类	双一流	8.705	A -
17	江苏师范大学	师范类	普通高校	8.399	B +

续表

排名	学校名称	学校类型	办学层次	得分	级别
18	南京林业大学	农林类	双一流	7.847	B+
19	南通大学	综合类	普通高校	5.498	B+
20	南京艺术学院	艺术类	普通高校	4.830	B+
21	苏州科技大学	理工类	普通高校	4.483	B+
22	江苏科技大学	理工类	普通高校	4.465	B+
23	南京工业大学	理工类	普通高校	3.973	B+
24	南京晓庄学院	师范类	普通高校	3.746	B+
25	南京医科大学	医药类	双一流	3.720	B+
26	常州大学	理工类	普通高校	3.623	B+
27	常熟理工学院	理工类	普通高校	3.102	B
28	盐城师范学院	师范类	普通高校	2.435	B
29	徐州工程学院	理工类	普通高校	2.207	B
30	淮阴师范学院	师范类	普通高校	2.130	B
31	南京中医药大学	医药类	双一流	1.840	B
32	淮阴工学院	理工类	普通高校	1.811	B
33	南京体育学院	体育类	普通高校	1.741	B
34	江苏第二师范学院	师范类	普通高校	1.632	B
35	常州工学院	理工类	普通高校	1.599	B
36	中国药科大学	医药类	双一流	1.392	B−
37	徐州医科大学	医药类	普通高校	1.338	B−
38	江苏海洋大学	理工类	普通高校	1.188	B−
39	江苏理工学院	理工类	普通高校	1.178	B−
40	盐城工学院	理工类	普通高校	1.103	B−
41	南京工程学院	理工类	普通高校	1.087	B−
42	金陵科技学院	理工类	普通高校	0.986	B−
43	宿迁学院	综合类	普通高校	0.639	C+
44	泰州学院	综合类	普通高校	0.402	C
45	南京特殊教育师范学院	师范类	普通高校	0.325	C
45	苏州城市学院	综合类	普通高校	0.325	C
47	无锡学院	综合类	普通高校	0.320	C
48	江苏警官学院	政法类	普通高校	0.243	C
48	南京工业职业技术大学	理工类	普通高校	0.243	C
50	南京警察学院	政法类	普通高校	0.136	C−

由表 8-7 可知，江苏省 50 所公办本科院校人文社科发展平均得分为 7.281 分，共有 18 所高校的得分在平均值以上，占比超过了江苏公办本科高校数量的 1/3。南京大学以 59.507 分的成绩遥遥领先于其他高校，位居第 1 名，而东南大学和南京师范大学则分别以 29.806 分和 29.725 分的成绩位居第 2 名和第 3 名。其他进入前 10 名的高校分别为苏州大学、中国矿业大学、南京财经大学、扬州大学、南京农业大学、南京审计大学以及南京航空航天大学。

在前 10 名高校中，"双一流"建设高校有 7 所，且前 5 名均为"双一流"建设高校，表现出"双一流"建设高校强劲的人文社科实力，且综合类高校有前 10 名中的 5 所，领先于其他类型的高校，表现出综合类高校较强的人文社科水平。

此外，在普通高校中，南京财经大学、扬州大学和南京审计大学分别取得了 13.626 分、13.604 分和 12.301 分的成绩，其人文社科发展实力超越了江苏 9 所"双一流"建设高校，分别位居江苏第 6 名、第 7 名和第 9 名，是江苏普通类高校中人文社科发展较好的 3 所高校。

8.2.7　浙江省公办高校评价报告

浙江省公办高校人文社科发展水平综合评价得分与排名如表 8-8 所示。

表 8-8　　　　　　　　浙江省公办高校人文社科综合得分与排名

排名	学校名称	学校类型	办学层次	得分	级别
1	浙江大学	综合类	双一流	70.433	A+
2	浙江工商大学	财经类	普通高校	25.633	A
3	杭州师范大学	师范类	普通高校	18.709	A
4	浙江师范大学	师范类	普通高校	17.769	A
5	浙江工业大学	理工类	普通高校	17.360	A
6	浙江财经大学	财经类	普通高校	16.529	A-
7	宁波大学	综合类	双一流	15.475	A-
8	浙江理工大学	理工类	普通高校	8.361	B+
9	杭州电子科技大学	理工类	普通高校	6.937	B+
10	温州大学	综合类	普通高校	5.615	B+
11	温州医科大学	医药类	普通高校	4.968	B+
12	中国美术学院	艺术类	双一流	4.498	B+
13	浙江传媒学院	语言类	普通高校	4.436	B+

排名	学校名称	学校类型	办学层次	得分	级别
14	浙江农林大学	农林类	普通高校	4.306	B +
15	湖州师范学院	师范类	普通高校	3.982	B +
16	绍兴文理学院	综合类	普通高校	3.292	B +
17	中国计量大学	理工类	普通高校	3.232	B +
18	台州学院	综合类	普通高校	3.183	B
19	浙江音乐学院	艺术类	普通高校	2.607	B
20	浙大城市学院	综合类	普通高校	1.839	B
21	浙江万里学院	理工类	普通高校	1.771	B
22	浙江外国语学院	语言类	普通高校	1.697	B
23	浙大宁波理工学院	理工类	普通高校	1.405	B −
24	浙江海洋大学	农林类	普通高校	1.172	B −
25	丽水学院	综合类	普通高校	0.985	B −
26	浙江中医药大学	医药类	普通高校	0.968	B −
27	嘉兴大学	综合类	普通高校	0.938	B −
28	浙江科技大学	理工类	普通高校	0.894	B −
29	浙江警察学院	政法类	普通高校	0.839	B −
30	宁波工程学院	理工类	普通高校	0.833	C +
31	衢州学院	理工类	普通高校	0.565	C +
32	杭州医学院	医药类	普通高校	0.501	C +
33	浙江水利水电学院	理工类	普通高校	0.394	C
34	温州理工学院	理工类	普通高校	0.211	C
35	湖州学院	综合类	普通高校	0.177	C −
36	浙江药科职业大学	医药类	普通高校	0.073	C −
37	嘉兴南湖学院	综合类	普通高校	0.071	C −

由表 8-8 可知，浙江省 37 所公办本科院校人文社科发展平均得分为 6.829 分，共有 9 所高校的得分在平均值以上，约占浙江公办本科高校数量的 1/4。浙江大学以 70.433 分的成绩遥遥领先于其他高校，位居浙江公办本科高校第 1 名，而浙江工商大学和杭州师范大学则分别以 25.633 分和 18.709 分的成绩位居第 2 名和第 3 名，其他进入前 10 名的高校分别为浙江师范大学、浙江工业大学、浙江财经大学、宁波大学、浙江理工大学、杭州电子科技大学以及温州大学。

在前 10 名高校中，浙江 3 所"双一流"建设高校中的 2 所进入前 10 名，分别是第 1 名浙江大学和第 7 名宁波大学，另一所"双一流"建设高校中国美术学院则位居第 12 名，其他 8 所均为普通类高校。其中，浙江工商大学是浙江普通高校中人文社科发展表现最好的学校，位居浙江第 2 名，普通类高校第 1 名。杭州师范大学和浙江师范大学分别位居浙江普通高校中的第 2 名和第 3 名。

8.2.8 福建省公办高校评价报告

福建省公办高校人文社科发展水平综合评价得分与排名如表 8-9 所示。

表 8-9 福建省公办高校人文社科综合得分与排名

排名	学校名称	学校类型	办学层次	得分	级别
1	厦门大学	综合类	双一流	55.950	A+
2	福建师范大学	师范类	普通高校	17.958	A
3	华侨大学	综合类	普通高校	11.318	A-
4	福州大学	理工类	双一流	8.296	B+
5	福建农林大学	农林类	普通高校	4.769	B+
6	集美大学	综合类	普通高校	3.645	B+
7	闽南师范大学	师范类	普通高校	2.714	B
8	福建医科大学	医药类	普通高校	2.146	B
9	闽江学院	理工类	普通高校	2.021	B
10	厦门理工学院	理工类	普通高校	1.446	B-
11	泉州师范学院	师范类	普通高校	1.236	B-
12	福建江夏学院	财经类	普通高校	1.231	B-
13	三明学院	综合类	普通高校	0.878	B-
14	莆田学院	综合类	普通高校	0.824	C+
15	福建理工大学	理工类	普通高校	0.774	C+
16	武夷学院	综合类	普通高校	0.576	C+
17	龙岩学院	综合类	普通高校	0.517	C+
18	福建技术师范学院	师范类	普通高校	0.476	C+
19	福建商学院	财经类	普通高校	0.407	C
20	福建警察学院	政法类	普通高校	0.334	C
21	宁德师范学院	师范类	普通高校	0.288	C
22	福建中医药大学	医药类	普通高校	0.259	C
23	厦门医学院	医药类	普通高校	0.089	C-

由表 8 – 9 可知，福建省 23 所公办本科院校人文社科发展平均得分为 5.137 分，共有 4 所高校的得分在平均值以上，占福建公办本科高校数量的比重不足 1/4，其余高校得分均位于平均值以下。厦门大学以 55.950 分的成绩遥遥领先于其他高校，位居福建公办本科高校第 1 名，而福建师范大学和华侨大学则分别以 17.958 分和 11.318 分的成绩位居第 2 名和第 3 名，其他进入前 10 名的高校分别福州大学、福建农林大学、集美大学、闽南师范大学、福建医科大学、闽江学院以及厦门理工学院。

在前 10 名高校中，福建 2 所"双一流"建设高校均进入前 10 名，分别是厦门大学（第 1 名）和福州大学（第 4 名），福建师范大学是普通类高校中表现最好的高校，位居福建公办本科高校第 2 名，紧随其后表现较好的普通类高校是华侨大学和福建农林大学。综合类和理工类高校分别有前 10 名中的 3 所，是前 10 名中高校数量最多的两种类型。

8.2.9　山东省公办高校评价报告

山东省公办高校人文社科发展水平综合评价得分与排名如表 8 – 10 所示。

表 8 – 10　　　　　　　　山东省公办高校人文社科综合得分与排名

排名	学校名称	学校类型	办学层次	得分	级别
1	山东大学	综合类	双一流	49.541	A +
2	山东师范大学	师范类	普通高校	17.655	A
3	青岛大学	综合类	普通高校	13.487	A –
4	中国海洋大学	综合类	双一流	12.427	A –
5	山东财经大学	财经类	普通高校	11.935	A –
6	曲阜师范大学	师范类	普通高校	9.559	A –
7	山东理工大学	理工类	普通高校	5.298	B +
8	山东科技大学	理工类	普通高校	5.166	B +
9	济南大学	综合类	普通高校	4.645	B +
10	聊城大学	综合类	普通高校	4.179	B +
11	鲁东大学	综合类	普通高校	4.126	B +
12	山东工商学院	财经类	普通高校	3.658	B +
13	烟台大学	综合类	普通高校	3.476	B +
14	山东建筑大学	理工类	普通高校	3.049	B
15	青岛理工大学	理工类	普通高校	2.295	B

排名	学校名称	学校类型	办学层次	得分	级别
16	山东农业大学	农林类	普通高校	2.254	B
17	青岛科技大学	理工类	普通高校	2.124	B
18	山东艺术学院	艺术类	普通高校	1.917	B
19	青岛农业大学	农林类	普通高校	1.849	B
20	齐鲁工业大学	理工类	普通高校	1.782	B
21	中国石油大学（华东）	理工类	双一流	1.656	B
22	临沂大学	综合类	普通高校	1.525	B−
23	山东工艺美术学院	艺术类	普通高校	1.499	B−
24	山东体育学院	体育类	普通高校	1.261	B−
25	山东女子学院	综合类	普通高校	1.239	B−
26	齐鲁师范学院	师范类	普通高校	0.941	B−
27	山东管理学院	财经类	普通高校	0.826	C+
28	滨州医学院	医药类	普通高校	0.810	C+
29	山东第一医科大学	医药类	普通高校	0.720	C+
30	泰山学院	综合类	普通高校	0.709	C+
31	潍坊学院	综合类	普通高校	0.697	C+
32	滨州学院	综合类	普通高校	0.681	C+
33	枣庄学院	综合类	普通高校	0.572	C+
34	山东青年政治学院	综合类	普通高校	0.566	C+
35	山东交通学院	理工类	普通高校	0.426	C
36	山东第二医科大学	医药类	普通高校	0.368	C
37	德州学院	综合类	普通高校	0.360	C
38	山东政法学院	政法类	普通高校	0.350	C
39	济宁学院	综合类	普通高校	0.340	C
40	山东中医药大学	医药类	普通高校	0.327	C
41	济宁医学院	医药类	普通高校	0.315	C
42	菏泽学院	综合类	普通高校	0.097	C−
43	山东石油化工学院	理工类	普通高校	0.054	C−
44	山东农业工程学院	农林类	普通高校	—	D+
44	山东警察学院	政法类	普通高校	—	D+

由表 8 – 10 可知，山东省 45 所公办本科院校人文社科发展平均得分为

4.111 分，共有 11 所高校的得分在平均值以上，占山东公办本科高校数量的比重不足 1/3，其余高校得分均位于平均值以下。山东大学以 49.541 分的成绩遥遥领先于其他高校，位居山东公办本科高校第 1 名，而山东师范大学和青岛大学则分别以 17.655 分和 13.487 分的成绩位居第 2 名和第 3 名，其他进入前 10 名的高校分别为中国海洋大学、山东财经大学、曲阜师范大学、山东理工大学、山东科技大学、济南大学以及聊城大学。

在前 10 名高校中，山东 2 所"双一流"建设高校均进入前 10 名，分别是山东大学（第 1 名）和中国海洋大学（第 4 名），且前 10 名中共有 5 所综合类高校，是数量最多的类型高校。

此外，在山东省普通高校中，山东师范大学、青岛大学和山东财经大学表现比较优异，其人文社科发展水平，排名普通高校前三名，表现出较好人文社科发展能力。

8.2.10　广东省公办高校评价报告

广东省公办高校人文社科发展水平综合评价得分与排名如表 8-11 所示。

表 8-11　　　　　　广东省公办高校人文社科综合得分与排名

排名	学校名称	学校类型	办学层次	得分	级别
1	中山大学	综合类	双一流	59.823	A +
2	暨南大学	综合类	双一流	35.459	A +
3	华南师范大学	师范类	双一流	31.618	A +
4	广东外语外贸大学	语言类	普通高校	22.835	A
5	广州大学	综合类	普通高校	22.398	A
6	深圳大学	综合类	普通高校	22.198	A
7	华南理工大学	理工类	双一流	20.566	A
8	华南农业大学	农林类	双一流	10.154	A -
9	广东工业大学	理工类	普通高校	8.423	B +
10	广东财经大学	财经类	普通高校	7.080	B +
11	汕头大学	综合类	普通高校	5.112	B +
12	南方科技大学	理工类	双一流	4.834	B +
13	南方医科大学	医药类	普通高校	3.996	B +
14	广东金融学院	财经类	普通高校	3.431	B +
15	广州美术学院	艺术类	普通高校	3.199	B

续表

排名	学校名称	学校类型	办学层次	得分	级别
16	岭南师范学院	师范类	普通高校	2.707	B
17	广东技术师范大学	师范类	普通高校	2.342	B
18	佛山科学技术学院	理工类	普通高校	2.127	B
19	广州中医药大学	医药类	双一流	1.423	B −
20	深圳技术大学	理工类	普通高校	1.330	B −
21	东莞理工学院	理工类	普通高校	1.268	B −
22	肇庆学院	综合类	普通高校	1.229	B −
23	广州体育学院	体育类	普通高校	1.203	B −
24	广东海洋大学	农林类	普通高校	1.096	B −
25	韩山师范学院	师范类	普通高校	1.041	B −
26	仲恺农业工程学院	农林类	普通高校	0.985	B −
27	星海音乐学院	艺术类	普通高校	0.810	C +
28	惠州学院	综合类	普通高校	0.741	C +
29	广州医科大学	医药类	双一流	0.687	C +
30	广东医科大学	医药类	普通高校	0.652	C +
31	嘉应学院	综合类	普通高校	0.625	C +
32	韶关学院	综合类	普通高校	0.597	C +
33	广东药科大学	医药类	普通高校	0.582	C +
34	广东石油化工学院	理工类	普通高校	0.475	C +
35	广州航海学院	理工类	普通高校	0.462	C +
36	广东第二师范学院	师范类	普通高校	0.440	C +
37	深圳职业技术大学	综合类	普通高校	0.425	C
38	五邑大学	综合类	普通高校	0.341	C
39	广东警官学院	政法类	普通高校	0.068	C −

由表 8 - 11 可知，广东省 38 所公办本科院校人文社科发展平均得分为 7.302 分，共有 9 所高校的得分在平均值以上，占广东公办本科高校数量的比重不足 1/4，其余高校得分均位于平均值以下。

中山大学以 59.823 分的成绩遥遥领先于其他高校，位居广东公办本科高校第 1 名，而暨南大学和华南师范大学则分别以 35.459 分和 31.618 分的成绩位居第 2 名和第 3 名，其他进入前 10 名的高校分别为广东外语外贸大学、广州大学、深圳大学、华南理工大学、华南农业大学、广东工业大学以及广东财经大学。

在前 10 名高校中，共有 5 所"双一流"建设高校，且前 3 名均为"双一流"建设高校，同时共有 4 所综合类高校进入前 10 名，是数量最多的一种类型高校。而普通类高校广东外语外贸大学、广州大学以及深圳大学表现出较强的人文社科发展实力，超越了华南理工大学和华南农业大学等"双一流"建设高校，分别位居第 4 名至第 6 名。

8.2.11　海南省公办高校评价报告

海南省公办高校人文社科发展水平综合评价得分与排名如表 8 - 12 所示。

表 8 - 12　　　　　　海南省公办高校人文社科综合得分与排名

排名	学校名称	学校类型	办学层次	得分	级别
1	海南大学	综合类	双一流	14.504	A -
2	海南师范大学	师范类	普通高校	5.257	B +
3	海南医学院	医药类	普通高校	0.834	B -
4	海南热带海洋学院	综合类	普通高校	0.613	C +
5	琼台师范学院	师范类	普通高校	0.420	C

由表 8 - 12 可知，海南省 5 所公办本科院校人文社科发展平均得分为 4.326 分，海南唯一的"双一流"建设高校海南大学以 14.504 分的成绩位居第 1 名，普通类高校海南师范大学、海南医学院、海南热带海洋学院和琼台师范学院分别位居第 2 名至第 5 名。

8.2.12　山西省公办高校评价报告

山西省公办高校人文社科发展水平综合评价得分与排名如表 8 - 13 所示。

表 8 - 13　　　　　　山西省公办高校人文社科综合得分与排名

排名	学校名称	学校类型	办学层次	得分	级别
1	山西大学	综合类	双一流	14.989	A -
2	山西财经大学	财经类	普通高校	7.336	B +
3	山西师范大学	师范类	普通高校	4.520	B +
4	太原理工大学	理工类	双一流	3.213	B

续表

排名	学校名称	学校类型	办学层次	得分	级别
5	太原师范学院	师范类	普通高校	1.763	B
6	太原科技大学	理工类	普通高校	1.092	B -
7	山西农业大学	农林类	普通高校	0.882	B -
8	中北大学	理工类	普通高校	0.773	C +
9	山西医科大学	医药类	普通高校	0.739	C +
10	山西大同大学	综合类	普通高校	0.588	C +
11	长治学院	综合类	普通高校	0.493	C +
12	山西传媒学院	艺术类	普通高校	0.465	C +
13	运城学院	综合类	普通高校	0.446	C +
14	忻州师范学院	师范类	普通高校	0.408	C
15	吕梁学院	综合类	普通高校	0.277	C
16	太原学院	综合类	普通高校	0.232	C
17	山西工程科技职业大学	理工类	普通高校	0.097	C -
18	晋中学院	综合类	普通高校	0.093	C -
19	长治医学院	医药类	普通高校	0.071	C -
20	太原工业学院	理工类	普通高校	0.054	C -
21	山西工程技术学院	理工类	普通高校	—	D +
21	山西中医药大学	医药类	普通高校	—	D +
21	山西警察学院	政法类	普通高校	—	D +
21	山西能源学院	理工类	普通高校	—	D +
21	山西工学院	理工类	普通高校	—	D +
21	山西科技学院	理工类	普通高校	—	D +

由表 8-13 可知，山西省 26 所公办本科院校人文社科发展平均得分为 1.927 分，仅有 4 所高校的得分在平均值以上，其余绝大多数高校得分均位于平均值以下。山西大学以 14.989 分的成绩山西公办本科高校第 1 名，而山西财经大学和山西师范大学则分别以 7.336 分和 4.520 分的成绩位居第 2 名和第 3 名，其他进入前 10 名的高校分别为太原理工大学、太原师范学院、太原科技大学、山西农业大学、中北大学、山西医科大学以及山西大同大学。

在前 10 名高校中，山西 2 所"双一流"建设高校均进入前 10 名，分别是山西大学（第 1 名）和太原理工大学（第 4 名），且共有 3 所理工类高校进入前 10 名，是数量最多的高校类型。而普通类高校山西财经大学和山西师范大学表现出较强的人文社科发展实力，超越了"双一流"建设高校太原理工大学，分别位居第 2 名和第 3 名，也是山西人文社科发展较好的 2 所普通类高校。

8.2.13　吉林省公办高校评价报告

吉林省公办高校人文社科发展水平综合评价得分与排名如表 8-14 所示。

表 8-14　　　　　吉林省公办高校人文社科综合得分与排名

排名	学校名称	学校类型	办学层次	得分	级别
1	吉林大学	综合类	双一流	41.460	A+
2	东北师范大学	师范类	双一流	24.352	A
3	吉林财经大学	财经类	普通高校	3.388	B+
4	延边大学	综合类	双一流	3.076	B
5	长春师范大学	师范类	普通高校	2.975	B
6	长春工业大学	理工类	普通高校	1.099	B-
7	吉林师范大学	师范类	普通高校	1.047	B-
8	吉林艺术学院	艺术类	普通高校	0.928	B-
9	北华大学	综合类	普通高校	0.921	B-
10	长春大学	综合类	普通高校	0.789	C+
11	长春理工大学	理工类	普通高校	0.779	C+
12	吉林农业大学	农林类	普通高校	0.751	C+
13	吉林体育学院	体育类	普通高校	0.742	C+
14	吉林建筑大学	理工类	普通高校	0.527	C+
15	长春中医药大学	医药类	普通高校	0.452	C+
16	东北电力大学	理工类	普通高校	0.435	C+
17	通化师范学院	师范类	普通高校	0.313	C
18	吉林医药学院	医药类	普通高校	0.144	C-
19	吉林化工学院	理工类	普通高校	0.134	C-
20	吉林警察学院	政法类	普通高校	0.116	C-
21	吉林工程技术师范学院	师范类	普通高校	0.107	C-
22	吉林工商学院	财经类	普通高校	0.071	C-
23	长春工程学院	理工类	普通高校	0.050	C-
24	白城师范学院	师范类	普通高校	0.046	C-
24	吉林农业科技学院	农林类	普通高校	0.046	C-

由表 8 - 14 可知，吉林省 25 所公办本科院校人文社科发展平均得分为 3.390 分，仅有 2 所高校的得分在平均值以上，其余绝大多数高校得分均位于平均值以下。其中，吉林大学和东北师范大学分别以 41.460 分和 24.352 分的成绩位居前 2 名，且这 2 所高校均为"双一流"建设高校，还有一所"双一流"大学是延边大学处于第 4 名，而普通高校中的前 3 名是吉林财经大学、长春师范大学和长春工业大学，分别位居第 3 名、第 5 名和第 6 名，其他进入前 10 名的高校分别为吉林师范大学、吉林艺术学院、北华大学以及长春大学。

8.2.14 黑龙江省公办高校评价报告

黑龙江省公办高校人文社科发展水平综合评价得分与排名如表 8 - 15 所示。

表 8 - 15　　　　黑龙江省公办高校人文社科综合得分与排名

排名	学校名称	学校类型	办学层次	得分	级别
1	哈尔滨工业大学	理工类	双一流	14.026	A -
2	黑龙江大学	综合类	普通高校	6.819	B +
3	哈尔滨工程大学	理工类	双一流	5.350	B +
4	哈尔滨师范大学	师范类	普通高校	5.057	B +
5	东北农业大学	农林类	双一流	4.412	B +
6	东北林业大学	农林类	双一流	3.356	B +
7	哈尔滨商业大学	财经类	普通高校	2.954	B
8	哈尔滨理工大学	理工类	普通高校	2.864	B
9	哈尔滨医科大学	医药类	普通高校	2.361	B
10	齐齐哈尔大学	综合类	普通高校	1.047	B -
11	哈尔滨音乐学院	艺术类	普通高校	0.872	B -
12	牡丹江师范学院	师范类	普通高校	0.777	C +
13	黑龙江科技大学	理工类	普通高校	0.635	C +
14	东北石油大学	理工类	普通高校	0.612	C +
15	哈尔滨体育学院	体育类	普通高校	0.585	C +
16	黑龙江八一农垦大学	农林类	普通高校	0.528	C +
17	哈尔滨学院	综合类	普通高校	0.465	C +
18	大庆师范学院	师范类	普通高校	0.396	C
19	佳木斯大学	综合类	普通高校	0.248	C
20	黑龙江工业学院	理工类	普通高校	0.207	C

续表

排名	学校名称	学校类型	办学层次	得分	级别
21	黑龙江中医药大学	医药类	普通高校	0.151	C −
22	黑河学院	综合类	普通高校	0.131	C −
23	哈尔滨金融学院	财经类	普通高校	0.079	C −
24	黑龙江工程学院	理工类	普通高校	0.053	C −
25	牡丹江医学院	医药类	普通高校	—	D +
25	齐齐哈尔医学院	医药类	普通高校	—	D +
25	绥化学院	综合类	普通高校	—	D +

由表 8 – 15 可知，黑龙江 27 所公办本科院校人文社科发展平均得分为 2.249 分，共有 9 所高校的得分在平均值以上，占黑龙江公办本科院校总数的 1/3，其余高校得分均位于平均值以下。哈尔滨工业大学以 14.026 分的成绩位居黑龙江公办本科院校第 1 名，而黑龙江大学、哈尔滨工程大学则分别以 6.819 分和 5.350 分的成绩位居第 2 名和第 3 名，其余 2 所"双一流"建设高校东北农业大学和东北林业大学分别位居第 5 名和第 6 名。紧随其后依次是哈尔滨商业大学、哈尔滨理工大学、哈尔滨医科大学以及齐齐哈尔大学。在前 10 名中，理工类高校有 3 所，是占比较多的高校类型。

8.2.15 安徽省公办高校评价报告

安徽省公办高校人文社科发展水平综合评价得分与排名如表 8 –16 所示。

表 8 –16 安徽省公办高校人文社科综合得分与排名

排名	学校名称	学校类型	办学层次	得分	级别
1	中国科学技术大学	理工类	双一流	14.008	A −
2	安徽大学	综合类	双一流	13.110	A −
3	合肥工业大学	理工类	双一流	11.730	A −
4	安徽师范大学	师范类	普通高校	11.277	A −
5	安徽财经大学	财经类	普通高校	9.382	A −
6	安徽医科大学	医药类	普通高校	3.643	B +
7	安徽工业大学	理工类	普通高校	2.754	B
8	淮北师范大学	师范类	普通高校	2.715	B

续表

排名	学校名称	学校类型	办学层次	得分	级别
9	安徽理工大学	理工类	普通高校	2.288	B
10	阜阳师范大学	师范类	普通高校	2.020	B
11	安徽农业大学	农林类	普通高校	1.910	B
12	安徽工程大学	理工类	普通高校	1.846	B
13	安庆师范大学	师范类	普通高校	1.281	B −
14	合肥师范学院	师范类	普通高校	1.065	B −
15	淮南师范学院	师范类	普通高校	0.902	B −
16	安徽建筑大学	理工类	普通高校	0.771	C +
17	铜陵学院	财经类	普通高校	0.583	C +
18	巢湖学院	综合类	普通高校	0.573	C +
19	皖南医学院	医药类	普通高校	0.561	C +
20	滁州学院	综合类	普通高校	0.558	C +
21	皖西学院	综合类	普通高校	0.509	C +
22	安徽中医药大学	医药类	普通高校	0.496	C +
23	宿州学院	综合类	普通高校	0.449	C +
24	安徽科技学院	理工类	普通高校	0.375	C
25	黄山学院	综合类	普通高校	0.294	C
26	合肥大学	综合类	普通高校	0.250	C
27	池州学院	综合类	普通高校	0.206	C
28	安徽艺术学院	艺术类	普通高校	0.098	C −
29	亳州学院	综合类	普通高校	0.079	C −
30	蚌埠学院	理工类	普通高校	—	D +
30	蚌埠医科大学	医药类	普通高校	—	D +

由表 8 - 16 可知，安徽省 31 所公办本科院校人文社科发展平均得分为 2.956 分，仅有 6 所高校的得分在平均值以上，占安徽省公办本科院校总数的比重不足 1/5，其余绝大多数高校得分均位于平均值以下。安徽省的 3 所"双一流"建设高校中国科学技术大学、安徽大学和合肥工业大学分别以 14.008 分、13.110 分、11.730 分的成绩位居前 3 名，表现出较好的人文社科发展实力，而普通类高校中的前 3 名为安徽师范大学、安徽财经大学和安徽医科大学，它们分别位居第 4 名至第 6 名。此外，安徽工业大学、淮北师范大学、安徽理工大学和阜阳师范大学同样进入前 10 名。在前 10 名中共有 4 所理工类高校，

是占比较多的高校类型。

8.2.16　江西省公办高校评价报告

江西省公办高校人文社科发展水平综合评价得分与排名如表 8－17 所示。

表 8－17　　　　江西省公办高校人文社科综合得分与排名

排名	学校名称	学校类型	办学层次	得分	级别
1	江西财经大学	财经类	普通高校	16.875	A－
2	南昌大学	综合类	双一流	15.254	A－
3	江西师范大学	师范类	普通高校	15.220	A－
4	赣南师范大学	师范类	普通高校	2.732	B
5	华东交通大学	理工类	普通高校	2.421	B
6	景德镇陶瓷大学	理工类	普通高校	2.165	B
7	江西理工大学	理工类	普通高校	2.144	B
8	江西农业大学	农林类	普通高校	1.992	B
9	南昌航空大学	理工类	普通高校	1.789	B
10	江西科技师范大学	师范类	普通高校	1.699	B
11	东华理工大学	理工类	普通高校	1.667	B
12	井冈山大学	综合类	普通高校	0.997	B－
13	九江学院	综合类	普通高校	0.887	B－
14	南昌工程学院	理工类	普通高校	0.766	C＋
15	南昌师范学院	师范类	普通高校	0.666	C＋
16	宜春学院	综合类	普通高校	0.537	C＋
17	萍乡学院	综合类	普通高校	0.370	C
18	上饶师范学院	师范类	普通高校	0.361	C
19	江西中医药大学	医药类	普通高校	0.327	C
20	新余学院	综合类	普通高校	0.213	C
21	赣南医科大学	医药类	普通高校	0.172	C－
22	赣南科技学院	理工类	普通高校	0.113	C－
23	豫章师范学院	师范类	普通高校	0.050	C－
24	景德镇学院	综合类	普通高校	—	D＋
24	赣东学院	综合类	普通高校	—	D＋
24	江西警察学院	政法类	普通高校	—	D＋
24	南昌医学院	医药类	普通高校	—	D＋

由表 8 – 17 可知，江西省 27 所公办本科院校人文社科发展平均得分为 3.018 分，仅有 3 所高校的得分在平均值以上，占江西省公办本科院校总数的比重不足 1/4，其余绝大多数高校得分均位于平均值以下。山西省普通高校的人文社科发展较为优异，普通类高校江西财经大学的人文社科发展超越了"双一流"建设高校南昌大学，以 16.875 分的成绩位居第 1 名，而江西唯一的"双一流"建设高校南昌大学则以 15.254 分的成绩位居第 2 名。其余进入前 10 名的高校分别为江西师范大学、赣南师范大学、华东交通大学、景德镇陶瓷大学、江西理工大学、江西农业大学、南昌航空大学以及江西科技师范大学，且前 10 名中共有 4 所理工类高校，是数量较多的高校类型。

8.2.17 河南省公办高校评价报告

河南省公办高校人文社科发展水平综合评价得分与排名如表 8 – 18 所示。

表 8 – 18　　　　　河南省公办高校人文社科综合得分与排名

排名	学校名称	学校类型	办学层次	得分	级别
1	郑州大学	综合类	双一流	24.693	A
2	河南大学	综合类	双一流	21.151	A
3	河南师范大学	师范类	普通高校	10.370	A –
4	河南财经政法大学	财经类	普通高校	4.018	B +
5	河南工业大学	理工类	普通高校	3.763	B +
6	河南理工大学	理工类	普通高校	3.690	B +
7	河南农业大学	农林类	普通高校	3.567	B +
8	华北水利水电大学	理工类	普通高校	3.325	B +
9	郑州航空工业管理学院	财经类	普通高校	2.833	B
10	洛阳师范学院	师范类	普通高校	2.443	B
11	郑州轻工业大学	理工类	普通高校	2.227	B
12	河南科技大学	综合类	普通高校	2.204	B
13	新乡医学院	医药类	普通高校	1.846	B
14	安阳师范学院	师范类	普通高校	1.527	B –
15	周口师范学院	师范类	普通高校	1.525	B –
16	商丘师范学院	师范类	普通高校	1.433	B –
17	信阳师范大学	师范类	普通高校	1.308	B –
18	河南中医药大学	医药类	普通高校	1.061	B –

排名	学校名称	学校类型	办学层次	得分	级别
19	黄淮学院	综合类	普通高校	0.959	B −
20	南阳师范学院	师范类	普通高校	0.874	B −
21	许昌学院	理工类	普通高校	0.850	B −
22	河南科技学院	理工类	普通高校	0.794	C +
23	郑州师范学院	师范类	普通高校	0.650	C +
24	中原工学院	理工类	普通高校	0.634	C +
25	洛阳理工学院	理工类	普通高校	0.596	C +
26	平顶山学院	综合类	普通高校	0.537	C +
27	河南牧业经济学院	农林类	普通高校	0.464	C +
28	新乡学院	综合类	普通高校	0.388	C
29	南阳理工学院	理工类	普通高校	0.338	C
30	河南工程学院	理工类	普通高校	0.273	C
31	信阳农林学院	农林类	普通高校	0.268	C
32	安阳工学院	理工类	普通高校	0.204	C
33	河南财政金融学院	财经类	普通高校	0.164	C −
34	河南城建学院	理工类	普通高校	0.125	C −
35	河南警察学院	政法类	普通高校	0.075	C −
36	河南工学院	理工类	普通高校	0.046	C −
37	郑州工程技术学院	理工类	普通高校	—	D +
37	郑州警察学院	政法类	普通高校	—	D +

由表 8 - 18 可知，河南省 38 所公办本科院校人文社科发展平均得分为 2.812 分，仅有 9 所高校的得分在平均值以上，占河南省公办本科院校总数的比重不足 1/3，其余绝大多数高校得分均位于平均值以下。河南省两所"双一流"建设高校郑州大学和河南大学分别以 24.693 分和 21.151 分的成绩遥遥领先于其他高校，位居第 1 名和第 2 名，普通高校中的前 3 名分别为河南师范大学、河南财经政法大学、河南工业大学，它们分别位居第 3 名至第 5 名，其余进入前 10 名的高校分别为河南理工大学、河南农业大学、华北水利水电大学、郑州航空工业管理学院和洛阳师范学院。理工类高校是前 10 名中数量较多的高校类型，综合类高校是人文社科发展水平最高的高校类型。

8.2.18　湖北省公办高校评价报告

湖北省公办高校人文社科发展水平综合评价得分与排名如表 8 - 19 所示。

表 8 - 19　　　　湖北省公办高校人文社科综合得分与排名

排名	学校名称	学校类型	办学层次	得分	级别
1	武汉大学	综合类	双一流	70.052	A +
2	华中师范大学	师范类	双一流	38.030	A +
3	中南财经政法大学	财经类	双一流	31.455	A +
4	华中科技大学	综合类	双一流	31.398	A +
5	湖北大学	综合类	普通高校	11.687	A -
6	华中农业大学	农林类	双一流	11.252	A -
7	中国地质大学（武汉）	理工类	双一流	10.874	A -
8	武汉理工大学	理工类	双一流	9.927	A -
9	中南民族大学	民族类	普通高校	8.991	A -
10	湖北经济学院	财经类	普通高校	4.429	B +
11	武汉体育学院	体育类	普通高校	4.299	B +
12	湖北工业大学	理工类	普通高校	4.147	B +
13	三峡大学	综合类	普通高校	3.782	B +
14	武汉科技大学	理工类	普通高校	3.655	B +
15	长江大学	综合类	普通高校	3.229	B +
16	武汉纺织大学	理工类	普通高校	3.111	B
17	武汉工程大学	理工类	普通高校	2.981	B
18	湖北师范大学	师范类	普通高校	2.608	B
19	武汉轻工大学	理工类	普通高校	1.925	B
20	湖北民族大学	民族类	普通高校	1.881	B
21	黄冈师范学院	师范类	普通高校	1.388	B -
22	江汉大学	综合类	普通高校	1.385	B -
23	湖北美术学院	艺术类	普通高校	1.340	B -
24	湖北汽车工业学院	理工类	普通高校	0.851	B -
25	湖北中医药大学	医药类	普通高校	0.828	C +
26	荆楚理工学院	理工类	普通高校	0.814	C +
27	湖北第二师范学院	师范类	普通高校	0.706	C +

续表

排名	学校名称	学校类型	办学层次	得分	级别
28	湖北文理学院	综合类	普通高校	0.675	C +
29	湖北工程学院	理工类	普通高校	0.617	C +
30	湖北科技学院	理工类	普通高校	0.600	C +
31	武汉商学院	财经类	普通高校	0.592	C +
32	湖北医药学院	医药类	普通高校	0.294	C
33	武汉音乐学院	艺术类	普通高校	0.280	C
34	汉江师范学院	师范类	普通高校	0.177	C −
35	湖北理工学院	理工类	普通高校	0.150	C −
36	湖北警官学院	政法类	普通高校	—	D +

由表 8 - 19 可知，湖北省 36 所公办本科院校人文社科发展平均得分为 7.726 分，共有 9 所高校的得分在平均值以上，占湖北省公办本科高校总数的 1/4，其余高校的得分均位于平均值以下。武汉大学以 70.052 分的成绩遥遥领先于其他高校，位居湖北公办本科高校第 1 名，华中师范大学和中南财经政法大学分别以 38.030 分以及 31.455 分的成绩位居第 2 名和第 3 名，其他进入前 10 名的高校分别为华中科技大学、湖北大学、华中农业大学、中国地质大学（武汉）、武汉理工大学、中南民族大学以及湖北经济学院。

在前 10 名高校中，湖北省 7 所"双一流"建设高校均进入前 10 名，且前 4 名高校全部属于"双一流"建设高校，其他三所"双一流"建设高华中农业大学中国地质大学（武汉）以及武汉理工大学分别位居第 6 至第 8 名，"双一流"建设高校表现出强劲的人文社科发展实力。在前 10 名共有 3 所综合类高校，是数量较多的高校类型。

8.2.19　湖南省公办高校评价报告

湖南省公办高校人文社科发展水平综合评价得分与排名如表 8 - 20 所示。

表 8 - 20　　　　湖南省公办高校人文社科综合得分与排名

排名	学校名称	学校类型	办学层次	得分	级别
1	湖南大学	综合类	双一流	29.989	A
2	中南大学	综合类	双一流	27.166	A

排名	学校名称	学校类型	办学层次	得分	级别
3	湖南师范大学	师范类	双一流	23.706	A
4	湘潭大学	综合类	双一流	12.312	A -
5	长沙理工大学	理工类	普通高校	8.358	B +
6	湖南科技大学	综合类	普通高校	7.975	B +
7	湖南工商大学	财经类	普通高校	5.069	B +
8	湖南第一师范学院	师范类	普通高校	3.887	B +
9	吉首大学	综合类	普通高校	3.592	B +
10	湖南农业大学	农林类	普通高校	3.282	B +
11	湖南财政经济学院	财经类	普通高校	3.120	B
12	中南林业科技大学	农林类	普通高校	3.070	B
13	湖南工业大学	理工类	普通高校	2.841	B
14	长沙学院	综合类	普通高校	2.100	B
15	南华大学	综合类	普通高校	1.908	B
16	湘南学院	综合类	普通高校	1.648	B
17	怀化学院	综合类	普通高校	1.463	B -
18	衡阳师范学院	师范类	普通高校	1.254	B -
19	湖南城市学院	综合类	普通高校	1.168	B -
20	湖南文理学院	综合类	普通高校	1.005	B -
21	湖南中医药大学	医药类	普通高校	1.002	B -
22	湖南工程学院	理工类	普通高校	0.929	B -
23	湖南理工学院	理工类	普通高校	0.822	C +
24	长沙师范学院	师范类	普通高校	0.720	C +
25	湖南科技学院	理工类	普通高校	0.665	C +
26	湖南工学院	理工类	普通高校	0.560	C +
27	湖南人文科技学院	综合类	普通高校	0.558	C +
28	湖南女子学院	语言类	普通高校	0.401	C
28	邵阳学院	综合类	普通高校	0.401	C
30	湖南医药学院	医药类	普通高校	0.088	C -
31	湖南警察学院	政法类	普通高校	—	D +

由表 8-20 可知，湖南省 31 所公办本科高校人文社科发展平均得分为 5.035 分，仅有 7 所高校的得分在平均值以上，占河南省公办本科院校总数的

比重约为 1/4，其余绝大多数高校得分均位于平均值以下。湖南省 4 所"双一流"建设高校湖南大学、中南大学、湖南师范大学以及湘潭大学分别位居第 1 名至第 4 名，而普通类高校中人文社科发展较好的 3 所高校为长沙理工大学、湖南科技大学以及湖南工商大学，分别以 8.358 分、7.975 分和 5.069 分的成绩位居第 5 名至第 7 名，另外进入前 10 名的 3 所高校为湖南第一师范学院、吉首大学以及湖南农业大学。在前 10 名中共有 5 所综合类高校，是数量较多的高校类型，同时前 2 名高校均为综合类高校，表明综合类高校引领湖南高校人文社科发展。

8.2.20　内蒙古公办高校评价报告

内蒙古自治区公办高校人文社科发展水平综合评价得分与排名如表 8 - 21 所示。

表 8 - 21　　　　　内蒙古公办高校人文社科综合得分与排名

排名	学校名称	学校类型	办学层次	得分	级别
1	内蒙古大学	综合类	双一流	8.671	B +
2	内蒙古师范大学	师范类	普通高校	6.812	B +
3	内蒙古民族大学	民族类	普通高校	2.541	B
4	内蒙古工业大学	理工类	普通高校	1.941	B
5	内蒙古财经大学	财经类	普通高校	1.935	B
6	赤峰学院	综合类	普通高校	1.319	B -
7	内蒙古农业大学	农林类	普通高校	1.291	B -
8	内蒙古科技大学	综合类	普通高校	1.078	B -
9	呼和浩特民族学院	语言类	普通高校	1.057	B -
10	呼伦贝尔学院	综合类	普通高校	0.765	C +
11	内蒙古艺术学院	艺术类	普通高校	0.227	C
12	内蒙古医科大学	医药类	普通高校	0.212	C
13	鄂尔多斯应用技术学院	理工类	普通高校	0.053	C -
14	河套学院	综合类	普通高校	—	D +
14	集宁师范学院	师范类	普通高校	—	D +

由表 8 - 21 可知，内蒙古 15 所公办本科高校人文社科发展平均得分为 2.146 分，仅有 3 所高校的得分在平均值以上，占河南省公办本科院校总数的

比重约为 1/5，其余绝大多数高校得分均位于平均值以下。内蒙古唯一的"双一流"建设高校内蒙古大学以 8.671 分的成绩位居第 1 名，而普通类高校中人文社科发展较好的 2 所高校为内蒙古师范大学和内蒙古民族大学，分别以 6.812 分和 2.541 分的成绩位居第 2 名和第 3 名。

8.2.21 广西公办高校评价报告

广西壮族自治区公办高校人文社科发展水平综合评价得分与排名如表 8－22 所示。

表 8－22　　　　　　　广西公办高校人文社科综合得分与排名

排名	学校名称	学校类型	办学层次	得分	级别
1	广西师范大学	师范类	普通高校	11.052	A－
2	广西大学	综合类	双一流	10.320	A－
3	广西民族大学	民族类	普通高校	5.146	B＋
4	广西财经学院	财经类	普通高校	3.384	B＋
5	桂林理工大学	理工类	普通高校	2.936	B
6	南宁师范大学	师范类	普通高校	2.559	B
7	桂林电子科技大学	理工类	普通高校	2.547	B
8	广西艺术学院	艺术类	普通高校	2.076	B
9	桂林旅游学院	财经类	普通高校	1.255	B－
10	广西科技大学	理工类	普通高校	1.214	B－
11	玉林师范学院	师范类	普通高校	1.062	B－
12	北部湾大学	综合类	普通高校	0.961	B－
13	广西医科大学	医药类	普通高校	0.781	C＋
14	贺州学院	综合类	普通高校	0.677	C＋
15	百色学院	综合类	普通高校	0.607	C＋
16	梧州学院	综合类	普通高校	0.433	C
17	桂林航天工业学院	理工类	普通高校	0.411	C
18	桂林医学院	医药类	普通高校	0.344	C
19	广西民族师范学院	师范类	普通高校	0.327	C
20	广西中医药大学	医药类	普通高校	0.299	C
20	河池学院	综合类	普通高校	0.299	C
22	广西警察学院	政法类	普通高校	0.205	C

排名	学校名称	学校类型	办学层次	得分	级别
23	广西职业师范学院	师范类	普通高校	0.142	C -
24	右江民族医学院	医药类	普通高校	0.092	C -
25	广西科技师范学院	师范类	普通高校	0.057	C -
26	广西农业职业技术大学	农林类	普通高校	—	D +

由表 8-22 可知，广西 26 所公办本科高校人文社科发展平均得分为 1.967 分，共有 8 所高校的得分在平均值以上，占广西公办本科院校总数的比重不足 1/3，其余绝大多数高校得分均位于平均值以下。值得一提的是，普通类高校广西师范大学以 11.052 分的成绩超越了广西唯一的"双一流"建设高校广西大学，位居第 1 名，而广西大学则以 10.320 分的成绩位居第 2 名，前 2 名高校也是人文社科发展得分在 10 分以上仅有的 2 所高校，而其他进入前 10 名的高校为广西民族大学、广西财经学院、桂林理工大学、南宁师范大学、桂林电子科技大学、广西艺术学院、桂林旅游学院以及广西科技大学。且在前 10 名中共有 3 所理工类高校，是数量较多的高校类型，分别是桂林理工大学（第 5 名）、桂林电子科技大学（第 7 名）和广西科技大学（第 10 名）。

8.2.22　重庆市公办高校评价报告

重庆市公办高校人文社科发展水平综合评价得分与排名如表 8-23 所示。

表 8-23　　　　　　　重庆市公办高校人文社科综合得分与排名

排名	学校名称	学校类型	办学层次	得分	级别
1	西南大学	综合类	双一流	30.650	A +
2	重庆大学	综合类	双一流	25.489	A
3	西南政法大学	政法类	普通高校	13.640	A -
4	重庆工商大学	财经类	普通高校	8.273	B +
5	重庆师范大学	师范类	普通高校	6.272	B +
6	四川外国语大学	语言类	普通高校	5.888	B +
7	重庆交通大学	理工类	普通高校	4.485	B +
8	重庆邮电大学	理工类	普通高校	3.384	B +
9	四川美术学院	艺术类	普通高校	3.059	B

续表

排名	学校名称	学校类型	办学层次	得分	级别
10	重庆理工大学	理工类	普通高校	2.879	B
11	长江师范学院	师范类	普通高校	2.177	B
12	重庆医科大学	医药类	普通高校	1.568	B -
13	重庆文理学院	综合类	普通高校	1.152	B -
14	重庆第二师范学院	师范类	普通高校	0.949	B -
15	重庆三峡学院	综合类	普通高校	0.501	C +
16	重庆科技大学	综合类	普通高校	0.256	C
17	重庆警察学院	政法类	普通高校	—	D +

由表 8 - 23 可知，重庆市 17 所公办本科高校人文社科发展平均得分为 6.914 分，共有 4 所高校的得分在平均值以上，占重庆公办本科院校总数的比重不足 1/3，其余绝大多数高校得分均位于平均值以下。重庆 2 所"双一流"建设高校西南大学和重庆大学分别以 30.650 分和 25.489 分的成绩遥遥领先于其他高校，位居重庆公办本科高校人文社科发展前 2 名，而普通类高校中人文社科发展较好的 3 所高校分别为西南政法大学、重庆工商大学以及重庆师范大学，分别以 13.640 分、8.273 分以及 6.272 分的成绩位居第 3 名至第 5 名，其余进入前 10 名的 5 所高校分别为四川外国语大学、重庆交通大学、重庆邮电大学、四川美术学院以及重庆理工大学，分别位列第 6 名至第 10 名。且前 10 名有 3 所理工类高校，是数量较多的高校类型，同时前 2 名高校均为综合类高校，从高校类型来看综合类高校和理工类高校引领重庆市高校人文社科发展。

8.2.23　四川省公办高校评价报告

四川省公办高校人文社科发展水平综合评价得分与排名如表 8 - 24 所示。

表 8 - 24　　　　　四川省公办高校人文社科综合得分与排名

排名	学校名称	学校类型	办学层次	得分	级别
1	四川大学	综合类	双一流	50.547	A +
2	西南财经大学	财经类	双一流	29.012	A
3	西南交通大学	理工类	双一流	15.583	A -
4	电子科技大学	理工类	双一流	13.709	A -

排名	学校名称	学校类型	办学层次	得分	级别
5	四川师范大学	师范类	普通高校	9.885	A -
6	西南民族大学	民族类	普通高校	6.491	B +
7	四川农业大学	农林类	双一流	6.465	B +
8	成都理工大学	理工类	双一流	4.495	B +
9	西华师范大学	师范类	普通高校	3.007	B
10	西华大学	综合类	普通高校	2.864	B
11	成都体育学院	体育类	普通高校	2.771	B
12	西南石油大学	理工类	双一流	1.921	B
13	西南科技大学	理工类	普通高校	1.908	B
14	成都大学	综合类	普通高校	1.898	B
15	西南医科大学	医药类	普通高校	1.610	B
16	成都中医药大学	医药类	双一流	1.447	B -
17	四川音乐学院	艺术类	普通高校	1.350	B -
18	四川轻化工大学	理工类	普通高校	1.002	B -
19	成都师范学院	师范类	普通高校	0.905	B -
20	成都信息工程大学	理工类	普通高校	0.834	B -
21	四川文理学院	综合类	普通高校	0.802	C +
22	成都医学院	医药类	普通高校	0.697	C +
23	乐山师范学院	师范类	普通高校	0.582	C +
24	四川旅游学院	综合类	普通高校	0.562	C +
25	宜宾学院	综合类	普通高校	0.550	C +
26	内江师范学院	师范类	普通高校	0.516	C +
27	绵阳师范学院	师范类	普通高校	0.393	C
28	四川警察学院	政法类	普通高校	0.329	C
29	中国民用航空飞行学院	理工类	普通高校	0.323	C
30	四川民族学院	民族类	普通高校	0.263	C
31	攀枝花学院	综合类	普通高校	0.250	C
32	西昌学院	综合类	普通高校	0.196	C
33	川北医学院	医药类	普通高校	0.134	C -
34	阿坝师范学院	师范类	普通高校	0.079	C -
35	成都工业学院	理工类	普通高校	—	D +

由表 8－24 可知，四川省 35 所公办本科院校人文社科发展平均得分为 4.805 分，仅有 7 所高校的得分在平均值以上，占四川省公办本科院校总数的比重的 1/5，其余绝大多数高校得分均位于平均值以下。四川大学以 50.547 分的成绩遥遥领先于其他高校，位居四川公办本科高校人文社科发展第 1 名，同为"双一流"建设高校的西南财经大学、西南交通大学分别以 29.012 分和 15.583 分的成绩位居第 2 名至第 3 名，紧随其后的高校有电子科技大学、四川师范大学、西南民族大学、四川农业大学、成都理工大学、西华师范大学以及西华大学。

在前 10 名高校中，四川 8 所"双一流"建设高校共有 6 所进入了前 10 名，在普通高校中，人文社科发展较好的 3 所高校分别是四川师范大学（第 5 名）、西南民族大学（第 6 名）、西华师范大学（第 9 名）和西华大学（第 10 名），这也是前 10 名中仅有的 4 所普通类高校。从高校类型来看，前 10 名高校中共有 3 所属于理工类高校，是数量较多的高校类型，表明理工类高校在四川高校人文社科发展方面同样表现出不错的成绩。

8.2.24　贵州省公办高校评价报告

贵州省公办高校人文社科发展水平综合评价得分与排名如表 8－25 所示。

表 8－25　　　　贵州省公办高校人文社科综合得分与排名

排名	学校名称	学校类型	办学层次	得分	级别
1	贵州大学	综合类	双一流	8.168	B＋
2	贵州财经大学	财经类	普通高校	6.927	B＋
3	贵州师范大学	师范类	普通高校	6.166	B＋
4	贵州民族大学	民族类	普通高校	5.231	B＋
5	贵州医科大学	医药类	普通高校	1.591	B
6	贵州师范学院	师范类	普通高校	1.293	B－
7	铜仁学院	综合类	普通高校	1.050	B－
8	凯里学院	综合类	普通高校	1.040	B－
9	遵义医科大学	医药类	普通高校	0.850	B－
10	遵义师范学院	师范类	普通高校	0.565	C＋
11	贵阳学院	综合类	普通高校	0.498	C＋
12	贵州中医药大学	医药类	普通高校	0.412	C
13	安顺学院	综合类	普通高校	0.315	C

排名	学校名称	学校类型	办学层次	得分	级别
14	贵州理工学院	理工类	普通高校	0.298	C
15	黔南民族师范学院	师范类	普通高校	0.257	C
16	贵州商学院	财经类	普通高校	0.246	C
17	贵州工程应用技术学院	理工类	普通高校	0.218	C
18	兴义民族师范学院	师范类	普通高校	0.189	C -
19	贵州警察学院	政法类	普通高校	0.108	C -
20	六盘水师范学院	师范类	普通高校	—	D +
20	贵阳康养职业大学	医药类	普通高校	—	D +

由表 8 - 25 可知，贵州省 21 所公办本科高校人文社科发展平均得分为 1.864 分，共有 4 所高校的得分在平均值以上，占贵州公办本科院校总数的比重不足 1/5，其余绝大多数高校得分均位于平均值以下。贵州唯一一所"双一流"建设高校贵州大学以 8.168 分的成绩位居第 1 名，第 2 名至第 5 名分别是贵州财经大学、贵州师范大学、贵州民族大学以及贵州医科大学，分别取得了 6.927 分、6.166 分、5.231 分和 1.591 分的成绩。其余进入前 10 名的高校分别为贵州师范学院、铜仁学院、凯里学院、遵义医科大学以及遵义师范学院，分别位列第 6 名至第 10 名。从高校类型来看，前 10 名高校中分别有 3 所师范类高校和 3 所综合类高校，是数量较多的两种高校类型。

8.2.25　云南省公办高校评价报告

云南省公办高校人文社科发展水平综合评价得分与排名如表 8 - 26 所示。

表 8 - 26　　　　　云南省公办高校人文社科综合得分与排名

排名	学校名称	学校类型	办学层次	得分	级别
1	云南大学	综合类	双一流	20.978	A
2	云南师范大学	师范类	普通高校	8.671	B +
3	云南财经大学	财经类	普通高校	8.097	B +
4	云南民族大学	民族类	普通高校	5.950	B +
5	昆明理工大学	理工类	普通高校	4.806	B +
6	大理大学	综合类	普通高校	2.754	B

排名	学校名称	学校类型	办学层次	得分	级别
7	云南艺术学院	艺术类	普通高校	1.519	B –
8	西南林业大学	农林类	普通高校	1.490	B –
9	昆明学院	综合类	普通高校	1.012	B –
10	曲靖师范学院	师范类	普通高校	0.972	B –
11	云南农业大学	农林类	普通高校	0.781	C +
12	昆明医科大学	医药类	普通高校	0.722	C +
13	云南中医药大学	医药类	普通高校	0.414	C
14	红河学院	综合类	普通高校	0.335	C
15	玉溪师范学院	师范类	普通高校	0.322	C
16	云南警官学院	政法类	普通高校	0.259	C
17	普洱学院	综合类	普通高校	0.124	C –
18	滇西应用技术大学	综合类	普通高校	0.113	C –
18	楚雄师范学院	师范类	普通高校	0.113	C –
20	保山学院	综合类	普通高校	0.046	C –
21	昭通学院	综合类	普通高校	—	D +
21	滇西科技师范学院	师范类	普通高校	—	D +
21	文山学院	综合类	普通高校	—	D +

由表 8 – 26 可知，云南省 23 所公办本科高校人文社科发展平均得分为 2.974 分，共有 5 所高校的得分在平均值以上，占云南公办本科高校总数的比重不足 1/4，其余绝大多数高校得分均位于平均值以下。云南唯一一所"双一流"建设高校云南大学以 20.978 分的成绩遥遥领先于其他高校，位居云南公办本科高校人文社科发展第 1 名，第 2 名至第 5 名分别是云南师范大学、云南财经大学、云南民族大学以及昆明理工大学，分别取得了 8.671 分、8.097 分、5.950 分以及 4.806 分的成绩。其余进入前 10 名的高校分别为大理大学、云南艺术学院、西南林业大学、昆明学院以及曲靖师范学院，分别是第 6 名至第 10名。从高校类型来看，前 10 名高校中共有 3 所综合类高校，是数量较多的高校类型。

8.2.26　陕西省公办高校评价报告

陕西省公办高校人文社科发展水平综合评价得分与排名如表 8 – 27 所示。

表 8 - 27　　　　　陕西省公办高校人文社科综合得分与排名

排名	学校名称	学校类型	办学层次	得分	级别
1	西安交通大学	综合类	双一流	35.263	A +
2	陕西师范大学	师范类	双一流	29.968	A
3	西北大学	综合类	双一流	19.573	A
4	西北农林科技大学	农林类	双一流	9.465	A -
5	西北工业大学	理工类	双一流	8.448	B +
6	长安大学	理工类	双一流	7.541	B +
7	西安外国语大学	语言类	普通高校	6.078	B +
8	西安建筑科技大学	理工类	普通高校	5.919	B +
9	西安理工大学	理工类	普通高校	4.886	B +
10	西安电子科技大学	理工类	双一流	4.200	B +
11	西安财经大学	财经类	普通高校	3.456	B +
12	西北政法大学	政法类	普通高校	3.357	B +
13	西安科技大学	理工类	普通高校	3.014	B
14	西安工程大学	理工类	普通高校	2.886	B
15	延安大学	综合类	普通高校	2.731	B
16	陕西科技大学	理工类	普通高校	2.490	B
17	西安邮电大学	理工类	普通高校	2.413	B
18	宝鸡文理学院	综合类	普通高校	1.311	B -
19	西安音乐学院	艺术类	普通高校	1.250	B -
20	西安文理学院	综合类	普通高校	1.119	B -
21	西安工业大学	理工类	普通高校	0.924	B -
22	西安美术学院	艺术类	普通高校	0.875	B -
23	西安体育学院	体育类	普通高校	0.807	C +
24	西安石油大学	理工类	普通高校	0.780	C +
25	陕西理工大学	理工类	普通高校	0.647	C +
26	陕西学前师范学院	师范类	普通高校	0.527	C +
27	榆林学院	综合类	普通高校	0.451	C +
28	渭南师范学院	师范类	普通高校	0.440	C +
29	咸阳师范学院	师范类	普通高校	0.346	C
30	安康学院	综合类	普通高校	0.093	C -
31	西安医学院	医药类	普通高校	0.082	C -
32	商洛学院	综合类	普通高校	0.054	C -
33	陕西中医药大学	医药类	普通高校	0.053	C -
34	西安航空学院	理工类	普通高校	0.046	C -

由表 8 - 27 可知，陕西省 34 所公办本科高校人文社科发展平均得分为4.750 分，共有 9 所高校的得分在平均值以上，占陕西公办本科高校总数的比重约为 1/4，其余绝大多数高校得分均位于平均值以下。西安交通大学以35.263 分的成绩遥遥领先于其他高校，位居陕西公办本科高校人文社科发展第1 名，紧随其后的是另外 5 所"双一流"建设高校陕西师范大学、西北大学、西北农林科技大学、西北工业大学以及长安大学，分别以 29.968 分、19.573分、9.465 分、8.448 分以及 7.541 分的成绩位列第 2 名至第 6 名，其余进入前10 名的是 3 所普通类高校，分别是西安外国语大学、西安建筑科技大学和西安理工大学，分别位列第 7 名至第 9 名，以及 1 所"双一流"高校，为西安电子科技大学，为第 10 名。

在前 10 名高校中，陕西省 7 所"双一流"建设高校全都进入前 10 名，且前 6 名均属于"双一流"建设高校，而西安外国语大学、西安建筑科技大学以及西安理工大学是前 10 名中仅有的 3 所普通类高校。从高校类型来看，前 10名中共有 5 所理工类高校，是数量较多的高校类型。

8.2.27 甘肃省公办高校评价报告

甘肃省公办高校人文社科发展水平综合评价得分与排名如表 8 - 28 所示。

表 8 – 28   甘肃省公办高校人文社科综合得分与排名

排名	学校名称	学校类型	办学层次	得分	级别
1	兰州大学	综合类	双一流	18.620	A
2	西北师范大学	师范类	普通高校	12.249	A −
3	西北民族大学	民族类	普通高校	4.294	B +
4	兰州财经大学	财经类	普通高校	3.097	B
5	兰州交通大学	理工类	普通高校	2.348	B
6	兰州理工大学	理工类	普通高校	1.163	B −
7	兰州城市学院	综合类	普通高校	1.049	B −
8	陇东学院	综合类	普通高校	0.946	B −
9	甘肃政法大学	政法类	普通高校	0.897	B −
10	天水师范学院	师范类	普通高校	0.655	C +
11	甘肃农业大学	农林类	普通高校	0.530	C +
12	兰州文理学院	综合类	普通高校	0.428	C
13	甘肃民族师范学院	师范类	普通高校	0.374	C

排名	学校名称	学校类型	办学层次	得分	级别
14	河西学院	综合类	普通高校	0.323	C
15	兰州工业学院	理工类	普通高校	0.119	C −
16	甘肃中医药大学	医药类	普通高校	—	D +
16	兰州资源环境职业技术大学	财经类	普通高校	—	D +
16	甘肃医学院	医药类	普通高校	—	D +
16	兰州石化职业技术大学	理工类	普通高校	—	D +

由表 8 - 28 可知，甘肃省的 19 所公办本科高校在人文社科发展方面，平均得分为 3.140 分。令人关注的是，仅有 3 所高校的得分超过了平均水平，占甘肃公办本科高校总数的不足 1/5，意味着绝大多数高校的得分都未能达到平均水平。

甘肃唯一一所"双一流"建设高校兰州大学以 18.620 分的成绩位居甘肃公办本科高校人文社科发展第 1 名，第 2 名至第 5 名分别是西北师范大学、西北民族大学、兰州财经大学以及兰州交通大学，分别取得了 12.249 分、4.294 分、3.097 分以及 2.348 分的成绩，其余进入前 10 名的高校分别为兰州交通大学、兰州城市学院、陇东学院、甘肃政法大学以及天水师范学院，分别位列第 6 名至第 10 名。

从高校类型分布来看，在排名前 10 的高校中，综合类高校有 3 所，成为数量较多的高校类型。

8.2.28　青海省公办高校评价报告

青海省公办高校人文社科发展水平综合评价得分与排名如表 8 - 29 所示。

表 8 - 29　　　　　　青海省公办高校人文社科综合得分与排名

排名	学校名称	学校类型	办学层次	得分	级别
1	青海师范大学	师范类	普通高校	3.731	B +
2	青海民族大学	民族类	普通高校	3.643	B +
3	青海大学	综合类	双一流	1.863	B

由表 8 - 29 可知，青海省 3 所公办本科高校人文社科发展平均得分为 3.079

分，有 2 所高校的得分在平均分以上，值得一提的是，两所普通类高校青海师范大学和青海民族大学分别以 3.731 分和 3.643 分的成绩超越了青海唯一的一所"双一流"建设高校青海大学，位居第 1 名和第 2 名，而青海大学则以 1.863 分的成绩位居第 3 名，青海普通类高校的人文社科表现出较好的发展潜力。

8.2.29　宁夏公办高校评价报告

宁夏回族自治区公办高校人文社科发展水平综合评价得分与排名如表 8 - 30 所示。

表 8 - 30　　　　　宁夏公办高校人文社科综合得分与排名

排名	学校名称	学校类型	办学层次	得分	级别
1	宁夏大学	综合类	双一流	4.552	B +
2	北方民族大学	民族类	普通高校	3.352	B +
3	宁夏医科大学	医药类	普通高校	0.861	B -
4	宁夏师范大学	师范类	普通高校	0.401	C

由表 8 - 30 可知，宁夏 4 所公办本科高校人文社科发展平均得分为 2.291 分，有 2 所高校的得分在平均分以上，宁夏唯一的一所"双一流"建设高校宁夏大学以 4.552 分的成绩引领宁夏高校人文社科的发展，位居宁夏公办本科高校人文社科发展第 1 名，另外 3 所普通类高校北方民族大学、宁夏医科学院以及宁夏师范大学分别以 3.352 分、0.861 分以及 0.401 分的成绩位居第 2 名至第 4 名。

8.2.30　新疆公办高校评价报告

新疆维吾尔自治区公办高校人文社科发展水平综合评价得分与排名如表 8 - 31 所示。

表 8 - 31　　　　　新疆公办高校人文社科综合得分与排名

排名	学校名称	学校类型	办学层次	得分	级别
1	新疆大学	综合类	双一流	9.476	A -
2	石河子大学	综合类	双一流	6.611	B +

排名	学校名称	学校类型	办学层次	得分	级别
3	新疆师范大学	师范类	普通高校	4.716	B +
4	新疆财经大学	财经类	普通高校	2.479	B
5	新疆农业大学	农林类	普通高校	1.588	B −
6	伊犁师范大学	师范类	普通高校	1.395	B −
7	塔里木大学	综合类	普通高校	0.760	C +
8	新疆政法学院	政法类	普通高校	0.469	C +
9	喀什大学	综合类	普通高校	0.394	C
10	新疆医科大学	医药类	普通高校	0.367	C
11	新疆理工学院	理工类	普通高校	0.342	C
12	新疆艺术学院	艺术类	普通高校	0.324	C
13	新疆工程学院	理工类	普通高校	0.309	C
14	新疆科技学院	理工类	普通高校	0.049	C −
15	昌吉学院	师范类	普通高校	—	D +
15	新疆警察学院	政法类	普通高校	—	D +
15	新疆第二医学院	医药类	普通高校	—	D +

由表 8-31 可知，新疆 17 所公办本科高校人文社科发展平均得分为 2.091 分，仅有 4 所高校的得分在平均分以上，占新疆公办本科高校总数的比重不足 1/4，其余高校得分均位于平均值以下。"双一流"建设高校新疆大学以 9.476 分的成绩位居新疆公办本科高校人文社科发展第 1 名，石河子大学则以 6.611 分的成绩位居第 2 名，紧随其后的新疆师范大学、新疆财经大学以及新疆农业大学分别位居第 3 名至第 5 名，其余进入前 10 名的高校分别是伊犁师范大学、塔里木大学、新疆政法学院、喀什大学以及新疆医科大学。且在前 10 名中共有 4 所属于综合类高校，是数量较多的高校类型。

8.2.31　西藏公办高校评价报告

西藏自治区公办高校人文社科发展水平综合评价得分与排名如表 8-32 所示。

表 8 – 32　　　　　　　西藏公办高校人文社科综合得分与排名

排名	学校名称	学校类型	办学层次	得分	级别
1	西藏民族大学	民族类	普通高校	5.072	B +
2	西藏大学	综合类	双一流	4.401	B +
3	西藏农牧学院	农林类	普通高校	0.189	C –
4	西藏藏医药大学	医药类	普通高校	0.064	C –

由表 8 – 32 可知，西藏 4 所公办本科高校人文社科发展平均得分为 2.432 分，有 2 所高校的得分在平均分以上。值得一提的是，普通类高校西藏民族大学以 5.072 分的成绩超越西藏唯一的 1 所"双一流"建设高校——西藏大学，位居西藏公办本科高校人文社科发展第 1 名，而西藏大学则 4.401 分的成绩位居第 2 名，另外两所普通类高校西藏农牧学院和西藏藏医药大学分别位居第 3 名和第 4 名。

8.3　不同学科类型公办高校人文社科发展评价报告

本章把 850 所公办高校划分为 11 种不同的学科类型，分别是师范类高校（124 所）、财经类高校（53 所）、政法类高校（38 所）、艺术类高校（35 所）、语言类高校（15 所）、民族类高校（14 所）、体育类高校（14 所）、综合类高校（198 所）、理工类高校（233 所）、医药类高校（84 所）、农林类高校（42 所），在此基础上，分别针对不同学科类型的高校进行评价分析。

8.3.1　公办师范类高校评价报告

公办师范类高校人文社科发展综合评价结果如表 8 – 33 所示。

表 8 – 33　　　　　　　公办师范类高校人文社科综合得分及排名

师范类排名	公办总排名	学校名称	办学层次	省份	得分	级别
1	3	北京师范大学	双一流	北京	78.590	A +
2	8	华东师范大学	双一流	上海	60.512	A +
3	17	华中师范大学	双一流	湖北	38.030	A +

师范类排名	公办总排名	学校名称	办学层次	省份	得分	级别
4	21	华南师范大学	双一流	广东	31.618	A+
5	27	陕西师范大学	双一流	陕西	29.968	A
6	29	南京师范大学	双一流	江苏	29.725	A
7	35	东北师范大学	双一流	吉林	24.352	A
8	36	湖南师范大学	双一流	湖南	23.706	A
9	44	上海师范大学	普通高校	上海	22.128	A
10	53	杭州师范大学	普通高校	浙江	18.709	A
11	56	福建师范大学	普通高校	福建	17.958	A
12	57	浙江师范大学	普通高校	浙江	17.769	A
13	60	山东师范大学	普通高校	山东	17.655	A
14	64	首都师范大学	双一流	北京	17.191	A-
15	73	江西师范大学	普通高校	江西	15.220	A-
16	77	天津师范大学	普通高校	天津	14.668	A-
17	92	西北师范大学	普通高校	甘肃	12.249	A-
18	105	安徽师范大学	普通高校	安徽	11.277	A-
19	109	广西师范大学	普通高校	广西	11.052	A-
20	114	河南师范大学	普通高校	河南	10.370	A-
21	118	四川师范大学	普通高校	四川	9.885	A-
22	120	曲阜师范大学	普通高校	山东	9.559	A-
23	128	云南师范大学	普通高校	云南	8.671	B+
24	132	江苏师范大学	普通高校	江苏	8.399	B+
25	140	辽宁师范大学	普通高校	辽宁	7.861	B+
26	151	内蒙古师范大学	普通高校	内蒙古	6.812	B+
27	153	河北师范大学	普通高校	河北	6.637	B+
28	159	重庆师范大学	普通高校	重庆	6.272	B+
29	160	贵州师范大学	普通高校	贵州	6.166	B+
30	172	海南师范大学	普通高校	海南	5.257	B+
31	181	哈尔滨师范大学	普通高校	黑龙江	5.057	B+
32	188	新疆师范大学	普通高校	新疆	4.716	B+
33	191	山西师范大学	普通高校	山西	4.520	B+
34	214	湖州师范学院	普通高校	浙江	3.982	B+
35	217	湖南第一师范学院	普通高校	湖南	3.887	B+

师范类排名	公办总排名	学校名称	办学层次	省份	得分	级别
36	221	南京晓庄学院	普通高校	江苏	3.746	B+
37	223	青海师范大学	普通高校	青海	3.731	B+
38	256	沈阳师范大学	普通高校	辽宁	3.170	B
39	267	西华师范大学	普通高校	四川	3.007	B
40	269	长春师范大学	普通高校	吉林	2.975	B
41	282	赣南师范大学	普通高校	江西	2.732	B
42	284	淮北师范大学	普通高校	安徽	2.715	B
43	285	闽南师范大学	普通高校	福建	2.714	B
44	286	岭南师范学院	普通高校	广东	2.707	B
45	290	湖北师范大学	普通高校	湖北	2.608	B
46	292	南宁师范大学	普通高校	广西	2.559	B
47	298	洛阳师范学院	普通高校	河南	2.443	B
48	299	盐城师范学院	普通高校	江苏	2.435	B
49	306	广东技术师范大学	普通高校	广东	2.342	B
50	316	长江师范学院	普通高校	重庆	2.177	B
51	323	淮阴师范学院	普通高校	江苏	2.130	B
52	334	阜阳师范大学	普通高校	安徽	2.020	B
53	362	太原师范学院	普通高校	山西	1.763	B
54	365	江西科技师范大学	普通高校	江西	1.699	B
55	371	江苏第二师范学院	普通高校	江苏	1.632	B
56	380	安阳师范学院	普通高校	河南	1.527	B-
57	381	周口师范学院	普通高校	河南	1.525	B-
58	392	商丘师范学院	普通高校	河南	1.433	B-
59	395	伊犁师范大学	普通高校	新疆	1.395	B-
60	397	黄冈师范学院	普通高校	湖北	1.388	B-
61	409	信阳师范大学	普通高校	河南	1.308	B-
62	411	贵州师范学院	普通高校	贵州	1.293	B-
63	413	安庆师范大学	普通高校	安徽	1.281	B-
64	418	衡阳师范学院	普通高校	湖南	1.254	B-
65	420	廊坊师范学院	普通高校	河北	1.240	B-
66	422	泉州师范学院	普通高校	福建	1.236	B-
67	444	合肥师范学院	普通高校	安徽	1.065	B-

师范类排名	公办总排名	学校名称	办学层次	省份	得分	级别
68	445	玉林师范学院	普通高校	广西	1.062	B -
69	450	吉林师范大学	普通高校	吉林	1.047	B -
70	452	韩山师范学院	普通高校	广东	1.041	B -
71	462	曲靖师范学院	普通高校	云南	0.972	B -
72	467	重庆第二师范学院	普通高校	重庆	0.949	B -
73	469	齐鲁师范学院	普通高校	山东	0.941	B -
74	475	成都师范学院	普通高校	四川	0.905	B -
75	476	淮南师范学院	普通高校	安徽	0.902	B -
76	484	南阳师范学院	普通高校	河南	0.874	B -
77	517	牡丹江师范学院	普通高校	黑龙江	0.777	C +
78	533	长沙师范学院	普通高校	湖南	0.720	C +
79	536	湖北第二师范学院	普通高校	湖北	0.706	C +
80	546	南昌师范学院	普通高校	江西	0.666	C +
81	549	天水师范学院	普通高校	甘肃	0.655	C +
82	552	郑州师范学院	普通高校	河南	0.650	C +
83	573	乐山师范学院	普通高校	四川	0.582	C +
84	576	河北科技师范学院	普通高校	河北	0.575	C +
85	580	遵义师范学院	普通高校	贵州	0.565	C +
86	593	陕西学前师范学院	普通高校	陕西	0.527	C +
87	597	内江师范学院	普通高校	四川	0.516	C +
88	605	福建技术师范学院	普通高校	福建	0.476	C +
89	616	渭南师范学院	普通高校	陕西	0.440	C +
89	616	广东第二师范学院	普通高校	广东	0.440	C +
91	624	琼台师范学院	普通高校	海南	0.420	C
92	625	唐山师范学院	普通高校	河北	0.418	C
93	630	忻州师范学院	普通高校	山西	0.408	C
94	633	宁夏师范学院	普通高校	宁夏	0.401	C
95	636	大庆师范学院	普通高校	黑龙江	0.396	C
96	639	绵阳师范学院	普通高校	四川	0.393	C
97	643	甘肃民族师范学院	普通高校	甘肃	0.374	C
98	648	上饶师范学院	普通高校	江西	0.361	C
99	655	咸阳师范学院	普通高校	陕西	0.346	C

续表

师范类排名	公办总排名	学校名称	办学层次	省份	得分	级别
100	662	天津职业技术师范大学	普通高校	天津	0.334	C
101	666	广西民族师范学院	普通高校	广西	0.327	C
102	669	南京特殊教育师范学院	普通高校	江苏	0.325	C
103	674	玉溪师范学院	普通高校	云南	0.322	C
104	679	通化师范学院	普通高校	吉林	0.313	C
105	690	宁德师范学院	普通高校	福建	0.288	C
106	698	黔南民族师范学院	普通高校	贵州	0.257	C
107	719	河北民族师范学院	普通高校	河北	0.199	C
108	723	兴义民族师范学院	普通高校	贵州	0.189	C −
109	727	汉江师范学院	普通高校	湖北	0.177	C −
110	732	石家庄学院	普通高校	河北	0.163	C −
111	737	广西职业师范学院	普通高校	广西	0.142	C −
112	738	沧州师范学院	普通高校	河北	0.138	C −
113	745	鞍山师范学院	普通高校	辽宁	0.125	C −
114	750	楚雄师范学院	普通高校	云南	0.113	C −
115	754	吉林工程技术师范学院	普通高校	吉林	0.107	C −
116	767	阿坝师范学院	普通高校	四川	0.079	C −
117	778	广西科技师范学院	普通高校	广西	0.057	C −
118	788	豫章师范学院	普通高校	江西	0.050	C −
119	791	白城师范学院	普通高校	吉林	0.046	C −
120	796	昌吉学院	普通高校	新疆	—	D +
120	796	保定学院	普通高校	河北	—	D +
120	796	滇西科技师范学院	普通高校	云南	—	D +
120	796	六盘水师范学院	普通高校	贵州	—	D +
120	796	集宁师范学院	普通高校	内蒙古	—	D +

　　由表 8 – 33 可知，124 所公办师范类院校的得分均值为 5.815 分，有 29 所师范高校的得分高于平均值，其余 95 所师范类高校的得分均低于平均值。其中，北京师范大学、华东师范大学、华中师范大学位居师范类高校人文社科前 3 名，位于北京的北京师范大学位于师范类大学榜首，表现出较强的人文社科实力。而华南师范大学、陕西师范大学、南京师范大学、东北师范大学、湖南师范大学、上海师范大学以及杭州师范大学进入师范类高校人文社科前 10 强。

值得一提的是，上海师范大学以及杭州师范大学是前 10 强中仅有的两所普通高校，其他 8 所高校均为"双一流"建设高校，而华中师范大学、陕西师范大学和湖南师范大学是前 10 强仅有的 3 所位于中部地区的师范类高校，而其他 7 所高校均位于东部地区。

8.3.2 公办财经类高校评价报告

公办财经类高校人文社科发展综合评价结果如表 8-34 所示。

表 8-34 公办财经类高校人文社科综合得分及排名

财经类排名	公办总排名	学校名称	办学层次	省份	得分	级别
1	22	中南财经政法大学	双一流	湖北	31.455	A+
2	30	西南财经大学	双一流	四川	29.012	A
3	32	浙江工商大学	普通高校	浙江	25.633	A
4	37	上海财经大学	双一流	上海	23.370	A
5	40	对外经济贸易大学	双一流	北京	22.828	A
6	41	中央财经大学	双一流	北京	22.696	A
7	62	首都经济贸易大学	普通高校	北京	17.330	A
8	63	东北财经大学	普通高校	辽宁	17.311	A
9	65	江西财经大学	普通高校	江西	16.875	A-
10	67	浙江财经大学	普通高校	浙江	16.529	A-
11	84	南京财经大学	普通高校	江苏	13.626	A-
12	91	南京审计大学	普通高校	江苏	12.301	A-
13	94	山东财经大学	普通高校	山东	11.935	A-
14	121	北京工商大学	普通高校	北京	9.530	A-
15	124	安徽财经大学	普通高校	安徽	9.382	A-
16	136	重庆工商大学	普通高校	重庆	8.273	B+
17	138	云南财经大学	普通高校	云南	8.097	B+
18	144	天津财经大学	普通高校	天津	7.367	B+
19	145	山西财经大学	普通高校	山西	7.336	B+
20	146	广东财经大学	普通高校	广东	7.080	B+
21	148	贵州财经大学	普通高校	贵州	6.927	B+
22	161	上海对外经贸大学	普通高校	上海	6.146	B+
23	180	湖南工商大学	普通高校	湖南	5.069	B+

财经类排名	公办总排名	学校名称	办学层次	省份	得分	级别
24	200	湖北经济学院	普通高校	湖北	4.429	B +
25	211	上海立信会计金融学院	普通高校	上海	4.098	B +
26	212	河南财经政法大学	普通高校	河南	4.018	B +
27	226	山东工商学院	普通高校	山东	3.658	B +
28	237	西安财经大学	普通高校	陕西	3.456	B +
29	238	广东金融学院	普通高校	广东	3.431	B +
30	239	吉林财经大学	普通高校	吉林	3.388	B +
31	240	广西财经学院	普通高校	广西	3.384	B +
32	253	天津商业大学	普通高校	天津	3.212	B
33	258	湖南财政经济学院	普通高校	湖南	3.120	B
34	261	兰州财经大学	普通高校	甘肃	3.097	B
35	270	哈尔滨商业大学	普通高校	黑龙江	2.954	B
36	278	郑州航空工业管理学院	普通高校	河南	2.833	B
37	296	新疆财经大学	普通高校	新疆	2.479	B
38	303	河北经贸大学	普通高校	河北	2.365	B
39	338	内蒙古财经大学	普通高校	内蒙古	1.935	B
40	346	上海商学院	普通高校	上海	1.903	B
41	350	北京物资学院	普通高校	北京	1.872	B
42	417	桂林旅游学院	普通高校	广西	1.255	B -
43	423	福建江夏学院	普通高校	福建	1.231	B -
44	436	河北金融学院	普通高校	河北	1.126	B -
45	499	山东管理学院	普通高校	山东	0.826	C +
46	569	武汉商学院	普通高校	湖北	0.592	C +
47	572	铜陵学院	普通高校	安徽	0.583	C +
48	631	福建商学院	普通高校	福建	0.407	C
49	704	贵州商学院	普通高校	贵州	0.246	C
50	731	河南财政金融学院	普通高校	河南	0.164	C -
51	767	哈尔滨金融学院	普通高校	黑龙江	0.079	C -
52	772	吉林工商学院	普通高校	吉林	0.071	C -
53	796	兰州资源环境职业技术大学	普通高校	甘肃	—	D +

由表 8 - 34 可知，53 所公办财经类高校得分的平均值为 7.612 分，有 17 所

财经类高校的得分处于平均值以上，占财经类高校数量的 1/3。中南财经政法大学、西南财经大学以及浙江工商大学 3 所高校位于公办财经类高校前 3 名，位于湖北的中南财经政法大学以优异的成绩位居财经类高校榜首。上海财经大学、对外经济贸易大学、中央财经大学、首都经济贸易大学、东北财经大学、江西财经大学以及浙江财经大学进入财经类高校前 10 强。在前 10 强财经类高校中，前 2 名均为"双一流"建设高校，浙江工商大学作为普通类高校以第 3 名的成绩位居前 10 强，也是普通高校中财经类第 1 名，表现出该校不俗的人文社科发展实力。

在财经类高校前 10 强中，北京有 3 所，是前 10 强中高校最多的地区。这 3 所高校分别是对外经济贸易大学、中央财经大学以及首都经济贸易大学。

8.3.3　公办政法类高校评价报告

公办政法类高校人文社科发展综合评价结果如表 8 - 35 所示。

表 8 - 35　　　　　　　　公办政法类高校人文社科综合得分及排名

政法类排名	公办总排名	学校名称	办学层次	省份	得分	级别
1	52	中国政法大学	双一流	北京	19.157	A
2	83	西南政法大学	普通高校	重庆	13.640	A -
3	98	华东政法大学	普通高校	上海	11.709	A -
4	198	上海政法学院	普通高校	上海	4.446	B +
5	243	西北政法大学	普通高校	陕西	3.357	B +
6	302	中国人民公安大学	双一流	北京	2.394	B
7	330	国际关系学院	普通高校	北京	2.044	B
8	426	中国劳动关系学院	普通高校	北京	1.208	B -
9	477	甘肃政法大学	普通高校	甘肃	0.897	B -
10	494	浙江警察学院	普通高校	浙江	0.839	B -
11	587	中国青年政治学院	普通高校	北京	0.550	C +
12	602	上海海关学院	普通高校	上海	0.497	C +
13	607	新疆政法学院	普通高校	新疆	0.469	C +
14	620	中国人民警察大学	普通高校	河北	0.430	C
15	653	山东政法学院	普通高校	山东	0.350	C
16	662	福建警察学院	普通高校	福建	0.334	C
17	665	四川警察学院	普通高校	四川	0.329	C

政法类排名	公办总排名	学校名称	办学层次	省份	得分	级别
18	696	云南警官学院	普通高校	云南	0.259	C
19	705	江苏警官学院	普通高校	江苏	0.243	C
20	717	广西警察学院	普通高校	广西	0.205	C
21	721	中国刑事警察学院	普通高校	辽宁	0.191	C –
22	739	南京警察学院	普通高校	江苏	0.136	C –
23	749	吉林警察学院	普通高校	吉林	0.116	C –
24	753	贵州警察学院	普通高校	贵州	0.108	C –
25	770	河南警察学院	普通高校	河南	0.075	C –
26	775	广东警官学院	普通高校	广东	0.068	C –
27	796	北京警察学院	普通高校	北京	—	D +
27	796	湖北警官学院	普通高校	湖北	—	D +
27	796	新疆警察学院	普通高校	新疆	—	D +
27	796	中央司法警官学院	普通高校	河北	—	D +
27	796	山东警察学院	普通高校	山东	—	D +
27	796	郑州警察学院	普通高校	河南	—	D +
27	796	辽宁警察学院	普通高校	辽宁	—	D +
27	796	湖南警察学院	普通高校	湖南	—	D +
27	796	上海公安学院	普通高校	上海	—	D +
27	796	山西警察学院	普通高校	山西	—	D +
27	796	重庆警察学院	普通高校	重庆	—	D +
27	796	江西警察学院	普通高校	江西	—	D +

由表 8 – 35 可知，38 所公办政法类高校的得分均值为 1.912 分，仅有 7 所高校的得分位于平均值以上，政法类高校中排名靠前的高校与排名靠后的高校表现出较大的差距。中国政法大学、西南政法大学以及华东政法大学位居公办政法类高校前 3 名，且中国政法大学以 19.157 分的成绩位居榜首，领先于其他政法类高校，上海政法学院、西北政法大学、中国人民公安大学、国际关系学院、中国劳动关系学院、甘肃政法大学以及浙江警察学院位居政法类高校前 10 强。两所"双一流"政法类大学均位于前 10 强，分别是中国政法大学（第 1 名）、中国人民公安大学（第 6 名），北京共有 4 所高校进入前 10 名，是进入前 10 强高校最多的地区。

8.3.4　公办艺术类高校评价报告

公办艺术类高校人文社科发展综合评价结果如表 8-36 所示。

表 8-36　　　　公办艺术类高校人文社科综合得分及排名

艺术类排名	公办总排名	学校名称	办学层次	省份	得分	级别
1	185	南京艺术学院	普通高校	江苏	4.830	B+
2	192	中国美术学院	双一流	浙江	4.498	B+
3	216	中央美术学院	双一流	北京	3.891	B+
4	254	广州美术学院	普通高校	广东	3.199	B
5	264	四川美术学院	普通高校	重庆	3.059	B
6	276	中央音乐学院	双一流	北京	2.849	B
7	289	上海音乐学院	双一流	上海	2.661	B
8	291	浙江音乐学院	普通高校	浙江	2.607	B
9	327	广西艺术学院	普通高校	广西	2.076	B
10	328	北京电影学院	普通高校	北京	2.073	B
11	341	山东艺术学院	普通高校	山东	1.917	B
12	348	中国音乐学院	双一流	北京	1.894	B
13	367	上海戏剧学院	普通高校	上海	1.694	B
14	383	北京服装学院	普通高校	北京	1.522	B-
15	384	云南艺术学院	普通高校	云南	1.519	B-
16	386	山东工艺美术学院	普通高校	山东	1.499	B-
17	401	四川音乐学院	普通高校	四川	1.350	B-
18	402	湖北美术学院	普通高校	湖北	1.340	B-
19	419	西安音乐学院	普通高校	陕西	1.250	B-
20	433	中央戏剧学院	双一流	北京	1.158	B-
21	435	中国戏曲学院	普通高校	北京	1.150	B-
22	472	吉林艺术学院	普通高校	吉林	0.928	B-
23	483	西安美术学院	普通高校	陕西	0.875	B-
24	485	哈尔滨音乐学院	普通高校	黑龙江	0.872	B-
25	487	北京舞蹈学院	普通高校	北京	0.870	B-
26	499	沈阳音乐学院	普通高校	辽宁	0.826	C+
27	503	天津音乐学院	普通高校	天津	0.818	C+

续表

艺术类排名	公办总排名	学校名称	办学层次	省份	得分	级别
28	504	鲁迅美术学院	普通高校	辽宁	0.815	C +
29	506	星海音乐学院	普通高校	广东	0.810	C +
30	608	山西传媒学院	普通高校	山西	0.465	C +
31	671	新疆艺术学院	普通高校	新疆	0.324	C
32	687	天津美术学院	普通高校	天津	0.297	C
33	691	武汉音乐学院	普通高校	湖北	0.280	C
34	708	内蒙古艺术学院	普通高校	内蒙古	0.227	C
35	756	安徽艺术学院	普通高校	安徽	0.098	C -

如表 8-36 所示，35 所公办艺术类高校的综合得分均不高，其得分的平均值为 1.651 分，共有 13 所高校的得分位于平均值以上，占公办艺术类高校总数的 1/3。南京艺术学院、中国美术学院以及中央美术学院位居公办艺术类高校前 3 名，南京艺术学院位居艺术类高校榜首，广州美术学院、四川美术学院、中央音乐学院、上海音乐学院、浙江音乐学院、广西艺术学院以及北京电影学院进入公办艺术类高校前 10 强。

在前 10 强中，"双一流"高校有 4 所，北京、浙江分别有 3 所和 2 所高校进入前 10 强，是进入前 10 强高校最多的地区，它们分别是位于北京的中央美术学院（第 3 名）、中央音乐学院（第 6 名）以及北京电影学院（第 10 名），以及位于浙江的中国美术学院（第 2 名）、浙江音乐学院（第 8 名）。南京艺术学院作为普通高校表现不俗，以第 1 名的成绩进入前 10 强，也是前 3 名中唯一的普通艺术类高校。

8.3.5 公办语言类高校评价报告

公办语言类高校人文社科发展综合评价结果如表 8-37 所示。

表 8-37　　　　公办语言类高校人文社科综合得分及排名

语言类排名	公办总排名	学校名称	办学层次	省份	得分	级别
1	39	广东外语外贸大学	普通高校	广东	22.835	A
2	68	上海外国语大学	双一流	上海	16.206	A -
3	79	北京外国语大学	双一流	北京	14.292	A -

语言类排名	公办总排名	学校名称	办学层次	省份	得分	级别
4	95	中国传媒大学	双一流	北京	11.928	A -
5	142	北京语言大学	普通高校	北京	7.663	B +
6	162	西安外国语大学	普通高校	陕西	6.078	B +
7	165	四川外国语大学	普通高校	重庆	5.888	B +
8	199	浙江传媒学院	普通高校	浙江	4.436	B +
9	288	大连外国语大学	普通高校	辽宁	2.670	B
10	296	北京第二外国语学院	普通高校	北京	2.479	B
11	322	外交学院	双一流	北京	2.136	B
12	366	浙江外国语学院	普通高校	浙江	1.697	B
13	391	天津外国语大学	普通高校	天津	1.437	B -
14	447	呼和浩特民族学院	普通高校	内蒙古	1.057	B -
15	633	湖南女子学院	普通高校	湖南	0.401	C

由表 8 - 37 可知，15 所公办语言类高校综合得分的均值为 6.319 分，共有 5 所高校的得分超过了平均分，占公办语言类高校数量的 1/3。广东外语外贸大学、上海外国语大学以及北京外国语大学三所高校位居前 3 名，尤其是广东外语外贸大学以优异的成绩超过 4 所"双一流"语言类高校位居榜首，体现了其在语言类高校中所拥有的较强的人文社科实力，北京语言大学、西安外国语大学、四川外国语大学、浙江传媒学院、大连外国语大学、北京第二外国语学院跻身公办语言类大学 10 强。

在语言类高校前 10 强中，共有 3 所"双一流"高校分别位居第 2 名、第 3 名和第 4 名，而另外一所"双一流"高校外交学院则没有进入 10 强，以第 11 名的成绩出现的榜单中，北京共有 4 所高校位居前 10 强，是进入前 10 强高校最多的地区。这 4 所高校分别是北京外国语大学（第 3 名）、中国传媒大学（第 4 名）、北京语言大学（第 5 名）以及北京第二外国语学院（第 10 名）。

8.3.6　公办民族类高校评价报告

公办民族类高校人文社科发展综合评价结果如表 8 - 38 所示。

表 8 – 38　　　　　　　　公办民族类高校人文社科综合得分及排名

民族类排名	公办总排名	学校名称	办学层次	省份	得分	级别
1	58	中央民族大学	双一流	北京	17.740	A
2	126	中南民族大学	普通高校	湖北	8.991	A –
3	157	西南民族大学	普通高校	四川	6.491	B +
4	163	云南民族大学	普通高校	云南	5.950	B +
5	174	贵州民族大学	普通高校	贵州	5.231	B +
6	176	广西民族大学	普通高校	广西	5.146	B +
7	179	西藏民族大学	普通高校	西藏	5.072	B +
8	205	西北民族大学	普通高校	甘肃	4.294	B +
9	229	青海民族大学	普通高校	青海	3.643	B +
10	245	北方民族大学	普通高校	宁夏	3.352	B +
11	294	内蒙古民族大学	普通高校	内蒙古	2.541	B
12	349	湖北民族大学	普通高校	湖北	1.881	B
13	415	大连民族大学	普通高校	辽宁	1.264	B –
14	695	四川民族学院	普通高校	四川	0.263	C

由表 8 – 38 可知，14 所公办民族类高校综合得分的均值为 5.133 分，共有 6 所高校的得分超过了平均分，占公办民族类高校数量的 3/7。中央民族大学、中南民族大学、西南民族大学 3 所高校位居前 3 名，中央民族大学以 17.740 分的成绩遥遥领先于其他民族类高校，位居榜首，体现了其作为"双一流"高校较强的人文社科实力。云南民族大学、贵州民族大学、广西民族大学、西藏民族大学、西北民族大学、青海民族大学、北方民族大学跻身公办民族类高校前 10 强。内蒙古民族大学、湖北民族大学、大连民族大学、四川民族学院 4 所高校得分较低，位居榜单后 4 名，其中，四川民族学院得分最低，仅为 0.263 分。

8.3.7　公办体育类高校评价报告

公办体育类高校人文社科发展综合评价结果如表 8 – 39 所示。

表 8 – 39　　　　　　　　公办体育类高校人文社科综合得分及排名

体育类排名	公办总排名	学校名称	办学层次	省份	得分	级别
1	177	北京体育大学	双一流	北京	5.129	B +
2	204	武汉体育学院	普通高校	湖北	4.299	B +

续表

体育类排名	公办总排名	学校名称	办学层次	省份	得分	级别
3	232	上海体育大学	普通高校	上海	3.622	B+
4	279	成都体育学院	普通高校	四川	2.771	B
5	319	首都体育学院	普通高校	北京	2.153	B
6	363	南京体育学院	普通高校	江苏	1.741	B
7	379	沈阳体育学院	普通高校	辽宁	1.536	B-
8	416	山东体育学院	普通高校	山东	1.261	B-
9	427	广州体育学院	普通高校	广东	1.203	B-
10	508	西安体育学院	普通高校	陕西	0.807	C+
11	514	天津体育学院	普通高校	天津	0.780	C+
12	527	吉林体育学院	普通高校	吉林	0.742	C+
13	571	哈尔滨体育学院	普通高校	黑龙江	0.585	C+
14	778	河北体育学院	普通高校	河北	0.057	C-

由表 8-39 可知，14 所公办体育类高校综合得分的均值为 1.906 分，共有 5 所高校的得分超过了平均分，其他 9 所高校得分均位于平均分以下。整体来看，公办体育类高校综合得分总体不高且分差较为明显。

北京体育大学和武汉体育学院两所高校位居公办体育类榜单前 2 名，体现了其在体育类高校中的领先地位，尤其是北京体育大学作为"双一流"高校展现出较强的人文社科优势。

武汉体育学院是表现最为突出的普通体育类高校，位居榜单第 2 名。上海体育大学、成都体育学院、首都体育学院、南京体育学院、沈阳体育学院、山东体育学院、广州体育学院、西安体育学院跻身前 10 名。天津体育学院、吉林体育学院、哈尔滨体育学院和河北体育学院表现欠佳，位居榜单后几名，尤其是河北体育学院得分位居末位，尚存在较大的提升空间。

8.3.8　公办综合类高校评价报告

公办综合类高校人文社科发展综合评价结果如表 8-40 所示。

表 8 - 40 公办综合类高校人文社科综合得分及排名

综合类排名	公办总排名	学校名称	办学层次	省份	得分信息	级别信息
1	1	中国人民大学	双一流	北京	98.112	A +
2	2	北京大学	双一流	北京	85.302	A +
3	4	浙江大学	双一流	浙江	70.433	A +
4	5	武汉大学	双一流	湖北	70.052	A +
5	6	清华大学	双一流	北京	66.529	A +
6	7	复旦大学	双一流	上海	61.151	A +
7	9	中山大学	双一流	广东	59.823	A +
8	10	南京大学	双一流	江苏	59.507	A +
9	11	厦门大学	双一流	福建	55.950	A +
10	12	上海交通大学	双一流	上海	51.792	A +
11	13	四川大学	双一流	四川	50.547	A +
12	14	山东大学	双一流	山东	49.541	A +
13	15	南开大学	双一流	天津	43.395	A +
14	16	吉林大学	双一流	吉林	41.460	A +
15	18	同济大学	双一流	上海	35.493	A +
16	19	暨南大学	双一流	广东	35.459	A +
17	20	西安交通大学	双一流	陕西	35.263	A +
18	23	华中科技大学	双一流	湖北	31.398	A +
19	24	西南大学	双一流	重庆	30.650	A +
20	25	上海大学	双一流	上海	30.086	A +
21	26	湖南大学	双一流	湖南	29.989	A
22	28	东南大学	双一流	江苏	29.806	A
23	31	中南大学	双一流	湖南	27.166	A
24	33	重庆大学	双一流	重庆	25.489	A
25	34	郑州大学	双一流	河南	24.693	A
26	42	广州大学	普通高校	广东	22.398	A
27	43	深圳大学	普通高校	广东	22.198	A
28	46	苏州大学	双一流	江苏	21.361	A
29	48	河南大学	双一流	河南	21.151	A
30	49	云南大学	双一流	云南	20.978	A
31	51	西北大学	双一流	陕西	19.573	A
32	54	兰州大学	双一流	甘肃	18.620	A

综合类排名	公办总排名	学校名称	办学层次	省份	得分信息	级别信息
33	71	宁波大学	双一流	浙江	15.475	A −
34	72	南昌大学	双一流	江西	15.254	A −
35	74	山西大学	双一流	山西	14.989	A −
36	75	中国社会科学院大学	普通高校	北京	14.833	A −
37	78	海南大学	双一流	海南	14.504	A −
38	85	扬州大学	普通高校	江苏	13.604	A −
39	87	青岛大学	普通高校	山东	13.487	A −
40	88	安徽大学	双一流	安徽	13.110	A −
41	89	中国海洋大学	双一流	山东	12.427	A −
42	90	湘潭大学	双一流	湖南	12.312	A −
43	96	江苏大学	普通高校	江苏	11.909	A −
44	99	江南大学	双一流	江苏	11.698	A −
45	100	湖北大学	普通高校	湖北	11.687	A −
46	101	河北大学	普通高校	河北	11.682	A −
47	104	华侨大学	普通高校	福建	11.318	A −
48	107	辽宁大学	双一流	辽宁	11.143	A −
49	115	广西大学	双一流	广西	10.320	A −
50	122	新疆大学	双一流	新疆	9.476	A −
51	128	内蒙古大学	双一流	内蒙古	8.671	B +
52	137	贵州大学	双一流	贵州	8.168	B +
53	139	湖南科技大学	普通高校	湖南	7.975	B +
54	150	黑龙江大学	普通高校	黑龙江	6.819	B +
55	154	石河子大学	双一流	新疆	6.611	B +
56	168	温州大学	普通高校	浙江	5.615	B +
57	169	南通大学	普通高校	江苏	5.498	B +
58	178	汕头大学	普通高校	广东	5.112	B +
59	189	济南大学	普通高校	山东	4.645	B +
60	190	宁夏大学	双一流	宁夏	4.552	B +
61	202	西藏大学	双一流	西藏	4.401	B +
62	208	聊城大学	普通高校	山东	4.179	B +
63	210	鲁东大学	普通高校	山东	4.126	B +
64	218	三峡大学	普通高校	湖北	3.782	B +

综合类排名	公办总排名	学校名称	办学层次	省份	得分信息	级别信息
65	228	集美大学	普通高校	福建	3.645	B+
66	233	吉首大学	普通高校	湖南	3.592	B+
67	236	烟台大学	普通高校	山东	3.476	B+
68	242	北京联合大学	普通高校	北京	3.365	B+
69	247	绍兴文理学院	普通高校	浙江	3.292	B+
70	251	长江大学	普通高校	湖北	3.229	B+
71	255	台州学院	普通高校	浙江	3.183	B
72	262	延边大学	双一流	吉林	3.076	B
73	274	西华大学	普通高校	四川	2.864	B
74	280	大理大学	普通高校	云南	2.754	B
75	283	延安大学	普通高校	陕西	2.731	B
76	315	河南科技大学	普通高校	河南	2.204	B
77	326	长沙学院	普通高校	湖南	2.100	B
78	344	南华大学	普通高校	湖南	1.908	B
79	347	成都大学	普通高校	四川	1.898	B
80	351	青海大学	双一流	青海	1.863	B
81	357	浙大城市学院	普通高校	浙江	1.839	B
82	370	湘南学院	普通高校	湖南	1.648	B
83	381	临沂大学	普通高校	山东	1.525	B−
84	388	怀化学院	普通高校	湖南	1.463	B−
85	398	江汉大学	普通高校	湖北	1.385	B−
86	400	渤海大学	普通高校	辽宁	1.353	B−
87	407	赤峰学院	普通高校	内蒙古	1.319	B−
88	408	宝鸡文理学院	普通高校	陕西	1.311	B−
89	421	山东女子学院	普通高校	山东	1.239	B−
90	424	肇庆学院	普通高校	广东	1.229	B−
91	431	湖南城市学院	普通高校	湖南	1.168	B−
92	434	重庆文理学院	普通高校	重庆	1.152	B−
93	437	西安文理学院	普通高校	陕西	1.119	B−
94	443	内蒙古科技大学	普通高校	内蒙古	1.078	B−
95	448	铜仁学院	普通高校	贵州	1.050	B−
96	449	兰州城市学院	普通高校	甘肃	1.049	B−

续表

综合类排名	公办总排名	学校名称	办学层次	省份	得分信息	级别信息
97	450	齐齐哈尔大学	普通高校	黑龙江	1.047	B −
98	453	凯里学院	普通高校	贵州	1.040	B −
99	454	昆明学院	普通高校	云南	1.012	B −
100	455	湖南文理学院	普通高校	湖南	1.005	B −
101	458	井冈山大学	普通高校	江西	0.997	B −
102	460	丽水学院	普通高校	浙江	0.985	B −
103	464	北部湾大学	普通高校	广西	0.961	B −
104	466	黄淮学院	普通高校	河南	0.959	B −
105	468	陇东学院	普通高校	甘肃	0.946	B −
106	470	嘉兴大学	普通高校	浙江	0.938	B −
107	474	北华大学	普通高校	吉林	0.921	B −
108	479	大连大学	普通高校	辽宁	0.891	B −
109	480	九江学院	普通高校	江西	0.887	B −
110	482	三明学院	普通高校	福建	0.878	B −
111	501	莆田学院	普通高校	福建	0.824	C +
112	509	四川文理学院	普通高校	四川	0.802	C +
113	511	长春大学	普通高校	吉林	0.789	C +
114	523	呼伦贝尔学院	普通高校	内蒙古	0.765	C +
115	525	塔里木大学	普通高校	新疆	0.760	C +
116	528	惠州学院	普通高校	广东	0.741	C +
117	535	泰山学院	普通高校	山东	0.709	C +
118	537	潍坊学院	普通高校	山东	0.697	C +
119	539	中华女子学院	普通高校	北京	0.695	C +
120	541	滨州学院	普通高校	山东	0.681	C +
121	543	贺州学院	普通高校	广西	0.677	C +
122	544	湖北文理学院	普通高校	湖北	0.675	C +
123	545	沈阳大学	普通高校	辽宁	0.674	C +
124	554	宿迁学院	普通高校	江苏	0.639	C +
125	558	嘉应学院	普通高校	广东	0.625	C +
126	560	海南热带海洋学院	普通高校	海南	0.613	C +
127	564	百色学院	普通高校	广西	0.607	C +
128	567	韶关学院	普通高校	广东	0.597	C +

综合类排名	公办总排名	学校名称	办学层次	省份	得分信息	级别信息
129	570	山西大同大学	普通高校	山西	0.588	C +
130	575	武夷学院	普通高校	福建	0.576	C +
131	577	巢湖学院	普通高校	安徽	0.573	C +
132	578	枣庄学院	普通高校	山东	0.572	C +
133	579	山东青年政治学院	普通高校	山东	0.566	C +
134	582	四川旅游学院	普通高校	四川	0.562	C +
135	585	湖南人文科技学院	普通高校	湖南	0.558	C +
135	585	滁州学院	普通高校	安徽	0.558	C +
137	587	宜宾学院	普通高校	四川	0.550	C +
138	589	宜春学院	普通高校	江西	0.537	C +
138	589	平顶山学院	普通高校	河南	0.537	C +
140	596	龙岩学院	普通高校	福建	0.517	C +
141	598	皖西学院	普通高校	安徽	0.509	C +
142	599	重庆三峡学院	普通高校	重庆	0.501	C +
143	601	贵阳学院	普通高校	贵州	0.498	C +
144	604	长治学院	普通高校	山西	0.493	C +
145	608	哈尔滨学院	普通高校	黑龙江	0.465	C +
146	613	榆林学院	普通高校	陕西	0.451	C +
147	614	宿州学院	普通高校	安徽	0.449	C +
148	615	运城学院	普通高校	山西	0.446	C +
149	619	梧州学院	普通高校	广西	0.433	C
150	621	兰州文理学院	普通高校	甘肃	0.428	C
151	623	深圳职业技术大学	普通高校	广东	0.425	C
152	632	泰州学院	普通高校	江苏	0.402	C
153	633	邵阳学院	普通高校	湖南	0.401	C
154	637	喀什大学	普通高校	新疆	0.394	C
155	640	新乡学院	普通高校	河南	0.388	C
156	644	萍乡学院	普通高校	江西	0.370	C
157	649	德州学院	普通高校	山东	0.360	C
158	658	五邑大学	普通高校	广东	0.341	C
159	659	济宁学院	普通高校	山东	0.340	C
160	661	红河学院	普通高校	云南	0.335	C

综合类排名	公办总排名	学校名称	办学层次	省份	得分信息	级别信息
161	669	苏州城市学院	普通高校	江苏	0.325	C
162	672	河西学院	普通高校	甘肃	0.323	C
163	675	无锡学院	普通高校	江苏	0.320	C
164	677	安顺学院	普通高校	贵州	0.315	C
165	683	衡水学院	普通高校	河北	0.307	C
166	684	河池学院	普通高校	广西	0.299	C
167	688	黄山学院	普通高校	安徽	0.294	C
168	692	吕梁学院	普通高校	山西	0.277	C
169	699	重庆科技大学	普通高校	重庆	0.256	C
170	701	合肥大学	普通高校	安徽	0.250	C
170	701	攀枝花学院	普通高校	四川	0.250	C
172	703	佳木斯大学	普通高校	黑龙江	0.248	C
173	707	太原学院	普通高校	山西	0.232	C
174	710	河北北方学院	普通高校	河北	0.217	C
175	711	新余学院	普通高校	江西	0.213	C
176	713	邯郸学院	普通高校	河北	0.211	C
177	716	池州学院	普通高校	安徽	0.206	C
178	720	西昌学院	普通高校	四川	0.196	C
179	725	张家口学院	普通高校	河北	0.182	C−
180	727	湖州学院	普通高校	浙江	0.177	C−
181	743	黑河学院	普通高校	黑龙江	0.131	C−
182	747	普洱学院	普通高校	云南	0.124	C−
183	750	滇西应用技术大学	普通高校	云南	0.113	C−
184	758	菏泽学院	普通高校	山东	0.097	C−
185	760	晋中学院	普通高校	山西	0.093	C−
185	760	安康学院	普通高校	陕西	0.093	C−
187	767	亳州学院	普通高校	安徽	0.079	C−
188	772	嘉兴南湖学院	普通高校	浙江	0.071	C−
189	776	邢台学院	普通高校	河北	0.064	C−
190	782	商洛学院	普通高校	陕西	0.054	C−
191	791	保山学院	普通高校	云南	0.046	C−
192	796	景德镇学院	普通高校	江西	—	D+

综合类排名	公办总排名	学校名称	办学层次	省份	得分信息	级别信息
192	796	昭通学院	普通高校	云南	—	D +
192	796	绥化学院	普通高校	黑龙江	—	D +
192	796	辽东学院	普通高校	辽宁	—	D +

由表 8 – 40 可知，195 所公办综合类高校综合得分的均值为 9.330 分，这也是按学科类型划分的 11 种高校类型中平均得分最高的一种类型，体现了综合类高校强劲的人文社科实力。共有 50 所高校的得分处于平均值以上，占所有综合类高校总数量的不足 1/3，且综合类高校中排名靠前的高校和排名靠后的高校之间存在较大的发展差距。

中国人民大学、北京大学、浙江大学位居综合类高校前 3 名，其中，中国人民大学以 98.112 分的优异成绩位居综合类高校榜首，同时该校也是全国所有高校的第 1 名。武汉大学、清华大学、复旦大学、中山大学、南京大学、厦门大学、上海交通大学跻身综合类高校 10 强。以上 10 强高校均为"双一流"建设高校，展现了"双一流"高校的强大实力。同时，综合类高校 30 强中，前 25 名同为"双一流"高校，表明了这类高校在全国范围内的主导地位。

在普通高校中，广州大学表现最为亮眼，以第 26 名的成绩位列榜单，成为普通综合类大学的第 1 名，同时也是所有普通高校中的第 1 名。普通综合类大学第 2 名是深圳大学，以第 27 名的成绩进入综合类高校 50 强，这两所高校均位于广东省。

综合类高校前 10 强中，北京和上海分别有 3 所和 2 所高校，成为前 10 强中高校数量最多的两个地区。北京的中国人民大学（第 1 名）、北京大学（第 2 名）和清华大学（第 5 名），以及上海的复旦大学（第 6 名）和上海交通大学（第 10 名）表现尤为突出。

8.3.9 公办理工类高校评价报告

公办理工类高校人文社科发展综合评价结果如表 8 – 41 所示。

表 8 – 41 　　　　　公办理工类高校人文社科综合得分及排名

理工类排名	公办总排名	学校名称	办学层次	省份	得分	级别
1	38	中国科学院大学	双一流	北京	22.866	A

理工类排名	公办总排名	学校名称	办学层次	省份	得分	级别
2	45	天津大学	双一流	天津	21.554	A
3	47	北京理工大学	双一流	北京	21.183	A
4	50	华南理工大学	双一流	广东	20.566	A
5	55	北京航空航天大学	双一流	北京	18.506	A
6	59	北京交通大学	双一流	北京	17.730	A
7	61	浙江工业大学	普通高校	浙江	17.360	A
8	66	大连理工大学	双一流	辽宁	16.847	A−
9	69	中国矿业大学	双一流	江苏	15.600	A−
10	70	西南交通大学	双一流	四川	15.583	A−
11	76	东北大学	双一流	辽宁	14.689	A−
12	80	哈尔滨工业大学	双一流	黑龙江	14.026	A−
13	81	中国科学技术大学	双一流	安徽	14.008	A−
14	82	电子科技大学	双一流	四川	13.709	A−
15	93	南京航空航天大学	双一流	江苏	12.248	A−
16	97	合肥工业大学	双一流	安徽	11.730	A−
17	102	北京科技大学	双一流	北京	11.672	A−
18	103	河海大学	双一流	江苏	11.395	A−
19	108	北京工业大学	双一流	北京	11.064	A−
20	111	中国地质大学（武汉）	双一流	湖北	10.874	A−
21	112	华东理工大学	双一流	上海	10.715	A−
22	113	大连海事大学	双一流	辽宁	10.597	A−
23	117	武汉理工大学	双一流	湖北	9.927	A−
24	119	南京理工大学	双一流	江苏	9.690	A−
25	125	南京信息工程大学	双一流	江苏	9.357	A−
26	127	南京邮电大学	双一流	江苏	8.705	A−
27	130	西北工业大学	双一流	陕西	8.448	B+
28	131	广东工业大学	普通高校	广东	8.423	B+
29	133	浙江理工大学	普通高校	浙江	8.361	B+
30	134	长沙理工大学	普通高校	湖南	8.358	B+
31	135	福州大学	双一流	福建	8.296	B+
32	143	长安大学	双一流	陕西	7.541	B+
33	147	杭州电子科技大学	普通高校	浙江	6.937	B+

理工类排名	公办总排名	学校名称	办学层次	省份	得分	级别
34	152	上海理工大学	普通高校	上海	6.732	B+
35	155	北京邮电大学	双一流	北京	6.594	B+
36	156	东华大学	双一流	上海	6.529	B+
37	164	西安建筑科技大学	普通高校	陕西	5.919	B+
38	166	华北电力大学	双一流	北京	5.802	B+
39	167	燕山大学	普通高校	河北	5.661	B+
40	170	哈尔滨工程大学	双一流	黑龙江	5.350	B+
41	171	山东理工大学	普通高校	山东	5.298	B+
42	173	上海海事大学	普通高校	上海	5.236	B+
43	175	山东科技大学	普通高校	山东	5.166	B+
44	183	西安理工大学	普通高校	陕西	4.886	B+
45	184	南方科技大学	双一流	广东	4.834	B+
46	186	昆明理工大学	普通高校	云南	4.806	B+
47	193	成都理工大学	双一流	四川	4.495	B+
48	194	重庆交通大学	普通高校	重庆	4.485	B+
49	195	苏州科技大学	普通高校	江苏	4.483	B+
50	196	江苏科技大学	普通高校	江苏	4.465	B+
51	197	河北工业大学	双一流	河北	4.454	B+
52	206	中国石油大学（北京）	双一流	北京	4.281	B+
53	207	西安电子科技大学	双一流	陕西	4.200	B+
54	209	湖北工业大学	普通高校	湖北	4.147	B+
55	215	南京工业大学	普通高校	江苏	3.973	B+
56	219	北京化工大学	双一流	北京	3.766	B+
57	220	河南工业大学	普通高校	河南	3.763	B+
58	225	河南理工大学	普通高校	河南	3.690	B+
59	227	武汉科技大学	普通高校	湖北	3.655	B+
60	231	常州大学	普通高校	江苏	3.623	B+
61	234	上海工程技术大学	普通高校	上海	3.580	B+
62	240	重庆邮电大学	普通高校	重庆	3.384	B+
63	246	华北水利水电大学	普通高校	河南	3.325	B+
64	249	天津理工大学	普通高校	天津	3.236	B+
65	250	中国计量大学	普通高校	浙江	3.232	B+

理工类排名	公办总排名	学校名称	办学层次	省份	得分	级别
66	252	太原理工大学	双一流	山西	3.213	B
67	257	北京建筑大学	普通高校	北京	3.169	B
68	259	武汉纺织大学	普通高校	湖北	3.111	B
69	260	常熟理工学院	普通高校	江苏	3.102	B
70	265	山东建筑大学	普通高校	山东	3.049	B
71	266	西安科技大学	普通高校	陕西	3.014	B
72	268	武汉工程大学	普通高校	湖北	2.981	B
73	271	桂林理工大学	普通高校	广西	2.936	B
74	272	西安工程大学	普通高校	陕西	2.886	B
75	273	重庆理工大学	普通高校	重庆	2.879	B
76	274	哈尔滨理工大学	普通高校	黑龙江	2.864	B
77	277	湖南工业大学	普通高校	湖南	2.841	B
78	280	安徽工业大学	普通高校	安徽	2.754	B
79	287	北方工业大学	普通高校	北京	2.698	B
80	293	桂林电子科技大学	普通高校	广西	2.547	B
81	295	陕西科技大学	普通高校	陕西	2.490	B
82	300	华东交通大学	普通高校	江西	2.421	B
83	301	西安邮电大学	普通高校	陕西	2.413	B
84	305	兰州交通大学	普通高校	甘肃	2.348	B
85	307	上海应用技术大学	普通高校	上海	2.338	B
86	308	中国矿业大学（北京）	双一流	北京	2.326	B
86	308	北京印刷学院	普通高校	北京	2.326	B
88	310	青岛理工大学	普通高校	山东	2.295	B
89	311	安徽理工大学	普通高校	安徽	2.288	B
90	313	郑州轻工业大学	普通高校	河南	2.227	B
91	314	徐州工程学院	普通高校	江苏	2.207	B
92	317	北京信息科技大学	普通高校	北京	2.170	B
93	318	景德镇陶瓷大学	普通高校	江西	2.165	B
94	321	江西理工大学	普通高校	江西	2.144	B
95	324	佛山科学技术学院	普通高校	广东	2.127	B
96	325	青岛科技大学	普通高校	山东	2.124	B
97	331	中国地质大学（北京）	双一流	北京	2.042	B

续表

理工类排名	公办总排名	学校名称	办学层次	省份	得分	级别
98	333	闽江学院	普通高校	福建	2.021	B
99	337	内蒙古工业大学	普通高校	内蒙古	1.941	B
100	339	武汉轻工大学	普通高校	湖北	1.925	B
101	340	西南石油大学	双一流	四川	1.921	B
102	344	西南科技大学	普通高校	四川	1.908	B
103	354	安徽工程大学	普通高校	安徽	1.846	B
104	358	淮阴工学院	普通高校	江苏	1.811	B
105	359	南昌航空大学	普通高校	江西	1.789	B
106	360	齐鲁工业大学	普通高校	山东	1.782	B
107	361	浙江万里学院	普通高校	浙江	1.771	B
108	364	中国民航大学	普通高校	天津	1.711	B
109	368	东华理工大学	普通高校	江西	1.667	B
110	369	中国石油大学（华东）	双一流	山东	1.656	B
111	372	华北理工大学	普通高校	河北	1.626	B
112	374	常州工学院	普通高校	江苏	1.599	B
113	378	上海科技大学	双一流	上海	1.566	B −
114	385	天津城建大学	普通高校	天津	1.518	B −
115	390	厦门理工学院	普通高校	福建	1.446	B −
116	394	浙大宁波理工学院	普通高校	浙江	1.405	B −
117	403	辽宁工程技术大学	普通高校	辽宁	1.338	B −
118	405	深圳技术大学	普通高校	广东	1.330	B −
119	410	天津工业大学	双一流	天津	1.303	B −
120	414	东莞理工学院	普通高校	广东	1.268	B −
121	425	广西科技大学	普通高校	广西	1.214	B −
122	428	江苏海洋大学	普通高校	江苏	1.188	B −
123	429	江苏理工学院	普通高校	江苏	1.178	B −
124	432	兰州理工大学	普通高校	甘肃	1.163	B −
125	438	盐城工学院	普通高校	江苏	1.103	B −
126	439	长春工业大学	普通高校	吉林	1.099	B −
127	441	太原科技大学	普通高校	山西	1.092	B −
128	442	南京工程学院	普通高校	江苏	1.087	B −
129	456	四川轻化工大学	普通高校	四川	1.002	B −

理工类排名	公办总排名	学校名称	办学层次	省份	得分	级别
130	459	金陵科技学院	普通高校	江苏	0.986	B −
131	464	天津科技大学	普通高校	天津	0.961	B −
132	471	湖南工程学院	普通高校	湖南	0.929	B −
133	473	西安工业大学	普通高校	陕西	0.924	B −
134	478	浙江科技大学	普通高校	浙江	0.894	B −
135	485	河北地质大学	普通高校	河北	0.872	B −
136	490	湖北汽车工业学院	普通高校	湖北	0.851	B −
137	491	许昌学院	普通高校	河南	0.850	B −
138	493	辽宁工业大学	普通高校	辽宁	0.840	B −
139	495	成都信息工程大学	普通高校	四川	0.834	B −
140	497	宁波工程学院	普通高校	浙江	0.833	C +
141	502	湖南理工学院	普通高校	湖南	0.822	C +
142	505	荆楚理工学院	普通高校	湖北	0.814	C +
143	510	河南科技学院	普通高校	河南	0.794	C +
144	514	西安石油大学	普通高校	陕西	0.780	C +
145	516	长春理工大学	普通高校	吉林	0.779	C +
146	518	福建理工大学	普通高校	福建	0.774	C +
147	519	中北大学	普通高校	山西	0.773	C +
148	520	河北科技大学	普通高校	河北	0.772	C +
149	521	安徽建筑大学	普通高校	安徽	0.771	C +
150	522	南昌工程学院	普通高校	江西	0.766	C +
151	523	河北工程大学	普通高校	河北	0.765	C +
152	531	沈阳工业大学	普通高校	辽宁	0.731	C +
153	542	上海电力大学	普通高校	上海	0.680	C +
154	548	湖南科技学院	普通高校	湖南	0.665	C +
155	550	沈阳建筑大学	普通高校	辽宁	0.653	C +
156	553	陕西理工大学	普通高校	陕西	0.647	C +
157	555	黑龙江科技大学	普通高校	黑龙江	0.635	C +
158	556	中原工学院	普通高校	河南	0.634	C +
159	557	石家庄铁道大学	普通高校	河北	0.633	C +
160	559	湖北工程学院	普通高校	湖北	0.617	C +
161	561	东北石油大学	普通高校	黑龙江	0.612	C +

续表

理工类排名	公办总排名	学校名称	办学层次	省份	得分	级别
162	562	上海第二工业大学	普通高校	上海	0.611	C+
163	563	北京石油化工学院	普通高校	北京	0.609	C+
164	566	湖北科技学院	普通高校	湖北	0.600	C+
165	568	洛阳理工学院	普通高校	河南	0.596	C+
166	580	衢州学院	普通高校	浙江	0.565	C+
167	584	湖南工学院	普通高校	湖南	0.560	C+
168	593	吉林建筑大学	普通高校	吉林	0.527	C+
169	595	大连交通大学	普通高校	辽宁	0.520	C+
170	606	广东石油化工学院	普通高校	广东	0.475	C+
171	611	广州航海学院	普通高校	广东	0.462	C+
172	618	东北电力大学	普通高校	吉林	0.435	C+
173	622	山东交通学院	普通高校	山东	0.426	C
174	628	桂林航天工业学院	普通高校	广西	0.411	C
175	629	北华航天工业学院	普通高校	河北	0.410	C
176	637	浙江水利水电学院	普通高校	浙江	0.394	C
177	641	沈阳航空航天大学	普通高校	辽宁	0.380	C
178	642	安徽科技学院	普通高校	安徽	0.375	C
179	647	大连工业大学	普通高校	辽宁	0.365	C
180	650	上海电机学院	普通高校	上海	0.357	C
181	651	华北科技学院	普通高校	河北	0.353	C
182	652	辽宁科技大学	普通高校	辽宁	0.352	C
183	653	沈阳理工大学	普通高校	辽宁	0.350	C
184	657	新疆理工学院	普通高校	新疆	0.342	C
185	660	南阳理工学院	普通高校	河南	0.338	C
186	664	辽宁石油化工大学	普通高校	辽宁	0.330	C
187	672	中国民用航空飞行学院	普通高校	四川	0.323	C
188	676	防灾科技学院	普通高校	河北	0.316	C
189	682	新疆工程学院	普通高校	新疆	0.309	C
190	686	贵州理工学院	普通高校	贵州	0.298	C
191	693	河南工程学院	普通高校	河南	0.273	C
192	705	南京工业职业技术大学	普通高校	江苏	0.243	C
193	709	贵州工程应用技术学院	普通高校	贵州	0.218	C

理工类排名	公办总排名	学校名称	办学层次	省份	得分	级别
194	713	温州理工学院	普通高校	浙江	0.211	C
195	715	黑龙江工业学院	普通高校	黑龙江	0.207	C
196	718	安阳工学院	普通高校	河南	0.204	C
197	722	北京电子科技学院	普通高校	北京	0.190	C −
198	730	沈阳化工大学	普通高校	辽宁	0.168	C −
199	735	湖北理工学院	普通高校	湖北	0.150	C −
200	740	吉林化工学院	普通高校	吉林	0.134	C −
201	745	河南城建学院	普通高校	河南	0.125	C −
202	748	兰州工业学院	普通高校	甘肃	0.119	C −
203	750	赣南科技学院	普通高校	江西	0.113	C −
204	756	辽宁科技学院	普通高校	辽宁	0.098	C −
205	758	山西工程科技职业大学	普通高校	山西	0.097	C −
206	760	河北建筑工程学院	普通高校	河北	0.093	C −
207	778	唐山学院	普通高校	河北	0.057	C −
208	782	太原工业学院	普通高校	山西	0.054	C −
208	782	山东石油化工学院	普通高校	山东	0.054	C −
210	785	黑龙江工程学院	普通高校	黑龙江	0.053	C −
210	785	鄂尔多斯应用技术学院	普通高校	内蒙古	0.053	C −
212	788	长春工程学院	普通高校	吉林	0.050	C −
213	790	新疆科技学院	普通高校	新疆	0.049	C −
214	791	河南工学院	普通高校	河南	0.046	C −
214	791	西安航空学院	普通高校	陕西	0.046	C −
216	796	山西工程技术学院	普通高校	山西	—	D +
216	796	成都工业学院	普通高校	四川	—	D +
216	796	河北水利电力学院	普通高校	河北	—	D +
216	796	中国消防救援学院	普通高校	北京	—	D +
216	796	郑州工程技术学院	普通高校	河南	—	D +
216	796	天津中德应用技术大学	普通高校	天津	—	D +
216	796	沈阳工程学院	普通高校	辽宁	—	D +
216	796	蚌埠学院	普通高校	安徽	—	D +
216	796	河北石油职业技术大学	普通高校	河北	—	D +
216	796	河北环境工程学院	普通高校	河北	—	D +

理工类排名	公办总排名	学校名称	办学层次	省份	得分	级别
216	796	山西能源学院	普通高校	山西	—	D +
216	796	营口理工学院	普通高校	辽宁	—	D +
216	796	首钢工学院	普通高校	北京	—	D +
216	796	河北工业职业技术大学	普通高校	河北	—	D +
216	796	河北科技工程职业技术大学	普通高校	河北	—	D +
216	796	山西工学院	普通高校	山西	—	D +
216	796	山西科技学院	普通高校	山西	—	D +
216	796	兰州石化职业技术大学	普通高校	甘肃	—	D +

由表 8 - 41 可知，233 所公办理工类高校综合得分的均值为 3.351 分，共有 62 所高校的得分超过了平均值，占所有理工类高校总数量的不足 1/3，其余 171 所高校的得分均低于平均值。中国科学院大学、天津大学、北京理工大学位居理工类高校前 3 名，中国科学院大学以 22.866 分的成绩位居榜首。华南理工大学、北京航空航天大学、北京交通大学、浙江工业大学、大连理工大学、中国矿业大学、西南交通大学跻身理工类高校前 10 名。

在理工类高校 10 强中，9 所高校为"双一流"建设高校，展示了强劲的综合实力。表现突出的普通类理工高校有浙江工业大学、广东工业大学、浙江理工大学、长沙理工大学，它们分别位列第 7 名、第 28 名、第 29 名、第 30 名，表明浙江省普通理工类高校具备较强的竞争力。在前 10 强理工类高校中，北京市共有 4 所高校入围，分别是中国科学院大学（第 1 名）、北京理工大学（第 3 名）和北京航空航天大学（第 5 名）和北京交通大学（第 6 名），显示了北京市理工类高校的强大实力。

8.3.10　公办医药类高校评价报告

公办医药类高校人文社科发展综合评价结果如表 8 - 42 所示。

表 8 - 42　　　　　公办医药类高校人文社科综合得分及排名

医药类排名	公办总排名	学校名称	办学层次	省份	得分	级别
1	182	温州医科大学	普通高校	浙江	4.968	B +
2	213	南方医科大学	普通高校	广东	3.996	B +

续表

医药类排名	公办总排名	学校名称	办学层次	省份	得分	级别
3	222	首都医科大学	普通高校	北京	3.740	B+
4	224	南京医科大学	双一流	江苏	3.720	B+
5	229	安徽医科大学	普通高校	安徽	3.643	B+
6	304	哈尔滨医科大学	普通高校	黑龙江	2.361	B
7	320	福建医科大学	普通高校	福建	2.146	B
8	336	中国医科大学	普通高校	辽宁	1.955	B
9	341	天津医科大学	双一流	天津	1.917	B
10	352	北京协和医学院	双一流	北京	1.852	B
11	354	新乡医学院	普通高校	河南	1.846	B
12	356	南京中医药大学	双一流	江苏	1.840	B
13	373	西南医科大学	普通高校	四川	1.610	B
14	375	贵州医科大学	普通高校	贵州	1.591	B
15	377	重庆医科大学	普通高校	重庆	1.568	B-
16	389	成都中医药大学	双一流	四川	1.447	B-
17	393	广州中医药大学	双一流	广东	1.423	B-
18	396	中国药科大学	双一流	江苏	1.392	B-
19	403	徐州医科大学	普通高校	江苏	1.338	B-
20	406	北京中医药大学	双一流	北京	1.323	B-
21	446	河南中医药大学	普通高校	河南	1.061	B-
22	456	湖南中医药大学	普通高校	湖南	1.002	B-
23	463	浙江中医药大学	普通高校	浙江	0.968	B-
24	488	宁夏医科大学	普通高校	宁夏	0.861	B-
25	489	上海中医药大学	双一流	上海	0.857	B-
26	491	遵义医科大学	普通高校	贵州	0.850	B-
27	495	海南医学院	普通高校	海南	0.834	B-
28	498	湖北中医药大学	普通高校	湖北	0.828	C+
29	506	滨州医学院	普通高校	山东	0.810	C+
30	512	广西医科大学	普通高校	广西	0.781	C+
31	529	山西医科大学	普通高校	山西	0.739	C+
32	530	河北医科大学	普通高校	河北	0.733	C+
33	532	昆明医科大学	普通高校	云南	0.722	C+
34	533	山东第一医科大学	普通高校	山东	0.720	C+

医药类排名	公办总排名	学校名称	办学层次	省份	得分	级别
35	537	成都医学院	普通高校	四川	0.697	C +
36	540	广州医科大学	双一流	广东	0.687	C +
37	546	大连医科大学	普通高校	辽宁	0.666	C +
38	551	广东医科大学	普通高校	广东	0.652	C +
39	565	天津中医药大学	双一流	天津	0.601	C +
40	573	广东药科大学	普通高校	广东	0.582	C +
41	583	皖南医学院	普通高校	安徽	0.561	C +
42	599	杭州医学院	普通高校	浙江	0.501	C +
43	603	安徽中医药大学	普通高校	安徽	0.496	C +
44	612	长春中医药大学	普通高校	吉林	0.452	C +
45	626	云南中医药大学	普通高校	云南	0.414	C
46	627	贵州中医药大学	普通高校	贵州	0.412	C
47	645	山东第二医科大学	普通高校	山东	0.368	C
48	646	新疆医科大学	普通高校	新疆	0.367	C
49	656	桂林医学院	普通高校	广西	0.344	C
50	666	江西中医药大学	普通高校	江西	0.327	C
50	666	山东中医药大学	普通高校	山东	0.327	C
52	677	济宁医学院	普通高校	山东	0.315	C
53	681	上海健康医学院	普通高校	上海	0.310	C
54	684	广西中医药大学	普通高校	广西	0.299	C
55	688	湖北医药学院	普通高校	湖北	0.294	C
56	696	福建中医药大学	普通高校	福建	0.259	C
57	700	锦州医科大学	普通高校	辽宁	0.253	C
58	712	内蒙古医科大学	普通高校	内蒙古	0.212	C
59	729	赣南医科大学	普通高校	江西	0.172	C -
60	734	黑龙江中医药大学	普通高校	黑龙江	0.151	C -
61	736	吉林医药学院	普通高校	吉林	0.144	C -
62	740	川北医学院	普通高校	四川	0.134	C -
63	742	沈阳药科大学	普通高校	辽宁	0.132	C -
64	744	承德医学院	普通高校	河北	0.130	C -
65	755	辽宁中医药大学	普通高校	辽宁	0.103	C -
66	763	右江民族医学院	普通高校	广西	0.092	C -

医药类排名	公办总排名	学校名称	办学层次	省份	得分	级别
67	764	厦门医学院	普通高校	福建	0.089	C −
68	765	湖南医药学院	普通高校	湖南	0.088	C −
69	766	西安医学院	普通高校	陕西	0.082	C −
70	771	浙江药科职业大学	普通高校	浙江	0.073	C −
71	772	长治医学院	普通高校	山西	0.071	C −
72	776	西藏藏医药大学	普通高校	西藏	0.064	C −
73	778	沈阳医学院	普通高校	辽宁	0.057	C −
74	785	陕西中医药大学	普通高校	陕西	0.053	C −
75	796	牡丹江医学院	普通高校	黑龙江	—	D +
75	796	齐齐哈尔医学院	普通高校	黑龙江	—	D +
75	796	甘肃中医药大学	普通高校	甘肃	—	D +
75	796	山西中医药大学	普通高校	山西	—	D +
75	796	贵阳康养职业大学	普通高校	贵州	—	D +
75	796	甘肃医学院	普通高校	甘肃	—	D +
75	796	新疆第二医学院	普通高校	新疆	—	D +
75	796	蚌埠医科大学	普通高校	安徽	—	D +
75	796	南昌医学院	普通高校	江西	—	D +
75	796	重庆中医药学院	普通高校	重庆	—	D +

由表 8 – 42 可知，84 所公办医药类高校综合得分的均值为 0.937 分，在 11 种学科类型高校中相对较低。共有 23 所高校的得分超过了平均分，约占公办医药类高校数量的 1/3，其余 61 所高校的得分均低于平均分。整体来看，84 所公办医药类高校的综合得分较为接近，发展较均衡。

位于浙江的温州医科大学和广东的南方医科大学分别位居公办医药类高校前 2 名，超越了 11 所"双一流"医药类高校，展现了普通高校在人文社科实力上的强劲表现。而在前 10 强中，"双一流"高校仅有南京医科大学（第 4 名）、天津医科大学（第 9 名）和北京协和医学院（第 10 名）。同时，进入前 10 强的普通医药类高校还包括首都医科大学（第 3 名）、安徽医科大学（第 5 名）、哈尔滨医科大学（第 6 名）、福建医科大学（第 7 名）、中国医科大学（第 8 名）。

8.3.11　公办农林类高校评价报告

公办农林类高校人文社科发展综合评价结果如表 8 - 43 所示。

表 8 - 43　　　　　　公办农林类高校人文社科综合得分及排名

农林类排名	公办总排名	学校名称	办学层次	省份	得分	级别
1	86	南京农业大学	双一流	江苏	13.537	A -
2	106	华中农业大学	双一流	湖北	11.252	A -
3	110	中国农业大学	双一流	北京	10.914	A -
4	116	华南农业大学	双一流	广东	10.154	A -
5	123	西北农林科技大学	双一流	陕西	9.465	A -
6	141	南京林业大学	双一流	江苏	7.847	B +
7	149	北京林业大学	双一流	北京	6.905	B +
8	158	四川农业大学	双一流	四川	6.465	B +
9	187	福建农林大学	普通高校	福建	4.769	B +
10	201	东北农业大学	双一流	黑龙江	4.412	B +
11	203	浙江农林大学	普通高校	浙江	4.306	B +
12	235	河南农业大学	普通高校	河南	3.567	B +
13	244	东北林业大学	双一流	黑龙江	3.356	B +
14	248	湖南农业大学	普通高校	湖南	3.282	B +
15	263	中南林业科技大学	普通高校	湖南	3.070	B
16	312	山东农业大学	普通高校	山东	2.254	B
17	329	沈阳农业大学	普通高校	辽宁	2.065	B
18	332	上海海洋大学	双一流	上海	2.022	B
19	335	江西农业大学	普通高校	江西	1.992	B
20	343	安徽农业大学	普通高校	安徽	1.910	B
21	353	青岛农业大学	普通高校	山东	1.849	B
22	376	新疆农业大学	普通高校	新疆	1.588	B -
23	387	西南林业大学	普通高校	云南	1.490	B -
24	399	河北农业大学	普通高校	河北	1.361	B -
25	412	内蒙古农业大学	普通高校	内蒙古	1.291	B -
26	430	浙江海洋大学	普通高校	浙江	1.172	B -
27	440	广东海洋大学	普通高校	广东	1.096	B -
28	460	仲恺农业工程学院	普通高校	广东	0.985	B -
29	481	山西农业大学	普通高校	山西	0.882	B -

续表

农林类排名	公办总排名	学校名称	办学层次	省份	得分	级别
30	512	云南农业大学	普通高校	云南	0.781	C +
31	526	吉林农业大学	普通高校	吉林	0.751	C +
32	591	甘肃农业大学	普通高校	甘肃	0.530	C +
33	592	黑龙江八一农垦大学	普通高校	黑龙江	0.528	C +
34	610	河南牧业经济学院	普通高校	河南	0.464	C +
35	680	大连海洋大学	普通高校	辽宁	0.311	C
36	694	信阳农林学院	普通高校	河南	0.268	C
37	723	西藏农牧学院	普通高校	西藏	0.189	C −
38	726	天津农学院	普通高校	天津	0.178	C −
39	733	北京农学院	普通高校	北京	0.156	C −
40	791	吉林农业科技学院	普通高校	吉林	0.046	C −
41	796	山东农业工程学院	普通高校	山东	—	D +
41	796	广西农业职业技术大学	普通高校	广西	—	D +

由表 8 - 43 可知，42 所公办农林类高校综合得分的均值为 4.715 分，其中，9 所高校的得分高于平均分，其余 33 所高校的得分均低于平均分，整体得分差距较为明显。说明公办农林类高校仍然具有发展的潜力。

由表可知，南京农业大学、华中农业大学和中国农业大学位居公办农林类高校前 3 名，南京农业大学以 13.537 分位居榜首，展现了其在农林类高校中的领先地位。

"双一流"高校在公办农林类高校中表现突出，除了前 3 名外，华南农业大学、西北农林科技大学、南京林业大学、北京林业大学、四川农业大学和东北农业大学也跻身前 10 强，显示了"双一流"高校在农林领域的强劲实力。前 10 强中，仅福建农林大学为普通高校，位列第 9 名。

8.4　"双一流"与普通高校人文社科发展评价报告

8.4.1　"双一流"高校评价报告

"双一流"建设高校人文社科发展综合评价结果如表 8 - 44 所示。

表 8 - 44 　　　　　　　双一流高校人文社科综合得分及排名

双一流排名	公办总排名	学校名称	学校类型	省份	得分	级别
1	1	中国人民大学	综合类	北京	98.112	A +
2	2	北京大学	综合类	北京	85.302	A +
3	3	北京师范大学	师范类	北京	78.590	A +
4	4	浙江大学	综合类	浙江	70.433	A +
5	5	武汉大学	综合类	湖北	70.052	A +
6	6	清华大学	综合类	北京	66.529	A +
7	7	复旦大学	综合类	上海	61.151	A +
8	8	华东师范大学	师范类	上海	60.512	A +
9	9	中山大学	综合类	广东	59.823	A +
10	10	南京大学	综合类	江苏	59.507	A +
11	11	厦门大学	综合类	福建	55.950	A +
12	12	上海交通大学	综合类	上海	51.792	A +
13	13	四川大学	综合类	四川	50.547	A +
14	14	山东大学	综合类	山东	49.541	A +
15	15	南开大学	综合类	天津	43.395	A +
16	16	吉林大学	综合类	吉林	41.460	A +
17	17	华中师范大学	师范类	湖北	38.030	A +
18	18	同济大学	综合类	上海	35.493	A +
19	19	暨南大学	综合类	广东	35.459	A +
20	20	西安交通大学	综合类	陕西	35.263	A +
21	21	华南师范大学	师范类	广东	31.618	A +
22	22	中南财经政法大学	财经类	湖北	31.455	A +
23	23	华中科技大学	综合类	湖北	31.398	A +
24	24	西南大学	综合类	重庆	30.650	A +
25	25	上海大学	综合类	上海	30.086	A +
26	26	湖南大学	综合类	湖南	29.989	A
27	27	陕西师范大学	师范类	陕西	29.968	A
28	28	东南大学	综合类	江苏	29.806	A
29	29	南京师范大学	师范类	江苏	29.725	A
30	30	西南财经大学	财经类	四川	29.012	A
31	31	中南大学	综合类	湖南	27.166	A
32	33	重庆大学	综合类	重庆	25.489	A

双一流排名	公办总排名	学校名称	学校类型	省份	得分	级别
33	34	郑州大学	综合类	河南	24.693	A
34	35	东北师范大学	师范类	吉林	24.352	A
35	36	湖南师范大学	师范类	湖南	23.706	A
36	37	上海财经大学	财经类	上海	23.370	A
37	38	中国科学院大学	理工类	北京	22.866	A
38	40	对外经济贸易大学	财经类	北京	22.828	A
39	41	中央财经大学	财经类	北京	22.696	A
40	45	天津大学	理工类	天津	21.554	A
41	46	苏州大学	综合类	江苏	21.361	A
42	47	北京理工大学	理工类	北京	21.183	A
43	48	河南大学	综合类	河南	21.151	A
44	49	云南大学	综合类	云南	20.978	A
45	50	华南理工大学	理工类	广东	20.566	A
46	51	西北大学	综合类	陕西	19.573	A
47	52	中国政法大学	政法类	北京	19.157	A
48	54	兰州大学	综合类	甘肃	18.620	A
49	55	北京航空航天大学	理工类	北京	18.506	A
50	58	中央民族大学	民族类	北京	17.740	A
51	59	北京交通大学	理工类	北京	17.730	A
52	64	首都师范大学	师范类	北京	17.191	A －
53	66	大连理工大学	理工类	辽宁	16.847	A －
54	68	上海外国语大学	语言类	上海	16.206	A －
55	69	中国矿业大学	理工类	江苏	15.600	A －
56	70	西南交通大学	理工类	四川	15.583	A －
57	71	宁波大学	综合类	浙江	15.475	A －
58	72	南昌大学	综合类	江西	15.254	A －
59	74	山西大学	综合类	山西	14.989	A －
60	76	东北大学	理工类	辽宁	14.689	A －
61	78	海南大学	综合类	海南	14.504	A －
62	79	北京外国语大学	语言类	北京	14.292	A －
63	80	哈尔滨工业大学	理工类	黑龙江	14.026	A －
64	81	中国科学技术大学	理工类	安徽	14.008	A －

双一流排名	公办总排名	学校名称	学校类型	省份	得分	级别
65	82	电子科技大学	理工类	四川	13.709	A−
66	86	南京农业大学	农林类	江苏	13.537	A−
67	88	安徽大学	综合类	安徽	13.110	A−
68	89	中国海洋大学	综合类	山东	12.427	A−
69	90	湘潭大学	综合类	湖南	12.312	A−
70	93	南京航空航天大学	理工类	江苏	12.248	A−
71	95	中国传媒大学	语言类	北京	11.928	A−
72	97	合肥工业大学	理工类	安徽	11.730	A−
73	99	江南大学	综合类	江苏	11.698	A−
74	102	北京科技大学	理工类	北京	11.672	A−
75	103	河海大学	理工类	江苏	11.395	A−
76	106	华中农业大学	农林类	湖北	11.252	A−
77	107	辽宁大学	综合类	辽宁	11.143	A−
78	108	北京工业大学	理工类	北京	11.064	A−
79	110	中国农业大学	农林类	北京	10.914	A−
80	111	中国地质大学（武汉）	理工类	湖北	10.874	A−
81	112	华东理工大学	理工类	上海	10.715	A−
82	113	大连海事大学	理工类	辽宁	10.597	A−
83	115	广西大学	综合类	广西	10.320	A−
84	116	华南农业大学	农林类	广东	10.154	A−
85	117	武汉理工大学	理工类	湖北	9.927	A−
86	119	南京理工大学	理工类	江苏	9.690	A−
87	122	新疆大学	综合类	新疆	9.476	A−
88	123	西北农林科技大学	农林类	陕西	9.465	A−
89	125	南京信息工程大学	理工类	江苏	9.357	A−
90	127	南京邮电大学	理工类	江苏	8.705	A−
91	128	内蒙古大学	综合类	内蒙古	8.671	B+
92	130	西北工业大学	理工类	陕西	8.448	B+
93	135	福州大学	理工类	福建	8.296	B+
94	137	贵州大学	综合类	贵州	8.168	B+
95	141	南京林业大学	农林类	江苏	7.847	B+
96	143	长安大学	理工类	陕西	7.541	B+

续表

双一流排名	公办总排名	学校名称	学校类型	省份	得分	级别
97	149	北京林业大学	农林类	北京	6.905	B+
98	154	石河子大学	综合类	新疆	6.611	B+
99	155	北京邮电大学	理工类	北京	6.594	B+
100	156	东华大学	理工类	上海	6.529	B+
101	158	四川农业大学	农林类	四川	6.465	B+
102	166	华北电力大学	理工类	北京	5.802	B+
103	170	哈尔滨工程大学	理工类	黑龙江	5.350	B+
104	177	北京体育大学	体育类	北京	5.129	B+
105	184	南方科技大学	理工类	广东	4.834	B+
106	190	宁夏大学	综合类	宁夏	4.552	B+
107	192	中国美术学院	艺术类	浙江	4.498	B+
108	193	成都理工大学	理工类	四川	4.495	B+
109	197	河北工业大学	理工类	河北	4.454	B+
110	201	东北农业大学	农林类	黑龙江	4.412	B+
111	202	西藏大学	综合类	西藏	4.401	B+
112	206	中国石油大学（北京）	理工类	北京	4.281	B+
113	207	西安电子科技大学	理工类	陕西	4.200	B+
114	216	中央美术学院	艺术类	北京	3.891	B+
115	219	北京化工大学	理工类	北京	3.766	B+
116	224	南京医科大学	医药类	江苏	3.720	B+
117	232	上海体育大学	体育类	上海	3.622	B+
118	244	东北林业大学	农林类	黑龙江	3.356	B+
119	252	太原理工大学	理工类	山西	3.213	B
120	262	延边大学	综合类	吉林	3.076	B
121	276	中央音乐学院	艺术类	北京	2.849	B
122	289	上海音乐学院	艺术类	上海	2.661	B
123	302	中国人民公安大学	政法类	北京	2.394	B
124	308	中国矿业大学（北京）	理工类	北京	2.326	B
125	322	外交学院	语言类	北京	2.136	B
126	331	中国地质大学（北京）	理工类	北京	2.042	B
127	332	上海海洋大学	农林类	上海	2.022	B
128	340	西南石油大学	理工类	四川	1.921	B

续表

双一流排名	公办总排名	学校名称	学校类型	省份	得分	级别
129	341	天津医科大学	医药类	天津	1.917	B
130	348	中国音乐学院	艺术类	北京	1.894	B
131	351	青海大学	综合类	青海	1.863	B
132	352	北京协和医学院	医药类	北京	1.852	B
133	356	南京中医药大学	医药类	江苏	1.840	B
134	369	中国石油大学（华东）	理工类	山东	1.656	B
135	378	上海科技大学	理工类	上海	1.566	B−
136	389	成都中医药大学	医药类	四川	1.447	B−
137	393	广州中医药大学	医药类	广东	1.423	B−
138	396	中国药科大学	医药类	江苏	1.392	B−
139	406	北京中医药大学	医药类	北京	1.323	B−
140	410	天津工业大学	理工类	天津	1.303	B−
141	433	中央戏剧学院	艺术类	北京	1.158	B−
142	489	上海中医药大学	医药类	上海	0.857	B−
143	540	广州医科大学	医药类	广东	0.687	C＋
144	565	天津中医药大学	医药类	天津	0.601	C＋

由表 8−44 可知，144 所"双一流"建设高校人文社科综合得分的均值为 18.818 分，其中，47 所高校的得分高于平均值，超过了"双一流"高校总数的 1/3，表现出"双一流"高校在人文社科领域整体上具备较强的综合实力。中国人民大学位居"双一流"人文社科实力第 1 名，北京大学和北京师范大学分别位居第 2 名和第 3 名，展现了北京地区高校在人文社科领域的强势表现。此外，浙江大学、武汉大学、清华大学、复旦大学、华东师范大学、中山大学、南京大学也跻身前 10 强。

在前 10 强高校中，有两所师范类高校表现优异，分别是北京师范大学（第 3 名）和华东师范大学（第 8 名），其余高校均属于综合类大学。在前 50 强中，共有 30 所高校属于综合类高校，是前 50 强总数的 60%，充分说明了综合类高校在人文社科领域的优势和强劲实力。

8.4.2 普通高校评价报告

普通类高校人文社科发展综合评价结果如表 8−45 所示。

表 8 – 45　　　　　　　普通类高校人文社科综合得分及排名

普通高校排名	公办总排名	学校名称	学校类型	省份	得分	级别
1	32	浙江工商大学	财经类	浙江	25.633	A
2	39	广东外语外贸大学	语言类	广东	22.835	A
3	42	广州大学	综合类	广东	22.398	A
4	43	深圳大学	综合类	广东	22.198	A
5	44	上海师范大学	师范类	上海	22.128	A
6	53	杭州师范大学	师范类	浙江	18.709	A
7	56	福建师范大学	师范类	福建	17.958	A
8	57	浙江师范大学	师范类	浙江	17.769	A
9	60	山东师范大学	师范类	山东	17.655	A
10	61	浙江工业大学	理工类	浙江	17.360	A
11	62	首都经济贸易大学	财经类	北京	17.330	A
12	63	东北财经大学	财经类	辽宁	17.311	A
13	65	江西财经大学	财经类	江西	16.875	A –
14	67	浙江财经大学	财经类	浙江	16.529	A –
15	73	江西师范大学	师范类	江西	15.220	A –
16	75	中国社会科学院大学	综合类	北京	14.833	A –
17	77	天津师范大学	师范类	天津	14.668	A –
18	83	西南政法大学	政法类	重庆	13.640	A –
19	84	南京财经大学	财经类	江苏	13.626	A –
20	85	扬州大学	综合类	江苏	13.604	A –
21	87	青岛大学	综合类	山东	13.487	A –
22	91	南京审计大学	财经类	江苏	12.301	A –
23	92	西北师范大学	师范类	甘肃	12.249	A –
24	94	山东财经大学	财经类	山东	11.935	A –
25	96	江苏大学	综合类	江苏	11.909	A –
26	98	华东政法大学	政法类	上海	11.709	A –
27	100	湖北大学	综合类	湖北	11.687	A –
28	101	河北大学	综合类	河北	11.682	A –
29	104	华侨大学	综合类	福建	11.318	A –
30	105	安徽师范大学	师范类	安徽	11.277	A –
31	109	广西师范大学	师范类	广西	11.052	A –
32	114	河南师范大学	师范类	河南	10.370	A –

普通高校排名	公办总排名	学校名称	学校类型	省份	得分	级别
33	118	四川师范大学	师范类	四川	9.885	A -
34	120	曲阜师范大学	师范类	山东	9.559	A -
35	121	北京工商大学	财经类	北京	9.530	A -
36	124	安徽财经大学	财经类	安徽	9.382	A -
37	126	中南民族大学	民族类	湖北	8.991	A -
38	128	云南师范大学	师范类	云南	8.671	B +
39	131	广东工业大学	理工类	广东	8.423	B +
40	132	江苏师范大学	师范类	江苏	8.399	B +
41	133	浙江理工大学	理工类	浙江	8.361	B +
42	134	长沙理工大学	理工类	湖南	8.358	B +
43	136	重庆工商大学	财经类	重庆	8.273	B +
44	138	云南财经大学	财经类	云南	8.097	B +
45	139	湖南科技大学	综合类	湖南	7.975	B +
46	140	辽宁师范大学	师范类	辽宁	7.861	B +
47	142	北京语言大学	语言类	北京	7.663	B +
48	144	天津财经大学	财经类	天津	7.367	B +
49	145	山西财经大学	财经类	山西	7.336	B +
50	146	广东财经大学	财经类	广东	7.080	B +
51	147	杭州电子科技大学	理工类	浙江	6.937	B +
52	148	贵州财经大学	财经类	贵州	6.927	B +
53	150	黑龙江大学	综合类	黑龙江	6.819	B +
54	151	内蒙古师范大学	师范类	内蒙古	6.812	B +
55	152	上海理工大学	理工类	上海	6.732	B +
56	153	河北师范大学	师范类	河北	6.637	B +
57	157	西南民族大学	民族类	四川	6.491	B +
58	159	重庆师范大学	师范类	重庆	6.272	B +
59	160	贵州师范大学	师范类	贵州	6.166	B +
60	161	上海对外经贸大学	财经类	上海	6.146	B +
61	162	西安外国语大学	语言类	陕西	6.078	B +
62	163	云南民族大学	民族类	云南	5.950	B +
63	164	西安建筑科技大学	理工类	陕西	5.919	B +
64	165	四川外国语大学	语言类	重庆	5.888	B +

普通高校排名	公办总排名	学校名称	学校类型	省份	得分	级别
65	167	燕山大学	理工类	河北	5.661	B+
66	168	温州大学	综合类	浙江	5.615	B+
67	169	南通大学	综合类	江苏	5.498	B+
68	171	山东理工大学	理工类	山东	5.298	B+
69	172	海南师范大学	师范类	海南	5.257	B+
70	173	上海海事大学	理工类	上海	5.236	B+
71	174	贵州民族大学	民族类	贵州	5.231	B+
72	175	山东科技大学	理工类	山东	5.166	B+
73	176	广西民族大学	民族类	广西	5.146	B+
74	178	汕头大学	综合类	广东	5.112	B+
75	179	西藏民族大学	民族类	西藏	5.072	B+
76	180	湖南工商大学	财经类	湖南	5.069	B+
77	181	哈尔滨师范大学	师范类	黑龙江	5.057	B+
78	182	温州医科大学	医药类	浙江	4.968	B+
79	183	西安理工大学	理工类	陕西	4.886	B+
80	185	南京艺术学院	艺术类	江苏	4.830	B+
81	186	昆明理工大学	理工类	云南	4.806	B+
82	187	福建农林大学	农林类	福建	4.769	B+
83	188	新疆师范大学	师范类	新疆	4.716	B+
84	189	济南大学	综合类	山东	4.645	B+
85	191	山西师范大学	师范类	山西	4.520	B+
86	194	重庆交通大学	理工类	重庆	4.485	B+
87	195	苏州科技大学	理工类	江苏	4.483	B+
88	196	江苏科技大学	理工类	江苏	4.465	B+
89	198	上海政法学院	政法类	上海	4.446	B+
90	199	浙江传媒学院	语言类	浙江	4.436	B+
91	200	湖北经济学院	财经类	湖北	4.429	B+
92	203	浙江农林大学	农林类	浙江	4.306	B+
93	204	武汉体育学院	体育类	湖北	4.299	B+
94	205	西北民族大学	民族类	甘肃	4.294	B+
95	208	聊城大学	综合类	山东	4.179	B+
96	209	湖北工业大学	理工类	湖北	4.147	B+

普通高校排名	公办总排名	学校名称	学校类型	省份	得分	级别
97	210	鲁东大学	综合类	山东	4.126	B+
98	211	上海立信会计金融学院	财经类	上海	4.098	B+
99	212	河南财经政法大学	财经类	河南	4.018	B+
100	213	南方医科大学	医药类	广东	3.996	B+
101	214	湖州师范学院	师范类	浙江	3.982	B+
102	215	南京工业大学	理工类	江苏	3.973	B+
103	217	湖南第一师范学院	师范类	湖南	3.887	B+
104	218	三峡大学	综合类	湖北	3.782	B+
105	220	河南工业大学	理工类	河南	3.763	B+
106	221	南京晓庄学院	师范类	江苏	3.746	B+
107	222	首都医科大学	医药类	北京	3.740	B+
108	223	青海师范大学	师范类	青海	3.731	B+
109	225	河南理工大学	理工类	河南	3.690	B+
110	226	山东工商学院	财经类	山东	3.658	B+
111	227	武汉科技大学	理工类	湖北	3.655	B+
112	228	集美大学	综合类	福建	3.645	B+
113	229	安徽医科大学	医药类	安徽	3.643	B+
113	229	青海民族大学	民族类	青海	3.643	B+
115	231	常州大学	理工类	江苏	3.623	B+
116	233	吉首大学	综合类	湖南	3.592	B+
117	234	上海工程技术大学	理工类	上海	3.580	B+
118	235	河南农业大学	农林类	河南	3.567	B+
119	236	烟台大学	综合类	山东	3.476	B+
120	237	西安财经大学	财经类	陕西	3.456	B+
121	238	广东金融学院	财经类	广东	3.431	B+
122	239	吉林财经大学	财经类	吉林	3.388	B+
123	240	重庆邮电大学	理工类	重庆	3.384	B+
124	240	广西财经学院	财经类	广西	3.384	B+
125	242	北京联合大学	综合类	北京	3.365	B+
126	243	西北政法大学	政法类	陕西	3.357	B+
127	245	北方民族大学	民族类	宁夏	3.352	B+
128	246	华北水利水电大学	理工类	河南	3.325	B+

普通高校排名	公办总排名	学校名称	学校类型	省份	得分	级别
129	247	绍兴文理学院	综合类	浙江	3.292	B +
130	248	湖南农业大学	农林类	湖南	3.282	B +
131	249	天津理工大学	理工类	天津	3.236	B +
132	250	中国计量大学	理工类	浙江	3.232	B +
133	251	长江大学	综合类	湖北	3.229	B +
134	253	天津商业大学	财经类	天津	3.212	B
135	254	广州美术学院	艺术类	广东	3.199	B
136	255	台州学院	综合类	浙江	3.183	B
137	256	沈阳师范大学	师范类	辽宁	3.170	B
138	257	北京建筑大学	理工类	北京	3.169	B
139	258	湖南财政经济学院	财经类	湖南	3.120	B
140	259	武汉纺织大学	理工类	湖北	3.111	B
141	260	常熟理工学院	理工类	江苏	3.102	B
142	261	兰州财经大学	财经类	甘肃	3.097	B
143	263	中南林业科技大学	农林类	湖南	3.070	B
144	264	四川美术学院	艺术类	重庆	3.059	B
145	265	山东建筑大学	理工类	山东	3.049	B
146	266	西安科技大学	理工类	陕西	3.014	B
147	267	西华师范大学	师范类	四川	3.007	B
148	268	武汉工程大学	理工类	湖北	2.981	B
149	269	长春师范大学	师范类	吉林	2.975	B
150	270	哈尔滨商业大学	财经类	黑龙江	2.954	B
151	271	桂林理工大学	理工类	广西	2.936	B
152	272	西安工程大学	理工类	陕西	2.886	B
153	273	重庆理工大学	理工类	重庆	2.879	B
154	274	西华大学	综合类	四川	2.864	B
155	274	哈尔滨理工大学	理工类	黑龙江	2.864	B
156	277	湖南工业大学	理工类	湖南	2.841	B
157	278	郑州航空工业管理学院	财经类	河南	2.833	B
158	279	成都体育学院	体育类	四川	2.771	B
159	280	安徽工业大学	理工类	安徽	2.754	B
160	280	大理大学	综合类	云南	2.754	B

续表

普通高校排名	公办总排名	学校名称	学校类型	省份	得分	级别
161	282	赣南师范大学	师范类	江西	2.732	B
162	283	延安大学	综合类	陕西	2.731	B
163	284	淮北师范大学	师范类	安徽	2.715	B
164	285	闽南师范大学	师范类	福建	2.714	B
165	286	岭南师范学院	师范类	广东	2.707	B
166	287	北方工业大学	理工类	北京	2.698	B
167	288	大连外国语大学	语言类	辽宁	2.670	B
168	290	湖北师范大学	师范类	湖北	2.608	B
169	291	浙江音乐学院	艺术类	浙江	2.607	B
170	292	南宁师范大学	师范类	广西	2.559	B
171	293	桂林电子科技大学	理工类	广西	2.547	B
172	294	内蒙古民族大学	民族类	内蒙古	2.541	B
173	295	陕西科技大学	理工类	陕西	2.490	B
174	296	新疆财经大学	财经类	新疆	2.479	B
175	296	北京第二外国语学院	语言类	北京	2.479	B
176	298	洛阳师范学院	师范类	河南	2.443	B
177	299	盐城师范学院	师范类	江苏	2.435	B
178	300	华东交通大学	理工类	江西	2.421	B
179	301	西安邮电大学	理工类	陕西	2.413	B
180	303	河北经贸大学	财经类	河北	2.365	B
181	304	哈尔滨医科大学	医药类	黑龙江	2.361	B
182	305	兰州交通大学	理工类	甘肃	2.348	B
183	306	广东技术师范大学	师范类	广东	2.342	B
184	307	上海应用技术大学	理工类	上海	2.338	B
185	308	北京印刷学院	理工类	北京	2.326	B
186	310	青岛理工大学	理工类	山东	2.295	B
187	311	安徽理工大学	理工类	安徽	2.288	B
188	312	山东农业大学	农林类	山东	2.254	B
189	313	郑州轻工业大学	理工类	河南	2.227	B
190	314	徐州工程学院	理工类	江苏	2.207	B
191	315	河南科技大学	综合类	河南	2.204	B
192	316	长江师范学院	师范类	重庆	2.177	B

普通高校排名	公办总排名	学校名称	学校类型	省份	得分	级别
193	317	北京信息科技大学	理工类	北京	2.170	B
194	318	景德镇陶瓷大学	理工类	江西	2.165	B
195	319	首都体育学院	体育类	北京	2.153	B
196	320	福建医科大学	医药类	福建	2.146	B
197	321	江西理工大学	理工类	江西	2.144	B
198	323	淮阴师范学院	师范类	江苏	2.130	B
199	324	佛山科学技术学院	理工类	广东	2.127	B
200	325	青岛科技大学	理工类	山东	2.124	B
201	326	长沙学院	综合类	湖南	2.100	B
202	327	广西艺术学院	艺术类	广西	2.076	B
203	328	北京电影学院	艺术类	北京	2.073	B
204	329	沈阳农业大学	农林类	辽宁	2.065	B
205	330	国际关系学院	政法类	北京	2.044	B
206	333	闽江学院	理工类	福建	2.021	B
207	334	阜阳师范大学	师范类	安徽	2.020	B
208	335	江西农业大学	农林类	江西	1.992	B
209	336	中国医科大学	医药类	辽宁	1.955	B
210	337	内蒙古工业大学	理工类	内蒙古	1.941	B
211	338	内蒙古财经大学	财经类	内蒙古	1.935	B
212	339	武汉轻工大学	理工类	湖北	1.925	B
213	341	山东艺术学院	艺术类	山东	1.917	B
214	343	安徽农业大学	农林类	安徽	1.910	B
215	344	西南科技大学	理工类	四川	1.908	B
216	344	南华大学	综合类	湖南	1.908	B
217	346	上海商学院	财经类	上海	1.903	B
218	347	成都大学	综合类	四川	1.898	B
219	349	湖北民族大学	民族类	湖北	1.881	B
220	350	北京物资学院	财经类	北京	1.872	B
221	353	青岛农业大学	农林类	山东	1.849	B
222	354	安徽工程大学	理工类	安徽	1.846	B
223	354	新乡医学院	医药类	河南	1.846	B
224	357	浙大城市学院	综合类	浙江	1.839	B

普通高校排名	公办总排名	学校名称	学校类型	省份	得分	级别
225	358	淮阴工学院	理工类	江苏	1.811	B
226	359	南昌航空大学	理工类	江西	1.789	B
227	360	齐鲁工业大学	理工类	山东	1.782	B
228	361	浙江万里学院	理工类	浙江	1.771	B
229	362	太原师范学院	师范类	山西	1.763	B
230	363	南京体育学院	体育类	江苏	1.741	B
231	364	中国民航大学	理工类	天津	1.711	B
232	365	江西科技师范大学	师范类	江西	1.699	B
233	366	浙江外国语学院	语言类	浙江	1.697	B
234	367	上海戏剧学院	艺术类	上海	1.694	B
235	368	东华理工大学	理工类	江西	1.667	B
236	370	湘南学院	综合类	湖南	1.648	B
237	371	江苏第二师范学院	师范类	江苏	1.632	B
238	372	华北理工大学	理工类	河北	1.626	B
239	373	西南医科大学	医药类	四川	1.610	B
240	374	常州工学院	理工类	江苏	1.599	B
241	375	贵州医科大学	医药类	贵州	1.591	B
242	376	新疆农业大学	农林类	新疆	1.588	B −
243	377	重庆医科大学	医药类	重庆	1.568	B −
244	379	沈阳体育学院	体育类	辽宁	1.536	B −
245	380	安阳师范学院	师范类	河南	1.527	B −
246	381	周口师范学院	师范类	河南	1.525	B −
247	381	临沂大学	综合类	山东	1.525	B −
248	383	北京服装学院	艺术类	北京	1.522	B −
249	384	云南艺术学院	艺术类	云南	1.519	B −
250	385	天津城建大学	理工类	天津	1.518	B −
251	386	山东工艺美术学院	艺术类	山东	1.499	B −
252	387	西南林业大学	农林类	云南	1.490	B −
253	388	怀化学院	综合类	湖南	1.463	B −
254	390	厦门理工学院	理工类	福建	1.446	B −
255	391	天津外国语大学	语言类	天津	1.437	B −
256	392	商丘师范学院	师范类	河南	1.433	B −

续表

普通高校排名	公办总排名	学校名称	学校类型	省份	得分	级别
257	394	浙大宁波理工学院	理工类	浙江	1.405	B−
258	395	伊犁师范大学	师范类	新疆	1.395	B−
259	397	黄冈师范学院	师范类	湖北	1.388	B−
260	398	江汉大学	综合类	湖北	1.385	B−
261	399	河北农业大学	农林类	河北	1.361	B−
262	400	渤海大学	综合类	辽宁	1.353	B−
263	401	四川音乐学院	艺术类	四川	1.350	B−
264	402	湖北美术学院	艺术类	湖北	1.340	B−
265	403	辽宁工程技术大学	理工类	辽宁	1.338	B−
266	403	徐州医科大学	医药类	江苏	1.338	B−
267	405	深圳技术大学	理工类	广东	1.330	B−
268	407	赤峰学院	综合类	内蒙古	1.319	B−
269	408	宝鸡文理学院	综合类	陕西	1.311	B−
270	409	信阳师范大学	师范类	河南	1.308	B−
271	411	贵州师范学院	师范类	贵州	1.293	B−
272	412	内蒙古农业大学	农林类	内蒙古	1.291	B−
273	413	安庆师范大学	师范类	安徽	1.281	B−
274	414	东莞理工学院	理工类	广东	1.268	B−
275	415	大连民族大学	民族类	辽宁	1.264	B−
276	416	山东体育学院	体育类	山东	1.261	B−
277	417	桂林旅游学院	财经类	广西	1.255	B−
278	418	衡阳师范学院	师范类	湖南	1.254	B−
279	419	西安音乐学院	艺术类	陕西	1.250	B−
280	420	廊坊师范学院	师范类	河北	1.240	B−
281	421	山东女子学院	综合类	山东	1.239	B−
282	422	泉州师范学院	师范类	福建	1.236	B−
283	423	福建江夏学院	财经类	福建	1.231	B−
284	424	肇庆学院	综合类	广东	1.229	B−
285	425	广西科技大学	理工类	广西	1.214	B−
286	426	中国劳动关系学院	政法类	北京	1.208	B−
287	427	广州体育学院	体育类	广东	1.203	B−
288	428	江苏海洋大学	理工类	江苏	1.188	B−

普通高校排名	公办总排名	学校名称	学校类型	省份	得分	级别
289	429	江苏理工学院	理工类	江苏	1.178	B -
290	430	浙江海洋大学	农林类	浙江	1.172	B -
291	431	湖南城市学院	综合类	湖南	1.168	B -
292	432	兰州理工大学	理工类	甘肃	1.163	B -
293	434	重庆文理学院	综合类	重庆	1.152	B -
294	435	中国戏曲学院	艺术类	北京	1.150	B -
295	436	河北金融学院	财经类	河北	1.126	B -
296	437	西安文理学院	综合类	陕西	1.119	B -
297	438	盐城工学院	理工类	江苏	1.103	B -
298	439	长春工业大学	理工类	吉林	1.099	B -
299	440	广东海洋大学	农林类	广东	1.096	B -
300	441	太原科技大学	理工类	山西	1.092	B -
301	442	南京工程学院	理工类	江苏	1.087	B -
302	443	内蒙古科技大学	综合类	内蒙古	1.078	B -
303	444	合肥师范学院	师范类	安徽	1.065	B -
304	445	玉林师范学院	师范类	广西	1.062	B -
305	446	河南中医药大学	医药类	河南	1.061	B -
306	447	呼和浩特民族学院	语言类	内蒙古	1.057	B -
307	448	铜仁学院	综合类	贵州	1.050	B -
308	449	兰州城市学院	综合类	甘肃	1.049	B -
309	450	吉林师范大学	师范类	吉林	1.047	B -
310	450	齐齐哈尔大学	综合类	黑龙江	1.047	B -
311	452	韩山师范学院	师范类	广东	1.041	B -
312	453	凯里学院	综合类	贵州	1.040	B -
313	454	昆明学院	综合类	云南	1.012	B -
314	455	湖南文理学院	综合类	湖南	1.005	B -
315	456	四川轻化工大学	理工类	四川	1.002	B -
316	456	湖南中医药大学	医药类	湖南	1.002	B -
317	458	井冈山大学	综合类	江西	0.997	B -
318	459	金陵科技学院	理工类	江苏	0.986	B -
319	460	仲恺农业工程学院	农林类	广东	0.985	B -
320	460	丽水学院	综合类	浙江	0.985	B -

续表

普通高校排名	公办总排名	学校名称	学校类型	省份	得分	级别
321	462	曲靖师范学院	师范类	云南	0.972	B−
322	463	浙江中医药大学	医药类	浙江	0.968	B−
323	464	天津科技大学	理工类	天津	0.961	B−
324	464	北部湾大学	综合类	广西	0.961	B−
325	466	黄淮学院	综合类	河南	0.959	B−
326	467	重庆第二师范学院	师范类	重庆	0.949	B−
327	468	陇东学院	综合类	甘肃	0.946	B−
328	469	齐鲁师范学院	师范类	山东	0.941	B−
329	470	嘉兴大学	综合类	浙江	0.938	B−
330	471	湖南工程学院	理工类	湖南	0.929	B−
331	472	吉林艺术学院	艺术类	吉林	0.928	B−
332	473	西安工业大学	理工类	陕西	0.924	B−
333	474	北华大学	综合类	吉林	0.921	B−
334	475	成都师范学院	师范类	四川	0.905	B−
335	476	淮南师范学院	师范类	安徽	0.902	B−
336	477	甘肃政法大学	政法类	甘肃	0.897	B−
337	478	浙江科技大学	理工类	浙江	0.894	B−
338	479	大连大学	综合类	辽宁	0.891	B−
339	480	九江学院	综合类	江西	0.887	B−
340	481	山西农业大学	农林类	山西	0.882	B−
341	482	三明学院	综合类	福建	0.878	B−
342	483	西安美术学院	艺术类	陕西	0.875	B−
343	484	南阳师范学院	师范类	河南	0.874	B−
344	485	河北地质大学	理工类	河北	0.872	B−
345	485	哈尔滨音乐学院	艺术类	黑龙江	0.872	B−
346	487	北京舞蹈学院	艺术类	北京	0.870	B−
347	488	宁夏医科大学	医药类	宁夏	0.861	B−
348	490	湖北汽车工业学院	理工类	湖北	0.851	B−
349	491	遵义医科大学	医药类	贵州	0.850	B−
350	491	许昌学院	理工类	河南	0.850	B−
351	493	辽宁工业大学	理工类	辽宁	0.840	B−
352	494	浙江警察学院	政法类	浙江	0.839	B−

普通高校排名	公办总排名	学校名称	学校类型	省份	得分	级别
353	495	海南医学院	医药类	海南	0.834	B −
354	495	成都信息工程大学	理工类	四川	0.834	B −
355	497	宁波工程学院	理工类	浙江	0.833	C +
356	498	湖北中医药大学	医药类	湖北	0.828	C +
357	499	山东管理学院	财经类	山东	0.826	C +
358	499	沈阳音乐学院	艺术类	辽宁	0.826	C +
359	501	莆田学院	综合类	福建	0.824	C +
360	502	湖南理工学院	理工类	湖南	0.822	C +
361	503	天津音乐学院	艺术类	天津	0.818	C +
362	504	鲁迅美术学院	艺术类	辽宁	0.815	C +
363	505	荆楚理工学院	理工类	湖北	0.814	C +
364	506	星海音乐学院	艺术类	广东	0.810	C +
365	506	滨州医学院	医药类	山东	0.810	C +
366	508	西安体育学院	体育类	陕西	0.807	C +
367	509	四川文理学院	综合类	四川	0.802	C +
368	510	河南科技学院	理工类	河南	0.794	C +
369	511	长春大学	综合类	吉林	0.789	C +
370	512	云南农业大学	农林类	云南	0.781	C +
371	512	广西医科大学	医药类	广西	0.781	C +
372	514	西安石油大学	理工类	陕西	0.780	C +
373	514	天津体育学院	体育类	天津	0.780	C +
374	516	长春理工大学	理工类	吉林	0.779	C +
375	517	牡丹江师范学院	师范类	黑龙江	0.777	C +
376	518	福建理工大学	理工类	福建	0.774	C +
377	519	中北大学	理工类	山西	0.773	C +
378	520	河北科技大学	理工类	河北	0.772	C +
379	521	安徽建筑大学	理工类	安徽	0.771	C +
380	522	南昌工程学院	理工类	江西	0.766	C +
381	523	呼伦贝尔学院	综合类	内蒙古	0.765	C +
382	523	河北工程大学	理工类	河北	0.765	C +
383	525	塔里木大学	综合类	新疆	0.760	C +
384	526	吉林农业大学	农林类	吉林	0.751	C +

普通高校排名	公办总排名	学校名称	学校类型	省份	得分	级别
385	527	吉林体育学院	体育类	吉林	0.742	C+
386	528	惠州学院	综合类	广东	0.741	C+
387	529	山西医科大学	医药类	山西	0.739	C+
388	530	河北医科大学	医药类	河北	0.733	C+
389	531	沈阳工业大学	理工类	辽宁	0.731	C+
390	532	昆明医科大学	医药类	云南	0.722	C+
391	533	长沙师范学院	师范类	湖南	0.720	C+
392	533	山东第一医科大学	医药类	山东	0.720	C+
393	535	泰山学院	综合类	山东	0.709	C+
394	536	湖北第二师范学院	师范类	湖北	0.706	C+
395	537	成都医学院	医药类	四川	0.697	C+
396	537	潍坊学院	综合类	山东	0.697	C+
397	539	中华女子学院	综合类	北京	0.695	C+
398	541	滨州学院	综合类	山东	0.681	C+
399	542	上海电力大学	理工类	上海	0.680	C+
400	543	贺州学院	综合类	广西	0.677	C+
401	544	湖北文理学院	综合类	湖北	0.675	C+
402	545	沈阳大学	综合类	辽宁	0.674	C+
403	546	南昌师范学院	师范类	江西	0.666	C+
404	546	大连医科大学	医药类	辽宁	0.666	C+
405	548	湖南科技学院	理工类	湖南	0.665	C+
406	549	天水师范学院	师范类	甘肃	0.655	C+
407	550	沈阳建筑大学	理工类	辽宁	0.653	C+
408	551	广东医科大学	医药类	广东	0.652	C+
409	552	郑州师范学院	师范类	河南	0.650	C+
410	553	陕西理工大学	理工类	陕西	0.647	C+
411	554	宿迁学院	综合类	江苏	0.639	C+
412	555	黑龙江科技大学	理工类	黑龙江	0.635	C+
413	556	中原工学院	理工类	河南	0.634	C+
414	557	石家庄铁道大学	理工类	河北	0.633	C+
415	558	嘉应学院	综合类	广东	0.625	C+
416	559	湖北工程学院	理工类	湖北	0.617	C+

续表

普通高校排名	公办总排名	学校名称	学校类型	省份	得分	级别
417	560	海南热带海洋学院	综合类	海南	0.613	C+
418	561	东北石油大学	理工类	黑龙江	0.612	C+
419	562	上海第二工业大学	理工类	上海	0.611	C+
420	563	北京石油化工学院	理工类	北京	0.609	C+
421	564	百色学院	综合类	广西	0.607	C+
422	566	湖北科技学院	理工类	湖北	0.600	C+
423	567	韶关学院	综合类	广东	0.597	C+
424	568	洛阳理工学院	理工类	河南	0.596	C+
425	569	武汉商学院	财经类	湖北	0.592	C+
426	570	山西大同大学	综合类	山西	0.588	C+
427	571	哈尔滨体育学院	体育类	黑龙江	0.585	C+
428	572	铜陵学院	财经类	安徽	0.583	C+
429	573	广东药科大学	医药类	广东	0.582	C+
430	573	乐山师范学院	师范类	四川	0.582	C+
431	575	武夷学院	综合类	福建	0.576	C+
432	576	河北科技师范学院	师范类	河北	0.575	C+
433	577	巢湖学院	综合类	安徽	0.573	C+
434	578	枣庄学院	综合类	山东	0.572	C+
435	579	山东青年政治学院	综合类	山东	0.566	C+
436	580	遵义师范学院	师范类	贵州	0.565	C+
437	580	衢州学院	理工类	浙江	0.565	C+
438	582	四川旅游学院	综合类	四川	0.562	C+
439	583	皖南医学院	医药类	安徽	0.561	C+
440	584	湖南工学院	理工类	湖南	0.560	C+
441	585	湖南人文科技学院	综合类	湖南	0.558	C+
442	585	滁州学院	综合类	安徽	0.558	C+
443	587	中国青年政治学院	政法类	北京	0.550	C+
444	587	宜宾学院	综合类	四川	0.550	C+
445	589	宜春学院	综合类	江西	0.537	C+
446	589	平顶山学院	综合类	河南	0.537	C+
447	591	甘肃农业大学	农林类	甘肃	0.530	C+
448	592	黑龙江八一农垦大学	农林类	黑龙江	0.528	C+

普通高校排名	公办总排名	学校名称	学校类型	省份	得分	级别
449	593	陕西学前师范学院	师范类	陕西	0.527	C +
450	593	吉林建筑大学	理工类	吉林	0.527	C +
451	595	大连交通大学	理工类	辽宁	0.520	C +
452	596	龙岩学院	综合类	福建	0.517	C +
453	597	内江师范学院	师范类	四川	0.516	C +
454	598	皖西学院	综合类	安徽	0.509	C +
455	599	重庆三峡学院	综合类	重庆	0.501	C +
456	599	杭州医学院	医药类	浙江	0.501	C +
457	601	贵阳学院	综合类	贵州	0.498	C +
458	602	上海海关学院	政法类	上海	0.497	C +
459	603	安徽中医药大学	医药类	安徽	0.496	C +
460	604	长治学院	综合类	山西	0.493	C +
461	605	福建技术师范学院	师范类	福建	0.476	C +
462	606	广东石油化工学院	理工类	广东	0.475	C +
463	607	新疆政法学院	政法类	新疆	0.469	C +
464	608	山西传媒学院	艺术类	山西	0.465	C +
465	608	哈尔滨学院	综合类	黑龙江	0.465	C +
466	610	河南牧业经济学院	农林类	河南	0.464	C +
467	611	广州航海学院	理工类	广东	0.462	C +
468	612	长春中医药大学	医药类	吉林	0.452	C +
469	613	榆林学院	综合类	陕西	0.451	C +
470	614	宿州学院	综合类	安徽	0.449	C +
471	615	运城学院	综合类	山西	0.446	C +
472	616	渭南师范学院	师范类	陕西	0.440	C +
473	616	广东第二师范学院	师范类	广东	0.440	C +
474	618	东北电力大学	理工类	吉林	0.435	C +
475	619	梧州学院	综合类	广西	0.433	C
476	620	中国人民警察大学	政法类	河北	0.430	C
477	621	兰州文理学院	综合类	甘肃	0.428	C
478	622	山东交通学院	理工类	山东	0.426	C
479	623	深圳职业技术大学	综合类	广东	0.425	C
480	624	琼台师范学院	师范类	海南	0.420	C

普通高校排名	公办总排名	学校名称	学校类型	省份	得分	级别
481	625	唐山师范学院	师范类	河北	0.418	C
482	626	云南中医药大学	医药类	云南	0.414	C
483	627	贵州中医药大学	医药类	贵州	0.412	C
484	628	桂林航天工业学院	理工类	广西	0.411	C
485	629	北华航天工业学院	理工类	河北	0.410	C
486	630	忻州师范学院	师范类	山西	0.408	C
487	631	福建商学院	财经类	福建	0.407	C
488	632	泰州学院	综合类	江苏	0.402	C
489	633	湖南女子学院	语言类	湖南	0.401	C
490	633	宁夏师范学院	师范类	宁夏	0.401	C
491	633	邵阳学院	综合类	湖南	0.401	C
492	636	大庆师范学院	师范类	黑龙江	0.396	C
493	637	喀什大学	综合类	新疆	0.394	C
494	637	浙江水利水电学院	理工类	浙江	0.394	C
495	639	绵阳师范学院	师范类	四川	0.393	C
496	640	新乡学院	综合类	河南	0.388	C
497	641	沈阳航空航天大学	理工类	辽宁	0.380	C
498	642	安徽科技学院	理工类	安徽	0.375	C
499	643	甘肃民族师范学院	师范类	甘肃	0.374	C
500	644	萍乡学院	综合类	江西	0.370	C
501	645	山东第二医科大学	医药类	山东	0.368	C
502	646	新疆医科大学	医药类	新疆	0.367	C
503	647	大连工业大学	理工类	辽宁	0.365	C
504	648	上饶师范学院	师范类	江西	0.361	C
505	649	德州学院	综合类	山东	0.360	C
506	650	上海电机学院	理工类	上海	0.357	C
507	651	华北科技学院	理工类	河北	0.353	C
508	652	辽宁科技大学	理工类	辽宁	0.352	C
509	653	沈阳理工大学	理工类	辽宁	0.350	C
510	653	山东政法学院	政法类	山东	0.350	C
511	655	咸阳师范学院	师范类	陕西	0.346	C
512	656	桂林医学院	医药类	广西	0.344	C

普通高校排名	公办总排名	学校名称	学校类型	省份	得分	级别
513	657	新疆理工学院	理工类	新疆	0.342	C
514	658	五邑大学	综合类	广东	0.341	C
515	659	济宁学院	综合类	山东	0.340	C
516	660	南阳理工学院	理工类	河南	0.338	C
517	661	红河学院	综合类	云南	0.335	C
518	662	福建警察学院	政法类	福建	0.334	C
519	662	天津职业技术师范大学	师范类	天津	0.334	C
520	664	辽宁石油化工大学	理工类	辽宁	0.330	C
521	665	四川警察学院	政法类	四川	0.329	C
522	666	广西民族师范学院	师范类	广西	0.327	C
523	666	江西中医药大学	医药类	江西	0.327	C
524	666	山东中医药大学	医药类	山东	0.327	C
525	669	南京特殊教育师范学院	师范类	江苏	0.325	C
526	669	苏州城市学院	综合类	江苏	0.325	C
527	671	新疆艺术学院	艺术类	新疆	0.324	C
528	672	中国民用航空飞行学院	理工类	四川	0.323	C
529	672	河西学院	综合类	甘肃	0.323	C
530	674	玉溪师范学院	师范类	云南	0.322	C
531	675	无锡学院	综合类	江苏	0.320	C
532	676	防灾科技学院	理工类	河北	0.316	C
533	677	济宁医学院	医药类	山东	0.315	C
533	677	安顺学院	综合类	贵州	0.315	C
534	679	通化师范学院	师范类	吉林	0.313	C
535	680	大连海洋大学	农林类	辽宁	0.311	C
536	681	上海健康医学院	医药类	上海	0.310	C
537	682	新疆工程学院	理工类	新疆	0.309	C
538	683	衡水学院	综合类	河北	0.307	C
539	684	广西中医药大学	医药类	广西	0.299	C
540	684	河池学院	综合类	广西	0.299	C
541	686	贵州理工学院	理工类	贵州	0.298	C
542	687	天津美术学院	艺术类	天津	0.297	C
543	688	黄山学院	综合类	安徽	0.294	C

普通高校排名	公办总排名	学校名称	学校类型	省份	得分	级别
544	688	湖北医药学院	医药类	湖北	0.294	C
545	690	宁德师范学院	师范类	福建	0.288	C
546	691	武汉音乐学院	艺术类	湖北	0.280	C
547	692	吕梁学院	综合类	山西	0.277	C
548	693	河南工程学院	理工类	河南	0.273	C
549	694	信阳农林学院	农林类	河南	0.268	C
550	695	四川民族学院	民族类	四川	0.263	C
551	696	福建中医药大学	医药类	福建	0.259	C
552	696	云南警官学院	政法类	云南	0.259	C
553	698	黔南民族师范学院	师范类	贵州	0.257	C
554	699	重庆科技大学	综合类	重庆	0.256	C
555	700	锦州医科大学	医药类	辽宁	0.253	C
556	701	合肥大学	综合类	安徽	0.250	C
557	701	攀枝花学院	综合类	四川	0.250	C
558	703	佳木斯大学	综合类	黑龙江	0.248	C
559	704	贵州商学院	财经类	贵州	0.246	C
560	705	江苏警官学院	政法类	江苏	0.243	C
561	705	南京工业职业技术大学	理工类	江苏	0.243	C
562	707	太原学院	综合类	山西	0.232	C
563	708	内蒙古艺术学院	艺术类	内蒙古	0.227	C
564	709	贵州工程应用技术学院	理工类	贵州	0.218	C
565	710	河北北方学院	综合类	河北	0.217	C
566	711	新余学院	综合类	江西	0.213	C
567	712	内蒙古医科大学	医药类	内蒙古	0.212	C
568	713	邯郸学院	综合类	河北	0.211	C
568	713	温州理工学院	理工类	浙江	0.211	C
569	715	黑龙江工业学院	理工类	黑龙江	0.207	C
570	716	池州学院	综合类	安徽	0.206	C
571	717	广西警察学院	政法类	广西	0.205	C
572	718	安阳工学院	理工类	河南	0.204	C
573	719	河北民族师范学院	师范类	河北	0.199	C
574	720	西昌学院	综合类	四川	0.196	C

续表

普通高校排名	公办总排名	学校名称	学校类型	省份	得分	级别
575	721	中国刑事警察学院	政法类	辽宁	0.191	C −
576	722	北京电子科技学院	理工类	北京	0.190	C −
577	723	西藏农牧学院	农林类	西藏	0.189	C −
578	723	兴义民族师范学院	师范类	贵州	0.189	C −
579	725	张家口学院	综合类	河北	0.182	C −
580	726	天津农学院	农林类	天津	0.178	C −
581	727	汉江师范学院	师范类	湖北	0.177	C −
582	727	湖州学院	综合类	浙江	0.177	C −
583	729	赣南医科大学	医药类	江西	0.172	C −
584	730	沈阳化工大学	理工类	辽宁	0.168	C −
585	731	河南财政金融学院	财经类	河南	0.164	C −
586	732	石家庄学院	师范类	河北	0.163	C −
587	733	北京农学院	农林类	北京	0.156	C −
588	734	黑龙江中医药大学	医药类	黑龙江	0.151	C −
589	735	湖北理工学院	理工类	湖北	0.150	C −
590	736	吉林医药学院	医药类	吉林	0.144	C −
591	737	广西职业师范学院	师范类	广西	0.142	C −
592	738	沧州师范学院	师范类	河北	0.138	C −
593	739	南京警察学院	政法类	江苏	0.136	C −
594	740	吉林化工学院	理工类	吉林	0.134	C −
595	740	川北医学院	医药类	四川	0.134	C −
596	742	沈阳药科大学	医药类	辽宁	0.132	C −
597	743	黑河学院	综合类	黑龙江	0.131	C −
598	744	承德医学院	医药类	河北	0.130	C −
599	745	河南城建学院	理工类	河南	0.125	C −
600	745	鞍山师范学院	师范类	辽宁	0.125	C −
601	747	普洱学院	综合类	云南	0.124	C −
602	748	兰州工业学院	理工类	甘肃	0.119	C −
603	749	吉林警察学院	政法类	吉林	0.116	C −
604	750	滇西应用技术大学	综合类	云南	0.113	C −
605	750	赣南科技学院	理工类	江西	0.113	C −
605	750	楚雄师范学院	师范类	云南	0.113	C −

普通高校排名	公办总排名	学校名称	学校类型	省份	得分	级别
606	753	贵州警察学院	政法类	贵州	0.108	C-
607	754	吉林工程技术师范学院	师范类	吉林	0.107	C-
608	755	辽宁中医药大学	医药类	辽宁	0.103	C-
609	756	辽宁科技学院	理工类	辽宁	0.098	C-
609	756	安徽艺术学院	艺术类	安徽	0.098	C-
610	758	山西工程科技职业大学	理工类	山西	0.097	C-
610	758	菏泽学院	综合类	山东	0.097	C-
611	760	晋中学院	综合类	山西	0.093	C-
611	760	安康学院	综合类	陕西	0.093	C-
612	760	河北建筑工程学院	理工类	河北	0.093	C-
613	763	右江民族医学院	医药类	广西	0.092	C-
614	764	厦门医学院	医药类	福建	0.089	C-
615	765	湖南医药学院	医药类	湖南	0.088	C-
616	766	西安医学院	医药类	陕西	0.082	C-
617	767	哈尔滨金融学院	财经类	黑龙江	0.079	C-
617	767	亳州学院	综合类	安徽	0.079	C-
617	767	阿坝师范学院	师范类	四川	0.079	C-
618	770	河南警察学院	政法类	河南	0.075	C-
619	771	浙江药科职业大学	医药类	浙江	0.073	C-
620	772	长治医学院	医药类	山西	0.071	C-
620	772	吉林工商学院	财经类	吉林	0.071	C-
621	772	嘉兴南湖学院	综合类	浙江	0.071	C-
622	775	广东警官学院	政法类	广东	0.068	C-
623	776	邢台学院	综合类	河北	0.064	C-
623	776	西藏藏医药大学	医药类	西藏	0.064	C-
624	778	唐山学院	理工类	河北	0.057	C-
624	778	河北体育学院	体育类	河北	0.057	C-
624	778	广西科技师范学院	师范类	广西	0.057	C-
625	778	沈阳医学院	医药类	辽宁	0.057	C-
626	782	太原工业学院	理工类	山西	0.054	C-
626	782	山东石油化工学院	理工类	山东	0.054	C-
626	782	商洛学院	综合类	陕西	0.054	C-

普通高校排名	公办总排名	学校名称	学校类型	省份	得分	级别
627	785	黑龙江工程学院	理工类	黑龙江	0.053	C −
628	785	鄂尔多斯应用技术学院	理工类	内蒙古	0.053	C −
629	785	陕西中医药大学	医药类	陕西	0.053	C −
630	788	长春工程学院	理工类	吉林	0.050	C −
630	788	豫章师范学院	师范类	江西	0.050	C −
631	790	新疆科技学院	理工类	新疆	0.049	C −
632	791	白城师范学院	师范类	吉林	0.046	C −
632	791	吉林农业科技学院	农林类	吉林	0.046	C −
632	791	河南工学院	理工类	河南	0.046	C −
632	791	保山学院	综合类	云南	0.046	C −
632	791	西安航空学院	理工类	陕西	0.046	C −
633	796	山西工程技术学院	理工类	山西	—	D +
633	796	山东农业工程学院	农林类	山东	—	D +
633	796	成都工业学院	理工类	四川	—	D +
633	796	牡丹江医学院	医药类	黑龙江	—	D +
633	796	景德镇学院	综合类	江西	—	D +
633	796	昭通学院	综合类	云南	—	D +
633	796	齐齐哈尔医学院	医药类	黑龙江	—	D +
633	796	甘肃中医药大学	医药类	甘肃	—	D +
633	796	河北水利电力学院	理工类	河北	—	D +
633	796	中国消防救援学院	理工类	北京	—	D +
633	796	北京警察学院	政法类	北京	—	D +
633	796	绥化学院	综合类	黑龙江	—	D +
633	796	郑州工程技术学院	理工类	河南	—	D +
633	796	湖北警官学院	政法类	湖北	—	D +
633	796	兰州资源环境职业技术大学	财经类	甘肃	—	D +
633	796	昌吉学院	师范类	新疆	—	D +
633	796	保定学院	师范类	河北	—	D +
633	796	山西中医药大学	医药类	山西	—	D +
633	796	辽东学院	综合类	辽宁	—	D +
633	796	滇西科技师范学院	师范类	云南	—	D +
633	796	新疆警察学院	政法类	新疆	—	D +

普通高校排名	公办总排名	学校名称	学校类型	省份	得分	级别
633	796	中央司法警官学院	政法类	河北	—	D+
633	796	天津中德应用技术大学	理工类	天津	—	D+
633	796	山东警察学院	政法类	山东	—	D+
633	796	郑州警察学院	政法类	河南	—	D+
633	796	广西农业职业技术大学	农林类	广西	—	D+
633	796	辽宁警察学院	政法类	辽宁	—	D+
633	796	湖南警察学院	政法类	湖南	—	D+
633	796	河套学院	综合类	内蒙古	—	D+
633	796	沈阳工程学院	理工类	辽宁	—	D+
633	796	上海公安学院	政法类	上海	—	D+
633	796	蚌埠学院	理工类	安徽	—	D+
633	796	赣东学院	综合类	江西	—	D+
633	796	六盘水师范学院	师范类	贵州	—	D+
633	796	河北石油职业技术大学	理工类	河北	—	D+
633	796	河北环境工程学院	理工类	河北	—	D+
633	796	山西警察学院	政法类	山西	—	D+
633	796	山西能源学院	理工类	山西	—	D+
633	796	集宁师范学院	师范类	内蒙古	—	D+
633	796	营口理工学院	理工类	辽宁	—	D+
633	796	重庆警察学院	政法类	重庆	—	D+
633	796	贵阳康养职业大学	医药类	贵州	—	D+
633	796	文山学院	综合类	云南	—	D+
633	796	甘肃医学院	医药类	甘肃	—	D+
633	796	新疆第二医学院	医药类	新疆	—	D+
633	796	首钢工学院	理工类	北京	—	D+
633	796	河北工业职业技术大学	理工类	河北	—	D+
633	796	河北科技工程职业技术大学	理工类	河北	—	D+
633	796	山西工学院	理工类	山西	—	D+
633	796	山西科技学院	理工类	山西	—	D+
633	796	蚌埠医科大学	医药类	安徽	—	D+
633	796	江西警察学院	政法类	江西	—	D+
633	796	南昌医学院	医药类	江西	—	D+

　　由表 8 - 45 可知，706 所公办普通高校的人文社科综合得分均值为 2. 346 分，其中，182 所高校得分超过平均水平，不足总数的 1/3。这显示大多数高校在人文社科发展方面还有较大提升空间。从排名来看，位于浙江的浙江工商大学位列第 1 名，位于广东的广东外语外贸大学和广州大学以及深圳大学分别位列第 2 ~ 第 4 名，展示出这些高校在公办普通高校中的突出表现。前 10 名高校中，广东有 3 所，分别为广东外语外贸大学、广州大学、深圳大学，浙江有浙江工商大学、杭州师范大学、浙江师范大学和浙江工业大学共 4 所高校进入前 10 名，表明这两个地区在人文社科领域的较强实力。从学科类型来看，前 10 名中有 5 所师范类高校，此外还有综合类、财经类和语言类高校，展现出不同类型高校的均衡发展。在前 100 名高校中，师范类高校有了 24 个席位，成为最具优势的学科类型，然后是财经类、综合类和理工类高校，显示出这些类型高校在人文社科发展中的强大实力。

　　在公办普通高校前 100 名中，从不同学科类型来看（见图 8 - 5），师范类高校共有 24 所进入前 100 名，是进入前 100 名中数量最多的一种高校类型。财经类、综合类、理工类高校紧随其后，分别有 21 所、17 所、17 所高校进入前 100 名，这也是仅有的进入前 100 名数量超过 10 所的 4 种高校类型。而民族类高校共有 7 所进入前 100 名，语言类有 3 所高校进入前 100 强，政法类高校有 5 所，农林类和医药类都各有 2 所，体育类和艺术类各有 1 所。

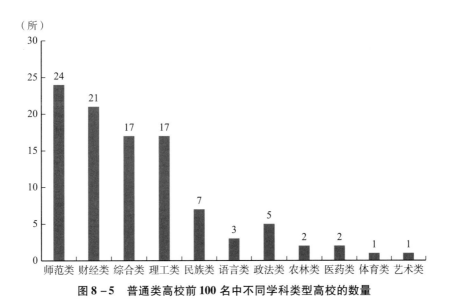

图 8 - 5　普通类高校前 100 名中不同学科类型高校的数量

　　从不同地区来看（见图 8 - 6），进入普通高校前 100 名高校数量最多的地区是浙江,浙江共有 11 所高校进入普通类高校前 100 名,表明了浙江省普通类高校强劲的人文社科实力以及发展潜力。江苏、山东各有 9 所高校进入普通类高校前 100 名,并列各地区第二名。可以发现,前 100 强高校数量较多的地区均为东部沿海地区,上海和广东各有 7 所高校进入 100 强,湖北和重庆各有 5 所,云南和北京各有 4 所,福建、陕西、贵州、河北、湖南各有 3 所,安徽、甘肃、河南、黑龙江、江西、辽宁、山西、四川、天津和广西各有 2 所,海南、内蒙古、西藏、新疆各有 1 所,而青海、吉林则没有高校进入普通类高校前 100 名。

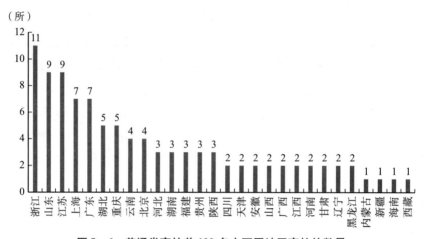

图 8-6　普通类高校前 100 名中不同地区高校的数量

第9章 中国民办与独立学院
人文社科发展评价报告

本章对 414 所民办与独立学院（253 所民办高校和 161 所独立学院）、9 所中外合作办学本科院校的评价结果进行公布和分析。

9.1 民办与独立学院主报告

本节对我国 423 所民办高校和独立学院的评价结果及排名进行公布，民办高校和独立学院的人文社科评价排名如表 9 - 1 所示。

表 9 - 1 民办和独立学院总排名

总排名	学校名称	所有制	学校类型	省份	等级
1	宁波财经学院	民办	财经类	浙江	B
2	浙江越秀外国语学院	民办	语言类	浙江	B
3	浙江树人学院	民办	理工类	浙江	B
4	广东商学院	民办	财经类	广东	B -
5	广东科技学院	民办	综合类	广东	B -
6	福州外语外贸学院	民办	财经类	福建	B -
7	西京学院	民办	综合类	陕西	C +
8	三亚学院	民办	综合类	海南	C +
9	吉林外国语大学	民办	语言类	吉林	C +
10	武昌理工学院	民办	理工类	湖北	C +
11	三江学院	民办	综合类	江苏	C +
12	南京传媒学院	民办	艺术类	江苏	C +

总排名	学校名称	所有制	学校类型	省份	等级
13	山东华宇工学院	民办	理工类	山东	C
14	北京理工大学珠海学院	独立学院	理工类	广东	C
15	厦门大学嘉庚学院	独立学院	综合类	福建	C
16	安徽新华学院	民办	理工类	安徽	C
17	西安外事学院	民办	综合类	陕西	C
18	武昌首义学院	民办	理工类	湖北	C
19	西安欧亚学院	民办	财经类	陕西	C
20	湖南涉外经济学院	民办	财经类	湖南	C
21	广州华商学院	民办	财经类	广东	C
22	郑州商学院	民办	财经类	河南	C
23	西安翻译学院	民办	语言类	陕西	C
24	上海外国语大学贤达经济人文学院	独立学院	财经类	上海	C
25	江西科技学院	民办	理工类	江西	C
26	阳光学院	民办	理工类	福建	C
27	无锡太湖学院	民办	综合类	江苏	C
28	宁波大学科学技术学院	独立学院	综合类	浙江	C
29	浙江工商大学杭州商学院	独立学院	财经类	浙江	C
30	北京城市学院	民办	综合类	北京	C
31	广东外语外贸大学南国商学院	独立学院	财经类	广东	C
32	武汉东湖学院	民办	综合类	湖北	C
33	山东英才学院	民办	综合类	山东	C
34	福建师范大学协和学院	独立学院	综合类	福建	C
35	厦门工学院	民办	理工类	福建	C
36	湛江科技学院	民办	综合类	广东	C
37	集美大学诚毅学院	独立学院	综合类	福建	C
38	海口经济学院	民办	财经类	海南	C−
39	长春大学旅游学院	独立学院	综合类	吉林	C−
40	温州商学院	民办	财经类	浙江	C−
41	山东工程职业技术大学	民办	理工类	山东	C−
42	吉林动画学院	民办	艺术类	吉林	C−
43	海南科技职业大学	民办	理工类	海南	C−
44	四川电影电视学院	民办	艺术类	四川	C−

续表

总排名	学校名称	所有制	学校类型	省份	等级
45	广州工商学院	民办	财经类	广东	C –
46	南宁学院	民办	综合类	广西	C –
47	珠海科技学院	民办	综合类	广东	C –
48	河北中医药大学	民办	医药类	河北	C –
49	广州城市理工学院	民办	理工类	广东	C –
50	信阳学院	民办	综合类	河南	C –
51	武汉学院	民办	财经类	湖北	C –
52	广东培正学院	民办	财经类	广东	C –
53	河北美术学院	民办	艺术类	河北	C –
54	广州理工学院	民办	理工类	广东	C –
55	茅台学院	民办	综合类	贵州	C –
56	广州软件学院	民办	理工类	广东	C –
57	西湖大学	民办	理工类	浙江	C –
58	广州南方学院	民办	综合类	广东	C –
59	泰山科技学院	民办	理工类	山东	C –
60	湖北商贸学院	民办	财经类	湖北	C –
61	江西服装学院	民办	艺术类	江西	C –
62	齐鲁理工学院	民办	理工类	山东	C –
63	重庆对外经贸学院	民办	财经类	重庆	C –
64	贵阳人文科技学院	民办	综合类	贵州	C –
65	广州新华学院	民办	综合类	广东	C –
66	江西财经大学现代经济管理学院	独立学院	财经类	江西	C –
67	上海杉达学院	民办	财经类	上海	C –
68	宁夏大学新华学院	独立学院	综合类	宁夏	C –
69	武汉传媒学院	民办	艺术类	湖北	C –
70	重庆财经学院	民办	财经类	重庆	C –
71	潍坊科技学院	民办	理工类	山东	C –
72	四川大学锦江学院	独立学院	综合类	四川	C –
73	北京师范大学珠海分校	独立学院	师范类	广东	C –
74	武汉工商学院	民办	财经类	湖北	C –
75	重庆人文科技学院	民办	综合类	重庆	C –
76	郑州经贸学院	民办	财经类	河南	C –

总排名	学校名称	所有制	学校类型	省份	等级
77	武汉华夏理工学院	民办	理工类	湖北	C -
78	上海视觉艺术学院	民办	艺术类	上海	C -
79	河北传媒学院	民办	艺术类	河北	C -
80	长春建筑学院	民办	理工类	吉林	C -
81	文华学院	民办	理工类	湖北	C -
82	成都艺术职业大学	民办	艺术类	四川	C -
83	四川传媒学院	民办	艺术类	四川	C -
84	四川文化艺术学院	民办	艺术类	四川	C -
85	广东白云学院	民办	理工类	广东	C -
86	烟台南山学院	民办	理工类	山东	C -
87	黄河科技学院	民办	理工类	河南	C -
88	扬州大学广陵学院	独立学院	综合类	江苏	C -
89	浙江广厦建设职业技术大学	民办	理工类	浙江	C -
90	绍兴文理学院元培学院	独立学院	综合类	浙江	C -
91	厦门华厦学院	民办	综合类	福建	C -
92	广州应用科技学院	民办	综合类	广东	C -
93	浙江财经大学东方学院	独立学院	财经类	浙江	C -
94	浙江工业大学之江学院	独立学院	理工类	浙江	D +
95	湖南信息学院	民办	理工类	湖南	D +
96	西安交通大学城市学院	独立学院	综合类	陕西	D +
97	南京医科大学康达学院	独立学院	医药类	江苏	D +
98	昆明医科大学海源学院	独立学院	医药类	云南	D +
99	南京师范大学泰州学院	独立学院	师范类	江苏	D +
100	浙江师范大学行知学院	独立学院	综合类	浙江	D +
101	吉首大学张家界学院	独立学院	综合类	湖南	D +
102	广东理工学院	民办	理工类	广东	D +
103	重庆工程学院	民办	理工类	重庆	D +
104	黑龙江外国语学院	民办	语言类	黑龙江	D +
105	南京审计大学金审学院	独立学院	综合类	江苏	D +
106	泉州信息工程学院	民办	理工类	福建	D +
107	安阳学院	民办	综合类	河南	D +
108	湖南应用技术学院	民办	理工类	湖南	D +

续表

总排名	学校名称	所有制	学校类型	省份	等级
109	陕西国际商贸学院	民办	财经类	陕西	D+
110	天津财经大学珠江学院	独立学院	综合类	天津	D+
111	郑州科技学院	民办	理工类	河南	D+
112	四川工商学院	民办	财经类	四川	D+
113	河北工程技术学院	民办	理工类	河北	D+
114	长春人文学院	民办	综合类	吉林	D+
115	上海建桥学院	民办	理工类	上海	D+
116	郑州西亚斯学院	民办	综合类	河南	D+
117	长沙医学院	民办	医药类	湖南	D+
118	重庆城市科技学院	民办	综合类	重庆	D+
119	桂林学院	民办	综合类	广西	D+
120	西安培华学院	民办	综合类	陕西	D+
121	华北理工大学轻工学院	独立学院	理工类	河北	D+
122	长春光华学院	民办	综合类	吉林	D+
123	长春财经学院	民办	财经类	吉林	D+
124	南昌工学院	民办	理工类	江西	D+
125	烟台理工学院	民办	理工类	山东	D+
126	河南开封科技传媒学院	民办	财经类	河南	D+
127	郑州工商学院	民办	理工类	河南	D+
128	武昌工学院	民办	理工类	湖北	D+
129	湖南交通工程学院	民办	理工类	湖南	D+
130	广东工商职业技术大学	民办	财经类	广东	D+
131	运城职业技术大学	民办	综合类	山西	D+
132	杭州师范大学钱江学院	独立学院	师范类	浙江	D+
133	上海财经大学浙江学院	独立学院	财经类	浙江	D+
134	长江大学文理学院	独立学院	综合类	湖北	D+
135	电子科技大学中山学院	独立学院	综合类	广东	D+
136	西安汽车职业大学	民办	理工类	陕西	D+
137	黑龙江东方学院	民办	综合类	黑龙江	D+
138	首都师范大学科德学院	独立学院	语言类	北京	D+
139	南开大学滨海学院	独立学院	综合类	天津	D+
140	河北师范大学汇华学院	独立学院	师范类	河北	D+

总排名	学校名称	所有制	学校类型	省份	等级
141	燕京理工学院	民办	理工类	河北	D+
142	晋中信息学院	民办	理工类	山西	D+
143	山西工商学院	民办	财经类	山西	D+
144	大连财经学院	民办	财经类	辽宁	D+
145	大连东软信息学院	民办	理工类	辽宁	D+
146	辽宁传媒学院	民办	语言类	辽宁	D+
147	上海师范大学天华学院	独立学院	综合类	上海	D+
148	南京师范大学中北学院	独立学院	综合类	江苏	D+
149	苏州大学应用技术学院	独立学院	综合类	江苏	D+
150	南昌航空大学科技学院	独立学院	理工类	江西	D+
151	青岛恒星科技学院	民办	理工类	山东	D+
152	青岛黄海学院	民办	理工类	山东	D+
153	青岛电影学院	民办	艺术类	山东	D+
154	郑州工业应用技术学院	民办	理工类	河南	D+
155	武汉城市学院	民办	理工类	湖北	D+
156	武汉工程科技学院	民办	理工类	湖北	D+
157	武汉设计工程学院	民办	综合类	湖北	D+
158	华南农业大学珠江学院	独立学院	综合类	广东	D+
159	西安交通工程学院	民办	理工类	陕西	D+
160	西安科技大学高新学院	独立学院	理工类	陕西	D+
161	兰州信息科技学院	民办	理工类	甘肃	D+
162	天津商业大学宝德学院	独立学院	财经类	天津	D+
163	长春工业大学人文信息学院	独立学院	综合类	吉林	D+
164	长春科技学院	民办	理工类	吉林	D+
165	哈尔滨广厦学院	民办	综合类	黑龙江	D+
166	上海立达学院	民办	综合类	上海	D+
167	南通理工学院	民办	理工类	江苏	D+
168	东南大学成贤学院	独立学院	综合类	江苏	D+
169	江苏大学京江学院	独立学院	综合类	江苏	D+
170	浙江理工大学科技与艺术学院	独立学院	理工类	浙江	D+
171	安徽外国语学院	民办	语言类	安徽	D+
172	南昌理工学院	民办	理工类	江西	D+

总排名	学校名称	所有制	学校类型	省份	等级
173	南昌交通学院	民办	理工类	江西	D+
174	武汉生物工程学院	民办	理工类	湖北	D+
175	广东东软学院	民办	理工类	广东	D+
176	广西民族大学相思湖学院	独立学院	综合类	广西	D+
177	成都东软学院	民办	理工类	四川	D+
178	云南经济管理学院	民办	财经类	云南	D+
179	丽江文化旅游学院	民办	综合类	云南	D+
180	昆明文理学院	民办	综合类	云南	D+
181	云南工商学院	民办	财经类	云南	D+
182	西安思源学院	民办	理工类	陕西	D+
183	西安建筑科技大学华清学院	独立学院	理工类	陕西	D+
184	宁夏理工学院	民办	理工类	宁夏	D+
185	天津传媒学院	民办	语言类	天津	D+
186	北京科技大学天津学院	独立学院	综合类	天津	D+
187	天津仁爱学院	民办	综合类	天津	D+
188	河北外国语学院	民办	语言类	河北	D+
189	北京中医药大学东方学院	独立学院	医药类	河北	D+
190	山西应用科技学院	民办	理工类	山西	D+
191	内蒙古鸿德文理学院	民办	综合类	内蒙古	D+
192	辽宁理工职业大学	民办	理工类	辽宁	D+
193	沈阳工学院	民办	理工类	辽宁	D+
194	沈阳城市学院	民办	综合类	辽宁	D+
195	辽宁财贸学院	民办	财经类	辽宁	D+
196	吉林建筑科技学院	民办	理工类	吉林	D+
197	南京航空航天大学金城学院	独立学院	理工类	江苏	D+
198	南京理工大学泰州科技学院	独立学院	理工类	江苏	D+
199	苏州科技大学天平学院	独立学院	综合类	江苏	D+
200	南京邮电大学通达学院	独立学院	综合类	江苏	D+
201	安徽三联学院	民办	理工类	安徽	D+
202	马鞍山学院	民办	理工类	安徽	D+
203	闽南科技学院	民办	理工类	福建	D+
204	福州工商学院	民办	财经类	福建	D+

续表

总排名	学校名称	所有制	学校类型	省份	等级
205	福州理工学院	民办	理工类	福建	D+
206	福建农林大学金山学院	独立学院	综合类	福建	D+
207	江西工程学院	民办	理工类	江西	D+
208	南昌职业大学	民办	综合类	江西	D+
209	南昌大学科学技术学院	独立学院	综合类	江西	D+
210	景德镇艺术职业大学	民办	艺术类	江西	D+
211	赣南师范大学科技学院	独立学院	师范类	江西	D+
212	山东外国语职业技术大学	民办	语言类	山东	D+
213	山东外事职业大学	民办	综合类	山东	D+
214	山东财经大学东方学院	独立学院	财经类	山东	D+
215	烟台科技学院	民办	综合类	山东	D+
216	黄河交通学院	民办	理工类	河南	D+
217	中原科技学院	民办	理工类	河南	D+
218	汉口学院	民办	综合类	湖北	D+
219	武汉体育学院体育科技学院	独立学院	综合类	湖北	D+
220	广州华立学院	民办	理工类	广东	D+
221	东莞城市学院	民办	综合类	广东	D+
222	桂林信息科技学院	民办	理工类	广西	D+
223	重庆机电职业技术大学	民办	理工类	重庆	D+
224	吉利学院	民办	理工类	四川	D+
225	云南艺术学院文华学院	独立学院	艺术类	云南	D+
226	银川科技学院	民办	理工类	宁夏	D+
227	天津天狮学院	民办	综合类	天津	D+
228	天津外国语大学滨海外事学院	独立学院	语言类	天津	D+
229	沧州交通学院	民办	理工类	河北	D+
230	山西师范大学现代文理学院	独立学院	师范类	山西	D+
231	内蒙古大学创业学院	独立学院	综合类	内蒙古	D+
232	大连理工大学城市学院	独立学院	理工类	辽宁	D+
233	大连工业大学艺术与信息工程学院	独立学院	理工类	辽宁	D+
234	大连科技学院	民办	理工类	辽宁	D+
235	大连医科大学中山学院	独立学院	医药类	辽宁	D+
236	锦州医科大学医疗学院	独立学院	医药类	辽宁	D+

总排名	学校名称	所有制	学校类型	省份	等级
237	辽宁理工学院	民办	理工类	辽宁	D+
238	大连艺术学院	民办	艺术类	辽宁	D+
239	长春电子科技学院	民办	理工类	吉林	D+
240	吉林师范大学博达学院	独立学院	师范类	吉林	D+
241	黑龙江工商学院	民办	财经类	黑龙江	D+
242	哈尔滨剑桥学院	民办	综合类	黑龙江	D+
243	上海中侨职业技术大学	民办	财经类	上海	D+
244	南京理工大学紫金学院	独立学院	理工类	江苏	D+
245	南京中医药大学翰林学院	独立学院	医药类	江苏	D+
246	南京财经大学红山学院	独立学院	综合类	江苏	D+
247	江苏科技大学苏州理工学院	独立学院	综合类	江苏	D+
248	常州大学怀德学院	独立学院	综合类	江苏	D+
249	杭州电子科技大学信息工程学院	独立学院	理工类	浙江	D+
250	浙江农林大学暨阳学院	独立学院	综合类	浙江	D+
251	安徽信息工程学院	民办	理工类	安徽	D+
252	安徽医科大学临床医学院	独立学院	医药类	安徽	D+
253	淮北理工学院	民办	理工类	安徽	D+
254	皖江工学院	民办	理工类	安徽	D+
255	福州大学至诚学院	独立学院	综合类	福建	D+
256	江西师范大学科学技术学院	独立学院	师范类	江西	D+
257	聊城大学东昌学院	独立学院	综合类	山东	D+
258	青岛城市学院	民办	理工类	山东	D+
259	潍坊理工学院	民办	综合类	山东	D+
260	青岛农业大学海都学院	独立学院	综合类	山东	D+
261	郑州财经学院	民办	财经类	河南	D+
262	新乡工程学院	民办	理工类	河南	D+
263	郑州升达经贸管理学院	民办	财经类	河南	D+
264	郑州美术学院	民办	艺术类	河南	D+
265	湖北大学知行学院	独立学院	理工类	湖北	D+
266	湖北工业大学工程技术学院	独立学院	理工类	湖北	D+
267	武汉工程大学邮电与信息工程学院	独立学院	理工类	湖北	D+
268	湖北师范大学文理学院	独立学院	综合类	湖北	D+

总排名	学校名称	所有制	学校类型	省份	等级
269	湘潭理工学院	民办	财经类	湖南	D+
270	中南林业科技大学涉外学院	独立学院	综合类	湖南	D+
271	湖南文理学院芙蓉学院	独立学院	综合类	湖南	D+
272	北海艺术设计学院	民办	艺术类	广西	D+
273	广西中医药大学赛恩斯新医药学院	独立学院	医药类	广西	D+
274	广西外国语学院	民办	语言类	广西	D+
275	广西城市职业大学	民办	综合类	广西	D+
276	重庆外语外事学院	民办	语言类	重庆	D+
277	电子科技大学成都学院	独立学院	理工类	四川	D+
278	成都银杏酒店管理学院	民办	财经类	四川	D+
279	成都文理学院	民办	综合类	四川	D+
280	四川外国语大学成都学院	独立学院	语言类	四川	D+
281	四川工业科技学院	民办	理工类	四川	D+
282	成都锦城学院	民办	综合类	四川	D+
283	西南财经大学天府学院	独立学院	财经类	四川	D+
284	贵州黔南经济学院	民办	财经类	贵州	D+
285	贵州黔南科技学院	民办	综合类	贵州	D+
286	云南大学滇池学院	民办	综合类	云南	D+
287	银川能源学院	民办	理工类	宁夏	D+
288	北京工商大学嘉华学院	独立学院	财经类	北京	D+
289	北京邮电大学世纪学院	独立学院	综合类	北京	D+
290	北京工业大学耿丹学院	独立学院	综合类	北京	D+
291	北京第二外国语学院中瑞酒店管理学院	独立学院	语言类	北京	D+
292	天津医科大学临床医学院	独立学院	医药类	天津	D+
293	天津师范大学津沽学院	独立学院	综合类	天津	D+
294	天津理工大学中环信息学院	独立学院	综合类	天津	D+
295	河北科技学院	民办	理工类	河北	D+
296	河北大学工商学院	民办	财经类	河北	D+
297	河北经贸大学经济管理学院	独立学院	财经类	河北	D+
298	河北医科大学临床学院	独立学院	医药类	河北	D+
299	河北工程大学科信学院	独立学院	理工类	河北	D+
300	燕山大学里仁学院	独立学院	理工类	河北	D+

续表

总排名	学校名称	所有制	学校类型	省份	等级
301	石家庄铁道大学四方学院	独立学院	理工类	河北	D+
302	河北地质大学华信学院	独立学院	综合类	河北	D+
303	河北农业大学现代科技学院	独立学院	综合类	河北	D+
304	华北理工大学冀唐学院	独立学院	医药类	河北	D+
305	保定理工学院	民办	理工类	河北	D+
306	河北东方学院	民办	综合类	河北	D+
307	山西晋中理工学院	民办	理工类	山西	D+
308	山西医科大学晋祠学院	独立学院	医药类	山西	D+
309	山西财经大学华商学院	独立学院	财经类	山西	D+
310	辽宁对外经贸学院	民办	财经类	辽宁	D+
311	沈阳工业大学工程学院	独立学院	理工类	辽宁	D+
312	沈阳航空航天大学北方科技学院	独立学院	理工类	辽宁	D+
313	沈阳城市建设学院	民办	理工类	辽宁	D+
314	辽宁师范大学海华学院	独立学院	师范类	辽宁	D+
315	辽宁中医药大学杏林学院	独立学院	医药类	辽宁	D+
316	辽宁何氏医学院	民办	医药类	辽宁	D+
317	沈阳科技学院	民办	理工类	辽宁	D+
318	哈尔滨信息工程学院	民办	理工类	黑龙江	D+
319	齐齐哈尔工程学院	民办	理工类	黑龙江	D+
320	黑龙江财经学院	民办	财经类	黑龙江	D+
321	哈尔滨石油学院	民办	理工类	黑龙江	D+
322	哈尔滨远东理工学院	民办	理工类	黑龙江	D+
323	黑龙江工程学院昆仑旅游学院	独立学院	财经类	黑龙江	D+
324	哈尔滨华德学院	民办	理工类	黑龙江	D+
325	上海兴伟学院	民办	理工类	上海	D+
326	中国矿业大学徐海学院	独立学院	理工类	江苏	D+
327	南京大学金陵学院	独立学院	综合类	江苏	D+
328	南京工业大学浦江学院	独立学院	综合类	江苏	D+
329	江苏师范大学科文学院	独立学院	综合类	江苏	D+
330	南通大学杏林学院	独立学院	综合类	江苏	D+
331	温州医科大学仁济学院	独立学院	医药类	浙江	D+
332	浙江中医药大学滨江学院	独立学院	医药类	浙江	D+

总排名	学校名称	所有制	学校类型	省份	等级
333	中国计量大学现代科技学院	独立学院	理工类	浙江	D +
334	同济大学浙江学院	独立学院	综合类	浙江	D +
335	安徽文达信息工程学院	民办	理工类	安徽	D +
336	蚌埠工商学院	民办	财经类	安徽	D +
337	安徽大学江淮学院	独立学院	综合类	安徽	D +
338	合肥城市学院	民办	理工类	安徽	D +
339	合肥经济学院	民办	财经类	安徽	D +
340	安徽师范大学皖江学院	独立学院	师范类	安徽	D +
341	阜阳师范大学信息工程学院	独立学院	综合类	安徽	D +
342	仰恩大学	民办	综合类	福建	D +
343	闽南理工学院	民办	理工类	福建	D +
344	泉州职业技术大学	民办	理工类	福建	D +
345	江西应用科技学院	民办	理工类	江西	D +
346	南昌大学共青学院	独立学院	综合类	江西	D +
347	江西农业大学南昌商学院	独立学院	综合类	江西	D +
348	南昌应用技术师范学院	民办	理工类	江西	D +
349	江西软件职业技术大学	民办	理工类	江西	D +
350	齐鲁医药学院	民办	医药类	山东	D +
351	青岛滨海学院	民办	综合类	山东	D +
352	山东现代学院	民办	综合类	山东	D +
353	山东协和学院	民办	医药类	山东	D +
354	山东财经大学燕山学院	独立学院	财经类	山东	D +
355	青岛工学院	民办	理工类	山东	D +
356	商丘工学院	民办	理工类	河南	D +
357	新乡医学院三全学院	独立学院	医药类	河南	D +
358	商丘学院	民办	综合类	河南	D +
359	河南科技职业大学	民办	理工类	河南	D +
360	武汉晴川学院	民办	综合类	湖北	D +
361	三峡大学科技学院	独立学院	理工类	湖北	D +
362	武汉文理学院	民办	财经类	湖北	D +
363	武汉纺织大学外经贸学院	独立学院	财经类	湖北	D +
364	荆州学院	民办	理工类	湖北	D +

续表

总排名	学校名称	所有制	学校类型	省份	等级
365	湖北汽车工业学院科技学院	独立学院	理工类	湖北	D+
366	湖北医药学院药护学院	独立学院	医药类	湖北	D+
367	湖北恩施学院	民办	理工类	湖北	D+
368	湖北经济学院法商学院	独立学院	财经类	湖北	D+
369	湖北文理学院理工学院	独立学院	理工类	湖北	D+
370	湖北工程学院新技术学院	独立学院	理工类	湖北	D+
371	湘潭大学兴湘学院	独立学院	综合类	湖南	D+
372	湖南工业大学科技学院	独立学院	理工类	湖南	D+
373	湖南科技大学潇湘学院	独立学院	综合类	湖南	D+
374	南华大学船山学院	独立学院	理工类	湖南	D+
375	湖南师范大学树达学院	独立学院	师范类	湖南	D+
376	湖南农业大学东方科技学院	独立学院	综合类	湖南	D+
377	湖南理工学院南湖学院	独立学院	理工类	湖南	D+
378	衡阳师范学院南岳学院	独立学院	师范类	湖南	D+
379	湖南工程学院应用技术学院	独立学院	理工类	湖南	D+
380	湖南中医药大学湘杏学院	独立学院	医药类	湖南	D+
381	长沙理工大学城南学院	独立学院	理工类	湖南	D+
382	湖南软件职业技术大学	民办	理工类	湖南	D+
383	广州科技职业技术大学	民办	理工类	广东	D+
384	柳州工学院	民办	理工类	广西	D+
385	南宁师范大学师园学院	独立学院	综合类	广西	D+
386	南宁理工学院	民办	理工类	广西	D+
387	北京航空航天大学北海学院	民办	理工类	广西	D+
388	重庆工商大学派斯学院	独立学院	财经类	重庆	D+
389	重庆移通学院	民办	理工类	重庆	D+
390	成都理工大学工程技术学院	独立学院	理工类	四川	D+
391	绵阳城市学院	民办	理工类	四川	D+
392	西南交通大学希望学院	独立学院	综合类	四川	D+
393	贵州中医药大学时珍学院	独立学院	医药类	贵州	D+
394	贵阳信息科技学院	民办	综合类	贵州	D+
395	遵义医科大学医学与科技学院	独立学院	医药类	贵州	D+
396	贵州医科大学神奇民族医药学院	独立学院	医药类	贵州	D+

总排名	学校名称	所有制	学校类型	省份	等级
397	昆明理工大学津桥学院	独立学院	综合类	云南	D +
398	昆明城市学院	民办	综合类	云南	D +
399	陕西服装工程学院	民办	理工类	陕西	D +
400	西北大学现代学院	独立学院	综合类	陕西	D +
401	西安财经大学行知学院	独立学院	财经类	陕西	D +
402	陕西科技大学镐京学院	独立学院	理工类	陕西	D +
403	西安工商学院	民办	财经类	陕西	D +
404	延安大学西安创新学院	独立学院	综合类	陕西	D +
405	西安电子科技大学长安学院	独立学院	理工类	陕西	D +
406	西安明德理工学院	民办	理工类	陕西	D +
407	西安信息职业大学	民办	理工类	陕西	D +
408	长安大学兴华学院	独立学院	综合类	陕西	D +
409	西安理工大学高科学院	独立学院	理工类	陕西	D +
410	兰州工商学院	民办	财经类	甘肃	D +
411	兰州博文科技学院	民办	理工类	甘肃	D +
412	青海大学昆仑学院	独立学院	综合类	青海	D +
413	新疆农业大学科学技术学院	独立学院	理工类	新疆	D +
414	新疆天山职业技术大学	民办	综合类	新疆	D +

9.1.1　民办与独立学院人文社科发展前 100 强高校分析

民办与独立学院前 100 强高校的得分平均值为 0.259 分，其中有 26 所高校的得分高于平均分，绝大多数高校的得分低于平均分。从具体排名来看，民办与独立学院前 100 强高校中，宁波财经学院、浙江越秀外国语学院、浙江树人学院分别位列前 3。广州商学院、广东科技学院、福州外语外贸学院、西京学院、三亚学院、吉林外国语大学、武昌理工学院等高校紧随其后，位居民办与独立学院前 10 名。在前 10 名高校中，浙江省有 3 所，广东省有 2 所，其他高校分布在福建、陕西、海南、吉林、湖北等地。前 10 名中全部均为民办高校，表明民办高校在排名中有绝对优势。

从所有制类型来看，在前 100 强中，民办高校占绝大多数，共有 78 所，仅 22 所为独立学院，分别占总数的 30.83% 和 13.66%。这些数据表明民办高校在人文社科领域的发展表现出更强的实力。

　　从学校类型来看（见图 9-1），在民办高校和独立学院的人文社科评价前 100 强中，民办综合类高校共有 31 所，占其数量的 31%。其中，广东科技大学（第 5 名）、西京学院（第 7 名）和三亚学院（第 8 名）进入前 10 强，表现相对优异。民办财经类高校共有 23 所进入前 100 强，占其数量的 23%。宁波财经学院以第 1 名的成绩位列榜首，广州商学院（第 4 名）、福州外语外贸学院（第 6 名）也位列前 10，显示出民办财经类高校在人文社科领域的强劲实力。民办理工类高校共有 27 所进入前 100 强，占其数量的 27%，浙江树人学院（第 3 名）和武昌理工学院（第 10 名）进入前 10，显示出其人文社科整体实力相对较为平稳。民办语言类高校共有 3 所进入前 100 强，占其总数量的 3%，其中浙江越秀外国语学院（第 2 名）位居榜首，显示出较强的竞争力。民办艺术类高校共有 11 所进入前 100 强，占其数量的 11%，但无学校进入前 10，表现相对平稳。民办医药类高校共有 3 所进入前 100 强，占其数量的 3%，河北中医药大学（第 48 名）、南京医科大学康达学院（第 97 名）、昆明医科大学海源学院（第 98 名）表现一般，显示出民办医药类高校的整体实力较弱。民办师范类高校共有 2 所进入前 100 强，占其总数量的 2%，分别是北京师范大学珠海分校（第 73 名）、南京师范大学泰州学院（第 99 名），显示出民办师范类高校的整体实力较弱。

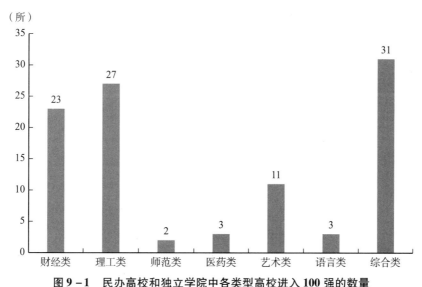

图 9-1　民办高校和独立学院中各类型高校进入 100 强的数量

　　从地区分布（见图 9-2）来看，在民办高校和独立学院人文社科评价前

100 强中，广东省有 17 所高校进入前 100 强，继续保持着领先地位。广东科技学院（第 5 名）、广州商学院（第 4 名）等高校表现突出，显示出广东省高校的强劲实力。浙江省和湖北省分别有 12 所和 9 所高校进入前 100 强。浙江省有 3 所高校进入前 10 强，分别是宁波财经学院（第 1 名）、浙江越秀外国语学院（第 2 名）和浙江树人学院（第 3 名），展现出该省高校在人文社科领域的突出表现。

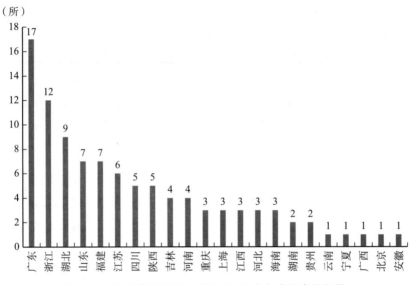

图 9-2　民办高校和独立学院 100 强中各省份高校数量

福建省（7 所）、山东省（7 所）和江苏省（6 所）都有多所高校进入前 100 强，福建省的福州外语外贸学院（第 6 名）跻身前 10 名，展现了福建省高校的较强竞争力。陕西省的西京学院（第 7 名）也进入了前 10 名，而山东省虽有多所高校进入前 100 强，但整体表现较为平稳，未有高校进入前 10 名。上海市和河南省分别有 3 所和 4 所高校进入前 100 强，上海的上海外国语大学贤达经济人文学院（第 24 名）和上海杉达学院（第 67 名）表现良好。河南省的郑州商学院（第 22 名）和信阳学院（第 50 名）也是代表性高校。重庆市和四川省分别有 3 所和 5 所高校进入前 100 强，但未有高校进入前 50 名，表明这两个地区的高校在排名中表现相对一般。江西省则有 3 所高校进入前 100 强，江西科技学院（第 25 名）和江西财经大学现代经济管理学院（第 66 名）为该省表现较为突出的高校。

从东、中、西部地区来看，东部地区依然有较大的优势，有超过一半的高校来自东部地区，显示出东部地区民办高校和独立学院在发展中的明显领先地位。中部和西部地区的高校数量相对较少，但也有部分高校表现较为突出。

9.1.2　民办与独立学院人文社科发展总体评价结果分析

从总体的评价结果来看，414 所民办和独立学院的评价得分的平均分为 0.094 分，其中，高于均值高校数量为 79 所，而 355 所高校的人文社科发展评价得分均低于平均分。民办与独立学院的人文社科发展水平整体较差，与公办高校的人文社科发展存在较大的悬殊，有很大的提升空间。

从所有制类型来看，民办高校人文社科发展评价得分的平均值为 0.155 分，独立学院人文社科发展评价得分的平均值为 0.018 分。总体来看，民办高校的人文社科发展水平要普遍高于独立学院的人文社科发展水平。

从民办与独立学院不同类型高校的比较来看（见图 9-3），语言类高校的平均得分为 0.221 分，财经类高校的平均得分为 0.133 分，艺术类高校的平均得分为 0.123 分，师范类高校的平均得分为 0.089 分，综合类高校的平均得分为 0.082 分，理工类高校的平均得分为 0.073 分，医药类高校的平均得分为 0.041 分。其中，语言类、财经类、艺术类、师范类四种类型高校的得分均值超过了所有民办和独立学院的得分均值，综合类、理工类和医药类高校的得分均值均处于所有民办和独立学院得分均值之下。相比较其他民办类型的高校而言，语言类、财经类、艺术类和师范类高校的人文社科发展实力相对较强，并且语言类高校较为突出。

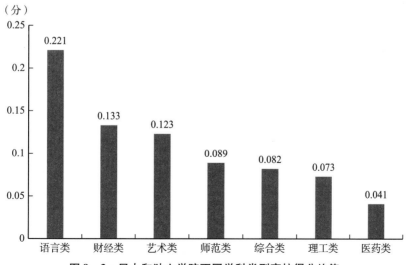

图 9-3　民办和独立学院不同学科类型高校得分均值

如图 9 - 4 所示，从不同省份的民办和独立学院得分均值来看，浙江省、广东省、海南省、江苏省和福建省五个省份分别以 0.507 分、0.414 分、0.313 分、0.220 分和 0.147 分位居前 5 名，其余进入前 10 名的还有湖南省、吉林省、陕西省、上海市和湖北省。在 31 个省份中，浙江省、广东省、海南省、江苏省、福建省、湖南省和吉林省 7 个省份的民办和独立学院的得分均值要高于所有民办和独立学院高校的得分均值，约占 31 个省份总数的 23.3%。

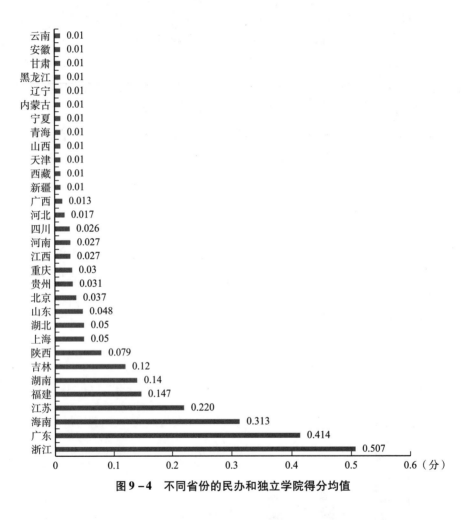

图 9 - 4　不同省份的民办和独立学院得分均值

从东中西部区域的民办和独立学院人文社科得分均值来看，东部地区的民办和独立学院人文社科发展得分均值为 0.161 分，中部地区民办和独立学院人文社科发展得分均值为 0.0368 分，西部地区民办和独立学院人文社科发展得分均值为 0.0282 分，且仅东部地区民办和独立学院人文社科发展得分均值高于均值。

9.2　不同地区民办和独立学院人文社科发展评价报告

本节将分别对中国 30 个省（区、市）（西藏除外）民办和独立学院的人文社科发展水平进行综合分析，以深入了解不同地区高校人文社科的发展情况。

9.2.1　北京市民办和独立学院评价报告

北京市民办和独立学院人文社科发展水平综合评价得分与排名如表 9 - 2 所示。

表 9 - 2　　　　　　　　北京市民办和独立学院人文社科排名

排名	学校名称	所有制	学校类型	等级
1	北京城市学院	民办	综合类	C
2	首都师范大学科德学院	独立学院	语言类	D +
2	北京工商大学嘉华学院	独立学院	财经类	D +
2	北京邮电大学世纪学院	独立学院	综合类	D +
2	北京工业大学耿丹学院	独立学院	综合类	D +
2	北京第二外国语学院中瑞酒店管理学院	独立学院	语言类	D +

由表 9 - 2 可知，北京市共有 1 所民办高校和 5 所独立学院，其中，综合类、语言类和财经类分别有 3 所、2 所、1 所，其中评分等级为 C 类、D 类的高校数量分别为 1 所、5 所。北京市 6 所民办和独立学院人文社科发展平均得分为 0.121 分，但是仅有北京城市学院的得分高于民办和独立学院的平均值。

9.2.2　天津市民办和独立学院评价报告

天津市民办和独立学院人文社科发展水平综合评价得分与排名如表 9 - 3 所示。

表 9 - 3　　　　　　　　天津市民办和独立学院人文社科排名

排名	学校名称	所有制	学校类型	等级
1	天津财经大学珠江学院	独立学院	综合类	D +

排名	学校名称	所有制	学校类型	等级
2	南开大学滨海学院	独立学院	综合类	D +
3	天津商业大学宝德学院	独立学院	财经类	D +
4	天津传媒学院	民办	语言类	D +
4	天津仁爱学院	民办	综合类	D +
4	北京科技大学天津学院	独立学院	综合类	D +
5	天津天狮学院	民办	综合类	D +
5	天津外国语大学滨海外事学院	独立学院	语言类	D +
6	天津医科大学临床医学院	独立学院	医药类	D +
6	天津师范大学津沽学院	独立学院	综合类	D +
6	天津理工大学中环信息学院	独立学院	综合类	D +

由表 9－3 可知，天津市共有 3 所民办高校和 8 所独立学院，其中，综合类、语言类、医药类和财经类分别有 7 所、2 所、1 所、1 所，其中评分等级为 D 类的高校数量为 11 所。这 11 所民办和独立学院人文社科发展平均得分为 0.052 分，低于所有民办和独立学院的得分均值，并且仅有天津财经大学珠江学院的得分高于民办和独立学院的平均值，独立学院榜首的天津财经大学珠江学院在所有的民办和独立学院中排第 110 名，也是天津市唯一进入民办和独立学院排行榜前 150 名的高校。

9.2.3　河北省民办和独立学院评价报告

河北省民办和独立学院人文社科发展水平综合评价得分与排名如表 9－4 所示。

表 9－4　　　　　河北省民办和独立学院人文社科排名

排名	学校名称	所有制	学校类型	等级
1	河北中医药大学	民办	医药类	C －
2	河北美术学院	民办	艺术类	C －
3	河北传媒学院	民办	艺术类	C －
4	河北工程技术学院	民办	理工类	D +
5	华北理工大学轻工学院	独立学院	理工类	D +

排名	学校名称	所有制	学校类型	等级
6	燕京理工学院	民办	理工类	D+
6	河北师范大学汇华学院	独立学院	师范类	D+
7	河北外国语学院	民办	语言类	D+
7	北京中医药大学东方学院	独立学院	医药类	D+
8	沧州交通学院	民办	理工类	D+
9	河北科技学院	民办	理工类	D+
9	河北大学工商学院	民办	财经类	D+
9	保定理工学院	民办	理工类	D+
9	河北东方学院	民办	综合类	D+
9	河北经贸大学经济管理学院	独立学院	财经类	D+
9	河北医科大学临床学院	独立学院	医药类	D+
9	河北工程大学科信学院	独立学院	理工类	D+
9	燕山大学里仁学院	独立学院	理工类	D+
9	石家庄铁道大学四方学院	独立学院	理工类	D+
9	河北地质大学华信学院	独立学院	综合类	D+
9	河北农业大学现代科技学院	独立学院	综合类	D+

由表 9-4 可知，河北省共有 10 所民办高校和 11 所独立学院，其中，理工类、综合类、医药类、艺术类、财经类、语言类和师范类分别有 9 所、2 所、4 所、2 所、2 所、1 所、1 所，其中评分等级为 C 类、D 类的高校数量分别为 3 所、18 所。这 21 所民办和独立学院人文社科发展平均得分为 0.059 分，低于所有民办和独立学院的得分均值，其中，河北中医药大学以及河北美术学院 2 所高校的得分高于所有民办和独立学院的平均值，均属于民办类的艺术高校。这 2 所学校跻身民办和独立学院排行榜前 100 名，分别位居第 48 名和第 53 名。

9.2.4　辽宁省民办和独立学院评价报告

辽宁省民办和独立学院人文社科发展水平综合评价得分与排名如表 9-5 所示。

表 9 – 5　　　　　　　　辽宁省民办和独立学院人文社科排名

排名	学校名称	所有制	学校类型	等级
1	大连财经学院	民办	财经类	D +
1	大连东软信息学院	民办	理工类	D +
1	辽宁传媒学院	民办	语言类	D +
2	辽宁理工职业大学	民办	理工类	D +
2	沈阳工学院	民办	理工类	D +
2	沈阳城市学院	民办	综合类	D +
2	辽宁财贸学院	民办	财经类	D +
3	大连科技学院	民办	理工类	D +
3	辽宁理工学院	民办	理工类	D +
3	大连艺术学院	民办	艺术类	D +
3	大连理工大学城市学院	独立学院	理工类	D +
3	大连工业大学艺术与信息工程学院	独立学院	理工类	D +
3	大连医科大学中山学院	独立学院	医药类	D +
3	锦州医科大学医疗学院	独立学院	医药类	D +
4	辽宁对外经贸学院	民办	财经类	D +
4	沈阳城市建设学院	民办	理工类	D +
4	辽宁何氏医学院	民办	医药类	D +
4	沈阳科技学院	民办	理工类	D +
4	沈阳工业大学工程学院	独立学院	理工类	D +
4	沈阳航空航天大学北方科技学院	独立学院	理工类	D +
4	辽宁师范大学海华学院	独立学院	师范类	D +
4	辽宁中医药大学杏林学院	独立学院	医药类	D +

　　由表 9 – 5 可知，辽宁省目前拥有 14 所民办高校和 8 所独立学院，涵盖理工、医药、财经、师范、艺术、语言和综合等多个学科领域，各类别高校的数量分别为 11 所、4 所、3 所、1 所、1 所、1 所和 1 所。在这些高校中，没有一所获得 A 类、B 类或 C 类评分，所有 22 所民办和独立学院均被评为 D 类。

　　这 22 所民办和独立学院人文社科发展平均得分为 0.042 分，低于所有民办和独立学院的得分均值，并且辽宁省所有高校的评价得分均低于平均分，表明辽宁省的民办和独立学院的人文社科发展水平较差。此外，辽宁省未有民办和独立学院进入民办和独立学院排行榜前 100 名。

9.2.5　上海市民办和独立学院评价报告

上海市民办和独立学院人文社科发展水平综合评价得分与排名如表9-6所示。

表9-6　　　　　　　　上海市民办和独立学院人文社科排名

排名	学校名称	所有制	学校类型	等级
1	上海外国语大学贤达经济人文学院	独立学院	财经类	C
2	上海杉达学院	民办	财经类	C -
3	上海视觉艺术学院	民办	艺术类	C -
4	上海建桥学院	民办	理工类	D +
5	上海师范大学天华学院	独立学院	综合类	D +
6	上海立达学院	民办	综合类	D +
7	上海中侨职业技术大学	民办	财经类	D +
8	上海兴伟学院	民办	理工类	D +

由表9-6可知，上海市共有6所民办高校和2所独立学院，其中，财经类、综合类、理工类和艺术类分别有3所、2所、2所、1所，其中评分等级为C类、D类的高校数量分别为3所、5所。这8所民办和独立学院人文社科发展平均得分为0.178分，高于所有民办和独立学院的得分均值，并且上海外国语大学贤达经济人文学院、上海杉达学院以及上海视觉艺术学院这3所高校的得分均高于所有民办和独立学院的平均分，表明上海市的民办和独立学院人文社科实力较强。

9.2.6　江苏省民办和独立学院评价报告

江苏省民办和独立学院人文社科发展水平综合评价得分与排名如表9-7所示。

表9-7　　　　　　　　江苏省民办和独立学院人文社科排名

排名	学校名称	所有制	学校类型	等级
1	三江学院	民办	综合类	C +
2	南京传媒学院	民办	艺术类	C +

排名	学校名称	所有制	学校类型	等级
3	无锡太湖学院	民办	综合类	C
4	扬州大学广陵学院	独立学院	综合类	C -
5	南京医科大学康达学院	独立学院	医药类	D +
6	南京师范大学泰州学院	独立学院	师范类	D +
7	南京审计大学金审学院	独立学院	综合类	D +
8	南京师范大学中北学院	独立学院	综合类	D +
8	苏州大学应用技术学院	独立学院	综合类	D +
9	南通理工学院	民办	理工类	D +
9	东南大学成贤学院	独立学院	综合类	D +
9	江苏大学京江学院	独立学院	综合类	D +
10	南京航空航天大学金城学院	独立学院	理工类	D +
10	南京理工大学泰州科技学院	独立学院	理工类	D +
10	苏州科技大学天平学院	独立学院	综合类	D +
10	南京邮电大学通达学院	独立学院	综合类	D +
11	南京理工大学紫金学院	独立学院	理工类	D +
11	南京中医药大学翰林学院	独立学院	医药类	D +
11	南京财经大学红山学院	独立学院	综合类	D +
11	江苏科技大学苏州理工学院	独立学院	综合类	D +
11	常州大学怀德学院	独立学院	综合类	D +
12	中国矿业大学徐海学院	独立学院	理工类	D +
12	南京大学金陵学院	独立学院	综合类	D +
12	南京工业大学浦江学院	独立学院	综合类	D +
12	江苏师范大学科文学院	独立学院	综合类	D +
12	南通大学杏林学院	独立学院	综合类	D +

由表 9 - 7 可知，江苏省共有 4 所民办高校和 22 所独立学院，其中，综合类、理工类、医药类、师范类和艺术类分别有 17 所、5 所、2 所、1 所、1 所，其中评分等级为 C 类、D 类的高校数量分别为 4 所、22 所。这 26 所民办和独立学院人文社科发展平均得分为 0.086 分，略低于所有民办和独立学院的得分均值，其中三江学院、南京传媒学院、无锡太湖学院以及扬州大学广陵学院 4 所高校的得分均高于平均分，也是江苏省仅有的 4 所进入前 100 名的高校，表明江苏省民办高校的人文社科发展较为出色，其中三江学院的人文社科发展实力

较为突出，在全国民办和独立学院排行榜中排第 11 名，评价等级为 C +。

9.2.7　浙江省民办和独立学院评价报告

浙江省民办和独立学院人文社科发展水平综合评价得分与排名如表 9 - 8 所示。

表 9 - 8　　　　　　　　　浙江省民办和独立学院人文社科排名

排名	学校名称	所有制	学校类型	等级
1	宁波财经学院	民办	财经类	B
2	浙江越秀外国语学院	民办	语言类	B
3	浙江树人学院	民办	理工类	B
4	宁波大学科学技术学院	独立学院	综合类	C
5	浙江工商大学杭州商学院	独立学院	财经类	C
6	温州商学院	民办	财经类	C -
7	西湖大学	民办	理工类	C -
8	浙江广厦建设职业技术大学	民办	理工类	C -
9	绍兴文理学院元培学院	独立学院	综合类	C -
10	浙江财经大学东方学院	独立学院	财经类	C -
11	浙江工业大学之江学院	独立学院	理工类	D +
12	浙江师范大学行知学院	独立学院	综合类	D +
13	杭州师范大学钱江学院	独立学院	师范类	D +
13	上海财经大学浙江学院	独立学院	财经类	D +
14	浙江理工大学科技与艺术学院	独立学院	理工类	D +
15	杭州电子科技大学信息工程学院	独立学院	理工类	D +
15	浙江农林大学暨阳学院	独立学院	综合类	D +
16	温州医科大学仁济学院	独立学院	医药类	D +
16	浙江中医药大学滨江学院	独立学院	医药类	D +
16	中国计量大学现代科技学院	独立学院	理工类	D +
16	同济大学浙江学院	独立学院	综合类	D +

由表 9 - 8 可知，浙江省共有 6 所民办高校和 15 所独立学院，其中，理工类、综合类、财经类、医药类、师范类和语言类高校分别有 7 所、5 所、5 所、2 所、1 所、1 所，评分等级为 B 类、C 类、D 类的高校数量分别为 3 所、7 所、

11 所。这 21 所民办和独立学院的人文社科发展平均得分为 0.269 分，远高于所有民办和独立学院的人文社科发展评价得分的均值，表明了浙江省的人文社科发展实力较为强势，其中，宁波财经学院、浙江越秀外国语学院、浙江树人学院、宁波大学科学技术学院、浙江工商大学杭州商学院、温州商学院、西湖大学、浙江广厦建设职业技术大学、绍兴文理学院元培学院以及浙江财经大学东方学院10 所高校的人文社科发展评价得分均远高于所有民办和独立学院的平均分。

宁波财经学院、浙江越秀外国语学院、浙江树人学院是浙江省排名前 3 的高校，分别在全国民办和独立学院中排名第 1、第 2 和第 3，评价等级均为 B，且这 3 所学校均属于民办高校。

浙江省共有 12 所高校进入民办和独立学院人文社科发展评价排行榜前 100 名，分别是宁波财经学院、浙江越秀外国语学院、浙江树人学院、宁波大学科学技术学院、浙江工商大学杭州商学院、温州商学院、西湖大学、浙江广厦建设职业技术大学、绍兴文理学院元培学院、浙江财经大学东方学院、浙江工业大学之江学院和浙江师范大学行知学院。

9.2.8 福建省民办和独立学院评价报告

福建省民办和独立学院人文社科发展水平综合评价得分与排名如表 9 - 9 所示。

表 9 - 9　　　　　　　　福建省民办和独立学院人文社科排名

排名	学校名称	所有制	学校类型	等级
1	福州外语外贸学院	民办	财经类	B -
2	厦门大学嘉庚学院	独立学院	综合类	C
3	阳光学院	民办	理工类	C
4	福建师范大学协和学院	独立学院	综合类	C
5	厦门工学院	民办	理工类	C
6	集美大学诚毅学院	独立学院	综合类	C
7	厦门华厦学院	民办	综合类	C -
8	泉州信息工程学院	民办	理工类	D +
9	闽南科技学院	民办	理工类	D +
9	福州工商学院	民办	财经类	D +
9	福州理工学院	民办	理工类	D +
9	福建农林大学金山学院	独立学院	综合类	D +

排名	学校名称	所有制	学校类型	等级
10	福州大学至诚学院	独立学院	综合类	D +
11	仰恩大学	民办	综合类	D +
11	闽南理工学院	民办	理工类	D +
11	泉州职业技术大学	民办	理工类	D +

由表 9 - 9 可知，福建省共有 11 所民办高校和 5 所独立学院，其中，综合类、理工类和财经类高校分别有 7 所、7 所、2 所，评分等级为 B 类、C 类、D类的高校数量分别为 1 所、6 所、9 所。这 16 所民办和独立学院的人文社科发展平均得分为 0.141 分，远高于所有民办和独立学院的人文社科发展评价得分的均值，表明了福建省的人文社科发展实力整体较强，其中福州外语外贸学院、厦门大学嘉庚学院、阳光学院、福建师范大学协和学院、厦门工学院、集美大学诚毅学院以及厦门华夏学院 7 所高校的评价得分高于所有民办和独立学院的平均分。

9.2.9　山东省民办和独立学院评价报告

山东省民办和独立学院人文社科发展水平综合评价得分与排名如表 9 - 10所示。

表 9 - 10　　　　　　　山东省民办和独立学院人文社科排名

排名	学校名称	所有制	学校类型	等级
1	山东华宇工学院	民办	理工类	C
2	山东英才学院	民办	综合类	C
3	山东工程职业技术大学	民办	理工类	C -
4	泰山科技学院	民办	理工类	C -
5	齐鲁理工学院	民办	理工类	C -
6	潍坊科技学院	民办	理工类	C -
7	烟台南山学院	民办	理工类	C -
8	烟台理工学院	民办	理工类	D +
9	青岛恒星科技学院	民办	理工类	D +
9	青岛黄海学院	民办	理工类	D +

排名	学校名称	所有制	学校类型	等级
9	青岛电影学院	民办	艺术类	D +
10	山东外国语职业技术大学	民办	语言类	D +
10	山东外事职业大学	民办	综合类	D +
10	烟台科技学院	民办	综合类	D +
10	山东财经大学东方学院	独立学院	财经类	D +
11	青岛城市学院	民办	理工类	D +
11	潍坊理工学院	民办	综合类	D +
11	聊城大学东昌学院	独立学院	综合类	D +
11	青岛农业大学海都学院	独立学院	综合类	D +
12	齐鲁医药学院	民办	医药类	D +
12	青岛滨海学院	民办	综合类	D +
12	山东现代学院	民办	综合类	D +
12	山东协和学院	民办	医药类	D +
12	青岛工学院	民办	理工类	D +
12	山东财经大学燕山学院	独立学院	财经类	D +

由表 9 - 10 可知，山东省共有 21 所民办高校和 4 所独立学院，其中，理工类、综合类、医药类、财经类、艺术类和语言类高校分别有 11 所、8 所、2 所、2 所、1 所、1 所。评分等级分别为 C 类、D 类的高校数量分别为 7 所、18 所。这 25 所民办和独立学院的人文社科发展平均得分为 0.053 分，低于所有民办和独立学院的人文社科发展评价得分的均值，只有山东华宇工学院、山东英才学院 2 所高校的得分高于平均分。

从山东省排名来看，山东省人文社科发展前 5 名的高校分别为山东华宇工学院、山东英才学院、山东工程职业技术大学、泰山科技学院以及齐鲁理工学院，这 5 所高校均属于民办高校，山东英才学院属于综合类，其他 4 所高校属于理工类高校。

9.2.10　广东省民办和独立学院评价报告

广东省民办和独立学院人文社科发展水平综合评价得分与排名如表 9 - 11 所示。

表 9 - 11　　　　　　　　广东省民办和独立学院人文社科排名

排名	学校名称	所有制	学校类型	等级
1	广东科技学院	民办	综合类	B -
2	广州商学院	民办	财经类	C +
3	北京理工大学珠海学院	独立学院	理工类	C
4	广州华商学院	民办	财经类	C
5	广东外语外贸大学南国商学院	独立学院	财经类	C
6	湛江科技学院	民办	综合类	C
7	广州工商学院	民办	财经类	C -
8	珠海科技学院	民办	综合类	C -
9	广州城市理工学院	民办	理工类	C -
10	广东培正学院	民办	财经类	C -
11	广州理工学院	民办	理工类	C -
12	广州软件学院	民办	理工类	C -
13	广州南方学院	民办	综合类	C -
14	广州新华学院	民办	综合类	C -
15	北京师范大学珠海分校	独立学院	师范类	C -
16	广东白云学院	民办	理工类	C -
17	广州应用科技学院	民办	综合类	C -
18	广东理工学院	民办	理工类	D +
19	广东工商职业技术大学	民办	财经类	D +
20	电子科技大学中山学院	独立学院	综合类	D +
21	华南农业大学珠江学院	独立学院	综合类	D +
22	广东东软学院	民办	理工类	D +
23	广州华立学院	民办	理工类	D +
23	东莞城市学院	民办	综合类	D +
24	广州科技职业技术大学	民办	理工类	D +

由表 9 - 11 可知，广东省共有 20 所民办高校和 5 所独立学院，其中，理工类、综合类、财经类和师范类高校分别有 9 所、9 所、6 所、1 所。评分等级分别为 B 类、C 类、D 类的高校数量分别为 1 所、16 所、8 所。这 25 所民办和独立学院的人文社科发展平均得分为 0.211 分，远高于所有民办和独立学院的人文社科发展评价得分的均值，其中有 15 所高校的得分均高于平均分。

从广东省排名来看，广东省人文社科发展前 5 名的高校分别为广东科技学院、广州商学院、北京理工大学珠海学院、广州华商学院以及广东外语外贸大学南国商学院，其中，广东科技学院位居广东省人文社科发展评价排行榜榜首，其表现较为拔尖，位居全国民办和独立学院第 4 名。

9.2.11 海南省民办和独立学院评价报告

海南省民办和独立学院人文社科发展水平综合评价得分与排名如表 9 – 12 所示。

表 9 – 12 　　　　　　海南省民办和独立学院人文社科排名

排名	学校名称	所有制	学校类型	等级
1	三亚学院	民办	综合类	C +
2	海口经济学院	民办	财经类	C –
3	海南科技职业大学	民办	理工类	C –

由表 9 – 12 可知，海南省仅有 3 所民办高校，分别属于综合类、财经类和理工类高校。这 3 所民办和独立学院的人文社科发展平均得分为 0.301 分，远高于所有民办和独立学院的人文社科发展评价得分的均值，其中，三亚学院和海口经济学院的得分均高于平均得分。海南省民办和独立学院人文社科发展评价排行榜榜首为三亚学院，评价等级为 C + ，在全国民办和独立学院中排第 8 名，海南省排行榜第 2 名是海口经济学院，评价等级为 C – ，在全国民办和独立学院中排第 38 名。相对而言，海南科技职业大学的人文社科发展较为薄弱，评价等级为 C – ，在全国民办和独立学院中排第 43 名。

9.2.12 山西省民办和独立学院评价报告

山西省民办和独立学院人文社科发展水平综合评价得分与排名如表 9 – 13 所示。

表 9 – 13 　　　　　　山西省民办和独立学院人文社科排名

排名	学校名称	所有制	学校类型	等级
1	运城职业技术大学	民办	综合类	D +
2	晋中信息学院	民办	理工类	D +
2	山西工商学院	民办	财经类	D +

排名	学校名称	所有制	学校类型	等级
3	山西应用科技学院	民办	理工类	D +
4	山西师范大学现代文理学院	独立学院	师范类	D +
5	山西晋中理工学院	民办	理工类	D +
5	山西医科大学晋祠学院	独立学院	医药类	D +
5	山西财经大学华商学院	独立学院	财经类	D +

由表 9 - 13 可知，山西省共有 5 所民办高校和 3 所独立学院，其中，理工类、财经类、师范类、医药类和综合类高校分别有 3 所、2 所、1 所、1 所、1 所。评分等级为 D 类的高校数量为 8 所。这 8 所民办和独立学院的人文社科发展平均得分为 0.042 分，低于所有民办和独立学院的人文社科发展评价得分的均值，并且所有高校的得分均在平均分以下，表明山西省的人文社科发展水平整体较低，还有较大的提升空间。

山西省人文社科发展前 5 名的高校分别为运城职业技术大学、晋中信息学院、山西工商学院、山西应用科技学院以及山西师范大学现代文理学院，并未有高校进入全国民办和独立学院排行榜前 100 强，山西省人文社科发展实力最强的运城职业技术大学仅在全国排第 131 名。

9.2.13　吉林省民办和独立学院评价报告

吉林省民办和独立学院人文社科发展水平综合评价得分与排名如表 9 - 14 所示。

表 9 - 14　　　　　　　　吉林省民办和独立学院人文社科排名

排名	学校名称	所有制	学校类型	等级
1	吉林外国语大学	民办	语言类	C +
2	长春大学旅游学院	独立学院	综合类	C -
3	吉林动画学院	民办	艺术类	C -
4	长春建筑学院	民办	理工类	C -
5	长春人文学院	民办	综合类	D +
6	长春光华学院	民办	综合类	D +
6	长春财经学院	民办	财经类	D +

排名	学校名称	所有制	学校类型	等级
7	长春科技学院	民办	理工类	D +
7	长春工业大学人文信息学院	独立学院	综合类	D +
8	吉林建筑科技学院	民办	理工类	D +
9	长春电子科技学院	民办	理工类	D +
9	吉林师范大学博达学院	独立学院	师范类	D +

由表 9 – 14 可知，吉林省共有 9 所民办高校和 3 所独立学院，其中，理工类、综合类、财经类、师范类、艺术类和语言类高校分别有 4 所、4 所、1 所、1 所、1 所、1 所。评分等级分别为 C 类、D 类的高校数量分别为 4 所、8 所。这 12 所民办和独立学院的人文社科发展平均得分为 0.129 分，高于所有民办和独立学院的人文社科发展评价得分的均值，吉林外国语大学、长春大学旅游学院、吉林动画学院以及长春建筑学院 4 所高校的评价得分高于所有民办和独立学院的平均分。

从吉林省排名来看，吉林省人文社科发展前 5 名的高校分别为吉林外国语大学、长春大学旅游学院、吉林动画学院、长春建筑学院以及长春人文学院，这 5 所高校均属于民办高校，其中，吉林外国语大学的人文社科发展实力较强，位居全国排行榜第 9 名，评价等级为 C + ，吉林动画学院评价等级为 C – 。

9.2.14 黑龙江省民办和独立学院评价报告

黑龙江省民办和独立学院人文社科发展水平综合评价得分与排名如表 9 – 15 所示。

表 9 – 15　　　　黑龙江省民办和独立学院人文社科排名

排名	学校名称	所有制	学校类型	等级
1	黑龙江外国语学院	民办	语言类	D +
2	黑龙江东方学院	民办	综合类	D +
3	哈尔滨广厦学院	民办	综合类	D +
4	黑龙江工商学院	民办	财经类	D +
4	哈尔滨剑桥学院	民办	综合类	D +
5	哈尔滨信息工程学院	民办	理工类	D +

续表

排名	学校名称	所有制	学校类型	等级
5	齐齐哈尔工程学院	民办	理工类	D +
5	黑龙江财经学院	民办	财经类	D +
5	哈尔滨石油学院	民办	理工类	D +
5	哈尔滨远东理工学院	民办	理工类	D +
5	哈尔滨华德学院	民办	理工类	D +
5	黑龙江工程学院昆仑旅游学院	独立学院	财经类	D +

由表 9-15 可知，黑龙江省共有 11 所民办高校和 1 所独立学院，其中，理工类、财经类、综合类和语言类高校分别有 5 所、3 所、3 所、1 所。评分等级为 D 类的高校数量为 12 所。这 12 所民办和独立学院的人文社科发展平均得分为 0.042 分，低于所有民办和独立学院的人文社科发展评价得分的均值，并且黑龙江省所有民办和独立学院的人文社科发展评价得分均低于平均分，表明黑龙江省的人文社科发展水平处于我国平均水平以下。

从黑龙江省排名来看，黑龙江省人文社科发展前 5 名的高校分别为黑龙江外国语学院、黑龙江东方学院、哈尔滨广厦学院、黑龙江工商学院以及哈尔滨剑桥学院，这 5 所高校均属于民办高校，黑龙江省未有高校进入全国民办和独立学院人文社科发展排行榜前 100 强。

9.2.15 安徽省民办和独立学院评价报告

安徽省民办和独立学院人文社科发展水平综合评价得分与排名如表 9-16 所示。

表 9-16 安徽省民办和独立学院人文社科排名

排名	学校名称	所有制	学校类型	等级
1	安徽新华学院	民办	理工类	C
2	安徽外国语学院	民办	语言类	D +
3	安徽三联学院	民办	理工类	D +
3	马鞍山学院	民办	理工类	D +
4	安徽信息工程学院	民办	理工类	D +
4	淮北理工学院	民办	理工类	D +

排名	学校名称	所有制	学校类型	等级
4	皖江工学院	民办	理工类	D +
4	安徽医科大学临床医学院	独立学院	医药类	D +
5	安徽文达信息工程学院	民办	理工类	D +
5	蚌埠工商学院	民办	财经类	D +
5	合肥城市学院	民办	理工类	D +
5	合肥经济学院	民办	财经类	D +
5	安徽大学江淮学院	独立学院	综合类	D +
5	安徽师范大学皖江学院	独立学院	师范类	D +
5	阜阳师范大学信息工程学院	独立学院	综合类	D +

由表 9 - 16 可知，安徽省共有 11 所民办高校和 4 所独立学院，其中，理工类、财经类、综合类、师范类、医药类和语言类高校分别有 8 所、2 所、2 所、1 所、1 所、1 所。评分等级分别为 C 类、D 类的高校数量分别为 1 所、14 所。这 15 所民办和独立学院的人文社科发展平均得分为 0.055 分，低于所有民办和独立学院的人文社科发展评价得分的均值，仅安徽信息工程学院的评价得分高于所有民办和独立学院的平均分。

从安徽省排名来看，安徽省人文社科发展前 5 名的高校分别为安徽新华学院、安徽外国语学院、安徽三联学院、马鞍山学院、安徽信息工程学院，其中，安徽新华学院位于安徽省人文社科发展评价排行榜榜首，也是安徽省唯一进入全国民办和独立学院排行榜前 100 强的高校，同样是安徽省唯一评价等级为 C 类的高校，相对比而言，其他四所高校的评价得分均低于全国的平均分。

9.2.16　江西省民办和独立学院评价报告

江西省民办和独立学院人文社科发展水平综合评价得分与排名如表 9 - 17 所示。

表 9 - 17　　　　　　　　　江西省民办和独立学院人文社科排名

排名	学校名称	所有制	学校类型	等级
1	江西科技学院	民办	理工类	C
2	江西服装学院	民办	艺术类	C -

续表

排名	学校名称	所有制	学校类型	等级
3	江西财经大学现代经济管理学院	独立学院	财经类	C －
4	南昌工学院	民办	理工类	D ＋
5	南昌航空大学科技学院	独立学院	理工类	D ＋
6	南昌理工学院	民办	理工类	D ＋
6	南昌交通学院	民办	理工类	D ＋
7	江西工程学院	民办	理工类	D ＋
7	南昌职业大学	民办	综合类	D ＋
7	景德镇艺术职业大学	民办	艺术类	D ＋
7	南昌大学科学技术学院	独立学院	综合类	D ＋
7	赣南师范大学科技学院	独立学院	师范类	D ＋
8	江西师范大学科学技术学院	独立学院	师范类	D ＋
9	江西应用科技学院	民办	理工类	D ＋
9	南昌应用技术师范学院	民办	理工类	D ＋
9	江西软件职业技术大学	民办	理工类	D ＋
9	南昌大学共青学院	独立学院	综合类	D ＋
9	江西农业大学南昌商学院	独立学院	综合类	D ＋

由表 9 - 17 可知，江西省共有 11 所民办高校和 7 所独立学院，其中，理工类、综合类、师范类、艺术类和财经类高校分别有 9 所、4 所、2 所、2 所、1 所。评分等级为 C 类、D 类的高校数量分别为 3 所、15 所。这 18 所民办和独立学院的人文社科发展平均得分为 0.086 分，低于所有民办和独立学院的人文社科发展评价得分的均值，其中江西科技学院、江西服装学院以及江西财经大学现代经济管理学院 3 所高校的评价得分高于所有民办和独立学院的平均分。

从江西省排名来看，江西省人文社科发展前 5 名的高校分别为江西科技学院、江西服装学院、江西财经大学现代经济管理学院、南昌工学院、南昌航空大学科技学院，其中，前 5 所高校中有 3 所属于民办高校，江西财经大学现代经济管理学院和南昌航空大学科技学院属于独立学院，位居江西省排行榜榜首的江西科技学院在全国民办和独立学院中排第 25 名，评价等级为 C，江西服装学院和江西财经大学现代经济管理学院 2 所排名等级为 C － 。

从民办和独立学院人文社科发展的综合排名来看，江西省有 3 所高校进入全国民办和独立学院人文社科发展评价排行榜前 100 强，分别是江西科技学院、江西服装学院和江西财经大学现代经济管理学院。

9.2.17 河南省民办和独立学院评价报告

河南省民办和独立学院人文社科发展水平综合评价得分与排名如表 9 – 18 所示。

表 9 – 18　　　　　　　河南省民办和独立学院人文社科排名

排名	学校名称	所有制	学校类型	等级
1	郑州商学院	民办	财经类	C
2	信阳学院	民办	综合类	C –
3	郑州经贸学院	民办	财经类	C –
4	黄河科技学院	民办	理工类	C –
5	安阳学院	民办	综合类	D +
6	郑州科技学院	民办	理工类	D +
7	郑州西亚斯学院	民办	综合类	D +
8	河南开封科技传媒学院	民办	财经类	D +
8	郑州工商学院	民办	理工类	D +
9	郑州工业应用技术学院	民办	理工类	D +
10	黄河交通学院	民办	理工类	D +
10	中原科技学院	民办	理工类	D +
11	郑州财经学院	民办	财经类	D +
11	新乡工程学院	民办	理工类	D +
11	郑州升达经贸管理学院	民办	财经类	D +
11	郑州美术学院	民办	艺术类	D +
12	商丘工学院	民办	理工类	D +
12	商丘学院	民办	综合类	D +
12	河南科技职业大学	民办	理工类	D +
12	新乡医学院三全学院	独立学院	医药类	D +

由表 9 – 18 可知，河南省共有 19 所民办高校和 1 所独立学院，其中，理工类、财经类、综合类和医药类高校分别有 9 所、6 所、4 所、1 所。评分等级为 C 类、D 类的高校数量分别为 4 所、16 所。这 20 所民办和独立学院的人文社科发展平均得分为 0.083 分，低于所有民办和独立学院的人文社科发展评价得分

的均值，郑州商学院、信阳学院、郑州经贸学院以及黄河科技学院 4 所高校的评价得分高于所有民办和独立学院的平均分。

从河南省排名来看，河南省人文社科发展前 5 名的高校分别为郑州商学院、信阳学院、郑州经贸学院、黄河科技学院和安阳学院，这 5 所高校都属于民办高校，位居河南省排行榜榜首的郑州商学院在全国民办和独立学院中排第 22 名，评价等级为 C，是河南省唯一排名在前 50 强的民办高校。

9.2.18 湖北省民办和独立学院评价报告

湖北省民办和独立学院人文社科发展水平综合评价得分与排名如表 9 - 19 所示。

表 9 - 19 湖北省民办和独立学院人文社科排名

排名	学校名称	所有制	学校类型	等级
1	武昌理工学院	民办	理工类	C +
2	武昌首义学院	民办	理工类	C
3	武汉东湖学院	民办	综合类	C
4	武汉学院	民办	财经类	C -
5	湖北商贸学院	民办	财经类	C -
6	武汉传媒学院	民办	艺术类	C -
7	武汉工商学院	民办	财经类	C -
8	武汉华夏理工学院	民办	理工类	C -
9	文华学院	民办	理工类	C -
10	武昌工学院	民办	理工类	D +
11	长江大学文理学院	独立学院	综合类	D +
12	武汉城市学院	民办	理工类	D +
12	武汉工程科技学院	民办	理工类	D +
12	武汉设计工程学院	民办	综合类	D +
13	武汉生物工程学院	民办	理工类	D +
14	汉口学院	民办	综合类	D +
14	武汉体育学院体育科技学院	独立学院	综合类	D +
15	湖北大学知行学院	独立学院	理工类	D +
15	湖北工业大学工程技术学院	独立学院	理工类	D +
15	武汉工程大学邮电与信息工程学院	独立学院	理工类	D +

排名	学校名称	所有制	学校类型	等级
15	湖北师范大学文理学院	独立学院	综合类	D +
16	武汉晴川学院	民办	综合类	D +
16	武汉文理学院	民办	财经类	D +
16	荆州学院	民办	理工类	D +
16	湖北恩施学院	民办	理工类	D +
16	三峡大学科技学院	独立学院	理工类	D +
16	武汉纺织大学外经贸学院	独立学院	财经类	D +
16	湖北汽车工业学院科技学院	独立学院	理工类	D +
16	湖北医药学院药护学院	独立学院	医药类	D +
16	湖北经济学院法商学院	独立学院	财经类	D +
16	湖北文理学院理工学院	独立学院	理工类	D +
16	湖北工程学院新技术学院	独立学院	理工类	D +

由表 9 - 19 可知,湖北省共有 19 所民办高校和 13 所独立学院,其中,理工类、综合类、财经类、艺术类和医药类高校分别有 17 所、7 所、6 所、1 所、1 所。评分等级为 C 类、D 类的高校数量分别为 9 所、23 所。这 32 所民办和独立学院的人文社科发展平均得分为 0.087 分,低于所有民办和独立学院的人文社科发展评价得分的均值,其中,武昌理工学院、武昌首义学院、武汉东湖学院、武汉学院、湖北商贸学院、武汉传媒学院以及武汉工商学院的评价得分均在全国平均分以上,且均属于民办高校。

9.2.19 湖南省民办和独立学院评价报告

湖南省民办和独立学院人文社科发展水平综合评价得分与排名如表 9 - 20 所示。

表 9 - 20 　　　　　　　湖南省民办和独立学院人文社科排名

排名	学校名称	所有制	学校类型	等级
1	湖南涉外经济学院	民办	财经类	C
2	湖南信息学院	民办	理工类	D +
3	吉首大学张家界学院	独立学院	综合类	D +

续表

排名	学校名称	所有制	学校类型	等级
4	湖南应用技术学院	民办	理工类	D +
5	长沙医学院	民办	医药类	D +
6	湖南交通工程学院	民办	理工类	D +
7	湘潭理工学院	民办	财经类	D +
7	中南林业科技大学涉外学院	独立学院	综合类	D +
7	湖南文理学院芙蓉学院	独立学院	综合类	D +
8	湖南软件职业技术大学	民办	理工类	D +
8	湘潭大学兴湘学院	独立学院	综合类	D +
8	湖南工业大学科技学院	独立学院	理工类	D +
8	湖南科技大学潇湘学院	独立学院	综合类	D +
8	南华大学船山学院	独立学院	理工类	D +
8	湖南师范大学树达学院	独立学院	师范类	D +
8	湖南农业大学东方科技学院	独立学院	综合类	D +
8	湖南理工学院南湖学院	独立学院	理工类	D +
8	衡阳师范学院南岳学院	独立学院	师范类	D +
8	湖南工程学院应用技术学院	独立学院	理工类	D +
8	湖南中医药大学湘杏学院	独立学院	医药类	D +
8	长沙理工大学城南学院	独立学院	理工类	D +

　　由表 9 - 20 可知，湖南省目前拥有 7 所民办高校和 14 所独立学院，涵盖了理工、综合、财经、师范和医药等多个学科领域，各类别高校的数量分别为 9 所、6 所、2 所、2 所和 2 所。在这些高校中，没有一所获得 A 类或 B 类评分，仅有 1 所高校被评为 C 类，而其余 20 所高校均被评为 D 类。

　　在这 21 所民办和独立学院中，人文社科发展的平均得分为 0.052 分，这一得分低于所有民办和独立学院人文社科发展评价得分的平均水平。值得注意的是，仅有湖南涉外经济学院一所高校的评价得分高于平均水平，且该校属于民办高校。

　　湖南省人文社科发展前 5 名的高校分别为湖南涉外经济学院、湖南信息学院、吉首大学张家界学院、湖南应用技术学院以及长沙医学院，其中，位居湖南省排行榜榜首的湖南涉外经济学院的评价等级为 C 类，是湖南省唯一一所评级 C 类的民办高校。

9.2.20　内蒙古自治区民办和独立学院评价报告

内蒙古自治区民办和独立学院人文社科发展水平综合评价得分与排名如表9-21所示。

表 9-21　　　　　内蒙古自治区民办和独立学院人文社科排名

排名	学校名称	所有制	学校类型	等级
1	内蒙古鸿德文理学院	民办	综合类	D +
2	内蒙古大学创业学院	独立学院	综合类	D +

由表9-21可知，内蒙古自治区共有1所民办高校和1所独立学院，均属于综合类高校，这2所民办和独立学院的人文社科发展平均得分为0.033分。内蒙古鸿德文理学院位居内蒙古排行榜第1名，但是在全国仅排到第191名，评价等级为D+，内蒙古大学创业学院也是评价等级为D+。内蒙古2所高校的评价得分均低于全国的平均分，表明内蒙古民办和独立学院的人文社科发展实力较为薄弱。

9.2.21　广西壮族自治区民办和独立学院评价报告

广西壮族自治区民办和独立学院人文社科发展水平综合评价得分与排名如表9-22所示。

表 9-22　　　　广西壮族自治区民办和独立学院人文社科排名

排名	学校名称	所有制	学校类型	等级
1	南宁学院	民办	综合类	C -
2	桂林学院	民办	综合类	D +
3	广西民族大学相思湖学院	独立学院	综合类	D +
4	桂林信息科技学院	民办	理工类	D +
5	北海艺术设计学院	民办	艺术类	D +
5	广西外国语学院	民办	语言类	D +
5	广西城市职业大学	民办	综合类	D +
5	广西中医药大学赛恩斯新医药学院	独立学院	医药类	D +
6	柳州工学院	民办	理工类	D +

续表

排名	学校名称	所有制	学校类型	等级
6	南宁理工学院	民办	理工类	D +
6	北京航空航天大学北海学院	民办	理工类	D +
6	南宁师范大学师园学院	独立学院	综合类	D +

由表 9 - 22 可知，广西壮族自治区共有 9 所民办高校和 3 所独立学院，其中，综合类、理工类、医药类、艺术类和语言类高校分别有 5 所、4 所、1 所、1 所、1 所。评分等级为 C 类、D 类的高校数量分别为 1 所、11 所。这 12 所民办和独立学院的人文社科发展平均得分为 0.051 分，低于所有民办和独立学院的人文社科发展评价得分的均值，并且广西壮族自治区所有民办和独立学院的评价得分均低于平均分。

广西壮族自治区人文社科发展前 5 名的高校分别为南宁学院、桂林学院、广西民族大学相思湖学院、桂林信息科技学院和北海艺术设计学院。广西壮族自治区仅有南宁学院进入了全国排行榜前 100 强，在全国民办和独立学院中排第 46 名，排名等级为 C - ，广西壮族自治区未有高校进入 A 类。

9.2.22　重庆市民办和独立学院评价报告

重庆市民办和独立学院人文社科发展水平综合评价得分与排名如表 9 - 23 所示。

表 9 - 23　　　　　重庆市民办和独立学院人文社科排名

排名	学校名称	所有制	学校类型	等级
1	重庆对外经贸学院	民办	财经类	C -
2	重庆财经学院	民办	财经类	C -
3	重庆人文科技学院	民办	综合类	C -
4	重庆工程学院	民办	理工类	D +
5	重庆城市科技学院	民办	综合类	D +
6	重庆机电职业技术大学	民办	理工类	D +
7	重庆外语外事学院	民办	语言类	D +
8	重庆移通学院	民办	理工类	D +
8	重庆工商大学派斯学院	独立学院	财经类	D +

由表 9 - 23 可知，重庆市共有 8 所民办高校和 1 所独立学院，其中，财经类、理工类、综合类和语言类高校分别有 3 所、3 所、2 所、1 所。评分等级为 C 类、D 类的高校数量分别为 3 所、6 所。这 9 所民办和独立学院的人文社科发展平均得分为 0.081 分，低于所有民办和独立学院的人文社科发展评价得分的均值，其中，重庆对外经贸学院、重庆财经学院和重庆人文科技学院 3 所高校的评价得分在平均分以上。

9.2.23 四川省民办和独立学院评价报告

四川省民办和独立学院人文社科发展水平综合评价得分与排名如表 9 - 24 所示。

表 9 - 24   四川省民办和独立学院人文社科排名

排名	学校名称	所有制	学校类型	等级
1	四川电影电视学院	民办	艺术类	C -
2	四川大学锦江学院	独立学院	综合类	C -
3	成都艺术职业大学	民办	艺术类	C -
4	四川传媒学院	民办	艺术类	C -
5	四川文化艺术学院	民办	艺术类	C -
6	四川工商学院	民办	财经类	D +
7	成都东软学院	民办	理工类	D +
8	吉利学院	民办	理工类	D +
9	成都银杏酒店管理学院	民办	财经类	D +
9	成都文理学院	民办	综合类	D +
9	四川工业科技学院	民办	理工类	D +
9	成都锦城学院	民办	综合类	D +
9	电子科技大学成都学院	独立学院	理工类	D +
9	四川外国语大学成都学院	独立学院	语言类	D +
9	西南财经大学天府学院	独立学院	财经类	D +
10	绵阳城市学院	民办	理工类	D +
10	成都理工大学工程技术学院	独立学院	理工类	D +
10	西南交通大学希望学院	独立学院	综合类	D +

由表 9 - 24 可知，四川省共有 12 所民办高校和 6 所独立学院，其中，理工

类、艺术类、综合类、财经类和语言类高校分别有 6 所、4 所、4 所、3 所、1 所。评价等级为 C 类、D 类的高校数量分别为 5 所、13 所。这 18 所民办和独立学院的人文社科发展平均得分为 0.075 分,低于所有民办和独立学院的人文社科发展评价得分的均值,其中,四川电影电视学院、四川大学锦江学院、成都艺术职业大学、四川传媒学院、四川文化艺术学院 5 所高校的评价得分均在平均分以上。

9.2.24　贵州省民办和独立学院评价报告

贵州省民办和独立学院人文社科发展水平综合评价得分与排名如表 9 - 25 所示。

表 9 - 25　　　　　　　　贵州省民办和独立学院人文社科排名

排名	学校名称	所有制	学校类型	等级
1	茅台学院	民办	综合类	C -
2	贵阳人文科技学院	民办	综合类	C -
3	贵州黔南经济学院	民办	财经类	D +
3	贵州黔南科技学院	民办	综合类	D +
4	贵阳信息科技学院	民办	综合类	D +
4	贵州中医药大学时珍学院	独立学院	医药类	D +
4	遵义医科大学医学与科技学院	独立学院	医药类	D +
4	贵州医科大学神奇民族医药学院	独立学院	医药类	D +

由表 9 - 25 可知,贵州省共有 5 所民办高校和 3 所独立学院,其中,综合类、医药类和财经类高校分别有 4 所、3 所、1 所。评价等级为 C 类、D 类的高校数量分别为 2 所、6 所。这 8 所民办和独立学院的人文社科发展平均得分为 0.062 分,低于所有民办和独立学院的人文社科发展评价得分的均值,其中茅台学院和贵阳人文科技学院的评价得分在平均分以上。

9.2.25　云南省民办和独立学院评价报告

云南省民办和独立学院人文社科发展水平综合评价得分与排名如表 9 - 26 所示。

表 9 – 26　　　　　　　　云南省民办和独立学院人文社科排名

排名	学校名称	所有制	学校类型	等级
1	昆明医科大学海源学院	独立学院	医药类	D +
2	云南经济管理学院	民办	财经类	D +
2	丽江文化旅游学院	民办	综合类	D +
2	昆明文理学院	民办	综合类	D +
2	云南工商学院	民办	财经类	D +
3	云南艺术学院文华学院	独立学院	艺术类	D +
4	云南大学滇池学院	民办	综合类	D +
5	昆明城市学院	民办	综合类	D +
5	昆明理工大学津桥学院	独立学院	综合类	D +

由表 9 – 26 可知，云南省共有 6 所民办高校和 3 所独立学院，其中，综合类、财经类、医药类和艺术类高校分别有 5 所、2 所、1 所、1 所。评价等级为 D 类的高校数量为 9 所。这 9 所民办和独立学院的人文社科发展平均得分为 0.043 分，低于所有民办和独立学院的人文社科发展评价得分的均值，且所有高校的评价得分均在平均分以下，表明云南省的民办和独立学院的人文社科发展整体水平较低。

云南省人文社科发展前 5 名的高校分别为昆明医科大学海源学院、云南经济管理学院、丽江文化旅游学院、昆明文理学院和云南工商学院。此外，云南省未有高校进入全国排行榜前 100 强。

9.2.26　陕西省民办和独立学院评价报告

陕西省民办和独立学院人文社科发展水平综合评价得分与排名如表 9 – 27 所示。

表 9 – 27　　　　　　　　陕西省民办和独立学院人文社科排名

排名	学校名称	所有制	学校类型	等级
1	西京学院	民办	综合类	B –
2	西安外事学院	民办	综合类	C
3	西安欧亚学院	民办	财经类	C
4	西安翻译学院	民办	语言类	C

续表

排名	学校名称	所有制	学校类型	等级
5	西安交通大学城市学院	独立学院	综合类	D＋
6	陕西国际商贸学院	民办	财经类	D＋
7	西安培华学院	民办	综合类	D＋
8	西安汽车职业大学	民办	理工类	D＋
9	西安交通工程学院	民办	理工类	D＋
9	西安科技大学高新学院	独立学院	理工类	D＋
10	西安思源学院	民办	理工类	D＋
10	西安建筑科技大学华清学院	独立学院	理工类	D＋
11	陕西服装工程学院	民办	理工类	D＋
11	西安工商学院	民办	财经类	D＋
11	西安明德理工学院	民办	理工类	D＋
11	西安信息职业大学	民办	理工类	D＋
11	西北大学现代学院	独立学院	综合类	D＋
11	西安财经大学行知学院	独立学院	财经类	D＋
11	陕西科技大学镐京学院	独立学院	理工类	D＋
11	延安大学西安创新学院	独立学院	综合类	D＋
11	西安电子科技大学长安学院	独立学院	理工类	D＋
11	长安大学兴华学院	独立学院	综合类	D＋
11	西安理工大学高科学院	独立学院	理工类	D＋

由表 9 - 27 可知，陕西省共有 13 所民办高校和 10 所独立学院，其中，理工类、综合类、财经类和语言类高校分别有 11 所、7 所、4 所、1 所。评分等级为 B 类、C 类、D 类的高校数量分别为 1 所、3 所、19 所。这 23 所民办和独立学院的人文社科发展平均得分为 0.088 分，低于所有民办和独立学院的人文社科发展评价得分的均值，其中，西京学院、西安外事学院、西安欧亚学院和西安翻译学院 4 所高校的评价得分均在平均分以上，并且这 4 所高校均属于民办高校。

9.2.27　甘肃省民办和独立学院评价报告

甘肃省民办和独立学院人文社科发展水平综合评价得分与排名如表 9 - 28 所示。

表 9 - 28 　　　　　　　甘肃省民办和独立学院人文社科排名

排名	学校名称	所有制	学校类型	等级
1	兰州信息科技学院	民办	理工类	D +
2	兰州工商学院	民办	财经类	D +
2	兰州博文科技学院	民办	理工类	D +

由表 9 - 28 可知，甘肃省共有 3 所民办高校，其中，理工类、财经类高校分别有 2 所、1 所，这 3 所高校评价得分均值为 0.042 分，低于全国民办和独立学院的平均分，并且这 3 所高校的评价得分均远低于全国民办和独立学院的平均分，其中，位居甘肃省排行榜榜首的兰州信息科技学院在全国民办和独立学院排行榜中仅排第 161 名，表明甘肃省的民办高校的人文社科发展实力较差。

9.2.28　青海省民办和独立学院评价报告

青海省民办和独立学院人文社科发展水平综合评价得分与排名如表 9 - 29 所示。

表 9 - 29 　　　　　　　青海省民办和独立学院人文社科排名

排名	学校名称	所有制	学校类型	等级
1	青海大学昆仑学院	独立学院	综合类	D +

由表 9 - 29 可知，青海省仅有一所独立综合类高校，即青海大学昆仑学院，青海大学昆仑学院的评价得分远低于全国的平均分，评价等级为 D + ，表现较差。

9.2.29　宁夏回族自治区民办和独立学院评价报告

宁夏回族自治区民办和独立学院人文社科发展水平综合评价得分与排名如表 9 - 30 所示。

表 9 - 30 　　　　　　　宁夏回族自治区民办和独立学院人文社科排名

排名	学校名称	所有制	学校类型	等级
1	宁夏大学新华学院	独立学院	综合类	C -

排名	学校名称	所有制	学校类型	等级
2	宁夏理工学院	民办	理工类	D +
3	银川科技学院	民办	理工类	D +
4	银川能源学院	民办	理工类	D +

由表 9 - 30 可知，宁夏回族自治区共有 3 所民办高校和 1 所独立学院，其中，理工类和综合类高校分别有 3 所、1 所。这 4 所民办和独立学院的人文社科发展平均得分为 0.043 分，低于所有民办和独立学院的人文社科发展评价得分的均值，且这 4 所高校的评价得分均低于平均分。位居宁夏回族自治区榜首的是宁夏大学新华学院，在全国排第 68 名进入前 100 强，评价等级为 C - 。

9.2.30　新疆维吾尔自治区民办和独立学院评价报告

新疆维吾尔自治区民办和独立学院人文社科发展水平综合评价得分与排名如表 9 - 31 所示。

表 9 - 31　　　　　新疆维吾尔自治区民办和独立学院人文社科排名

排名	学校名称	所有制	学校类型	等级
1	新疆农业大学科学技术学院	独立学院	理工类	D +
1	新疆天山职业技术大学	民办	综合类	D +

由表 9 - 31 可知，新疆维吾尔自治区共有 1 所民办高校和 1 所独立学院，分别属于综合类和理工类高校，这 2 所高校的评价得分均低于全国的平均分，新疆天山职业技术大学和新疆农业大学科学技术学院评价等级都是 D + 。

9.3　不同学科类型民办高校人文社科发展评价报告

本节中将会把 414 所民办高校和独立学院划分为 7 种不同的学科类型，分别是财经类高校（62 所）、医药类高校（25 所）、语言类高校（15 所）、理工类高校（156 所）、师范类高校（12 所）、综合类高校（126 所）、艺术类高校（16 所），在此基础上，分别针对不同学科类型的高校进行评价分析。

9.3.1 民办综合类大学

民办综合类高校人文社科发展综合评价结果如表 9 – 32 所示。

表 9 – 32　　　　　　　　民办综合类高校人文社科综合得分及排名

综合类排名	民办总排名	学校名称	所有制	省份	等级
1	5	广东科技学院	民办	广东	B –
2	7	西京学院	民办	陕西	B –
3	8	三亚学院	民办	海南	C +
4	11	三江学院	民办	江苏	C +
5	15	厦门大学嘉庚学院	独立学院	福建	C
6	17	西安外事学院	民办	陕西	C
7	27	无锡太湖学院	民办	江苏	C
8	28	宁波大学科学技术学院	独立学院	浙江	C
9	30	北京城市学院	民办	北京	C
10	32	武汉东湖学院	民办	湖北	C
11	33	山东英才学院	民办	山东	C
12	34	福建师范大学协和学院	独立学院	福建	C
13	36	湛江科技学院	民办	广东	C
13	36	集美大学诚毅学院	独立学院	福建	C
15	39	长春大学旅游学院	独立学院	吉林	C –
16	46	南宁学院	民办	广西	C –
17	47	珠海科技学院	民办	广东	C –
18	50	信阳学院	民办	河南	C –
19	55	茅台学院	民办	贵州	C –
20	58	广州南方学院	民办	广东	C –
21	63	贵阳人文科技学院	民办	贵州	C –
22	65	广州新华学院	民办	广东	C –
23	68	宁夏大学新华学院	独立学院	宁夏	C –
24	72	四川大学锦江学院	独立学院	四川	C –
25	73	重庆人文科技学院	民办	重庆	C –
26	88	扬州大学广陵学院	独立学院	江苏	C –
27	90	绍兴文理学院元培学院	独立学院	浙江	C –

综合类排名	民办总排名	学校名称	所有制	省份	等级
27	90	厦门华厦学院	民办	福建	C –
27	90	广州应用科技学院	民办	广东	C –
30	94	西安交通大学城市学院	独立学院	陕西	D +
30	94	浙江师范大学行知学院	独立学院	浙江	D +
30	94	吉首大学张家界学院	独立学院	湖南	D +
30	94	南京审计大学金审学院	独立学院	江苏	D +
30	94	安阳学院	民办	河南	D +
30	94	天津财经大学珠江学院	独立学院	天津	D +
30	94	长春人文学院	民办	吉林	D +
30	94	郑州西亚斯学院	民办	河南	D +
30	94	重庆城市科技学院	民办	重庆	D +
30	94	桂林学院	民办	广西	D +
30	94	西安培华学院	民办	陕西	D +
30	94	长春光华学院	民办	吉林	D +
30	94	运城职业技术大学	民办	山西	D +
30	94	长江大学文理学院	独立学院	湖北	D +
30	94	电子科技大学中山学院	独立学院	广东	D +
30	94	黑龙江东方学院	民办	黑龙江	D +
30	94	南开大学滨海学院	独立学院	天津	D +
30	94	上海师范大学天华学院	独立学院	上海	D +
30	94	南京师范大学中北学院	独立学院	江苏	D +
30	94	苏州大学应用技术学院	独立学院	江苏	D +
30	94	武汉设计工程学院	民办	湖北	D +
30	94	华南农业大学珠江学院	独立学院	广东	D +
30	94	长春工业大学人文信息学院	独立学院	吉林	D +
30	94	哈尔滨广厦学院	民办	黑龙江	D +
30	94	上海立达学院	民办	上海	D +
30	94	东南大学成贤学院	独立学院	江苏	D +
30	94	江苏大学京江学院	独立学院	江苏	D +
30	94	广西民族大学相思湖学院	独立学院	广西	D +
30	94	丽江文化旅游学院	民办	云南	D +
30	94	昆明文理学院	民办	云南	D +

综合类排名	民办总排名	学校名称	所有制	省份	等级
30	94	北京科技大学天津学院	独立学院	天津	D+
30	94	天津仁爱学院	民办	天津	D+
30	94	内蒙古鸿德文理学院	民办	内蒙古	D+
30	94	沈阳城市学院	民办	辽宁	D+
30	94	苏州科技大学天平学院	独立学院	江苏	D+
30	94	南京邮电大学通达学院	独立学院	江苏	D+
30	94	福建农林大学金山学院	独立学院	福建	D+
30	94	南昌职业大学	民办	江西	D+
30	94	南昌大学科学技术学院	独立学院	江西	D+
30	94	山东外事职业大学	民办	山东	D+
30	94	烟台科技学院	民办	山东	D+
30	94	汉口学院	民办	湖北	D+
30	94	武汉体育学院体育科技学院	独立学院	湖北	D+
30	94	东莞城市学院	民办	广东	D+
30	94	天津天狮学院	民办	天津	D+
30	94	内蒙古大学创业学院	独立学院	内蒙古	D+
30	94	哈尔滨剑桥学院	民办	黑龙江	D+
30	94	南京财经大学红山学院	独立学院	江苏	D+
30	94	江苏科技大学苏州理工学院	独立学院	江苏	D+
30	94	常州大学怀德学院	独立学院	江苏	D+
30	94	浙江农林大学暨阳学院	独立学院	浙江	D+
30	94	福州大学至诚学院	独立学院	福建	D+
30	94	聊城大学东昌学院	独立学院	山东	D+
30	94	潍坊理工学院	民办	山东	D+
30	94	青岛农业大学海都学院	独立学院	山东	D+
30	94	湖北师范大学文理学院	独立学院	湖北	D+
30	94	中南林业科技大学涉外学院	独立学院	湖南	D+
30	94	湖南文理学院芙蓉学院	独立学院	湖南	D+
30	94	广西城市职业大学	民办	广西	D+
30	94	成都文理学院	民办	四川	D+
30	94	成都锦城学院	民办	四川	D+
30	94	贵州黔南科技学院	民办	贵州	D+

综合类排名	民办总排名	学校名称	所有制	省份	等级
30	94	云南大学滇池学院	民办	云南	D+
30	94	北京邮电大学世纪学院	独立学院	北京	D+
30	94	北京工业大学耿丹学院	独立学院	北京	D+
30	94	天津师范大学津沽学院	独立学院	天津	D+
30	94	天津理工大学中环信息学院	独立学院	天津	D+
30	94	河北地质大学华信学院	独立学院	河北	D+
30	94	河北农业大学现代科技学院	独立学院	河北	D+
30	94	河北东方学院	民办	河北	D+
30	94	南京大学金陵学院	独立学院	江苏	D+
30	94	南京工业大学浦江学院	独立学院	江苏	D+
30	94	江苏师范大学科文学院	独立学院	江苏	D+
30	94	南通大学杏林学院	独立学院	江苏	D+
30	94	同济大学浙江学院	独立学院	浙江	D+
30	94	安徽大学江淮学院	独立学院	安徽	D+
30	94	阜阳师范大学信息工程学院	独立学院	安徽	D+
30	94	仰恩大学	民办	福建	D+
30	94	南昌大学共青学院	独立学院	江西	D+
30	94	江西农业大学南昌商学院	独立学院	江西	D+
30	94	青岛滨海学院	民办	山东	D+
30	94	山东现代学院	民办	山东	D+
30	94	商丘学院	民办	河南	D+
30	94	武汉晴川学院	民办	湖北	D+
30	94	湘潭大学兴湘学院	独立学院	湖南	D+
30	94	湖南科技大学潇湘学院	独立学院	湖南	D+
30	94	湖南农业大学东方科技学院	独立学院	湖南	D+
30	94	南宁师范大学师园学院	独立学院	广西	D+
30	94	西南交通大学希望学院	独立学院	四川	D+
30	94	贵阳信息科技学院	民办	贵州	D+
30	94	昆明理工大学津桥学院	独立学院	云南	D+
30	94	昆明城市学院	民办	云南	D+
30	94	西北大学现代学院	独立学院	陕西	D+

综合类排名	民办总排名	学校名称	所有制	省份	等级
30	94	延安大学西安创新学院	独立学院	陕西	D+
30	94	长安大学兴华学院	独立学院	陕西	D+
30	94	青海大学昆仑学院	独立学院	青海	D+
30	94	新疆天山职业技术大学	民办	新疆	D+

126 所民办综合类院校的得分均值为 0.082 分，低于全国民办和独立学院的平均分，共有 26 所民办综合类高校的得分位于平均值以上，大部分民办综合类高校的得分均低于平均值。由表 9-32 可知，评价等级为 B 类、C 类、D 类的高校分别有 2 所、27 所、97 所。广东科技学院、西京学院、三亚学院、三江学院以及厦门大学嘉庚学院位居民办综合类高校人文社科发展前 5 名，其中前 4 名均属于民办高校。

在全国民办和独立学院排行榜中，民办综合类高校共有 30 所进入前 100 名，分别为广东科技学院（第 5 名）、西京学院（第 7 名）、三亚学院（第 8 名）、三江学院（第 11 名）、厦门大学嘉庚学院（第 15 名）、西安外事学院（第 17 名）、无锡太湖学院（第 27 名）、宁波大学科学技术学院（第 28 名）、北京城市学院（第 30 名）、武汉东湖学院（第 32 名）、山东英才学院（第 33 名）、福建师范大学协和学院（第 34 名）、湛江科技学院（第 36 名）、集美大学诚毅学院（第 36 名）、长春大学旅游学院（第 39 名）、南宁学院（第 46 名）、珠海科技学院（第 47 名）、信阳学院（第 50 名）、茅台学院（第 55 名）、广州南方学院（第 58 名）、贵阳人文科技学院（第 63 名）、广州新华学院（第 65 名）、宁夏大学新华学院（第 68 名）、四川大学锦江学院（第 72 名）、重庆人文科技学院（第 73 名）、扬州大学广陵学院（第 88 名）、绍兴文理学院元培学院（第 90 名）、厦门华厦学院（第 90 名）、广州应用科技学院（第 90 名）。这些高校占全国民办综合类高校的 1/4，表明民办高校在全国范围内具备较强的竞争力，尤其在东部地区表现尤为突出。在前 10 名的高校中，有多所来自东部地区，且厦门大学嘉庚学院和宁波大学科学技术学院为独立学院，其他均为民办高校，进一步反映出东部地区高等教育的领先地位。

9.3.2 民办财经类大学

民办财经类高校人文社科发展综合评价结果如表 9-33 所示。

表 9 – 33　　　　　　　　　民办财经类高校人文社科综合得分及排名

财经类总排名	民办总排名	学校名称	所有制	省份	等级
1	1	宁波财经学院	民办	浙江	B
2	6	福州外语外贸学院	民办	福建	B –
3	7	广州商学院	民办	广东	C +
4	19	西安欧亚学院	民办	陕西	C
5	20	湖南涉外经济学院	民办	湖南	C
6	21	广州华商学院	民办	广东	C
7	22	郑州商学院	民办	河南	C
8	24	上海外国语大学贤达经济人文学院	独立学院	上海	C
9	29	浙江工商大学杭州商学院	独立学院	浙江	C
10	31	广东外语外贸大学南国商学院	独立学院	广东	C
11	38	海口经济学院	民办	海南	C –
12	39	温州商学院	民办	浙江	C –
13	44	广州工商学院	民办	广东	C –
14	50	武汉学院	民办	湖北	C –
15	52	广东培正学院	民办	广东	C –
16	59	湖北商贸学院	民办	湖北	C –
17	63	重庆对外经贸学院	民办	重庆	C –
18	66	江西财经大学现代经济管理学院	独立学院	江西	C –
19	67	上海杉达学院	民办	上海	C –
20	70	重庆财经学院	民办	重庆	C –
21	73	武汉工商学院	民办	湖北	C –
22	76	郑州经贸学院	民办	河南	C –
23	93	浙江财经大学东方学院	独立学院	浙江	C –
24	94	陕西国际商贸学院	民办	陕西	D +
24	94	四川工商学院	民办	四川	D +
24	94	长春财经学院	民办	吉林	D +
24	94	河南开封科技传媒学院	民办	河南	D +
24	94	广东工商职业技术大学	民办	广东	D +
24	94	上海财经大学浙江学院	独立学院	浙江	D +
24	94	山西工商学院	民办	山西	D +
24	94	大连财经学院	民办	辽宁	D +
24	94	天津商业大学宝德学院	独立学院	天津	D +

续表

财经类总排名	民办总排名	学校名称	所有制	省份	等级
24	94	云南经济管理学院	民办	云南	D+
24	94	云南工商学院	民办	云南	D+
24	94	辽宁财贸学院	民办	辽宁	D+
24	94	福州工商学院	民办	福建	D+
24	94	山东财经大学东方学院	独立学院	山东	D+
24	94	黑龙江工商学院	民办	黑龙江	D+
24	94	上海中侨职业技术大学	民办	上海	D+
24	94	郑州财经学院	民办	河南	D+
24	94	郑州升达经贸管理学院	民办	河南	D+
24	94	湘潭理工学院	民办	湖南	D+
24	94	成都银杏酒店管理学院	民办	四川	D+
24	94	西南财经大学天府学院	独立学院	四川	D+
24	94	贵州黔南经济学院	民办	贵州	D+
24	94	北京工商大学嘉华学院	独立学院	北京	D+
24	94	河北大学工商学院	民办	河北	D+
24	94	河北经贸大学经济管理学院	独立学院	河北	D+
24	94	山西财经大学华商学院	独立学院	山西	D+
24	94	辽宁对外经贸学院	民办	辽宁	D+
24	94	黑龙江财经学院	民办	黑龙江	D+
24	94	黑龙江工程学院昆仑旅游学院	独立学院	黑龙江	D+
24	94	蚌埠工商学院	民办	安徽	D+
24	94	合肥经济学院	民办	安徽	D+
24	94	山东财经大学燕山学院	独立学院	山东	D+
24	94	武汉文理学院	民办	湖北	D+
24	94	武汉纺织大学外经贸学院	独立学院	湖北	D+
24	94	湖北经济学院法商学院	独立学院	湖北	D+
24	94	重庆工商大学派斯学院	独立学院	重庆	D+
24	94	西安财经大学行知学院	独立学院	陕西	D+
24	94	西安工商学院	民办	陕西	D+
24	94	兰州工商学院	民办	甘肃	D+

　　62 所民办财经类院校的得分均值为 0.133 分，高于全国民办和独立学院的

平均分，共有 17 所民办财经类高校的得分位于平均值以上，大部分民办财经类高校的得分均低于平均值。由表 9 – 33 可知，评价等级为 B 类、C 类、D 类的高校分别有 2 所、21 所、39 所。宁波财经学院、福州外语外贸学院、广州商学院、西安欧亚学院以及湖南涉外经济学院位居民办财经类高校人文社科前 5 名。

在全国民办和独立学院财经类高校排行榜中，宁波财经学院位居榜首，福州外语外贸学院、广州商学院分列第 2 名和第 3 名，西安欧亚学院、湖南涉外经济学院、广州华商学院、郑州商学院跻身前 30 名。在民办财经类高校中，独立学院的表现同样不俗，上海外国语大学贤达经济人文学院、浙江工商大学杭州商学院、广东外语外贸大学南国商学院均进入前 50 名。排名靠前的高校主要分布在东部地区，广东、浙江两省份表现尤为突出，各有多所高校进入榜单前列。此外，湖北省的武汉学院和武汉工商学院也在全国民办财经类高校中具有一定竞争力。值得注意的是，C – 级别及以下的高校数量相对较多，显示出不少学校在办学质量和学术水平上仍有提升空间。在 D + 级别的学校中，陕西国际商贸学院、四川工商学院、长春财经学院等高校表现一般，但也体现了全国范围内财经类教育资源的广泛布局。

9.3.3　民办医药类大学

民办医药类高校人文社科发展综合评价结果如表 9 – 34 所示。

表 9 – 34　　　　　　　民办医药类高校人文社科综合得分及排名

医药类总排名	民办总排名	学校名称	所有制	省份	等级
1	48	河北中医药大学	民办	河北	C –
2	94	南京医科大学康达学院	独立学院	江苏	D +
2	94	昆明医科大学海源学院	独立学院	云南	D +
2	94	长沙医学院	民办	湖南	D +
2	94	北京中医药大学东方学院	独立学院	河北	D +
2	94	大连医科大学中山学院	独立学院	辽宁	D +
2	94	锦州医科大学医疗学院	独立学院	辽宁	D +
2	94	南京中医药大学翰林学院	独立学院	江苏	D +
2	94	安徽医科大学临床医学院	独立学院	安徽	D +
2	94	广西中医药大学赛恩斯新医药学院	独立学院	广西	D +
2	94	天津医科大学临床医学院	独立学院	天津	D +
2	94	河北医科大学临床学院	独立学院	河北	D +

医药类总排名	民办总排名	学校名称	所有制	省份	等级
2	94	华北理工大学冀唐学院	独立学院	河北	D +
2	94	山西医科大学晋祠学院	独立学院	山西	D +
2	94	辽宁中医药大学杏林学院	独立学院	辽宁	D +
2	94	辽宁何氏医学院	民办	辽宁	D +
2	94	温州医科大学仁济学院	独立学院	浙江	D +
2	94	浙江中医药大学滨江学院	独立学院	浙江	D +
2	94	齐鲁医药学院	民办	山东	D +
2	94	山东协和学院	民办	山东	D +
2	94	新乡医学院三全学院	独立学院	河南	D +
2	94	湖北医药学院药护学院	独立学院	湖北	D +
2	94	湖南中医药大学湘杏学院	独立学院	湖南	D +
2	94	贵州中医药大学时珍学院	独立学院	贵州	D +
2	94	遵义医科大学医学与科技学院	独立学院	贵州	D +

25 所民办医药类院校的得分均值为 0.041 分，低于全国民办和独立学院的平均分，仅河北中医药大学 1 所医药类高校的得分位于平均值以上，大部分医药类高校的得分低于平均值。由表 9 - 34 可知，评价等级为 C 类、D 类的高校分别有 1 所、24 所。河北中医药大学、南京医科大学康达学院、昆明医科大学海源学院、长沙医学院和北京中医药大学东方学院分别位居民办医药类高校人文社科前 5 名。

在民办医药类高校中，仅有河北中医药大学 1 所高校进入全国民办和独立学院排行榜前 50 强，表明民办医药类高校的人文社科发展实力相对较为薄弱。

9.3.4 民办语言类大学

民办语言类高校人文社科发展综合评价结果如表 9 - 35 所示。

表 9 - 35 　　　　　　　民办语言类高校人文社科综合得分及排名

语言类排名	民办总排名	学校名称	所有制	省份	等级
1	2	浙江越秀外国语学院	民办	浙江	B
2	9	吉林外国语大学	民办	吉林	C +

续表

语言类排名	民办总排名	学校名称	所有制	省份	等级
3	23	西安翻译学院	民办	陕西	C
4	94	黑龙江外国语学院	民办	黑龙江	D+
4	94	首都师范大学科德学院	独立学院	北京	D+
4	94	辽宁传媒学院	民办	辽宁	D+
4	94	安徽外国语学院	民办	安徽	D+
4	94	天津传媒学院	民办	天津	D+
4	94	河北外国语学院	民办	河北	D+
4	94	山东外国语职业技术大学	民办	山东	D+
4	94	天津外国语大学滨海外事学院	独立学院	天津	D+
4	94	广西外国语学院	民办	广西	D+
4	94	重庆外语外事学院	民办	重庆	D+
4	94	四川外国语大学成都学院	独立学院	四川	D+
4	94	北京第二外国语学院中瑞酒店管理学院	独立学院	北京	D+

15 所民办语言类院校的得分均值为 0.221 分，高于全国民办和独立学院的平均分，共有 3 所民办财经类高校的得分位于平均值以上，大部分民办财经类高校的得分均低于平均值。由表 9-35 可知，评价等级为 B 类、C 类、D 类的高校分别有 1 所、2 所、12 所。浙江越秀外国语学院、吉林外国语大学、西安翻译学院、黑龙江外国语学院以及首都师范大学科德学院位居民办语言类高校人文社科前 5 名，前 4 名均属于民办高校。

位居民办语言类榜首的浙江越秀外国语学院在全国民办和独立学院中排第 2 名，评价等级为 B，其表现较为优异。民办语言类高校中的浙江越秀外国语学院（第 2 名）、吉林外国语大学（第 9 名）和西安翻译学院（第 23 名）3 所高校进入全国民办和独立学院排行榜前 50 强，约占民办财经类高校总数的 20%，表明民办语言类高校的人文社科发展实力整体较为不错。

9.3.5 民办理工类大学

民办理工类高校人文社科发展综合评价结果如表 9 – 36 所示。

表 9 – 36   **民办理工类高校人文社科综合得分及排名**

理工类总排名	民办总排名	学校名称	所有制	省份	等级
1	3	浙江树人学院	民办	浙江	B
2	10	武昌理工学院	民办	湖北	C +
3	13	山东华宇工学院	民办	山东	C
4	14	北京理工大学珠海学院	独立学院	广东	C
5	16	安徽新华学院	民办	安徽	C
6	18	武昌首义学院	民办	湖北	C
7	25	江西科技学院	民办	江西	C
8	26	阳光学院	民办	福建	C
9	35	厦门工学院	民办	福建	C
10	41	山东工程职业技术大学	民办	山东	C –
11	43	海南科技职业大学	民办	海南	C –
12	49	广州城市理工学院	民办	广东	C –
13	54	广州理工学院	民办	广东	C –
14	56	广州软件学院	民办	广东	C –
15	57	西湖大学	民办	浙江	C –
16	59	泰山科技学院	民办	山东	C –
17	62	齐鲁理工学院	民办	山东	C –
18	71	潍坊科技学院	民办	山东	C –
19	76	武汉华夏理工学院	民办	湖北	C –
20	80	长春建筑学院	民办	吉林	C –
20	80	文华学院	民办	湖北	C –
22	85	广东白云学院	民办	广东	C –
23	86	烟台南山学院	民办	山东	C –
23	86	黄河科技学院	民办	河南	C –
25	88	浙江广厦建设职业技术大学	民办	浙江	C –
26	94	浙江工业大学之江学院	独立学院	浙江	D +
26	94	湖南信息学院	民办	湖南	D +

续表

理工类总排名	民办总排名	学校名称	所有制	省份	等级
26	94	广东理工学院	民办	广东	D +
26	94	重庆工程学院	民办	重庆	D +
26	94	泉州信息工程学院	民办	福建	D +
26	94	湖南应用技术学院	民办	湖南	D +
26	94	郑州科技学院	民办	河南	D +
26	94	河北工程技术学院	民办	河北	D +
26	94	上海建桥学院	民办	上海	D +
26	94	华北理工大学轻工学院	独立学院	河北	D +
26	94	南昌工学院	民办	江西	D +
26	94	烟台理工学院	民办	山东	D +
26	94	郑州工商学院	民办	河南	D +
26	94	武昌工学院	民办	湖北	D +
26	94	湖南交通工程学院	民办	湖南	D +
26	94	西安汽车职业大学	民办	陕西	D +
26	94	燕京理工学院	民办	河北	D +
26	94	晋中信息学院	民办	山西	D +
26	94	大连东软信息学院	民办	辽宁	D +
26	94	南昌航空大学科技学院	独立学院	江西	D +
26	94	青岛恒星科技学院	民办	山东	D +
26	94	青岛黄海学院	民办	山东	D +
26	94	郑州工业应用技术学院	民办	河南	D +
26	94	武汉城市学院	民办	湖北	D +
26	94	武汉工程科技学院	民办	湖北	D +
26	94	西安交通工程学院	民办	陕西	D +
26	94	西安科技大学高新学院	独立学院	陕西	D +
26	94	兰州信息科技学院	民办	甘肃	D +
26	94	长春科技学院	民办	吉林	D +
26	94	南通理工学院	民办	江苏	D +
26	94	浙江理工大学科技与艺术学院	独立学院	浙江	D +
26	94	南昌理工学院	民办	江西	D +
26	94	南昌交通学院	民办	江西	D +
26	94	武汉生物工程学院	民办	湖北	D +

续表

理工类总排名	民办总排名	学校名称	所有制	省份	等级
26	94	广东东软学院	民办	广东	D+
26	94	成都东软学院	民办	四川	D+
26	94	西安思源学院	民办	陕西	D+
26	94	西安建筑科技大学华清学院	独立学院	陕西	D+
26	94	宁夏理工学院	民办	宁夏	D+
26	94	山西应用科技学院	民办	山西	D+
26	94	辽宁理工职业大学	民办	辽宁	D+
26	94	沈阳工学院	民办	辽宁	D+
26	94	吉林建筑科技学院	民办	吉林	D+
26	94	南京航空航天大学金城学院	独立学院	江苏	D+
26	94	南京理工大学泰州科技学院	独立学院	江苏	D+
26	94	安徽三联学院	民办	安徽	D+
26	94	马鞍山学院	民办	安徽	D+
26	94	闽南科技学院	民办	福建	D+
26	94	福州理工学院	民办	福建	D+
26	94	江西工程学院	民办	江西	D+
26	94	黄河交通学院	民办	河南	D+
26	94	中原科技学院	民办	河南	D+
26	94	广州华立学院	民办	广东	D+
26	94	桂林信息科技学院	民办	广西	D+
26	94	重庆机电职业技术大学	民办	重庆	D+
26	94	吉利学院	民办	四川	D+
26	94	银川科技学院	民办	宁夏	D+
26	94	沧州交通学院	民办	河北	D+
26	94	大连理工大学城市学院	独立学院	辽宁	D+
26	94	大连工业大学艺术与信息工程学院	独立学院	辽宁	D+
26	94	大连科技学院	民办	辽宁	D+
26	94	辽宁理工学院	民办	辽宁	D+
26	94	长春电子科技学院	民办	吉林	D+
26	94	南京理工大学紫金学院	独立学院	江苏	D+
26	94	杭州电子科技大学信息工程学院	独立学院	浙江	D+
26	94	安徽信息工程学院	民办	安徽	D+

续表

理工类总排名	民办总排名	学校名称	所有制	省份	等级
26	94	淮北理工学院	民办	安徽	D+
26	94	皖江工学院	民办	安徽	D+
26	94	青岛城市学院	民办	山东	D+
26	94	新乡工程学院	民办	河南	D+
26	94	湖北大学知行学院	独立学院	湖北	D+
26	94	湖北工业大学工程技术学院	独立学院	湖北	D+
26	94	武汉工程大学邮电与信息工程学院	独立学院	湖北	D+
26	94	电子科技大学成都学院	独立学院	四川	D+
26	94	四川工业科技学院	民办	四川	D+
26	94	银川能源学院	民办	宁夏	D+
26	94	河北科技学院	民办	河北	D+
26	94	河北工程大学科信学院	独立学院	河北	D+
26	94	燕山大学里仁学院	独立学院	河北	D+
26	94	石家庄铁道大学四方学院	独立学院	河北	D+
26	94	保定理工学院	民办	河北	D+
26	94	山西晋中理工学院	民办	山西	D+
26	94	沈阳工业大学工程学院	独立学院	辽宁	D+
26	94	沈阳航空航天大学北方科技学院	独立学院	辽宁	D+
26	94	沈阳城市建设学院	民办	辽宁	D+
26	94	沈阳科技学院	民办	辽宁	D+
26	94	哈尔滨信息工程学院	民办	黑龙江	D+
26	94	齐齐哈尔工程学院	民办	黑龙江	D+
26	94	哈尔滨石油学院	民办	黑龙江	D+
26	94	哈尔滨远东理工学院	民办	黑龙江	D+
26	94	哈尔滨华德学院	民办	黑龙江	D+
26	94	上海兴伟学院	民办	上海	D+
26	94	中国矿业大学徐海学院	独立学院	江苏	D+
26	94	中国计量大学现代科技学院	独立学院	浙江	D+
26	94	安徽文达信息工程学院	民办	安徽	D+
26	94	合肥城市学院	民办	安徽	D+
26	94	闽南理工学院	民办	福建	D+
26	94	泉州职业技术大学	民办	福建	D+

理工类总排名	民办总排名	学校名称	所有制	省份	等级
26	94	江西应用科技学院	民办	江西	D+
26	94	南昌应用技术师范学院	民办	江西	D+
26	94	江西软件职业技术大学	民办	江西	D+
26	94	青岛工学院	民办	山东	D+
26	94	商丘工学院	民办	河南	D+
26	94	河南科技职业大学	民办	河南	D+
26	94	三峡大学科技学院	独立学院	湖北	D+
26	94	荆州学院	民办	湖北	D+
26	94	湖北汽车工业学院科技学院	独立学院	湖北	D+
26	94	湖北恩施学院	民办	湖北	D+
26	94	湖北文理学院理工学院	独立学院	湖北	D+
26	94	湖北工程学院新技术学院	独立学院	湖北	D+
26	94	湖南工业大学科技学院	独立学院	湖南	D+
26	94	南华大学船山学院	独立学院	湖南	D+
26	94	湖南理工学院南湖学院	独立学院	湖南	D+
26	94	湖南工程学院应用技术学院	独立学院	湖南	D+
26	94	长沙理工大学城南学院	独立学院	湖南	D+
26	94	湖南软件职业技术大学	民办	湖南	D+
26	94	广州科技职业技术大学	民办	广东	D+
26	94	柳州工学院	民办	广西	D+
26	94	南宁理工学院	民办	广西	D+
26	94	北京航空航天大学北海学院	民办	广西	D+
26	94	重庆移通学院	民办	重庆	D+
26	94	成都理工大学工程技术学院	独立学院	四川	D+
26	94	绵阳城市学院	民办	四川	D+
26	94	陕西服装工程学院	民办	陕西	D+
26	94	陕西科技大学镐京学院	独立学院	陕西	D+
26	94	西安电子科技大学长安学院	独立学院	陕西	D+
26	94	西安明德理工学院	民办	陕西	D+
26	94	西安信息职业大学	民办	陕西	D+
26	94	西安理工大学高科学院	独立学院	陕西	D+
26	94	兰州博文科技学院	民办	甘肃	D+
26	94	新疆农业大学科学技术学院	独立学院	新疆	D+

156 所民办理工类院校的得分均值为 0.073 分，低于全国民办和独立学院的平均分，共有 24 所民办理工类高校的得分位于平均值以上，大部分民办理工类高校的得分均低于平均值。由表 9 - 36 可知，评价等级为 B 类、C 类、D 类的高校分别有 1 所、24 所、131 所。浙江树人学院、武昌理工学院、山东华宇工学院、北京理工大学珠海学院、安徽新华学院位居民办理工类高校人文社科前 5 名，除了北京理工大学珠海学院，其他高校均属于民办高校。

在全国民办和独立学院理工类高校排行榜中，浙江树人学院排名全国第 3 位，并且评级为 B，是排名最高的理工类民办高校。武昌理工学院（第 10 名，C +）和山东华宇工学院（第 13 名，C）同样位居榜单前列，显示出中部和华东地区的民办高校在理工类教育中的较强实力。此外，阳光学院（第 26 名，C）和厦门工学院（第 35 名，C）等福建省高校也进入榜单前 50 名。独立学院中，北京理工大学珠海学院（第 14 名，C）和浙江工业大学之江学院（第 94 名，D +）表现较为突出。广东省的理工类高校上榜较多，广州城市理工学院、广州理工学院、广州软件学院等均进入前 50 名，但总体评级为 C -。民办高校中，山东、湖北、湖南等省份也有多所高校进入榜单，但评级普遍在 C - 或 D +，表明这些高校在办学质量上还有进一步提升的空间。

9.3.6　民办师范类大学

民办师范类高校人文社科发展综合评价结果如表 9 - 37 所示。

表 9 - 37　　　　民办师范类高校人文社科综合得分及排名

师范类总排名	民办总排名	学校名称	所有制	省份	等级
1	73	北京师范大学珠海分校	独立学院	广东	C -
2	94	南京师范大学泰州学院	独立学院	江苏	D +
2	94	杭州师范大学钱江学院	独立学院	浙江	D +
2	94	河北师范大学汇华学院	独立学院	河北	D +
2	94	赣南师范大学科技学院	独立学院	江西	D +
2	94	山西师范大学现代文理学院	独立学院	山西	D +
2	94	吉林师范大学博达学院	独立学院	吉林	D +
2	94	江西师范大学科学技术学院	独立学院	江西	D +
2	94	辽宁师范大学海华学院	独立学院	辽宁	D +
2	94	安徽师范大学皖江学院	独立学院	安徽	D +
2	94	湖南师范大学树达学院	独立学院	湖南	D +
2	94	衡阳师范学院南岳学院	独立学院	湖南	D +

12 所民办师范类院校的得分均值为 0.089 分，高于全国民办和独立学院的平均分，共有 2 所民办师范类高校的得分位于平均值以上，大部分民办师范类高校的得分均低于平均值。由表 9 - 37 可知，评价等级为 C 类、D 类的高校分别有 1 所、11 所。北京师范大学珠海分校、南京师范大学泰州学院、杭州师范大学钱江学院、河北师范大学汇华学院以及赣南师范大学科技学院分别位居民办师范类高校人文社科前 5 名。

位居民办师范类榜首的北京师范大学珠海分校在全国民办和独立学院中排第 73 名，也是民办师范类唯一进入全国民办和独立学院排行榜前 100 名的高校。

9.3.7　民办艺术类大学

民办艺术类高校人文社科发展综合评价结果如表 9 - 38 所示。

表 9 - 38　　　　　　　民办艺术类高校人文社科综合得分及排名

艺术类总排名	民办总排名	学校名称	所有制	省份	等级
1	12	南京传媒学院	民办	江苏	C +
2	42	吉林动画学院	民办	吉林	C -
3	44	四川电影电视学院	民办	四川	C -
4	52	河北美术学院	民办	河北	C -
5	59	江西服装学院	民办	江西	C -
6	69	武汉传媒学院	民办	湖北	C -
7	78	上海视觉艺术学院	民办	上海	C -
8	79	河北传媒学院	民办	河北	C -
9	80	成都艺术职业大学	民办	四川	C -
9	80	四川传媒学院	民办	四川	C -
11	84	四川文化艺术学院	民办	四川	C -
12	94	青岛电影学院	民办	山东	D +
12	94	景德镇艺术职业大学	民办	江西	D +
12	94	云南艺术学院文华学院	独立学院	云南	D +
12	94	大连艺术学院	民办	辽宁	D +
12	94	郑州美术学院	民办	河南	D +

16 所民办艺术类院校的得分均值为 0.123 分，高于全国民办和独立学院的平

均分，共有 9 所民办师范类高校的得分位于平均值以上，一半以上的高校的评价得分高于平均值。由表 9 - 38 可知，评价等级为 C 类、D 类的高校分别有 11 所、5 所。南京传媒学院、吉林动画学院、四川电影电视学院、河北美术学院以及江西服装学院位居民办艺术类高校人文社科前 5 名，且这 5 所高校均属于民办高校。

在全国民办和独立学院艺术类高校排行榜中，南京传媒学院以 C + 评级排名第 12，是排名最高的艺术类民办高校。紧随其后的是吉林动画学院（第 42 名，C -）、四川电影电视学院（第 44 名，C -）和河北美术学院（第 52 名，C -）。江西服装学院（第 59 名，C -）、武汉传媒学院（第 69 名，C -）、上海视觉艺术学院（第 78 名，C -）、河北传媒学院（第 79 名，C -）、成都艺术职业大学（第 80 名，C -）、四川传媒学院（第 80 名，C -）和四川文化艺术学院（第 84 名，C -）等高校也进入前 100 名榜单，评级均为 C -，反映了艺术类民办高校整体实力分布较为均衡。此外，青岛电影学院、景德镇艺术职业大学、云南艺术学院文华学院、大连艺术学院、郑州美术学院和北海艺术设计学院六所高校均评级为 D +，显示出这些学校在艺术类教育中仍有进一步提升的空间。从地区分布来看，四川省在艺术类民办高校中有较多席位，显示出该省在艺术类教育领域的资源投入和发展潜力较大。

9.4　中外合作办学

中外合作办学的人文社科发展综合评价结果如表 9 - 39 所示。

表 9 - 39　　　　　　　中外合作办学人文社科发展评价排行榜

总排名	学校名称	省份	等级
1	香港中文大学（深圳）	广东	B +
2	宁波诺丁汉大学	浙江	B +
3	西交利物浦大学	江苏	B +
4	北京师范大学—香港浸会大学联合国际学院	广东	B
5	昆山杜克大学	江苏	B -
6	温州肯恩大学	浙江	B -
7	香港科技大学（广州）	广东	C +
8	深圳北理莫斯科大学	广东	C -
9	上海纽约大学	上海	D +

　　由于中外合作办学的高校数量较少，因为不再对等级 A 类、B 类、C 类、D 类进行细分，由表 3 –39 可知，中外合作办学的高校共有 9 所，这 9 所中外合作办学高校评价得分的均值为 1. 133 分。其中，在全国中外合作办学高校排名中，香港中文大学（深圳）、宁波诺丁汉大学和西交利物浦大学表现较为突出，均被评为 B +，位居榜单前 3。北京师范大学—香港浸会大学联合国际学院位居第 4 名，评级为 B，昆山杜克大学和温州肯恩大学则分别获得 B –。在广东省，香港科技大学（广州）被评为 C +，深圳北理莫斯科大学评级为 C –，表明在中外合作办学的高校中存在一定的实力差异。此外，上海纽约大学、广东以色列理工学院和海南比勒费尔德应用科学大学均被评为 D +，显示出这些学校在办学质量上还有提升空间。

　　值得注意的是，排名靠前的中外合作办学高校大多位于经济发达的东部地区，尤其是广东省有多所高校，反映了东部地区在中外合作办学中的优势。

参 考 文 献

［1］崔延强，段禹．新文科究竟"新"在何处——基于对人文社会科学发展史的考察［J］．大学教育科学，2021（1）：36 −43.

［2］狄尔泰．人文科学导论［M］．赵希方，译，北京：华夏出版社，2004：27.

［3］傅蓉．平衡计分卡指标权重前后不一致现象研究［J］．金融论坛，2011（9）.

［4］刘大椿，等．人文社会科学研究成果评价体系研究［M］．北京：经济科学出版社．2009：61.

［5］刘大椿．人文社会科学主旨问题报告［M］．北京：首都师范大学出版社，2014：8.

［6］刘则渊，刘凤朝．关于知识计量学研究的方法论思考［J］．科学学与科学技术管理，2002（8）：5 − 8.

［7］邱均平，任全娥．国内外人文社会科学科研成果评价比较研究［J］．国外社会科学，2007（3）：58 −66.

［8］曲庆彪．社会科学基础［M］．北京：高等教育出版社，2004：2.

［9］任胜利．人文社会科学概览［M］．北京：科学出版社，2021：25.

［10］宋少强．国内外人文社会科学研究评价综述［J］．评价与管理，2007（4）：39 −63，73.

［11］宋艳辉，邱均平．从"三计学"到"五计学"的演化发展［J］．图书馆论坛，2019，39（4）：1 −7.

［12］苏为华．统计指标理论与方法研究［M］．北京：中国物价出版社，1998.

［13］文庭孝，刘璇．论知识计量研究的维度［J］．图书情报知识，2013（3）：103 − 109.

［14］文庭孝，邱均平．科学评价中的计量学理论及其关系研究［J］．情报理论与实践，2006（6）：650－656.

［15］文庭孝．"五计学"与科学评价的关系研究［J］．信息与管理研究，2020，5（Z2）：66－77.

［16］习近平．在哲学社会科学工作座谈会上的讲话［N］．人民日报，2016－05－19.

［17］俞立平，潘云涛，武夷山．学术期刊非线性评价模拟权重的动态变化研究［J］．软科学，2011，25（4）：135－140.

［18］俞立平，潘云涛，武夷山．学术期刊综合评价数据标准化方法研究［J］．图书情报工作，2009，53（12）：136－139.

［19］俞立平．线性科技评价中自然权重问题及修正研究——动态最大均值逼近标准化方法［J］．统计与信息论坛，2018，33（10）：27－33.

［20］张庆熊．社会科学的哲学［M］．上海：复旦大学出版社，2010：12－13.

［21］中国教育新闻网．人文学科的生存空间在哪里——部分国家人文学科发展趋势观察［EB/OL］．［2024－09－12］．https：//baijiahao．baidu．com/s? id＝1787784007943873186& wfr＝spider&for＝pc.

［22］Rossman G B. Wilson B L. Numbers and Words：Combining Quantitative and Qualitative Methods in a Single Large－Seale Evaluation Study［J］．Evaluation Review，1985（5）：627－643.